高职高专土建类工学结合"十三五"规划教材

建设工程项目管理

（第二版）

主　编　陈玲燕
副主编　黄燕飞　王宁川

华中科技大学出版社
中国·武汉

内 容 简 介

本书以真实项目为背景,基于项目建设的全过程,以项目为导向编排内容,全面论述了工程项目管理的理论、方法和手段,主要内容包括工程项目招投标与合同管理、进度管理、成本管理、质量管理、资源管理、安全与环境管理、风险管理等。

本书注重内容的实践性,既能针对项目管理员、资料员等职业岗位的任职要求,又能与建造师等执业资格考试相融合。本书可作为高等职业院校建筑工程管理专业、工程造价专业及土木工程专业学生的教学用书,也可供工程项目管理工作者参考。

图书在版编目(CIP)数据

建设工程项目管理/陈玲燕主编. —2 版. —武汉:华中科技大学出版社,2017.8(2025.1 重印)
高职高专土建类工学结合"十三五"规划教材
ISBN 978-7-5680-3217-9

Ⅰ.①建… Ⅱ.①陈… Ⅲ.①基本建设项目-工程项目管理-高等职业教育-教材 Ⅳ.①F284

中国版本图书馆 CIP 数据核字(2017)第 171172 号

建设工程项目管理(第二版)
Jianshe Gongcheng Xiangmu Guanli(Di-er Ban)

陈玲燕　主编

策划编辑:金　紫	
责任编辑:曾仁高	
封面设计:原色设计	
责任校对:刘　竣	
责任监印:朱　玢	
出版发行:华中科技大学出版社(中国·武汉)	电话:(027)81321913
武汉市东湖新技术开发区华工科技园	邮编:430223
录　　排:武汉楚海文化传播有限公司	
印　　刷:武汉邮科印务有限公司	
开　　本:787mm×1092mm　1/16	
印　　张:20.5	
字　　数:533 千字	
版　　次:2025 年 1 月第 2 版第 9 次印刷	
定　　价:62.80 元	

本书若有印装质量问题,请向出版社营销中心调换
全国免费服务热线:400-6679-118　竭诚为您服务
版权所有　侵权必究

本书编审人员

主　编　陈玲燕

副主编　黄燕飞　王宁川

主　审　文桂萍

编写与审定人员（按拼音顺序排名）

程　波　程沙沙　方　鹏　周慧玲　周孔标　赵培莉

前　言

本书是《建设工程项目管理》的修订版，"建设工程项目管理"是针对建筑工程管理专业、工程造价专业及土木工程专业人才培养的需要所开设的一门专业必修课，具有综合性、实践性强等特点。由于现代工程建设的复杂性和综合性，传统的管理模式和方法已经不能适应新形势下工程建设项目管理的要求。因此，在实践中必须研究新型的管理理论，应用新方法和手段，不断总结经验教训，提高建设工程项目的管理水平。

本书在编写过程中以国家最新颁布的行业法规、规范和标准为依据，以规范建设工程项目管理行为为原则，注重建设工程项目管理知识体系的系统性和完备性，系统阐述了招投标与合同管理、进度管理、成本管理、质量管理、资源管理、安全与环境管理、风险管理等内容。内容既包含了建设工程项目管理的基础理论知识，同时又结合案例进行了深层次的剖析。本书采用案例教学并贯穿全书，案例以实际工程为背景，强调知识点的应用，引导学生巩固所学的理论知识，理论联系实际，侧重实用性和可操作性，提高学生解决实际工程问题的能力。

本书各章均列有本章知识目标、能力目标、单元小结和复习题，便于学生学习时抓住要点，并通过练习巩固所学知识。书中的复习题参考全国注册建造师考题，有利于加强学生的理解、记忆和实际应用能力，为参加执业资格考试打下良好的基础。

本书的参编人员均为教学第一线的骨干教师，长期承担本课程的教学任务，有着丰富的教学、实践经验，对于相关知识点的剖析将更能加深学生的理解并提高其兴趣。

本书编写工作共有九位教师参加，分别来自广西建设职业技术学院、广西机电职业技术学院。由广西建设职业技术学院陈玲燕任主编，广西建设职业技术学院文桂萍担任主审。由广西建设职业技术学院黄燕飞、广西机电职业技术学院王宁川担任副主编；广西建设职业技术学院周慧玲、程波、周孔标、程沙沙、方鹏、赵培莉参加编写。全书最后由陈玲燕负责统稿。

本书在编写过程中，参考了大量文献资料以及建造师执业资格考试培训教材，在此对有关作者一并表示衷心感谢。本书编者还得到了广西建设职业技术学院文桂萍教授的热情帮助，文桂萍教授提出了许多宝贵意见，在此表示深深感谢。

由于编者水平有限，书中内容难免有疏漏及不足之处，敬请各位专家和读者批评指正。

编　者
2017 年 5 月

目 录

单元 1　建设工程项目管理概论 …………………………………………………… (1)
　　任务 1　建设工程项目管理概论 …………………………………………………… (1)
　　任务 2　建设工程项目建设程序 …………………………………………………… (9)
　　任务 3　建设工程项目参与各方的管理职能 …………………………………… (13)
　　任务 4　建设工程项目的管理模式 ……………………………………………… (18)
　　任务 5　施工组织设计的内容和编制方法 ……………………………………… (21)
　　任务 6　工程项目范围管理 ………………………………………………………… (24)
　　任务 7　建造师制度 ………………………………………………………………… (30)

单元 2　建设工程项目组织与管理 ……………………………………………… (35)
　　任务 1　建设工程项目组织概述 ………………………………………………… (35)
　　任务 2　建设工程项目组织工具 ………………………………………………… (38)
　　任务 3　项目经理责任制 …………………………………………………………… (42)
　　任务 4　项目经理部 ………………………………………………………………… (46)
　　任务 5　施工项目组织协调 ………………………………………………………… (50)

单元 3　建设工程项目招投标与合同管理 …………………………………… (57)
　　任务 1　建设工程项目招标 ………………………………………………………… (57)
　　任务 2　建设工程项目投标 ………………………………………………………… (68)
　　任务 3　建设工程项目合同管理 ………………………………………………… (76)
　　任务 4　建设工程项目索赔管理 ………………………………………………… (91)

单元 4　建设工程项目进度管理 ………………………………………………… (107)
　　任务 1　建设工程项目进度管理概述 …………………………………………… (107)
　　任务 2　建设工程项目进度计划的编制 ………………………………………… (108)
　　任务 3　建设工程项目进度控制 ………………………………………………… (128)

单元 5　建设工程项目成本管理 ………………………………………………… (145)
　　任务 1　建设工程项目成本管理概述 …………………………………………… (145)
　　任务 2　建设工程项目成本管理目标与责任体系 …………………………… (159)
　　任务 3　建设工程项目成本管理的任务与措施 ……………………………… (166)

单元 6　建设工程项目质量管理 ………………………………………………… (195)
　　任务 1　建设工程项目质量管理概述 …………………………………………… (195)
　　任务 2　建设工程项目质量的形成过程和影响因素 ………………………… (200)
　　任务 3　建设工程项目质量控制 ………………………………………………… (215)
　　任务 4　建设工程质量事故的处理 ……………………………………………… (225)

单元 7　建设工程项目资源管理 ………………………………………………… (234)
　　任务 1　建设工程项目资源管理概述 …………………………………………… (234)
　　任务 2　建设工程项目人力资源管理 …………………………………………… (238)

任务3　建设工程项目材料管理 …………………………………………………… (245)
　任务4　建设工程项目施工机械设备管理 ………………………………………… (256)
　任务5　建设工程项目技术管理 …………………………………………………… (260)
　任务6　建设工程项目资金管理 …………………………………………………… (264)
单元8　建设工程项目安全与环境管理 ………………………………………………… (271)
　任务1　工程项目安全与环境管理概述 …………………………………………… (271)
　任务2　施工企业安全管理 ………………………………………………………… (272)
　任务3　企业安全组织机构与规章制度 …………………………………………… (275)
　任务4　安全生产责任制 …………………………………………………………… (277)
　任务5　建设工程项目环境保护的要求和措施 …………………………………… (286)
单元9　建设工程项目风险管理 ………………………………………………………… (294)
　任务1　建设工程项目风险管理概述 ……………………………………………… (294)
　任务2　建设工程项目风险识别 …………………………………………………… (299)
　任务3　建设工程项目风险分析与评估 …………………………………………… (303)
　任务4　建设工程项目风险防范与利用 …………………………………………… (307)
　任务5　建设工程项目风险控制决策 ……………………………………………… (310)
　任务6　建设工程项目风险监控 …………………………………………………… (314)
参考文献 …………………………………………………………………………………… (319)

单元 1　建设工程项目管理概论

【知识目标】
- 熟悉项目、建设工程项目的概念和分类，区分全过程与全寿命周期项目管理、范围管理。
- 掌握施工组织设计内容。
- 掌握项目建设程序与全寿命周期阶段划分、参与各方职能、项目管理模式。

【能力目标】
- 能编制施工组织设计文件。

任务 1　建设工程项目管理概论

1.1.1　项目及项目管理

1. 项目的概念与特点

1）项目定义

项目是应用极为广泛的一个名词，在人们所接触的整个社会中，经济、文化、军事、商业、工农业等各部门及各领域内，都会用到"项目"来表示某一类事物，是极为概括的专业名称。目前，国际上对项目的定义与特点划分主要有以下几种。

（1）国际标准化组织（ISO）制定的国际标准《质量管理——项目管理质量指南（ISO10006）》给出了"项目"的定义："项目是指具有独特的过程，有开始和结束日期，由一系列相互协调和受控的活动组成的。其过程的实施是为了达到规定的目标，包括满足时间、费用和资源等约束条件。"

（2）美国项目管理协会（PMI）在《项目管理知识体系》一书中提出，项目是用来创造唯一产品或服务的一项临时性任务，是指每一个项目都具有一个明确的起点和目标，都有明确的资源约束，其唯一性是指各产品或服务均有某方面差异。

（3）德国国家标准 DIN69901 对"项目"的定义："项目是指在总体上符合下列条件的唯一性任务，具有预定的目标，具有实践、财务、人力和其他限制条件，具有专门的组织。"

2）项目特点

综合国内外专家、学者对项目的概括归纳起来有以下特点。

（1）特定的具体对象。

项目并非泛指，而是指在特定地点具有功能、工程量、质量、生产能力、等级、规模等特定条件的对象，是独一无二的。

（2）一次性。

项目是一次性的，不重复。即使是同样的事物，时间、地点相同也属另一个项目。因其建设环境、组织、风险均不同。项目的一次性决定了项目管理的一次性。

（3）目标明确。

项目均有各自明确的目标,具体如下。

① 时间控制目标,限期完成。

② 功能目标、产品成果目标、服务目标等。

③ 经济效益、社会效益目标以及其他满足的要求目标。

④ 质量目标,即项目要达到的质量需求。

(4) 资金控制。

项目均有资金、财力的限制,并且尽量以最少的消耗(资金),实现最大的效益,并达到预定的功能、质量和时间目标。

(5) 特定的组织。

项目需要通过数十、数百甚至上千个机构协作、参与来实现。项目的组织机构是一次性的,并是严密、有效的。机构的活动是为了实现共同的目标。项目中不允许存在多余的机构及其活动,项目应在实践过程中不断修正、革新。

凡符合上述特定条件的事物,可称为"项目"。

2. 项目管理的概念与特点

1) 项目管理的概念

项目管理是指项目管理主体在有限的资源约束条件下,为实现其目的,运用现代管理理论与方法,对项目活动进行系统化管理的过程。

作为一门学科,项目管理是"管理科学与工程"学科的一个分支,是介于自然科学和社会科学之间的一门边缘学科。

2) 项目管理的特点

(1) 一次性。一次性是项目与其他重复性运行或操作工作最大的区别。项目有明确的起点和终点,没有可以完全照搬的先例,没有完全相同的复制。项目的这种特征决定了项目管理也具有该特征。

(2) 独特性。每个项目都是独特的,其时间和地点、内部和外部的环境、自然和社会条件有别于其他项目,因此项目的过程及其管理总是独一无二的。

(3) 目标的确定性。项目必须有确定的目标。时间性目标,如在规定的时段内或规定的时间点之前完成;成果性目标,如提供某种规定的产品或服务;约束性目标,如不超过规定的资源限制;其他满足的要求,包括必须满足的要求和尽量满足的要求。目标的确定性允许有一个变动幅度,也就是可以修改。不过一旦项目目标发生实质性变化,它就不再是原来的项目了,而将产生一个新的项目。

(4) 活动的整体性。项目中的一切活动都是相关联的,构成一个整体。多余的活动是不必要的,缺少某些活动必将损害项目目标的实现。

(5) 组织的临时性和开放性。项目班子在项目的全寿命周期中,其人数、成员、职责是在不断变化的。某些项目班子的成员是借调来的,项目终结时班子要解散,人员要转移。参与项目的组织往往有多个,甚至几十个或更多。项目成员通过协议或合同以及其他的社会关系组织到一起,在项目的不同时段不同程度地介入项目活动。可以说,项目组织没有严格的边界,是临时性的、开放性的。

(6) 成果的不可挽回性。项目的一次性属性决定了项目不同于其他事情,其他事情可以试做,做坏了可以重来,项目在一定条件下启动,一旦失败就永远失去了重新进行原项目的机会。

1.1.2 建设工程项目及管理

1. 建设工程项目

1) 建设工程项目的定义

建设工程项目(construction project),为完成依法立项的新建、改建、扩建的各类工程而进行的、有起止日期的、达到规定要求的一组相互关联的受控活动组成的特定过程,包括策划、勘察、设计、采购、施工、试运行、竣工验收和移交等。

建设工程项目是项目的一个重要类别,也是项目管理的重点。建设工程项目从有人类历史以来就存在于人类生活和生产中。它存在于社会的各个领域、各个地区,在社会生活和经济发展中起着重要的作用。

2) 建设工程项目的组成与分类

(1) 建设工程项目组成。

建设工程项目可分为单项工程、单位(子单位)工程、分部(子分部)工程和分项工程,如图 1-1 所示。

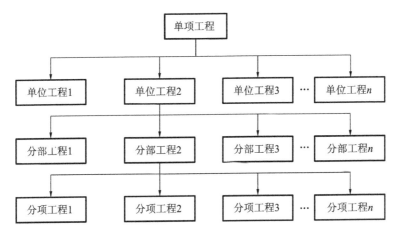

图 1-1 项目组成分解

① 单项工程。单项工程是指在一个建设工程项目中,具有独立的设计文件,竣工后可以独立发挥生产能力或效益的一组配套齐全的工程项目。单项工程是建设工程项目的组成部分,一个建设工程项目有时可以仅包括一个单项工程,也可以包括多个单项工程。

② 单位工程。单位工程是指具有独立设计文件,可以独立组织施工,但完成后不能独立发挥效益的工程。单位工程是单项工程的组成部分。按照单项工程的构成,又可将其分解为建筑工程和设备安装工程。如工业厂房工程中的土建工程、设备安装工程、工业管道工程等都是单项工程中所包含的不同性质的单位工程。

③ 分部工程。分部工程是单位工程的组成部分,应按专业性质、建设部位确定。一般工业与民用建筑工程的分部工程包括:地基与基础工程、主体结构工程、装饰装修工程、屋面工程、给排水及采暖工程、电气工程、智能建筑工程、通风与空调工程、电梯工程等。

当分部工程较大或较复杂时,可按材料种类、施工特点、施工程序、专业系统及类别等将其划分为若干子分部工程。

④ 分项工程。分项工程是分部工程的组成部分,一般按主要工程、材料、施工工艺、设备类别等进行划分。分项工程是计算工、料、机消耗的最基本构造要素。

(2) 建设工程项目分类。

建设工程项目是指新建、扩建或改建的工程。如:各类工业与民用建筑工程,城市基础设施建设工程,机场、港口、公路、铁路、水利、矿山、国防、航天等各类工程。

建设工程项目的种类极多,按其性质、规模、建设用途及资金来源等划分如下。

① 按建设性质划分的建设工程项目(见图1-2)。

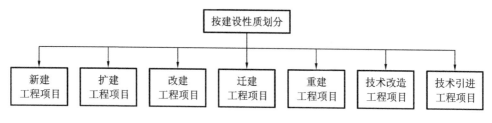

图 1-2 按建设性质划分

A. 新建工程项目:新建的投资项目。此外,我国规定,若建设项目原有基础很小,扩大建设规模后,其新增固定资产价值超过原有固定资产价值三倍以上的,也当视作新建项目。

B. 扩建工程项目:在原有的基础上投资扩大建设的工程项目。

C. 改建工程项目:企事业单位对原有设施、工艺条件进行改造的项目。我国规定,企业为消除各工序或车间之间生产能力的不平衡,增加或扩建的不直接增加本企业主要产品生产能力的车间为改建项目。现有企业、事业、行政单位增加或扩建部分辅助工程和生活福利设施,且并不增加本单位主要效益的,也为改建项目。

D. 迁建工程项目:原有企事业单位,为改变生产布局,迁移到另地建设的项目,不论其建设规模是企业原来的还是扩大的,都属于迁建项目。

E. 重建工程项目:因自然灾害、战争等原因,使已建成的固定资产的全部或部分报废以后又投资重新建设的项目。但是尚未建成投资的项目,因自然灾害损坏再重建的,仍按原项目看待,不属于重建项目。

F. 技术改造工程项目:企业采用先进的技术、工艺、设备和管理方法,为增加产品品种、提高产品质量、扩大生产能力、降低生产成本、改善劳动条件而投资建设的项目。

G. 技术引进工程项目:技术改造项目的一种,少数是新建工程项目,其主要特点是国外引进专利、技术许可证和先进设备,再配合国内投资建设的工程。

② 按建设规模划分的建设工程项目(见图1-3)。

按设计生产能力或投资规模划分的工程项目,分为大、中、小型项目,划分标准根据行业、部门不同而有不同的规定。

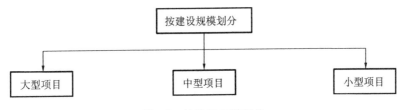

图 1-3　按建设规模划分

③ 按建设用途划分的建设工程项目(见图 1-4)。

建设工程项目按照建设用途划分为生产性建设工程项目和非生产性建设工程项目。

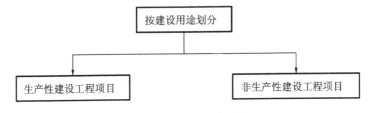

图 1-4　按建设用途划分

A. 生产性建设项目：如工业工程项目、运输工程项目、农田水利工程项目、能源工程项目等，即用于物资产品生产建设的工程项目。

B. 非生产性建设项目：指满足人们物质文化生活需要的工程项目。非生产性建设工程项目可分为经营性建设工程项目和非经营性建设工程项目。

④ 按资金来源划分的建设工程项目(见图 1-5)。

建设工程项目按照资金来源划分为国家预算拨款工程项目、银行贷款工程项目、企业联合投资工程项目、企业自筹工程项目、外资工程项目。

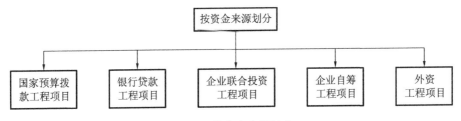

图 1-5　按资金来源划分

2. 建设工程项目管理

1) 建设工程项目管理的概念

建设工程项目管理，是指从事工程项目管理的企业，受工程项目业主方委托，对工程建设全过程或分阶段进行专业化管理和服务活动。

建设工程项目管理的目的是：自项目开始至项目完成，通过项目策划和项目控制，使项目的费用目标，进度目标和质量目标得以实现。

2) 建设工程项目管理的类型

在建设工程项目的决策和实施过程中，由于各阶段的任务和实施主体不同，构成了不同的建设工程项目管理类型，如图 1-6 所示。从系统工程的角度分析，每一类型的建设工程项目管理都是在特定条件下为实现整个建设工程项目总目标而设立的一个管理子系统。

(1) 业主方项目管理。业主方项目管理是全寿命周期的项目管理，包括项目决策与实

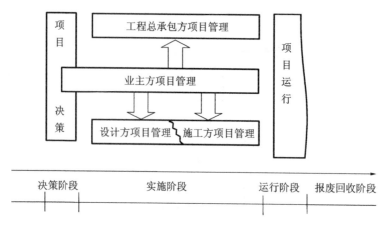

图 1-6　建设工程项目管理的类型

施阶段的各个环节。由于项目实施的一次性，使得业主方的自行管理存在很大的局限性。首先，业主方在技术和管理方面缺乏相应的配套力量；其次，即使是配备健全的管理机构，如果没有持续不断的项目管理任务，对业主方来说也是不经济的。为此，项目业主方需要专业化、社会化的项目管理单位为其提供项目管理服务。项目管理单位既可以为业主方提供全寿命周期的项目管理服务，也可以根据业主方需求提供分阶段的项目管理服务。

对于需要实施监理的建设工程项目，具有工程监理资质的项目管理单位可以为业主方提供项目监理服务，但这通常需要业主方在委托项目管理任务时一并考虑。当然，建设工程项目监理任务也可由项目管理单位协助业主方委托给其他具有工程监理资质的单位。

（2）工程总承包方项目管理。在项目设计、施工综合承包或设计、采购和施工综合承包的情况下，业主方在项目决策之后，通过招标择优选定总承包单位全面负责建设工程项目的实施过程，直至最终交付使用功能和质量标准符合合同文件规定的建设工程项目。由此可见，工程总承包方的项目管理贯穿于项目实施的全过程，既包括项目设计阶段，也包括项目施工安装阶段。

工程总承包方为了实现其经营方针和目标，必须在合同条件的约束下，依靠自身的技术和管理优势，通过优化设计及施工方案，在规定的时间内，保质、保量地全面完成工程项目的承建任务。

（3）设计方项目管理。勘察设计单位承揽到项目勘察设计任务后，需要根据勘察设计合同所界定的工作目标及责任义务，引进先进技术和科研成果，在技术和经济上对建设工程项目的实施进行全面而详尽的安排，最终形成设计图纸和说明书，并在施工安装过程中参与监督和验收。因此，设计方项目管理不仅仅局限于项目勘察设计阶段，而且要延伸到项目的施工阶段和竣工验收阶段。

（4）施工方项目管理。施工承包单位通过投标承揽到项目施工任务后，无论是施工总承包方还是分包方，均需要根据施工承包合同所界定的工程范围组织项目管理。施工方项目管理的目标体系包括质量（quality）、成本（cost）、工期（delivery）、安全和现场标准化（safety）和环境保护（environment），简称 QCDSE 目标体系。显然，这一目标体系既与建设工程项目的目标相联系，又具有施工方项目管理的鲜明特征。

（5）供货方项目管理。从建设工程项目管理的系统角度分析，建设材料和设备的供应工作也是实施建设工程项目的一个子系统。该子系统有明确的任务和目标、明确的约束条件以及与项目设计、施工等子系统的内在联系。因此,设备制造商、供应商同样需要根据加工生产制造和供应合同所界定的任务进行项目管理,以适应建设工程项目总目标的要求。

3) 建设工程项目管理的任务

建设工程项目管理的主要任务是在项目可行性研究、投资决策的基础上,对勘察设计、建设准备、施工及竣工验收等全过程的一系列活动进行规划、协调、监督、控制和总结评价,通过合同管理、组织协调、目标控制、风险管理等措施,保证建设工程项目质量、进度、费用目标得到实现。

(1) 目标控制。

① 费用控制。编制各阶段、各类投资计划和使用计划。主体不同,计划内容不同;阶段不同,成本控制的重要性不同。各主体都要研究图并采用科学的费用控制方法,将费用控制在各自的计划目标内。

② 进度控制。不同的主体编制或审核要满足各种需要和要求的进度计划,合理安排好各阶段建设顺序和持续时间,在实施中经常检查计划执行情况,并用科学的手段和方法对进度计划和实际执行结果进行对比和调整,将进度控制在要求的工期目标内。

③ 质量控制。不同主体要根据合同要求和国际有关标准和规定,在不同的建设阶段,对各自的建设工程项目质量进行监督和检查,使质量控制在目标范围内。

(2) 合同管理。

工程总承包合同、勘察设计合同、施工合同、材料设备采购合同、项目管理合同、监理合同、造价咨询合同等均是业主和参与项目实施各主体之间明确权利义务关系的具有法律效力的协议文件,也是市场经济体制下组织项目实施的基本手段。从某种意义上讲,项目的实施过程就是合同订立和履行的过程。合同管理主要是指对各类合同的订立过程和履行过程的管理,包括合同文本的选择,合同条件的协商、谈判,合同书的签署;合同履行的检查,变更和违约、纠纷的处理,总结评价等。

(3) 风险管理。

随着建设工程项目规模的大型化和技术的复杂化,业主及项目参与各方所面临的风险越来越多,遭遇的风险损失程度越来越大。为确保建设工程项目的经济效益,必须对项目风险进行识别,并在定量分析和系统评价的基础上提出风险对策。

(4) 职业健康安全管理。

项目职业健康安全管理是指通过对项目实施过程中致力于满足职业健康和安全生产所进行的一系列管理活动。包括安全制度、技术措施、安全教育、安全检查、制定项目职业健康及安全生产事故应急预案、安全事故处理等。职业健康安全管理管理应遵照《建设工程安全生产管理条例》和《职业健康安全管理体系》要求,坚持安全第一、预防为主和防治结合的方针,建立并持续改进职业健康安全管理体系。

(5) 信息管理。

信息管理是建设工程项目目标控制的基础,其主要任务就是及时、准确地向各层级领导、各参加单位及各类人员提供不同的信息,以便在项目进展的全过程中,动态地进行项目规划,迅速正确地进行各种决策,并及时检查决策执行结果。为了做好信息管理工作,应注意以下几点:① 建立完善的信息采集制度以收集信息;② 做好信息分类和流程设计工作,实现信息的科学检索和传递;③ 充分利用现有信息资源。

(6) 组织协调。

组织协调是实现项目目标必不可少的方法和手段。在项目实施过程中,各个项目参与单位需要处理和调整众多复杂的业务组织关系,主要包括:①外部环境协调,如与政府管理部门之间的协调、资源供应及社区环境方面的协调等;②项目参与单位之间的协调;③项目参与单位内部各部门、各层次及个人之间的协调。

1.1.3 我国建设工程项目管理的历史及发展趋势

1. 我国建设工程项目管理的历史

我国建设工程项目管理的实践历史悠久,如修建举世闻名的万里长城、京杭运河、都江堰和故宫等工程。

20世纪60年代中期,我国科学家华罗庚、钱学森等就开始致力于推广和应用项目管理的理论和方法。如在20世纪60年代研制战略导弹武器系统时,就引进了计划评审技术(PERT)。华罗庚教授还深入工程建设第一线推广应用PERT。

我国建设工程项目管理理论研究和应用从20世纪80年代开始进入一个新阶段,和国际惯例接轨的建设项目管理体制得到推行,建设工程项目管理的研究和教学活动开始蓬勃兴起。

1983年,我国云南鲁布革水电站引水工程按照国际惯例进行国际招标,实行项目管理,取得了缩短建设工期、降低工程造价的显著效果。此后,招标承包制在我国普遍推行,把竞争机制引入工程项目建设中,收到较好的效果。

20世纪80年代后期,为进一步和国际接轨,完善招标承包制,加强承发包合同管理,我国普遍推行了工程建设监理制,使工程项目管理体制进一步完善。先是提出了项目业主责任制,以适应社会主义市场经济体制。在这一基础上,又提出了建设项目法人责任制,对项目业主责任作了进一步的完善。

到20世纪末,我国工程建设领域广泛推行的"三制"逐步与社会主义市场经济体制的发展要求相适应,和国际基本接轨。"三制"的主要内容如下。

(1) 建设项目法人责任制。建设项目法人责任制要求项目法人对建设项目的策划、资金筹措、建设实施、生产经营、债务偿还和资产的增值保值,实行全过程负责。实行建设项目法人责任制后,在建设项目管理上要形成以项目法人为主体,项目法人向国家和投资各方负责,咨询、设计、监理、施工和物资供应等单位通过投标或接受委托,以合同为纽带,向项目法人提供服务或承包工程施工的一种新型的建设管理模式。

(2) 招标投标制。招标投标制是在市场经济体制下,工程建设领域分配建设任务的、具有竞争性的交易方式。实行招标投标制是发展社会主义市场经济的客观需要,它可促使建设市场各主体之间进行公平交易、平等竞争,以确保建设工程项目目标的实现。

(3) 工程建设监理制。建设监理制是实行工程项目招标,用合同的形式来连接项目法人和施工承包人关系的客观要求。目前,它主要由项目法人通过招标或委托的方式选择具有监理资质的法人对施工进行管理。实行建设监理制,可促进建设项目管理的社会化和专业化,及时解决施工合同履行过程中产生的矛盾和争端,促进项目管理水平的提高。

进入21世纪,我国建设工程项目管理又有新的发展,工程项目管理企业(PM)、工程项目管理承包(PMC)、合伙(partnering)、一体化管理等建设管理模式受到人们的重视,得到较多的研究和应用,20世纪末推广的"三制"也在不断地完善和发展,建设工程项目管理新技术的开发、研究与应用也广泛展开,出现勃勃生机。

2. 建设工程项目管理的发展趋势

为了适应建设工程项目大型化、项目大规模融资及分散项目风险等需求,建设工程项目管理呈现出集成化、国际化、信息化趋势。

(1) 项目管理集成化。在项目组织方面,业主由自行管理模式变为委托项目管理模式。由项目管理咨询公司作为业主代表或业主的延伸,根据其自身的资质、人才和经验,以系统和组织运作的手段和方法对项目进行集成化管理。

在项目管理理念方面,不仅注重项目的质量、进度和费用三大目标的系统性,更加强调项目目标的寿命周期管理。为了确保项目的运行质量,必须以全面质量管理的观点控制项目决策、设计和施工全过程的质量。项目进度控制不仅仅是项目实施(设计、施工)阶段的进度控制,而是包括决策在内的全过程控制。项目费用的全寿命周期管理是将项目建设的一次性投资和项目建成后的日常费用综合起来进行控制,力求项目全寿命周期成本最低,而不是追求项目建设的一次性投资最省。

(2) 项目管理国际化。随着经济全球化及我国经济的快速发展,在我国境内的跨国公司和跨国项目也越来越多,我国的许多项目已通过国际招标、咨询等方式运作,同时我国企业走出国门在海外投资和经营的项目也在不断增加。特别是我国加入WTO后,我国的行业壁垒正在逐步消除,国内市场国际化,国内外市场全面融合,使得建设工程项目管理的国际化正成为趋势和潮流。

(3) 项目管理信息化。伴随着网络时代和知识经济时代的到来,项目管理的信息化已成为必然趋势。欧美发达国家的一些建设工程项目管理中运用了计算机网络技术,开始实现项目管理网络化、信息化。此外,许多项目管理单位已开始大量使用项目管理软件进行项目管理,同时还从事项目管理软件的开发研究工作。

任务2 建设工程项目建设程序

1.2.1 建设工程项目全寿命和全过程管理

建设工程项目全寿命周期,是指建设工程项目从其寿命开始到寿命结束的时间。主要可以分为决策阶段、实施阶段(包括设计和施工阶段)、运行阶段、报废回收阶段。建设项目全寿命周期的各个阶段如图1-7所示。

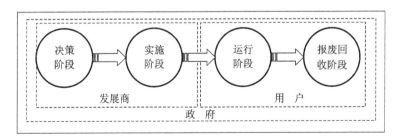

图1-7 建设项目全寿命周期的各个阶段

建设工程项目全过程管理,是指工程项目管理企业按照合同约定,在工程项目决策阶段,为业主编制可行性研究报告,进行可行性分析和项目策划;在工程项目设计阶段,负责完成合同约定的初步设计、施工图设计等工作;在项目施工阶段,进行采购管理、施工管理和竣工验收等服务,对工程项目进行费用、进度、质量、合同、风险、安全、信息等管理和控制。因此,全过程管理与全寿命周期管理的区别在于是否包括运行阶段和报废回收阶段。

建设工程项目各阶段资源投入是不断变化的,如图1-8所示。

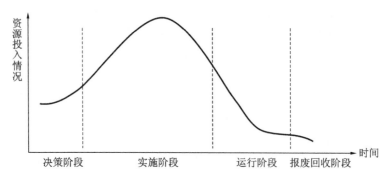

图 1-8　建设工程项目各阶段资源投入

(1) 决策阶段。

要做出正确的决策,需要高级专业技术人员深入细致的市场调查和技术经济分析,并且编制可行性研究报告,来辅助决策者进行判断和决策。所以,此阶段的资源计划主要是对人力资源的计划,给专业技术人员分工,明确其任务范围和要求,充分发挥其作用。而所需的材料和设备则起辅助作用,消耗量与人力资源相比也较少。决策阶段的资源投入占建设工程项目总资源投入量的1%～3%,虽然与施工阶段相比资源消耗较少,但对整个建设工程项目总体投资的影响程度却是最重要的。

(2) 实施阶段。

建设工程项目实施阶段包括设计阶段和施工阶段。建设工程项目设计工作需要各种专业工程师,还需要计算机(包括各类软件)、绘图仪器等设备,以及各种资料,如数据、规范、法律法规、专业书籍。此阶段的资源计划以人力资源计划为主。

施工阶段是建设工程项目实体的生产过程,所需资源主要包括:劳动力、建设材料和施工设备、临时设施以及后勤供应等。这些资源是建设工程项目实施必不可少的,它们的费用往往占工程总费用的80%以上,因此,做好对工、料、机的计划与控制是工程资源节约的主要途径。

(3) 运行阶段和报废回收阶段。

该阶段资源需求已接近尾声,主要是对各种资料的整理以及后评价等工作,资源需求量小。

与资源投入呈现的状态不同,建设工程项目各阶段对投资的影响如图1-9所示。

建设工程项目的各个阶段对项目的影响如下。

(1) 决策阶段。

决策阶段对工程造价的影响最大,可达90%以上。建设工程项目投资决策正确与否,直接关系到项目建设的成败,关系到工程造价的高低及投资效果的好坏。投资决策人员要充分了解影响工程造价的因素,做出合理的投资决策,以降低工程造价,提高投资效益。

(2) 实施阶段。

设计阶段对工程造价的影响程度很大,可达75%,虽然工程设计费用仅占工程全部费用的不到1%,但设计阶段对工程造价的影响却很大。因此,设计阶段是有效控制工程造价的重要阶段。

建设工程项目的施工阶段,由于工程设计已经完成,工程量已完全具体化,并完成了施

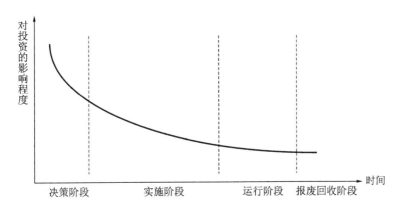

图 1-9 建设工程项目各阶段对投资的影响

工招标工作,签订了工程承包合同。这一阶段影响工程造价的可能性只有10%～15%,节约投资的可能性已经很小。但是,工程投资却主要发生在这一阶段,浪费投资的可能性则很大,因此,建设工程项目施工阶段工程造价的控制主要是加强合同管理,尽量减少设计变更,严格现场签证管理。

(3) 运行阶段和报废回收阶段。

运行阶段和报废回收阶段对投资影响非常小。

1.2.2 建设工程项目建设程序

建设工程项目建设程序是指在决策、实施、运行和报废回收的整个过程中,各项工作必须遵循的先后工作次序。建设程序是工程建设过程客观规律的反映,是建设工程项目科学决策和顺利进行的重要保证。

各个国家和国际组织在工程项目建设程序上可能存在着某些差异,但是按照建设工程项目发展的内在规律,投资建设一个项目都要经过投资决策和建设实施这些时期,各个发展时期又可分为若干个阶段,各个阶段之间存在严格的先后次序,可以进行合理的交叉,但不能任意颠倒次序。

1. 决策阶段工作内容

1) 编报项目建议书

项目建议书是拟建项目单位向国家提出的要求建设某一项目的建议文件,是对建设工程项目的轮廓设想。项目建议书的主要作用是推荐一个拟建项目,论述其建设的必要性、可行性,供国家选择并确定是否进行下一步工作。

对于政府投资项目,项目建议书按要求编制完成后,应根据建设规模和限额划分分别报送有关部门审批。项目建议书经审批通过后,可以进行详细的可行性研究工作,但并不表明项目非上不可,批准的项目建议书不是项目的最终决策。

根据"国务院关于投资体制改革的决定",对于企业不使用政府资金投资建设的项目,政府不再进行投资决策性质的审批,项目实行核准制或登记备案制,企业不需要编制项目建议书而可直接编制可行性研究报告。

2) 编报可行性研究报告

可行性研究是对建设工程项目在技术上是否可行和经济上是否合理进行科学的分析和论证。可行性研究工作完成后,需要编写反映其全部工作成果的"可行性研究报告"。

2. 实施阶段工作内容

1) 设计阶段

设计阶段一般划分为两个阶段,即初步设计和施工图设计。重大项目和技术复杂项目,可根据需要增加技术设计阶段。

① 初步设计。是根据可行性研究报告的要求所做的具体实施方案,目的是为了阐明在指定的地点、时间和投资控制数额内,拟建项目在技术上的可行性和经济上的合理性,并通过对建设工程项目所做出的基本技术规定,编制项目总概算。

初步设计不得随意改变被批准的可行性研究报告所确定的建设规模、产品方案、工程标准、建设地址和总投资等控制目标。如果初步设计提出的总概算超过可行性研究报告总投资的10%以上或其他主要指标需要变更时,应说明原因和计算依据,并重新向原审批单位报批可行性研究报告。

② 技术设计。应根据初步设计和更详细的调查研究资料编制,以进一步解决初步设计中的重大技术问题,如:工艺流程、结构体系、设备选型及数量确定等,使工程项目的设计更具体、更完善,技术指标更好。

③ 施工图设计。根据初步设计或技术设计的要求,结合现场实际情况,完整地表现建设项目外形、内部使用功能、结构体系、构造状况以及与周围环境的配合。它还包括各种运输、通信、管道系统的设计。在工艺方面,应具体确定各种设备的型号、规格及各种非标准设备的制造加工图。

2) 施工阶段

(1) 建设准备。

建设准备工作,是项目在开工建设之前要切实做好各项准备工作,其主要内容如下。

① 征地、拆迁和场地平整。

② 完成施工用水、电、通信、道路等接通工作。

③ 组织招标,选择工程监理单位、承包单位及设备、材料供应商。

④ 准备必要的施工图纸。

⑤ 工程质量监督手续和施工许可证的办理。建设单位完成工程建设准备工作并具备工程开工条件后,应及时办理工程质量监督手续和施工许可证。

(2) 施工。

建设准备完毕后,项目便开始施工。这个阶段是建成投产收回投资的关键环节。施工是施工企业按设计图纸要求,组织人力、物资进行工程项目的实施,该阶段是从图纸转化为实际产品的阶段。

(3) 竣工验收。

当建设工程项目按设计文件的规定内容全部施工完成之后,便可组织验收。通过竣工验收,可以检查建设工程项目实际形成的生产能力或效益,也可避免项目建成后继续产生费用。

3. 运行阶段工作内容

在全寿命周期中,运行阶段历时最长,在运行过程中,还需要对项目进行后评价。工程项目建设和运行是否达到投资决策时所确定的目标,只有经过生产经营或使用取得实际投资效果后,才能进行正确的判断;也只有在这时,才能对建设工程项目进行总结和评估,才能综合反映工程项目建设和管理各环节上工作的成效和存在的问题,提高建设工程项目管理能力。

4. 报废回收阶段工作内容

项目经鉴定其寿命周期达到"终点"后,将会变成废弃物,该阶段的工作及类型如图1-10所示。

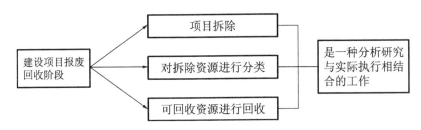

图1-10　建设项目报废回收阶段的工作及类型

(1) 在项目拆除过程中,要组织人员对拆除资源进行分类:分为可回收的资源和不可回收的资源,并对建设项目的废弃物分类收集。

(2) 组织人员或者送交专门部门将可回收利用的资源进行回收转化,使之成为再生资源或再生产品。在处理可回收的废弃物时要积极提高废弃物回收处理水平,使废弃物分类收集、分类运输和分类处理相互衔接,从而降低废弃物回收的处理成本和实现资源回收利用的目的。

任务3　建设工程项目参与各方的管理职能

一个建设工程项目从决策到建成投产,通常有多方的参与,如投资方、工程项目业主(项目法人)、设计方、施工承包方和供货方等,如图1-11所示。他们在项目中扮演不同的角色,发挥着不同的作用。

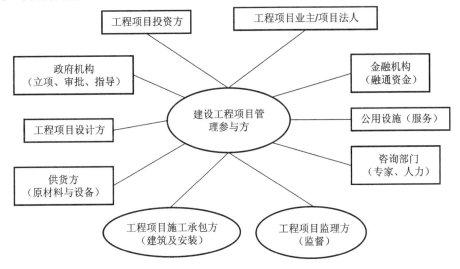

图1-11　建设工程项目的主要参与方

1.3.1 建设工程项目的投资方

建设工程项目投资方(investor)通过直接投资、发放贷款、认购股票等方式向建设工程项目经营者提供项目资金。投资者可以是政府、组织、个人、银行或众多的股东(组成股东和董事会),他们关心项目能否成功、能否盈利或能否收回本息。尽管他们的主要责任在投资决策上,但其管理的重点在项目启动阶段,此阶段采用的主要手段是项目评估,但是投资者要真正获取期望的投资收益仍需要对项目的全寿命周期进行监控和管理。

1.3.2 建设工程项目的业主方(项目法人)

除了自己投资、自己开发、自己经营的项目之外,一般情况下,建设工程项目的业主/项目法人(owner)是指项目最终成果的接收者和经营者。

工程项目法人是指对工程项目策划、资金筹措、建设实施、生产经营、债务偿还和资产保值增值,实行全过程负责的企事业单位或其他经济组织。

业主/项目法人在建设工程项目的全寿命周期起主导作用,其主要责任如表 1-1 所示。

表 1-1 业主/项目法人主要责任

全寿命周期阶段	主 要 责 任
决策阶段	① 进行项目可行性研究。 ② 筹集项目资金。 ③ 组织项目规划和实施,进行合同管理
实施阶段	① 接受和配合投资方对项目规划和实施阶段进行监控。 ② 与项目的相关人员进行沟通和协调。 ③ 竣工验收
运行阶段	① 使用。 ② 项目后评价
报废回收阶段	① 项目拆除。 ② 对拆除资源进行分类。 ③ 资源回收

1.3.3 建设工程项目的施工承包方

施工承包方在建设工程项目建设中的具体任务如下。

(1) 通过投标或协商,承揽工程建筑、安装或修缮任务。

(2) 按照承包合同要求,编制施工组织设计和施工计划,做好人力和物质准备工作,准备开工。

(3) 按照与业主商定的分工,做好材料与设备的采购、供应和管理工作。

(4) 严格按照设计图纸、规范规程和合同的要求进行施工,确保工程质量,保证在合同规定的工期内完成施工任务。

(5) 工程竣工前后,负责清理现场,按时提出完整的竣工验收资料,交工验收,并在合同规定的保修期内负责工程的维修。

(6) 对由其分包给其他施工企业的子项工程,负责施工监督和协调,使之满足合同规定的要求。

在我国对施工企业进行资质管理。将其分为施工总承包、专业承包和劳务分包三个序列。对这三个资质序列,按照工程性质、技术特点分别划分为若干资质类别(一般按行业分)。如对房屋建筑工程施工总承包企业,将其分为特级、一级、二级和三级4个等级。

1.3.4 建设工程项目的设计方

建设工程项目的设计方(designer),一般为设计单位,其按照与业主/项目法人签订的设计合同,完成相应的设计任务。设计单位在工程项目建设中的主要责任如表1-2所示。

表1-2 设计方主要责任

实施阶段		主要责任
实施阶段	设计准备	① 了解业主投资意图,参与设计方案竞赛或设计投标。 ② 设计谈判签约。 ③ 收集设计资料,研究设计思路
设计阶段	初步设计	① 总体设计。 ② 方案设计。 ③ 编制初步设计文件
设计阶段	技术设计	① 提出技术设计计划。 ② 编制技术设计文件。 ③ 参加初审,并做必要的修正
设计阶段	施工图设计	① 建筑、结构和设备的设计。 ② 专业设计协调。 ③ 编制设计文件。 ④ 校审会签
施工阶段	—	① 在图纸会审、技术交底会上介绍设计意图,并向承包人进行技术交底,答疑。 ② 必要时修正设计文件,督促按图施工。 ③ 参加隐蔽工程验收。 ④ 解决施工中的设计问题,参加工程竣工验收

我国对设计企业同样实行资质管理。将设计资质分为甲、乙、丙和丁4个等级,并对不同等级的设计企业规定了不同的业务范围。对于甲级设计企业,可以在全国范围内承担规定行业中大、中和小型工程项目的工程设计任务;乙级设计企业只能承接规定行业中、小型工程建设项目的工程设计任务;丙级设计企业只能承接规定行业中小型工程建设项目的工程设计任务;而丁级设计企业仅能承接规定行业中小型工程建设项目及零星工程建设项目的工程设计任务。

1.3.5 建设工程项目的监理方

建设工程项目的监理方,一般为建设监理公司或咨询公司,其按与业主方签订的监理或咨询合同,提供监理或咨询服务。

工程建设监理是我国20世纪80年代末出现的一种建设管理形式。工程建设监理公司是指具有工程建设监理资格等级证书、具有法人资格,从事工程建设监理业务的单位。监理公司受业主委托后一般都用合同约定的方式与业主签订工程建设监理委托合同,在监理委托合同中明确规定监理的范围、双方的权利和义务,监理合同争议的解决方式和监理酬金等。监理的服务范围由委托者的需要而定,可以包括项目建设前期阶段的可行性研究及项目评估,实施阶段的勘察、设计、招投标、施工等;可以是建设全寿命周期,也可以委托几个监理公司对不同阶段实施监理。

工程建设监理公司的具体业务内容如下。

(1) 投资控制。

监理公司主要是通过做好建设前期的可行性研究及投资估算,对设计阶段的设计标准、总概算、工程预算进行审查;施工准备阶段协助确定好标底和合同造价;施工阶段合理核实工程量,适当支付进度款,以及用控制索赔等手段来达到控制费用的目的。

(2) 进度控制。

进度控制过程中,应运用网络技术等手段,审查、修改施工组织设计与进度计划,并在工程实施中随时掌握工程进展情况,督促承包人按合同要求完成各项工期目标。

(3) 质量控制。

监理公司通过对设计或施工前各项基础条件的质量把关,设计或施工过程中的监督和审核,以及通过对最后设计的严格审查和施工验收,严格控制工程质量。

(4) 合同管理。

监理工程师应站在公正立场上,尽可能地调节业主和承包人双方在履行合同中出现的各种纠纷,维护当事人的合法权益,并利用合同这个手段实现工程项目控制,以期达到既定的项目目标。

(5) 安全管理。

安全管理包括编写安全监理方案和安全监理实施细则;审查施工单位安全生产管理组织机构;审核施工组织设计中的安全技术措施和专项施工方案是否符合工程建设强制性标准等。

(6) 信息管理。

信息管理的内容包括监理资料的收集、整理、编写、组卷和报送等。

(7) 组织协调。

建设项目在实施过程中,业主与设计单位、业主与承包人、设计单位和承包人以及承包人之间在许多工作的结合部位上,经常出现矛盾,这些矛盾通常由监理工程师去协调解决。

1.3.6 建设工程项目的咨询方

工程项目咨询比工程监理有更广泛的概念,甚至可以包括工程建设监理,是工程咨询公司为业主方提供的技术或管理方面的服务。工程咨询公司一般属智力密集、管理型的工程建设企业,凭借其技术和管理方面的能力、经验为业主提供服务,并按合同的约定获得相应的报酬。工程咨询公司提供的服务较为广泛,如工程项目的可行性研究、招标代理、合同策划、工程造价管理和重大技术或管理问题分析决策等。

1.3.7 建设工程项目的供货方

供货方作为项目建设的一个参与方,其项目管理主要服务于项目的整体利益和供货方本身的利益。其项目管理的目标包括供货方的成本目标、进度目标和质量目标。供货方的项目管理工作主要在施工阶段进行,但也涉及设计阶段、使用阶段。

供货方项目管理的主要任务包括供货安全管理、成本控制、进度控制、质量控制、合同管理、与供货相关的组织与协调。

1.3.8 建设工程项目的政府方

政府对建设工程项目的管理以相关的法律为依据,由有关的政府机构来执行强制性监督与管理。政府对建设工程项目的管理贯穿项目的全寿命周期,其管理的内容主要包括以下九个方面。

(1) 建设用地管理。
(2) 建设规划管理。
(3) 环境保护管理。
(4) 防火管理。
(5) 防洪管理。
(6) 有关技术标准、技术规范执行情况的审核。
(7) 建设程序管理。
(8) 施工中的安全、卫生管理。
(9) 建成后的使用许可管理。

在施工阶段,国家实行建设工程质量监督管理制度。工程质量监督管理的主体是各级政府建设行政主管部门和其他有关部门。

工程质量监督机构是经省级以上建设行政主管部门或有关专业部门考核认定,具有独立法人资格的单位。它受县级以上地方人民政府建设行政主管部门或有关专业部门的委托,依法对工程质量进行强制性监督,并对委托部门负责。工程质量监督工作的基本程序是:建设单位在工程开工前一个月,到监督站办理监督手续,提交勘察设计资料等有关文件;监督站在接到文件、资料后的 2 周内,确定该工程的监督员,通知建设、勘察、设计和施工单位,并提出监督计划。

1.3.9 建设工程项目的其他相关方

建设工程项目相关的其他主体包括:建设管理部门、环境管理部门和审计部门等,它们分别对建设工程项目质量、对环境的影响和建设资金的使用等方面进行管理。此外,还有工程招标代理公司、工程设备租赁公司、保险公司和银行等,它们均与建设工程项目业主签订合同,提供服务或产品等。

任务4 建设工程项目的管理模式

建设工程项目的管理模式就是各参与单位之间的相互组织关系。现阶段我国工程项目管理体制的基本框架是以工程项目为中心,以经济为纽带,以合同为依据,以项目法人为工程招标发包主体,以设计、施工为工程招标承包主体,以建设监理单位为咨询管理主体,相互协作、相互制约的三元主体结构。在此框架下,建设工程项目管理的模式主要有工程监理管理模式、建筑工程(CM)管理模式、项目(PM)管理模式。

1.4.1 工程监理管理模式

在工程监理管理模式中,业主分别与设计、施工、监理(管理)单位签订合同。工程监理(管理)单位作为工程项目施工承包合同之外独立的第三方,接受业主的委托,对工程项目建设施工阶段实施监督、管理、协调、控制。工程监理管理模式实现了项目的所有权与管理权的分离,业主只需要对项目制订目标、提出要求,并负责最后的验收即可。

在这种方式中,工程项目施工承包又可分为施工总包模式和平行承发包模式。

1. 施工总包模式

施工总包模式是目前广泛采用的建设工程项目承包方式。它由项目业主、监理工程师、总承包商三个经济上独立的单位来共同完成工程的建设任务。

工程项目施工总包模式:业主将施工发包给一个总承包商,要求总承包商承担其中主体工程或其中大部分工程的施工任务。经业主同意,总承包商可以把一部分专业工程或子项工程分给分包商。总承包商向业主承担整个工程的施工责任,并接受监理工程师的监督管理。分包商和总承包商签定分包合同,与业主没有直接的经济关系。总承包商除组织好自身承担的施工任务外,还要负责协调各分包商的工作,起总协调和总监督的作用。

在这种项目管理方式下,业主首先委托咨询、设计单位进行可行性研究和工程设计,并交付整个项目的施工详图,然后组织施工招标,最终选定一个施工总承包商,与其签订施工总承包合同,如图1-12所示。

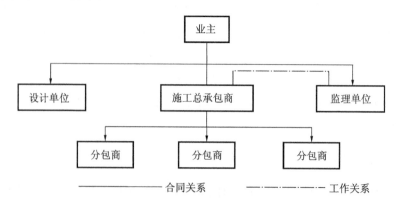

图1-12 工程项目施工总包模式

建设工程项目施工总包模式具有下列特点。

(1)施工合同单一,业主与施工总承包商之间的界面简单,协调和管理的工作量小。

(2) 设计深度要求高、设计周期长、设计变更多。
(3) 承包商的管理成本、风险成本增加,合同价增高。

2. 平行承发包模式

业主将施工、材料和设备采购等任务以直接发包、公开或邀请招标的方式,分别与若干个施工承包商以及材料和设备供应商签订合同,各承包商之间的关系是平等的。

采用这种发包方式,业主在可行性研究的基础上,首先要委托设计单位进行工程设计,与设计单位签订委托设计合同。设计单位按业主提出的分项招标进度计划要求,分别组织招标设计或施工图设计,业主据此分期分批组织采购招标,各个中标签约的承包商先后进点施工,每个承包商对业主负责,并接受监理监督,经业主同意,承包商可以将非主体、非关键性工程施工或劳务作业进行分包,如图1-13所示。

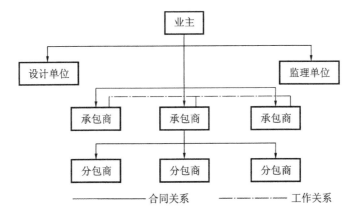

图1-13 工程项目平行承发包模式

建设工程项目平行承发包模式具有下列特点。
(1) 施工合同多,业主的协调工作量大。
(2) 引用竞争机制,降低合同价。
(3) 可以缩短建设周期。
(4) 设计变更多。

1.4.2 CM管理模式

建筑工程CM(construction management)模式,从工程开始阶段,业主就与具有施工经验的CM单位签订合同,使CM单位参与到工程实施过程中来,为设计人员提供施工方面的建议,但CM单位的工作重点是负责管理施工过程。

CM单位是承包商,而不是咨询单位,它可以直接参与施工活动,但又不同于普通的承包商,CM承包是管理型承包。

CM模式有咨询型CM和承包型CM两种形式。采用CM模式的关键前提是有丰富的施工经验和高水平的CM单位。

承包型CM和咨询型CM的组织形式如图1-14(a)和(b)所示。

1. 承包型CM

承包型CM单位是以总承包商的身份工作,可以直接进行分包的发包,并直接与分包商签订分包合同,但需获得业主的确认。

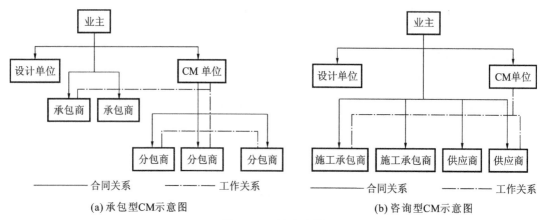

图 1-14 CM 示意图

2. 咨询型 CM

咨询型 CM 单位仅以业主代理人的身份参与工作,可以帮助业主进行分项施工招标,业主与各承包商签订施工合同,CM 单位与承包商没有合同关系。

咨询型 CM 和承包型 CM 与业主均采用成本加酬金合同的形式。不过,后者的合同价中包括工程成本和 CM 风险费用。

CM 模式的主要优点是缩短工期。

CM 模式适用于建设工程项目工期短、范围和规模等不确定因素多、设计变更可能性比较大、无法准确确定造价的建设工程。

1.4.3 项目管理模式

项目管理(project management,PM)模式:业主将建设工程项目委托给项目管理公司,项目管理公司根据合同约定,代表业主对建设工程项目进行全过程或若干阶段的管理。项目管理公司作为业主的代表,帮助业主作项目前期策划、可行性研究、项目定义、项目计划,以及工程实施的设计、采购、施工、试运行等工作。

根据项目管理公司承担的工作范围、合同中规定的权限和承担的责任不同,项目管理模式可分为承包型(PMC)和咨询型(PM)两种类型。它们的组织形式如图 1-15 和图 1-16 所示。

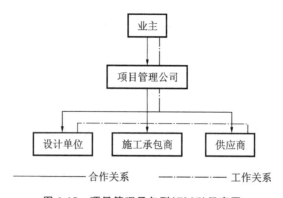

图 1-15 项目管理承包型(PMC)示意图

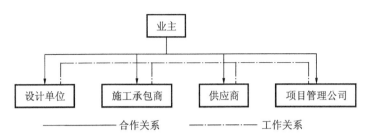

图 1-16　项目管理咨询(PM)示意图

1. 项目管理承包型(PMC)

项目业主与项目管理公司签订承包合同,项目管理公司代表业主管理项目,负责项目所有的设计、施工任务的发包,承包商与项目管理公司签订承包合同。项目管理公司也可以自己承担一些外界及公用设施的设计、采购、施工工作。这种项目管理模式中,项目管理公司承担的风险较大,利润较高。

2. 项目管理咨询型(PM)

项目管理公司按合同约定,代表业主参与建设工程项目全过程的管理。如在决策阶段为业主编制可行性研究报告,进行可行性分析和项目策划;在工程项目实施阶段,为业主提供招标代理、设计管理、采购管理、施工管理和试运行等服务,对建设工程项目进行质量、安全、进度、费用等管理。但与设计单位、施工承包商、供应商等只有工作关系,没有合同关系。这种项目管理模式的风险较低,收益相对固定。

CM 模式与项目管理(PM)模式的共同点如下。

(1) 必须由经验丰富的工程公司担当。

(2) 业主与项目管理公司、CM 单位之间的合同形式皆是成本加酬金的形式。

CM 模式与项目管理(PM)模式的不同点:在 CM 模式中,CM 单位工作重点是在施工阶段的管理;而在项目管理模式(PM)中,项目管理公司的工作任务可能会涉及整个项目建设过程,从决策、实施到项目竣工。

1.4.4　项目管理模式的选择

建设工程项目的管理模式由业主确定。业主一般应考虑下列因素后做出选择:建设工程项目的规模和性质、当时的建设市场状况、业主的协调管理能力、工程图纸的设计深度与详细程度。

CM 管理模式和项目管理模式,适用于高新技术项目或智能型建筑或业主凭借自身的资源和能力难以完成的项目。如果业主想要对项目有所控制,可以采用咨询型 CM 模式和咨询型项目管理模式。

施工总包模式适用于设计图纸比较详细、能够准确计算出工程量和造价的工程,因此,对于设计深度不够的项目就不能考虑用施工总包模式。

任务 5　施工组织设计的内容和编制方法

施工组织设计是对施工活动实行科学管理的重要手段,它具有战略部署和战术安排的双重作用。它体现了实现基本建设计划和设计的要求,提供了各阶段的施工准备工作内容,协调施工过程中各施工单位、各施工工种、各项资源之间的相互关系。通过施工组织设计，可以根据具体工程的特定条件，拟订施工方案、确定施工顺序、施工方法、技术组织措施，可以保证拟建工程按照预定的工期完成，可以在开工前了解到所需资源的数量及其使用的先后顺序，可以合理安排施工现场布置。因此，施工组织设计应从施工全局出发，充分反映客观实际，符合国家或合同要求，统筹安排施工活动有关的各个方面，确保文明施工、安全施工。

1.5.1 施工组织设计的基本内容

1. 施工组织设计的基本内容

施工组织设计的内容要结合工程对象的实际特点、施工条件和技术水平进行综合考虑，一般包括以下基本内容。

1）工程概况

（1）本项目的性质、规模、建设地点、结构特点、建设期限、分批交付使用的条件、合同条件。

（2）本地区地形、地质、水文和气象情况。

（3）劳动力、机具、材料、构件等资源供应情况。

（4）施工环境及施工条件等。

2）施工部署及施工方案

（1）根据工程情况，结合人力、材料、机械设备、资金、施工方法等条件，全面部署施工任务，合理安排施工顺序，确定主要工程的施工方案。

（2）对拟建工程可能采用的几个施工方案进行定性、定量的分析，通过技术经济评价，选择最佳方案。

3）施工进度计划

（1）施工进度计划反映了最佳施工方案在时间上的安排，采用计划的形式，使工期、成本、资源等方面，通过计算和调整达到优化配置，达到项目目标的要求。

（2）使工序有序地进行，使工期、成本、资源等通过优化调整达到既定目标，在此基础上编制相应的人力和时间安排计划、资源需求计划和施工准备计划。

4）施工平面图

施工平面图是施工方案及施工进度计划在空间上的全面安排。它把投入的各种资源、材料、构件、机械、道路、水电供应网络、生产、生活活动场地及各种临时工程设施合理地布置在施工现场，使整个现场能有组织的进行文明施工。

5）主要技术经济指标

技术经济指标用以衡量组织施工的水平，它对施工组织设计文件的技术经济效益进行全面评价。

2. 施工组织设计的分类及其内容

根据施工组织设计编制的广度、深度和作用的不同，可分为施工组织总设计、单位工程施工组织设计、分部（分项）工程施工组织设计。

1）施工组织总设计的内容

施工组织总设计是以整个建设工程项目为对象（如一个工厂、一个机场、一个道路工程、一个居住小区等)而编制的。它是对整个建设工程项目施工的战略部署,是指导全局性施工的技术和经济纲要。

施工组织总设计的主要内容如下。① 建设项目的工程概况。② 施工部署及其核心工程的施工方案。③ 全场性施工准备工作计划。④ 施工总进度计划。⑤ 各项资源需求量计划。⑥ 全场性施工总平面图设计。⑦ 主要技术经济指标(施工工期、劳动生产率、施工质量、施工成本、施工安全、机械化程度、预制化程度、暂设工程等)。

2) 单位工程施工组织设计的内容

单位工程施工组织设计是以单位工程(如一栋楼房、一段道路、一座桥等)为对象编制的,在施工组织总设计的指导下,由直接组织施工的单位根据施工图设计进行编制,用以直接指导单位工程的施工活动,是施工单位编制分部(分项)工程施工组织设计和季、月、旬施工计划的依据。单位工程施工组织设计根据工程规模和技术复杂程度不同,其编制内容的深度和广度也有所不同。对于简单的工程,一般只编制施工方案,并附以施工进度计划和施工平面图。

单位工程施工组织设计的主要内容如下。① 工程概况及施工特点分析。② 施工方案的选择。③ 单位工程施工准备工作计划。④ 单位工程施工进度计划。⑤ 各项资源需求量计划。⑥ 单位工程施工总平面图设计。⑦ 技术组织措施、质量保证措施和安全施工措施。⑧ 主要技术经济指标(工期、资源消耗的均衡性、机械设备的利用程度等)。

3) 分部(分项)工程施工组织设计的内容

分部(分项)工程施工组织设计针对某些特别重要、技术复杂的,或采用新工艺、新技术施工的分部(分项)工程,如深基础、无黏结预应力混凝土、特大构件的吊装、大量土石方工程、定向爆破工程等为对象编制的,其内容具体、详细,可操作性强,是直接指导分部(分项)工程施工的依据。

分部(分项)工程施工组织设计的主要内容如下。① 工程概况及施工特点分析。② 施工方法和施工机械的选择。③ 分部(分项)工程的施工准备工作计划。④ 分部(分项)工程的施工进度计划。⑤ 各项资源需求量计划。⑥ 技术组织措施、质量保证措施和安全施工措施。⑦ 作业区施工平面布置图设计。

1.5.2 施工组织设计的编制方法

1. 施工组织设计的编制原则

在编制施工组织设计时,宜考虑以下原则。① 重视工程的组织对施工的作用。② 提高施工的工业化程度。③ 重视管理创新和技术创新。④ 重视工程施工的目标控制。⑤ 积极采用国内外先进的施工技术。⑥ 充分利用时间和空间,合理安排施工顺序,提高施工的连续性和均衡性。⑦ 合理部署施工现场,实现文明施工。

2. 施工组织总设计和单位工程施工组织设计的编制依据

施工组织总设计的编制依据如下。① 计划文件。② 设计文件。③ 合同文件。④ 建设地区基础资料。⑤ 有关的标准、规范和法律。⑥ 类似建设工程项目的资料和经验。

单位工程施工组织设计的编制依据如下。① 建设单位的意图和要求,如工期、质量、费用要求等。② 工程的施工图纸及标准图。③ 施工组织总设计对本单位工程的工期、质量和成本的控制要求。④ 资源配置情况。⑤ 建设环境、场地条件及地质、气象资料,如工程地质勘测报告、地形图等。⑥ 有关标准、规范和法律。⑦ 有关技术新成果和类似建设工程项目的资料和经验。

3. 施工组织总设计的编制程序

施工组织总设计的编制通常采用如下程序。① 收集和熟悉编制施工组织总设计所需的资料和图纸,进行项目特点和施工条件的调查研究。② 计算主要工种工程的工程量。③ 拟定施工的总体部署。④ 拟定施工方案。⑤ 编制施工总进度计划。⑥ 编制资源需求量计划。⑦ 编制施工准备工作计划。⑧ 施工总平面图设计。⑨ 计算主要技术经济指标。

应该指出,施工中的有些步骤必须依据顺序,不可逆转。

(1) 拟定施工方案后才可编制施工总进度计划(因为进度的安排取决于施工的方案)。

(2) 编制施工总进度计划后才可编制资源需求量计划(因为资源需求量计划要反映各种资源在时间上的需求)。

但有些顺序可以根据具体项目而定,如确定施工的总体部署和拟定施工方案,两者有紧密的联系,往往可以交叉进行。

单位工程施工组织设计的编制程序与施工组织总设计的编制程序非常类似,不再赘述。

任务6　工程项目范围管理

一个建设工程项目的完成,需要经过多个单位参与,开展多阶段、多方面的工作,需要陆续交付多项成果。在此着重阐述怎样界定和管理工作范围,怎样确认这些可交付的成果,以及怎样控制其变动。

1.6.1　建设工程项目范围管理概念

1. 建设工程项目范围管理概念

"项目范围"包括两方面的含义:一是建设工程项目将要包括的性质和使用功能;二是实施并完成该建设工程项目而必须做的具体工作。

建设工程项目范围管理的对象应包括为完成项目所必需的专业工作和项目管理工作。

建设工程项目范围管理的内容包括范围界定、范围确认和范围控制,如图 1-17 所示。

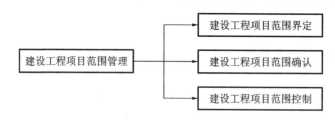

图 1-17　建设工程项目范围管理过程

2. 工程项目范围界定

1) 范围界定的目的

建设工程项目范围界定就是为了交付具有规定特性与功能的产品、服务或成果,把项目的可交付成果(一个主要的子项目)划分为较小的、更易管理的多个单元,其目的如下。

(1) 提高费用、时间和资源估算的准确性。

(2) 确定在履行合同义务期间对工程进行测量和控制的基准,即划分的独立单元要便于进度测量,目的是及时计算已发生的工程费用。

(3) 明确划分各单元的权力和责任,便于清楚地向外发包或者向各级组织分派任务,从组织上落实需要做的全部工作。

一个项目在不同的阶段,可能存在不同的合同类型,如工程设计合同、施工承包合同、安装合同等。每一种合同要求承包人提供的服务内容各异,合同履行期间应根据双方签订的合同,对这些服务的具体内容进行管理。因此,工作范围的界定就显得非常重要。

恰当的工作范围界定对成功地实施项目非常关键,反之,则可能由于工作内容不清楚而造成项目变更,导致项目费用超支,延长项目竣工时间,以及降低生产效率和挫伤工作人员的积极性。

2) 范围定义的方法

在范围界定时通常采用工作分解结构(work breakdown structure,WBS)的方法,有时也可采用专家判断、工程项目分析、备选方案识别、研讨会等方法中的一种或多种。本书着重介绍工作分解结构方法。

(1) 工作分解结构的概念和目的。

① 工作分解结构(WBS)的概念。

工作分解结构是一种层次化的树状结构,是以可交付成果为对象,将项目划分为较小和更便于管理的项目单元。计划要完成的全部工作包含在工作分解结构底层的项目单元中,以便安排进度、估算成本和实施监控。

工作分解结构每下降一个层次意味着对项目工作更详细的说明。通过控制这些项目单元的费用、进度和质量目标,使它们之间的关系协调一致,从而达到控制整个项目目标的目的。

不同的可交付成果会有不同层次的分解,为了达到易于管理的目的,有些可交付成果可能只需分解到第二层次,有些则需要分解到更多层次。

工作分解结构可以满足各级别的项目参与者的需要。工作分解结构与项目组织结构有机地结合在一起,有助于项目经理根据各个项目单元的技术要求,赋予项目各参与方、各部门和各职员相应的职责。同时,项目计划人员也可以对工作分解结构中的各个单元进行编码,以满足项目控制的各种要求。

例如,大型工程项目实施阶段的工作内容相当多,其工作分解结构通常可以分解为六级:一级为工程项目;二级为单项工程;三级为单位工程;四级为分部分项工程;五级为工作包;六级为作业或工序,如表1-3所示。

表1-3 大型工程项目工作分解结构

级别	名称	目的	特点	责任
一级	工程项目	用于授权	属于复合性的工作,与具体的职能部门无关	由业主做出规定
二级	单项项目	用于编制项目预算		
三级	单位工程	编制里程碑事件进度计划		
四级	分部分项工程	用于承包商的施工控制	由承包商完成	分派给某个人或某个作业队伍,由其唯一负责
五级	工作包			
六级	作业或工序			

第一级工程项目由多个单项工程组成,这些单项工程之和构成整个工程项目。每个单

项工程又可以分解成单位工程(第二级),这些单位工程之和构成该单项工程。以此类推,一直分解到第六级(或认为合适的等级)。

前三级一般由业主做出规定,更低级别的分解则由承包人完成并用于对承包人的施工进度进行控制。工作分解结构中的每一级都有其重要目的:第一级一般用于授权,第二级用于编制项目预算,第三级编制里程碑事件进度计划,这三个级别是复合性的工作,与具体的职能部门无关。再往下的三个级别则用于承包人的施工控制。工作包或工作应分派给某个人或某个作业队伍,由其唯一负责。工作分解结构将项目依次分解成较小的项目单元,直到满足项目控制需要的最低层次,这就形成了一种层次化的树状结构。这一树状结构将项目合同中规定的全部工作分解为便于管理的独立单元,并将完成这些单元工作的责任赋予相应的部门和人员,从而在项目资源与项目工作之间建立了一种明确的目标责任关系,这就形成了一种职能责任矩阵,如图 1-18 所示。

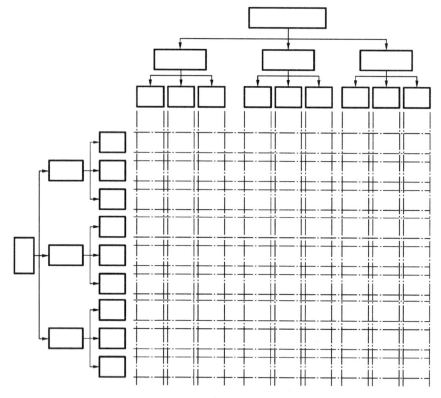

图 1-18 矩阵管理方法示意图

② 工作分解结构的目的。

将整个项目划分为相对独立的、易于管理的、较小的项目单元,以界定项目工作范围,这是工作分解结构的最主要目的。

③ 工作分解结构的作用。

A. 可将项目划分为多个合同,对外发包。

B. 向与项目有关的组织和个人分配任务。

C. 对项目费用和进度进行控制,即对每一活动做出较为详细的进度、费用估计,并进行资源分配,形成进度目标和费用目标,以便实施目标控制。

D. 确定项目需要完成的工作内容。

（2）工作分解结构的建立案例。

例如,某商住楼项目分解结构图如图1-19所示。

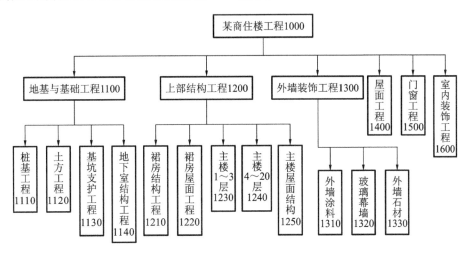

图1-19 某住宅楼项目分解结构图

1.6.2 建设工程项目范围确认

1. 范围确认的含义

范围确认是项目业主正式接收项目可交付成果的过程。此过程要求对项目在执行过程中完成的各项工作进行及时检查,保证正确、合格地完成合同规定的全部工作。范围确认可能涉及业主、咨询方、承包人等,在进行各专项验收,如环境评价、消防安全评价等,以及建设工程项目的最终验收时,可能还涉及各有关政府部门和第三方评价机构。

范围确认可分为中间确认(包括各专项验收评价)和最终确认。如果项目提前终止,范围确认过程也应确定和正式记录项目完成的水平和程度。

范围确认不同于质量控制,范围确认表示了业主是否接收完成的可交付成果,而质量控制则关注完成的可交付成果是否满足技术规范的质量要求。如果不是合同工作范围内的内容,即使满足质量要求也可能不为业主所接收。

2. 范围确认的依据

（1）完成的可交付成果。

对项目实施过程进行控制的工作内容之一是收集有关已经完成工作的信息,并将这些信息编入项目进度报告中。完成工作的信息表明已经完成或尚未完成可交付成果,达到质量标准的程度和已经发生的费用等。在项目建设周期的不同阶段,工作成果具有不同的表现形式,如表1-4所示。

表1-4 工程项目不同阶段工作成果的表现形式

全寿命周期阶段	工作成果的表现形式
决策阶段	项目建议书、可行性研究报告
实施阶段	设计图纸、项目实施的整体规划、项目采购计划、项目的招标文件、整个项目的交付使用

续表

全寿命周期阶段	工作成果的表现形式
运行阶段	项目验收报告和后评价报告
报废回收阶段	—

(2) 项目合同文件。

项目合同文件主要是指用来约束合同当事人的具有法律效力的文件,包括合同协议书、中标函、投标函、合同条件、技术规范、图纸以及其他在合同协议书中列明的文件。

尤其注意描述变更工作的各种文件,这些文件是对原合同相关文件的修改和更新,要依据最新版本的文件检查已完成工作。

(3) 评价报告。

评价报告是指按照我国工程项目建设程序的有关规定,由具有独立法人资格和相应资质的实体,或相应的政府机构,或专家组,对项目产生的工作成果进行独立评价后出具的评价报告。

(4) 工作分解结构。

工作分解结构方法定义项目的工作范围,是确认工作范围的主要依据之一。

3. 范围确认的结果

范围确认产生的结果就是对可交付成果的正式接收。业主根据合同中关于可交付成果接收的有关规定,一次或几次接收完成。业主可通过颁发正式的接收证书或表明其接收意思的类似文件表示其对完成的可交付成果的正式接收。

范围确认通常包括三种结果:完全接收、带缺陷接收和拒收。

完全接收表示完成的工作全部满足项目和合同要求。

带缺陷接收是指完成的工作在某些方面不符合项目和合同要求,在修补后仍然无法完全满足要求,但能实现项目的主要预期目标,业主同意予以接收,但会扣留因这些缺陷给其带来的损失费用。

拒收是指完成的工作不符合项目和合同要求,无法实现项目的预期目标,业主的投资将失去价值。

1.6.3 建设工程项目范围控制

1. 范围控制的含义

建设工程项目范围控制是指监督建设工程项目的工作范围状态和管理范围基准变更的全部过程。建设工程项目由于其性质复杂,且易受自然和社会环境的影响,加之投资方的偏好,使得变更不可避免。因此,建设工程项目范围管理中必须强制实施某种形式的变更控制,确保所有请求的变更、推荐的纠正措施或预防措施等进入变更控制系统,使得所有的变更得到控制。如果范围变更没有得到很好的控制,则势必导致费用超支、进度失控,出现决算超预算、预算超概算、概算超估算的"三超"现象。

在项目实施期间,项目业主有权对工程进行变更,这是一个惯例,即买方拥有变更权利。依据合同,变更的内容可能涉及增加合同工作,或从合同中删去某些工作,或对某些工作进行修改,或改变施工方法和方式,或改变业主提供的材料和设施的数量和规格等。

项目范围变更是项目变更的最重要内容,是指在实施合同期间项目工作范围发生的改变,如增加或删除某些工作等。范围变更控制任务如下。

(1) 确认范围必须变更。

(2) 对造成范围变更的因素施加影响以确保这些变化给项目带来益处。

(3) 当变更发生时对实际变更进行管理。

范围变更控制必须完全与其他的控制过程(如进度控制、费用控制、质量控制等)相结合才能收到更好的控制效果。在一般的施工合同中,并不区分变更属于项目范围变更,还是属于其他方面的变更(如工期变更),但是都单独列出变更条款,对工程变更做出明确的规定。

项目范围变更是指在实施合同期间项目工作范围发生的改变。

范围变更控制应注意以下事项。

(1) 确定范围必须变更。

(2) 对造成范围变更的因素施加影响以确保这些变化给项目带来益处。

(3) 当变更发生时对实际变更进行管理。

2. 范围变更控制的依据

1) 项目合同文件

在总承包项目或施工项目合同中,涉及工作范围描述的是技术规范和图纸。技术规范优先于图纸,当两者发生矛盾时,以技术规范规定的内容为准。

2) 进度报告

(1) 进度报告提供了项目范围执行状态的信息。

(2) 进度报告还可以对可能在未来引起不利影响的潜在问题向项目组织发出警示信息。

3) 变更令

形成正式变更令的第一步是提出变更请求,造成变更请求的原因如下。

(1) 外界的因素,如政府法规发生变化。

(2) 在定义项目范围方面出现错误或遗漏。

(3) 增值变化,如利用在定义项目范围时还未产生的新技术来加快进度、减少费用。

3. 项目范围控制

项目范围控制是指保证在预定的项目范围内进行项目的实施(包括设计、施工、采购等),对项目范围的变更进行有效控制,保证项目系统的完备性和合理性。项目组织应严格按照项目的范围和项目分解结构文件(包括设计、施工和采购)进行项目的范围控制。

项目范围控制一般应遵循以下程序。

1) 检查和记录

在项目实施过程中应经常跟踪检查和记录项目实施状况并建立相应文档,从而判断项目任务的范围、质量标准和工作内容等的变化情况。其检查内容包括两方面。

(1) 检查实施工作。检查实施过程中的相关文件、如计划、图样、技术性文件等。

(2) 检验工作成果。检查、实测和评价已完工程情况和相应的成本及预算。

2) 变更管理

一旦发现项目范围发生变化,应及时进行范围的变更并分析其影响程度,因为这种变更通常会涉及目标变更、设计变更、实施过程变更等,从而导致费用、工期和组织责任的变化以及实施计划的调整、索赔和合同争议等问题的产生。

项目范围变更管理应符合以下要求。

(1) 项目范围变更要有严格的审批程序和手续。主要方法是对范围变更控制系统进行硬性规定,一旦发生变更,必须按照规定程序完成。其主要程序包括范围计划文件、项目实施跟踪系统、项目范围变动申请的审批系统。

(2) 范围变更后应调整相关文件(进度、成本、质量等计划)。发生范围变更后应及时修正原项目工作分解结构,在此基础上调整、分析、确定新的相关计划,同时注意变更后各个新计划的责任落实问题。

(3) 组织对重大的项目范围变更应分析影响原因和影响程度,提出影响报告。

3) 审查与核实

在建设工程项目结束阶段或整个工程竣工时,在将项目最终交付成果(竣工工程)移交之前,应对项目的可交付成果进行审查,核实项目范围内规定的各项工作或活动是否完成交付成果是否完备。范围的确认需要进行必要的测量、考察和试验等活动。核实后的文档也可作为工程决算的依据。

4) 总结经验

项目结束后,组织应对项目范围管理的经验进行总结,以便能够对今后的项目范围管理工作不断地持续改进。

通常需要总结的内容如下。

(1) 项目范围管理程序和方法等方面的经验,特别是在项目设计、计划和实施控制工作中利用项目范围文件方面的经验。

(2) 本项目在范围确定、项目结构分解和范围控制等方面的准确性和科学性。

(3) 项目范围确定、界面划分、项目变更管理以及项目范围控制方面的经验和教训。

任务 7 建造师制度

目前我国的建造师执业资格制度主要有考试制度、注册制度、执业制度、继续教育制度和信用档案制度。这些制度的主要内容多以住房和城乡建设部的部门规章和规范性文件的形式予以规定和体现。

1.7.1 注册建造师的概念

为加强建设工程项目管理,提高建设工程施工管理专业人员素质,规范施工管理行为,保证工程质量和安全,根据《中华人民共和国建筑法》第 14 条的规定:"从事建筑活动的专业技术人员,应当依法取得相应的执业资格证书,并在执业资格证书许可的范围内从事建筑活动。"

2002 年 12 月 5 日,人事部、建设部联合印发了《建造师执业资格制度暂行规定》(简称《规定》),这标志着我国建造师执业资格制度的正式建立。该《规定》明确规定,我国的建造师是指从事建设工程项目总承包和施工管理关键岗位的专业技术人员。目前在我国建设工程领域内已建立了注册建筑师、注册结构工程师、注册建造师、注册监理工程师、注册造价工程师、注册房地产估价工程师、注册规划师等执业资格制度。

1.7.2 建造师的定位

建造师是以专业技术为依托、以建设工程项目管理特别是以施工管理为业的执业注册人员。建造师是懂管理、懂技术、懂经济、懂法规,综合素质较高的复合型人员,既要有理论水平,也要有丰富的实践经验和较强的组织能力。

建造师注册受聘后,可以注册建造师的名义担任建设工程项目施工的项目经理,从事其他施工活动的管理,从事法律、行政法规或国务院建设行政主管部门规定的其他业务。

注册建造师是指通过考核认定或考试合格取得中华人民共和国建造师资格证书,并按照规定进行注册,取得中华人民共和国建造师注册证书和执业印章,担任施工单位项目负责人及从事相关活动的专业技术人员。未取得注册证书和执业印章的,不得担任大中型建设工程项目的施工单位的项目负责人,不得以注册建造师的名义从事相关活动。

注册建造师担任施工项目负责人是以管理者身份而非技术者身份,并且是综合管理者而非单一管理者,代表企业负责工程建设的全面、全过程和全员管理,在整个工程建设项目管理团队中起着核心作用,在工程建设管理过程中发挥着计划、组织、协调和指挥的功能。

1.7.3 建造师与项目经理的关系

项目经理是建设业企业实施建设工程项目管理任务而设置的一个岗位职务;建造师是获得从事建设工程管理执业资格的专业技术人员,是一种专业人士的名称。

建造师执业资格制度建立以后,承担建设工程项目施工的项目经理仍是承包人所承包某一具体工程的主要负责人,职责是根据企业的授权,对建设工程项目自开工准备至竣工验收,实施全面的组织管理。而大中型工程项目的项目经理必须取得建造师执业资格的建造师担任,建造师在所承担的具体工程项目中行使项目经理职权。注册建造师资格是担任大中型工程的项目经理之必要条件。建造师必须按照《建造师执业资格制度暂行规定》的规定,经统一考试和注册后才能从事担任项目经理等相关活动,是国家的强制性要求,而项目经理的聘任是企业的行为。

1.7.4 建造师的级别划分

建造师分为一级建造师和二级建造师。

大中型工程施工项目负责人必须由本专业注册建造师担任。一级注册建造师可以担任大、中、小型工程施工项目负责人,二级注册建造师可以担任中、小型工程施工项目负责人。

1.7.5 建造师专业划分

为了适应各类工程项目对注册建造师专业技术的要求,保持与现行建筑业企业资质管理制度和现行建设工程管理制度相衔接,充分发挥各有关专业部门的作用,建造师实行分专业管理。

一级注册建造师分为建筑工程、公路工程、铁路工程、民航机场工程、港口与航道工程、水利水电工程、矿业工程、机电工程、市政公用工程、通信与广电工程十个专业。

二级注册建造师分为建筑工程、公路工程、水利水电工程、矿业工程、机电工程、市政公用工程六个专业。

【单元小结】

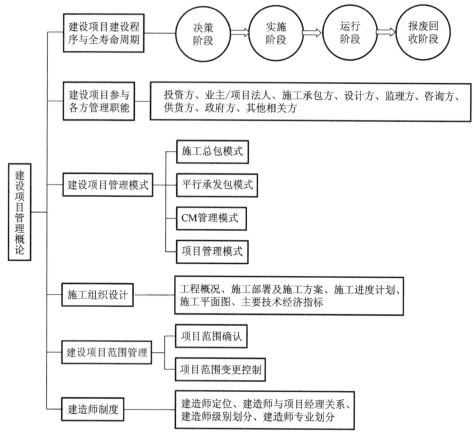

【复习题】

一、单选题

1. 大中型工程项目是由多个（　　）组成的。
   A. 单项工程　　　　B. 单体工程　　　　C. 单位工程　　　　D. 分项工程
2. 建设工程项目的全寿命周期包括项目的（　　）。
   A. 可行性研究阶段、设计阶段、施工阶段、报废回收阶段
   B. 可行性研究阶段、施工阶段、使用阶段、报废回收阶段
   C. 决策阶段、实施阶段、保修阶段、报废回收阶段
   D. 决策阶段、实施阶段、运行阶段、报废回收阶段
3. 设计方的项目管理工作主要在（　　）进行。
   A. 决策阶段　　　　B. 设计阶段　　　　C. 施工阶段　　　　D. 运行阶段
4. 作为工程项目建设的参与方之一，供货方的项目管理工作主要是在（　　）进行。
   A. 设计阶段　　　　B. 施工阶段　　　　C. 保修阶段　　　　D. 动用前准备阶段
5. 供货方项目管理的目标包括供货方的成本目标、供货的进度目标和供货的（　　）。
   A. 投资目标　　　　B. 财务目标　　　　C. 销售额目标　　　　D. 质量目标
6. 监理单位与项目法人之间是委托与被委托的（　　）。
   A. 雇佣关系　　　　　　　　　　　　　　B. 合同关系
   C. 买卖关系　　　　　　　　　　　　　　D. 监理与被监理关系

7.按照国际工程的惯例,当建设工程采用施工总承包时,(　　)应对分包工程的工期目标和质量目标负责。
　　A.业主方　　　　　　　　　　B.监理方
　　C.施工总承包方　　　　　　　D.劳务分包方
8.施工组织总设计以(　　)为对象而编制,是指导全局性施工的技术和经济纲要。
　　A.单项工程　　　　　　　　　B.单位工程
　　C.分部工程　　　　　　　　　D.整个建设工程项目
9.下列关于项目工作分解结构的表述中,错误的是(　　)。
　　A.工作分解结构是一种层次化的树状结构
　　B.工作分解结构可以满足各级别的项目参与者需要
　　C.工作分解结构不能对工程项目的范围进行定义
　　D.工作分解结构可以与项目组织结构有机结合
10.在建设工程项目施工中处于中心地位,对建设工程项目施工负有全面管理责任的是(　　)。
　　A.项目总监理工程师　　　　　B.派驻施工现场的业主代表
　　C.施工企业项目经理　　　　　D.施工现场技术负责人
11.施工企业项目经理在承担工程项目施工的管理过程中,不属于其在项目管理方面任务的是(　　)。
　　A.施工安全管理　　　　　　　B.施工进度控制
　　C.工程合同管理　　　　　　　D.工程投资控制
12.建造师是一种专业人士的名称,而项目经理则是一个(　　)的名称。
　　A.专业人士　　B.工作岗位　　C.技术岗位　　D.职业
13.取得建造师注册证书的人员是否担任工程项目施工的项目经理,应由(　　)决定。
　　A.政府主管部门　　B.业主　　C.施工企业　　D.行业协会
14.在我国,建造师是一种(　　)的名称。
　　A.工作岗位　　B.技术职称　　C.管理人士　　D.专业人士

二、多选题

1.按建设工程项目不同参与方的工作性质和组织特征划分,项目管理可分为(　　)。
　　A.业主方的项目管理　　B.设计方的项目管理　　C.施工方的项目管理
　　D.供货方的项目管理　　E.监理方的项目管理
2.业主方项目管理服务于业主的利益,其项目管理的目标包括(　　)。
　　A.项目的投资目标　　B.项目的进度目标　　C.项目的质量目标
　　D.项目的成本目标　　E.项目的利润目标
3.施工方项目管理的任务包括(　　)。
　　A.施工安全管理　　B.施工成本控制　　C.施工进度控制
　　D.施工合同管理　　E.信息管理
4.建设工程项目的全寿命周期包括(　　)。
　　A.决策阶段　　B.实施阶段　　C.运行阶段
　　D.可行性研究阶段　　E.报废回收阶段
5.在国际上,项目管理咨询公司(咨询事务所)可以接受(　　)的委托,提供代表委托方利益的项目管理服务。

A. 业主方　　　　　B. 设计方　　　　　C. 施工方
D. 供货方　　　　　E. 国家统计部门

6. 政府对建设工程质量监督的职能主要有(　　)。

A. 制定行业质量管理规程　　B. 监督工程建设参与各方主体的质量行为
C. 监督检查工程实体质量　　D. 监督工程质量验收
E. 认证施工项目的质量管理体系

三、简答题

1. 建设工程项目的组成是什么？
2. 我国建设工程项目的全寿命周期一般分哪几个阶段？
3. 项目管理模式应如何选择？

单元 2　建设工程项目组织与管理

【知识目标】
- 了解组织的基本原理。
- 熟悉工程项目组织结构类型及优缺点、项目经理部岗位职责。
- 掌握项目经理责任制。
- 了解组织协调的概念,理解内部关系的组织协调、近外层的组织协调和远外层的组织协调的内容。

【能力目标】
- 能独立设置项目经理部岗位。
- 能编制项目组织机构。
- 能对工程项目施工过程中出现的问题进行沟通协调。

B施工单位通过投标获得了某项目的承包权,B施工单位任命王松为这个项目的项目经理,该项目实行项目经理责任制。王松要负责设立项目经理部,采取哪种组织结构形式,项目经理部应设哪些部门,各部门的人员安排,各岗位职责规定,王松都进行了周密的安排。在整个项目的施工期间,项目经理作为内部、外部关系的协调纽带发挥了应有的作用,项目得以按时竣工,交付使用。

设立项目经理部,采取哪种组织结构形式,项目经理部应设哪些部门,各部门应设哪些岗位,各岗位职责如何规定,本单元将详细阐述。

任务 1　建设工程项目组织概述

2.1.1　组织的基本原理(组织论)

1. 组织论和组织工具

(1) 组织论是一门学科,它主要研究系统的组织结构模式、组织分工和工作流程组织,如图2-1所示。它是与项目管理学相关的一门非常重要的基础理论学科。

组织结构模式反映一个组织系统中各子系统之间或各元素(各工作部门或各管理人员)之间的指令关系。指令关系指的是哪一个工作部门或哪一位管理人员可以对哪一个工作部门或哪一位管理人员下达工作指令。

组织分工反映一个组织系统中各子系统或各元素的工作任务分工和管理职能分工。组织结构模式和组织分工都是一种相对静态的组织关系。

工作流程组织反映一个组织系统中各项工作之间的逻辑关系,是一种动态关系。

(2) 组织工具是组织论的应用手段,用图或表等形式表示各种组织关系,它包括:① 项目结构图;② 组织结构图(管理组织结构图);③ 工作任务分工表;④ 管理职能分工表;⑤ 工作流程图等。

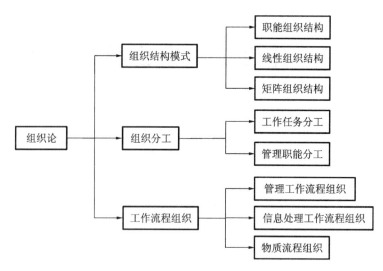

图 2-1 组织论的基本内容

2. 组织与组织构成因素

(1) 组织的概念。组织是为了使系统达到特定目标而使全体参与者经分工协作及设置不同层次的权力和责任制度构成的一种的组合体。它包含三个方面的意思。① 目标是组织存在的前提。② 组织以分工协作为特点。③ 组织具有一定层次的权力和责任制度。

(2) 组织构成因素。组织构成形成组织结构。组织内部构成和各部分间所确立的较为稳定的相互关系和联系方式,称为组织结构。组织由管理层次、管理跨度、管理部门、管理职能四大因素构成,呈上小下大的形式,相互制约。

① 管理层次。是指从组织的最高管理者到最基层的实际工作人员的等级层次的数量。管理层次可以分为三个层次,即决策层、协调层(执行层)、操作层,三个层次的职能要求不同,表示不同的职责和权限,由上到下权责递减,人数却递增。

② 管理跨度。是指一个主管直接管理下属人员的数量。跨度的大小又和分层多少有关,一般来说,管理层次增多,跨度变小;反之,层次少,跨度变大,如图 2-2 所示。

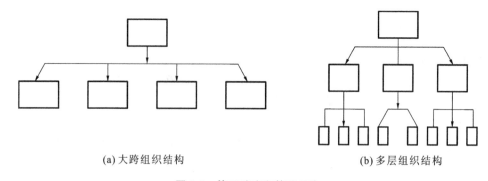

(a) 大跨组织结构　　(b) 多层组织结构

图 2-2 管理跨度和管理层次

③ 管理部门。按照类别对专业化分工的工作进行分组,以便对工作进行协调,即为部门化。组织中各部门的合理划分对发挥组织效能非常重要,如果划分不合理,就会造成控制、协调困难,浪费人力、物力、财力。

④ 管理职能。组织机构设计确定的各部门的职能,在纵向要使指令传递、信息反馈及时,在横向要使各部门相互联系、协调一致。

2.1.2 组织设计原则

组织设计原则是根据组织结构设计的理论,在大量实践的基础上总结出来的。在现场施工组织设计中,一般应考虑以下基本原则。

(1) 集权与分权相结合的原则。

在现场项目组织设计中,要根据组织的实际需要来决定集权与分权的程度。组织采取集权还是分权的形式,要根据工作的性质与重要程度、管理者的数量与控制能力、组织规模和外部环境的变化情况等因素决定。

(2) 分工与协作相统一原则。

分工就是按照提高专业化程度和工作效率的要求,把现场组织的任务和目标进行合理分解,明确规定各层次、各个部门乃至个人的工作内容、工作范围以及完成工作的手段、方式和方法;协作就是要明确部门与部门之间、部门内部人与人之间的协调关系和配合方法。

(3) 管理跨度和管理层次相统一原则。

管理跨度与管理层次是相互制约的。管理跨度与管理层次统一,要根据组织的内部条件和外部环境的不同来综合权衡,适当确定。

(4) 责、权、利对等原则。

责、权、利对等原则就是在组织中明确划分职责、权力、利益,且职责、权力、利益是对等的关系。责、权、利不对等就可能损伤组织的效能,权大于责容易导致滥用职权,危及整个组织系统的运行,责大于利容易影响管理人员的积极性、主动性、创造性,使组织缺乏活力。

(5) 才职相称原则。

每项工作都需要完成该工作所需的相应专业知识和技能。组织分工不同,则对完成该工作的专业知识和技能的需求不同。每个人能够与他现有或可能有的才能与职务上的要求相适应,做到才职相称,人尽其才,才得其用,用得其所。

(6) 效益原则。

任何组织的设计都是为了获得更高效益,现场组织设计必须坚持效益原则。组织结构中部门、人员都要围绕组织目标充分协调,组成最适宜的组织结构,做到精干高效,使人有事干,事有人管,保质保量,负荷饱满,效益更高。

(7) 稳定性与适应性相结合原则。

为保证组织的高效和正常运行,组织应保持相对的稳定性。贯彻稳定性与适应性相结合的原则应该是在保持稳定性的基础上进一步加强和提高组织的适应性。

2.1.3 组织活动基本原则

组织活动基本原则如下。

(1) 要素有用性原则。

运用要素有用性原则,首先应看到人力、物力、财力等因素在组织活动过程中的有用性,充分发挥各要素的作用,根据各要素作用的大、小、主、次、好、坏进行合理安排、组合和使用,做到人尽其才、财尽其利、物尽其用,尽最大可能提高各要素的有用率。一切要素都有作用,这是要素的共性,然而要素不仅有共性,而且还有个性。

(2) 动态相关性原则。

组织系统处在静止状态是相对的,处在运动状态则是绝对的。组织系统内部各要素之间既相互联系,又相互制约;既相互依存,又相互排斥;充分发挥相关因子的作用,是提高组织管理效应的有效途径。整体效应不等于其各局部效应的简单相加,各局部效应之和与整体效应不一定相等,这就是动态相关性原则。

（3）主观能动性原则。

人是生产力中最活跃的因素,组织管理者的重要任务就是要把人的主观能动性发挥出来,当能动性发挥出来的时候就会取得很好的效果。

（4）规律效应性原则。

规律与效应的关系非常密切,一个成功的管理者懂得只有努力揭示规律,才有取得效应的可能,而要取得好的效应,就要主动研究规律,坚决按规律办事。

任务 2　建设工程项目组织工具

2.2.1　建设工程项目结构图

项目结构图是一个组织工具,它通过树状图的方式对一个项目的结构进行逐层分解,以反映组成该项目的所有工作任务,如图 2-3 所示。项目结构图中,矩形表示工作任务(或第一层、第二层子项目等),矩形框之间的联系用连线表示。

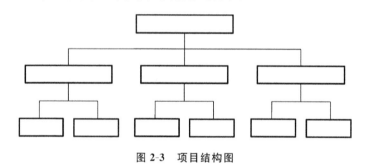

图 2-3　项目结构图

2.2.2　建设工程项目组织结构图

对一个项目的组织结构进行分解,并用图的方式表示,就形成项目组织结构图或称项目管理组织结构图,如图 2-4 所示。项目组织结构图反映一个组织系统(如项目管理班子)中各子系统之间和各元素(如各工作部门)之间的组织关系,反映的是各工作单位、各工作部门和各工作人员之间的组织关系。

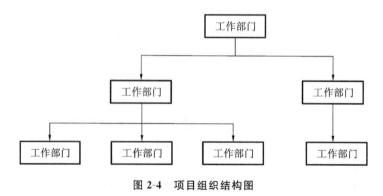

图 2-4　项目组织结构图

1. 职能制组织结构

职能制组织结构是依据泰勒的管理思想,强调职能专业分工,因此,该组织系统是以职能作为划分部门的基础,将管理的职能授权给不同的职能部门,如图 2-5 所示。其优点是:专业分工强,有利于发挥专业人才的作用。其缺点是:政出多门,命令源多,各职能部门之间难以协调。

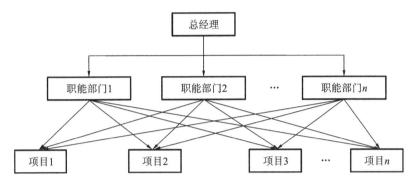

图 2-5 职能制组织结构

2. 线性组织结构

线性组织结构也称直线式组织结构,如图 2-6 所示。其优点是:权利系统自上而下形成直线控制,下级只对一个上级负责,命令源唯一,权责分明,类似军队组织系统。其缺点是:专业分工差,横向联系困难。

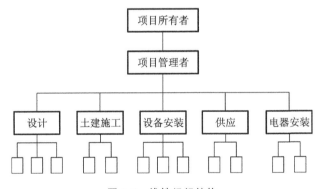

图 2-6 线性组织结构

3. 矩阵组织结构

矩阵组织结构是一种较新的组织结构模式。在该组织结构中,纵向工作部门一般是人、财、物、产、供、销等专业职能部门,而横向工作部门是各子项目部,如图 2-7 所示。其特点是:纵向工作部门是永久性的,而横向工作部门是临时性的;矩阵中的每个部门或成员都要接受原职能部门和项目经理的双重领导。

1) 矩阵组织结构的优点

(1) 兼有部门控制和工作队式两种组织的优点,解决了传统模式中企业组织和项目组织互相矛盾的状况,求得了企业长期例行管理和项目一次性管理的一致性。

(2) 通过职能部门的协调,一些项目上的闲置人员可以及时转移到其他项目上,尽可能减少企业人力资源的浪费,实现多个项目管理的高效率。

(3) 有利于人的全面培养。横向上,不同知识背景的人在合作中相互取长补短,纵向上

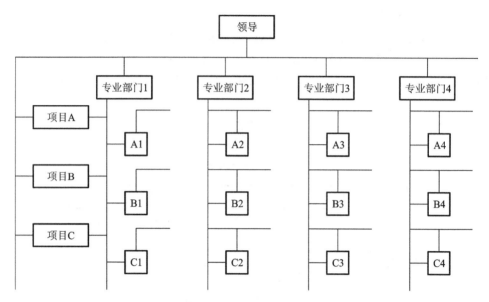

图 2-7　矩阵组织结构

发挥各自的专业优势。

2）矩阵组织结构的缺点

(1) 由于人员来自各职能部门，且仍受职能部门控制，故在项目上的凝聚力减弱，往往使项目组织的作用发挥受到影响。

(2) 双重领导。如果双方领导之间意见或目标不一致时，则使当事人无所适从。为防止该问题发生，必须加强项目经理和专业职能部门之间的沟通，使当事人在确定的时间段内接受的命令源是唯一的。

(3) 对项目经理的个人素质(管理水平、领导魅力、协调能力等)要求较高。

2.2.3　工作流程组织

工作流程组织包括如下几方面。

(1) 管理工作流程组织，如投资控制、进度控制、合同管理、付款和设计变更等流程。

(2) 信息处理工作流程组织，如与生成月度进度报告有关的数据处理流程。

(3) 物资流程组织，如钢结构深化设计工作流程，弱电工程物资采购工作流程，外立面施工工作流程等。

1. 工作流程组织的任务

每一个建设项目应根据其特点，从多个可能的工作流程方案中确定以下几个主要的工作流程组织。

(1) 设计准备工作流程。

(2) 设计工作的流程。

(3) 施工招标工作流程。

(4) 物资采购工作流程。

(5) 施工作业的流程。

(6) 各项管理工作(投资控制、进度控制、质量控制、合同管理等)的流程。

(7) 与工程管理有关的信息处理的流程。

这也就是工作流程组织的任务,即定义工作的流程。

工作流程图应视需要逐层细化,如投资控制工作流程可细化为初步设计阶段投资控制工作流程图、施工图阶段投资控制工作流程图和施工阶段投资控制工作流程图等。

业主方和项目各参与方,如工程管理咨询单位、设计单位、施工单位和供货单位等,都有各自的工作流程组织的任务。

2. 工作流程图

工作流程图用图的形式反映一个组织系统中各项工作之间的逻辑关系,它可用以描述工作流程组织。工作流程图是一个重要的组织工具,如图 2-8 所示。工作流程图用矩形框表示工作(见图 2-8(a)),箭线表示工作之间的逻辑关系,菱形框表示判别条件。可用图 2-8(b)的方式表示工作和工作的执行者。

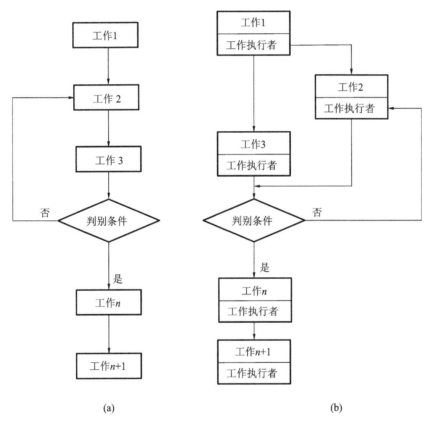

图 2-8 工作流程图

2.2.4 合同结构图

合同结构图反映业主方和项目各参与方之间,以及项目各参与方之间的合同关系。通过合同结构图可以非常清晰地了解一个项目的具体内容并了解项目各参与方的合同关系。

如果两个单位之间有合同关系,在合同结构图中用双向箭线联系,如图 2-9 所示。在项目管理的组织结构图中,如果两个单位之间有管理指令关系,则用单向箭线联系。

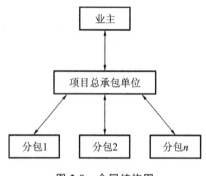

图 2-9 合同结构图

2.2.5 项目结构图、组织结构图和合同结构图的区别

项目结构图、组织结构图和合同结构图的区别如表 2-1 所示。

表 2-1 项目结构图、组织结构图和合同结构图的区别

	表达的含义	图中矩形框的含义	矩形框连接的表达
项目结构图	对一个项目的结构进行逐层分解,以反映组成该项目的所有工作任务(该项目的组成部分)	一个项目的组成部分	直线
组织结构图	反映一个组织系统中各组成部门(组成元素)之间的组织关系(指令关系)	一个组织系统中的组成部分(工作部门)	单向箭线
合同结构图	反映一个建设项目各参与方的合同组织关系	一个建设项目的参与单位	双向箭线

任务 3 项目经理责任制

2.3.1 项目经理

项目经理是项目全过程的负责人,是项目实施的最高责任者和组织者。建设工程项目管理实行项目经理负责制。

1. 项目经理的设置

项目经理是企业法人代表在项目上派出的全权代表,这就决定了项目经理在项目管理上的中心地位。项目经理包括建设单位的项目经理、受业主委托代业主进行项目管理的咨询机构的项目经理、设计单位的项目经理和施工单位的项目经理等四种类型。

(1) 建设单位的项目经理。

业主的项目经理即投资单位领导和组织一个完整工程项目建设的总负责人。

(2) 咨询机构的项目经理。

当项目比较复杂而业主又没有足够的人员组建一个能胜任管理任务的管理班子时,就要委托咨询机构来组建一个代自己进行项目管理的管理班子,咨询公司所派出的项目管理总负责人即为项目经理。

(3) 设计单位的项目经理。

设计单位项目经理即设计单位领导和组织一个工程项目设计的总负责人。设计单位的项目经理对业主的项目经理负责,从设计角度控制工程项目的总目标。

(4) 施工单位的项目经理。

施工单位的项目经理即施工企业法定代表人在承包的建设工程施工项目上的委托代理人。他是工程项目施工的总负责人,是施工项目经理部的最高责任人和组织者。

2. 建设项目经理和施工项目经理的任务和职责

不同建设主体的项目经理,因其代表的利益不同,承担工作的范围不同,其任务和职责不可能完全相同,但他们都有统一的目标体系,无论哪一个建设主体的项目经理其基本任务和职责都是有共性的。这里主要介绍建设单位和施工单位项目经理的任务及职责。

1) 建设单位项目经理任务和职责

(1) 建设单位项目经理任务是实现建设单位的意图,进行建设项目的组织协调、目标控制、合同管理、信息管理和安全管理,及时验收检查,实现工程项目的总目标。

(2) 建设单位项目经理的职责。

① 确定项目组织系统,明确各主要人员的职责分工。

② 确定项目管理系统的目标、项目总进度计划并监督执行。

③ 负责组织工程项目可行性研究报告和设计任务书的编制。

④ 控制工程项目投资额。

⑤ 控制工程进度和工期。

⑥ 控制工程质量。

⑦ 进行合同管理,当合同有变动时,及时进行协调和调整。

⑧ 制定项目技术文件管理制度,建立完善的工程技术档案。

⑨ 审查批准与工程项目建设有关的物资采购活动。

⑩ 组织并协调与工程项目建设有关的各方面工作,实现工程项目总目标。

2) 施工项目经理的任务和职责

(1) 施工项目经理任务是实现施工企业的意图,进行施工项目的组织协调、目标控制、合同管理、安全管理、信息管理等工作,最终实现工程项目的总目标。

(2) 施工项目经理的职责。

① 贯彻执行国家与地方的有关法律、法规和政策,执行企业的各项管理制度,维护企业整体利益和权益。

② 遵守财经制度,加强成本核算,积极组织工程款回收,正确处理国家、企业与项目及其他单位和个人的利益关系。

③ 签订和组织履行《项目管理目标责任书》,在企业授权的范围内履行企业与业主签订的建设工程施工合同。

④ 主持编制施工项目管理实施规划,并组织实施。

⑤ 主持编制季(月)度施工计划,包括劳动力、材料、构件和机械设备的使用计划,据此与有关部门签订相关合同,并严格履行。

⑥ 对施工项目进行有效的控制,执行有关的技术规范和标准,积极推广应用新技术、新工艺、新材料,确保工程质量和工期,实现安全文明施工,努力提高经济效益。

⑦ 科学组织和管理进入工地的人、财、物等资源,做好资源的优化配置。沟通、协调和

处理与业主、监理工程师、分包单位之间的关系,及时解决施工中出现的问题。

⑧ 组织制定项目经理部各类管理人员的职责、权限和各项规章制度,搞好与企业各职能部门的业务联系和经济往来,定期向企业经理报告工作。

⑨ 做好工程竣工结算、资料整理归档工作,接受企业审计并做好项目经理部的解体与善后工作。

⑩ 协助企业进行施工项目的检查、鉴定和评奖申报工作。

3. 项目经理的条件

项目经理必须具备以下几个方面的基本条件。

(1) 项目的责任主体。项目经理是实现项目目标的最高责任者,责任是实行项目经理负责制的核心。

(2) 项目的权力主体。权力是确保项目经理能够承担责任的条件和手段,所以必须根据项目经理责任的要求,授予其相应的权力,如果没有相应的权力,项目经理就无法对项目的实施负责。

(3) 项目的利益主体。利益是项目经理工作与责任的报酬。如果没有一定的利益,就不能鼓励项目经理承担相应的责任,也难以认真行使相应的权力。

4. 项目经理的素质

根据我国的建设项目管理实践,项目经理应具备的素质可概括为以下四个方面。

(1) 品格素质。项目经理的品格素质是指项目经理从行为作风中表现出来的思想、认识、品行等方面特征。

(2) 能力素质。能力素质是项目经理整体素质体系中的核心素质。能力是直接影响和决定项目经理成功与否的关键,包括决策能力、组织能力、创新能力、协调与控制能力、激励能力、社交能力。

(3) 知识素质。构成企业领导人的专门能力有技术能力、商务能力、财务能力、管理能力、安全能力等。每一种能力都是以知识为基础的。项目经理应具备两大类知识,即基础知识与业务知识,并懂得在实践中不断深化和完善自己的知识结构。

(4) 体格素质。身体健康,精力充沛。

2.3.2 施工项目经理责任制

1. 施工项目经理责任制的概念

施工项目经理责任制是指由企业制定的、以施工项目经理为责任主体,确保施工项目目标实现的责任制度。它是以施工项目为对象,以施工项目经理全面负责为前提,以《项目管理目标责任书》为依据,以获得项目产品的最佳经济效益为目的,实行从施工项目开工到交工的一次性全过程的管理。施工项目经理责任制是推行施工项目管理的核心,也是完成业主和国家对企业要求的最终落脚点。

2. 施工项目经理责任制的特点

施工项目经理责任制和其他承包经营制相比具有明显的特点。

(1) 对象终一性。施工项目经理责任制以施工项目为对象,实行施工管理过程的一次性全面负责,不同于企业的年度或阶段性承包。

(2) 主体直接性。施工项目经理责任制实行经理负责、全员管理、指标考核、项目核算、确保上缴、超额奖励的复合型指标责任制,并重点突出施工项目经理个人的主要责任。

（3）内容全面性。施工项目经理责任制是根据先进、合理、实用、可行的原则，以保证工程质量、缩短工期、降低成本、保证安全和文明施工等各项目标为内容的全过程的责任制，明显地区别于单项或利润指标承包。

（4）责任风险性。施工项目经理责任制充分体现"指标突出、责任明确、利益直接、考核严格"的基本要求，其最终结果与项目经理部成员，特别是项目经理的奖、罚、晋升等个人利益直接挂钩，经济利益与责任风险同在。

3. 施工项目经理责任制的作用

施工项目经理责任制作为施工项目管理的基本制度，在施工项目管理中具有十分重要的作用。这些作用主要体现在以下方面。

（1）有利于明确施工项目经理与企业、项目经理部成员三者之间的责任、权力和利益关系。

（2）有利于运用经济、法制手段强化对施工项目的管理。

（3）有利于对施工项目进行规范化、科学化管理和提高工程质量。

（4）有利于促进和提高施工项目管理的经济效益和社会效益。

2.3.3 施工项目经理责任制的内容

1. 施工企业内部各层次之间的关系

推行施工项目经理责任制的施工企业内部分为企业管理层、项目管理层和劳务作业层。企业管理层首先应制定和健全施工项目管理制度，用于规范施工项目管理工作；其次，应加强计划管理，保证资源的合理分布和有序流动，为施工项目生产要素的优化配置和动态管理服务；再次，应对项目管理层的工作进行指导、监督和检查。项目管理层对施工项目的资源进行优化配置和动态管理，执行和服从企业管理层的指导、监督和检查。企业管理层和劳务作业层应签订劳务分包合同，项目管理层与劳务作业层应建立共同履行劳务分包合同的关系。

2. 施工项目管理的目标责任体系

（1）企业法人代表与项目经理之间的目标责任制。施工项目经理产生以后，与企业法人代表之间就施工项目全过程管理签订《项目管理目标责任书》，它是对施工项目从开工到竣工交付使用全过程及项目经理部建立、解体和善后处理期间重大问题的办理而事先形成的具有企业法规性的文件，也是对项目经理任职目标的规定，具有很强的约束力。

（2）项目经理与项目经理部成员之间的目标责任制。项目经理部组建以后，项目经理应与项目经理部成员签订岗位责任状，明确每一业务岗位的责、权、利和各业务岗位之间的分工协作关系，把"一人负责"转变为"人人尽职尽责"。

（3）项目经理部与作业分包队之间的目标责任制。项目经理部对作业分包队的责任落实，在通常情况下，可以单位工程为对象，签订目标责任书。

3. 施工项目经理的素质要求

施工项目经理责任制确定了施工项目经理在施工项目管理中的地位。他既要对业主的成果性目标负责，又要对施工企业的效益性目标负责。

施工项目的项目经理必须由取得建造师执业资格证书的人员担任，应具备下列素质。

（1）具有符合项目管理要求的能力，善于进行组织协调与沟通。

（2）具有相应的项目管理经验和业绩。

（3）具有项目管理需要的专业技术、管理、经济、法律和法规知识。

(4) 具有良好的职业道德和团结协作精神,遵纪守法、爱岗敬业、诚信尽责。

(5) 身体健康。

4. 施工项目经理的权力和权益

1) 施工项目经理的权力

(1) 参与企业进行的施工项目投标和签订施工合同。

(2) 经授权组建项目经理部确定项目经理部的组织结构,选择、聘任管理人员,确定管理人员的职责,并定期进行考核、评价和奖惩。

(3) 在企业财务制度规定的范围内,根据企业法定代表人授权和施工项目管理的需要,决定资金的投入和使用,决定项目经理部的计酬办法。

(4) 在授权范围内,按物资采购程序性文件的规定行使采购权。

(5) 根据企业法定代表人授权或按照企业的规定选择、使用作业队伍。

(6) 主持项目经理部工作,组织制定施工项目的各项管理制度。

(7) 根据企业法定代表人授权,协调和处理与施工项目管理有关的内部与外部事项。

2) 施工项目经理应享有的权益

(1) 获得基本工资、岗位工资和绩效工资。

(2) 经过企业的考核与审计,在全面完成《项目管理目标责任书》确定的各项责任目标以后,除按规定获得物质奖励以外,还可获得表彰、优秀项目经理荣誉称号等精神奖励。

(3) 如果经过企业的考核与审计,未完成《项目管理目标责任书》确定的责任目标或造成亏损的,按有关条款承担责任,并接受经济或行政处罚。

施工项目经理的职责、权力和利益是施工项目经理责任制的核心内容。

5. 施工项目经理的工作

施工项目经理的工作主要包括两个方面:一是保证施工项目按照规定的目标,高速、优质、低耗地全面完成;二是保证各生产要素在企业授权范围内最大限度地优化配置。具体包括以下几个方面。

(1) 组建管理机构,制定管理制度。

(2) 规划施工项目目标。

(3) 及时、恰当地进行决策。

(4) 协调与相关单位的关系。

任务 4　项目经理部

2.4.1　施工项目经理部与企业的关系

施工项目经理部与企业有关职能部门的主要业务管理关系表现在以下几个方面。

(1) 计划统计。施工项目经理部除每月向企业报送施工统计报表外,还须编制施工进度计划、物资使用计划、财务收支计划。

(2) 财务核算。施工项目经理部负责施工项目的财务收支与成本核算工作,并接受企业财务管理部门的监督指导。

(3) 材料与周转料具供应。施工项目所需的三大主材、门窗及构配件、机电设备等由施工项目经理部按单位工程用料计划报企业供应,按规定结算;工程所需机械设备及周转材料，由施工项目经理部上报计划，企业组织供应。

（4）预算与经济洽商签证。企业经营管理部门负责项目投标报价的编制和报批，施工项目经理部预算人员负责工程施工预算、经济洽商签证和增减账预算的编制报批。

（5）施工业务管理。施工过程中的质量、安全、测试、计量等施工业务由企业职能部门对项目经理部的工作进行监控、检查、考核、评比。

（6）分包。通过签订分包合同明确双方的关系，各专业服从项目经理部的安排和调配。

2.4.2 建立施工项目经理部的基本原则与步骤

1. 建立施工项目经理部必须坚持适应性原则

（1）与企业的管理方式相适应。
（2）与施工项目的规模、复杂程度和专业特点相适应。
（3）与施工项目的进展情况相适应。
（4）与施工项目的现场管理相适应。

2. 建立施工项目经理部应遵循的步骤

（1）根据施工项目管理规划大纲确定施工项目经理部的管理任务和组织结构。
（2）根据《项目管理目标责任书》进行目标分解与责任划分。
（3）确定施工项目经理部的组织设置。
（4）确定人员的职责、分工和权限。
（5）制定工作制度、考核制度与奖励制度。

2.4.3 施工项目经理部的规模与部门设置

1. 施工项目经理部的规模

施工项目经理部的规模如表2-2所示，一般可分为以下三个等级。

表2-2 施工项目经理部的规模等级划分表

施工项目经理部等级	建筑面积（群体工程）	建筑面积（单体工程）	施工项目投资规模	施工项目经理部的人数
一级施工项目经理部	15万平方米及其以上的群体工程	10万平方米及其以上的单体工程	8000万元及其以上的各类施工项目	30~45人
二级施工项目经理部	10万平方米以上，15万平方米以下的群体工程	5万平方米以上，10万平方米以下的单体工程	3000万元以上，8000万元以下的各类施工项目	20~30人
三级施工项目经理部	2万平方米以上，10万平方米以下的群体工程	1万平方米以上，5万平方米以下的单体工程	500万元以上，3000万元以下的各类施工项目	15~20人

2. 施工项目经理部的部门设置

大中型施工项目经理部通常可设置以下四个内部管理职能部门。

（1）经营核算部门。主要负责施工预算、成本核算、资金收支、合同管理、劳动分配等工作。
（2）工程技术部门。主要负责编制施工组织设计、施工技术管理、生产调度、劳动力配制、测试计量、试验等工作。

(3) 物资设备部门。主要负责材料设备的采购、计划供应、施工设备的配制等工作。

(4) 监控管理部门。主要负责质量管理、安全生产、文明施工、环境保护、消防保卫等工作。

3. 项目经理部主要工作

1) 成本控制方面

(1) 进行施工成本预测,编制施工预算。

(2) 建立成本控制系统,研究降低成本的措施。

(3) 进行成本分析。

(4) 定期向企业提交成本报告。

2) 进度控制方面

(1) 编制施工进度计划及月、旬进度计划并控制计划的执行。

(2) 建立进度控制系统,制定加快进度的措施。

3) 质量控制方面

(1) 建立健全质量控制体系。

(2) 经常地检查施工质量,制定改进工程质量的措施。

(3) 进行质量成本分析。

4) 合同管理方面

(1) 编制合同结构图,起草分包、采购合同文件,参加合同谈判。

(2) 进行合同管理。

5) 风险管理方面

6) 职业健康安全管理方面

7) 信息管理方面

8) 组织协调方面

(1) 编制项目总体规划,确定实现施工项目目标的具体措施,并监督其执行。

(2) 制定施工项目管理制度。

(3) 编制施工项目组织结构图,明确各部门的管理职能和任务分工。

(4) 协调与建设单位、监理单位、分包企业以及本企业内部部门之间关系。

2.4.4 施工项目管理制度的建立

1. 建立施工项目管理制度的原则

建立施工项目管理制度必须遵循以下原则。

(1) 必须贯彻执行国家的法律、法规、政策与部门规章,不得危害公众利益。

(2) 必须符合施工项目管理的需要,且制度之间应相互配套,不留漏洞,不产生矛盾,形成完整的体系。

(3) 管理制度的制订应具有针对性,条款应明确具体,词语表达应简洁、明确。

(4) 管理制度的颁布、修改和废除要有严格的程序,凡不涉及企业的管理制度,由项目经理签字决定,报企业备案;凡涉及企业的管理制度,由企业法人代表批准方可生效。

2. 施工项目管理制度的分类和内容

(1) 施工项目管理制度按约束力的不同可以分为责任制度和规章制度。

施工项目管理责任制度是以施工项目经理部内部各部门、各岗位为对象制定的,它规定了每个人应该承担的责任。

施工项目管理规章制度是以各种活动、行为为对象,明确规定人们行为和活动不得逾越的规范和准则。它是施工项目经理部的内部法规,更强调约束性。

(2) 施工项目管理制度的内容主要涉及以下方面。

① 项目管理人员岗位责任制度。
② 项目技术管理制度。
③ 项目计划、统计与进度管理制度。
④ 项目质量和安全管理制度。
⑤ 项目成本核算制度。
⑥ 项目材料、机械设备管理制度。
⑦ 项目现场管理制度。
⑧ 项目分包与劳务管理制度。
⑨ 项目信息管理制度。
⑩ 项目分配与奖励制度。

2.4.5 施工项目经理部的解体

1. 施工项目经理部解体的条件

(1) 工程已经交工验收,并已完成竣工结算。
(2) 已经完成与各分包单位的结算。
(3) 已协助企业与业主签订了《工程保修书》。
(4)《项目管理目标责任书》已经履行完成,并经审计合格。
(5) 工程的各项善后工作已与企业主管部门协商一致并办理了有关手续。
(6) 施工现场已经清理完毕。

2. 施工项目经理部解体与善后问题的处理应注意事项

(1) 工程交工验收签字之日起15日内,施工项目经理要根据工作需要向企业提交解体申请报告与善后留用和解聘人员名单及时间,经审核批准后执行。

(2) 项目经理部解体前,应成立以项目经理为首的善后工作小组,负责工程材料的处理、工程价款的回收、财务账目的结算移交等遗留问题。

(3) 项目经理部解体前,要由企业根据竣工时间和质量等级确定工程保修费的预留比例。

(4) 工程保修期内,因质量问题造成的返修、维修及工程质量保修金的结算由企业负责。

(5) 项目经理部自购的通信、办公用品及工程剩余的材料由企业与项目经理部双方按质论价,移交企业。

(6) 项目经理部的综合效益审计由企业审计部门牵头,财务、工程部门参加,向企业提交审计报告;审计结果为盈余者,全部上缴,然后根据盈余情况给予奖励;审计结果为亏损者,亏损部分由项目经理负责,按相应比例从管理人员风险抵押金和工资中扣除,亏损数额较大的,按企业管理制度给予相应人员行政与经济处分,直至追究刑事责任。

任务 5　施工项目组织协调

2.5.1　施工项目组织协调及其作用

1. 施工项目组织协调

施工项目组织协调是指以一定的组织形式、手段和方法，对施工项目中产生的不畅关系进行疏通，对产生的干扰和障碍予以排除的活动。在施工项目实施过程中，项目经理是组织协调的中心和沟通的桥梁。如图 2-10 所示。

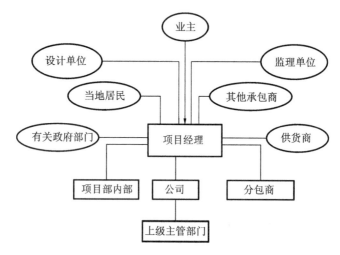

图 2-10　与项目经理有关的各方

2. 施工项目组织协调的作用

组织协调是施工项目管理的一项重要工作，施工项目要取得成功，组织协调具有重要的作用。一个施工项目，在其目标规划、计划与控制实施过程中有着各式各样的组织协调工作，例如，项目目标因素之间的组织协调；项目各子系统内部、子系统之间、子系统与环境之间的组织协调；各种施工技术之间的组织协调；各种管理方法、管理过程的组织协调；各种管理职能（如成本、进度、质量、合同等）之间的组织协调；项目参加者之间的组织协调等。组织协调可使矛盾的各个方面居于统一体中，解决矛盾，使项目实施和运行过程顺利。

2.5.2　施工项目组织协调的范围

施工项目组织协调的范围包括内部关系的协调、近外层关系的协调和远外层关系的协调。

内部关系包括施工项目经理部内部关系、施工项目经理部与企业之间的关系、施工项目经理部与作业层之间的关系。

近外层关系是指施工项目承包人与业主、监理单位、设计单位、材料物资供应单位、分包单位、开户银行、保险公司之间的关系。这种关系往往体现为直接或间接的合同关系，应作为施工项目组织协调的重点。

远外层关系是指与施工项目承包人虽无直接或间接的合同关系，但却有法律、法规和社会公德等约束的关系，包括施工项目承包人与政府、环保、交通、消防、公安、环卫、绿化、文物等管理部门之间的关系。

2.5.3 施工项目组织协调的内容

1. 人际关系的协调

人际关系的协调包括施工项目经理部内部人际关系的协调和施工项目经理部与关联单位之间人际关系的协调。协调的对象应是相关工作结合部中人与人之间在管理工作中的联系和矛盾。

(1) 施工项目经理部内部人际关系,是指项目经理部各成员之间、项目经理部成员与劳务层之间、劳务层各班组之间的人员工作关系的总称。内部人际关系的协调主要是通过交流、活动增进相互之间的了解与亲和力,促进相互之间的工作支持,提高工作效率;通过调解、互谅互让来缓和工作之间的利益冲突,化解矛盾。

(2) 施工项目经理部与关联单位之间的人际关系,是指项目经理部成员与施工企业职能管理部门成员、近外层关系单位工作人员、远外层关系单位工作人员之间工作关系的总称。与关联单位之间人际关系的协调同样要通过各种途径加强友谊、增进了解、提高相互之间的信任度,有效地避免和化解矛盾,减少推诿,提高工作效率。

2. 组织关系的协调

组织关系的协调主要是对施工项目经理部内部各部门之间工作关系的协调,具体包括各部门之间的合理分工与有效协作。分工与协作同等重要,合理的分工能保证任务之间的平衡匹配,有效协作既可避免相互之间的利益分割,又可提高工作效率。

3. 供求关系的协调

供求关系的协调应包括施工企业物资供应部门与施工项目经理部及生产要素供应单位之间关系的协调。主要是保证施工项目实施过程中所发生的人力、材料、机械设备、技术、信息等生产要素供应的优质、优价和适时、适量,避免相互之间的矛盾、保证项目目标的实现。

4. 协作配合关系的协调

协作配合关系的协调主要是指与近外层关系的协作配合协调和施工项目经理部内部各部门、各层次之间协作关系的协调。这种关系的协调主要通过各种活动和交流相互了解、相互支持,缩短距离,实现相互之间协作配合的高效化。

5. 约束关系的协调

约束关系的协调包括法律、法规约束关系的协调和合同约束关系的协调。前者主要通过提示、教育等手段提高关系双方的法律、法规意识,避免产生矛盾或及时、有效地解决矛盾;后者主要通过过程监督和适时检查以及教育等手段主动杜绝冲突与矛盾或依照合同及时、有效地解决矛盾。

2.5.4 施工项目经理部内部关系的协调

1. 内部人际关系的协调

内部人际关系的协调主要靠执行施工项目管理制度,坚持民主集中制,充分调动每个人的积极性,要用人所长,责任分明,实事求是地对每个人的绩效进行评价和激励。在调解人与人之间的矛盾时,要注意方法,重在疏导。

2. 内部组织关系的协调

施工项目经理部内各部门构成一定的分工协作和信息沟通关系,通过内部组织关系的协调,可以使组织运转正常,充分发挥组织的作用。

内部组织关系的协调主要应从以下几个方面进行。

(1) 明确各个部门的职责。

(2) 通过制度明确各个部门在工作中的相互关系。

(3) 建立信息沟通制度,制定工作流程图。

(4) 根据矛盾冲突的具体情况及时灵活的加以解决,不使矛盾冲突扩大化。

3. 内部需求关系的协调

施工项目经理部内部需求关系的协调应围绕施工项目的资源保证进行,其主要环节如下。

(1) 满足人、财、物的需求要抓好计划环节。计划的编制过程,就是生产要求与供应之间的平衡过程,要用计划规定资源需求的时间、规格、数量和质量,并认真执行计划。

(2) 抓住瓶颈环节,对需求进行平衡。瓶颈环节即关键环节,对全局影响较大,抓住了瓶颈环节,就抓住了需求关系协调的重点与关键。

(3) 加强调度工作,排除障碍。调度工作即协调工作,调度人员是协调工作的责任者,应健全调度体系,充分发挥调度人员的作用。

2.5.5 施工项目近外层和远外层关系的组织协调

施工项目经理部进行近外层和远外层关系的组织协调必须在施工企业法人代表的授权范围内实施,作好组织协调工作应注意以下事项。

(1) 施工项目经理部与业主之间关系的协调。

施工项目经理部与业主之间关系的协调,应贯穿于施工项目的全过程。协调的目的是搞好协作,处理两者之间的关系主要是通过洽谈、签订和履行施工合同,协调的重点是资金问题、质量问题、进度问题和工程变更等,有了纠纷,应在协商的基础上以施工合同为依据解决。

(2) 施工项目经理部与监理单位关系的协调。

施工项目经理部与监理单位关系的协调应在遵守《建设工程监理规范》的规定和施工合同的要求,接受监理单位监督管理的前提下,坚持相互信任、相互支持、相互尊重、共同负责的原则,搞好协作配合,使双方的关系融洽起来。

(3) 施工项目经理部与设计单位关系的协调。

施工项目经理部与设计单位关系的协调准则是使施工活动取得设计单位的理解和支持,特别是在设计交底、图纸会审、设计变更、地基处理、隐蔽工程验收和竣工验收等环节应与设计单位密切配合,尽量避免冲突和矛盾,如果出现问题应及时协商或接受业主和监理单位协调。

(4) 施工项目经理部与材料供应单位关系的协调。

施工项目经理部与材料供应单位关系的协调应以供应合同为依据,运用价格机制、竞争机制和供求机制搞好协作配合。

(5) 施工项目经理部与分包单位关系的协调。

施工项目经理部与分包单位关系的协调应以分包合同为依据,在对分包单位进行监督与支持的原则下,正确处理技术关系、经济关系和协作关系。

(6) 施工项目经理部处理远外层关系的协调。

施工项目经理部处理远外层关系的协调应以法律、法规和社会道德为准绳,相互支持、密切配合。在处理和解决矛盾的过程中,应充分进行协商,并注意发挥中介机构和社会管理机构的作用。

2.5.6 施工项目组织协调通病及解决措施

1. 施工项目组织协调通病

(1) 施工项目经理部中组织协调混乱,不同部门和个人的工作不是围绕施工项目目标展开,而是各有各的打算和做法,甚至尖锐对立,项目经理无法调解。

(2) 施工项目不能很好地得到企业职能部门的支持和管理服务,甚至受到职能部门的干扰,项目经理花大量的时间和精力周旋于职能部门之间。

(3) 施工项目经理部中没有应有的正常的争执,但争执却在潜意识中存在,人们不敢或不习惯将正常的争执公开化,而是转入地下,使争执不能得到协调。

(4) 信息不能在恰当的时间以正确的内容、形式和详细程度传达到正确的位置,人们常常抱怨信息流通不够、不及时或不着要领,从而影响组织协调工作。

2. 组织协调通病的解决措施

以上施工项目组织协调通病虽然有不同的表现,但其原因只有一个,即施工项目组织协调不力,其结果必将导致组织争执。解决了组织争执,也就达到了消除施工项目组织协调通病的目的。

对组织争执的处理,首先取决于项目经理的性格及对争执的认知程度。项目经理要有效地管理争执,有意识地引起争执,通过争执引起讨论和沟通;通过详细地协商解决争执,以平衡和满足各方面的利益,从而使大家围绕施工项目目标的实现开展工作。

常见项目管理机构的人员配备情况如图 2-11 所示。

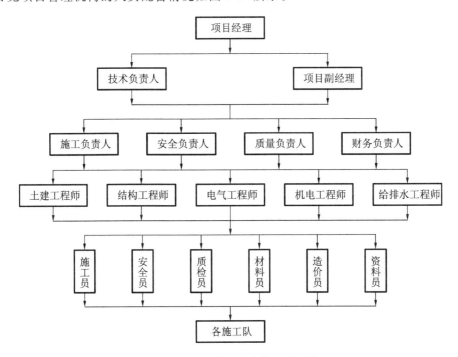

图 2-11 项目管理机构的人员配置

【单元小结】

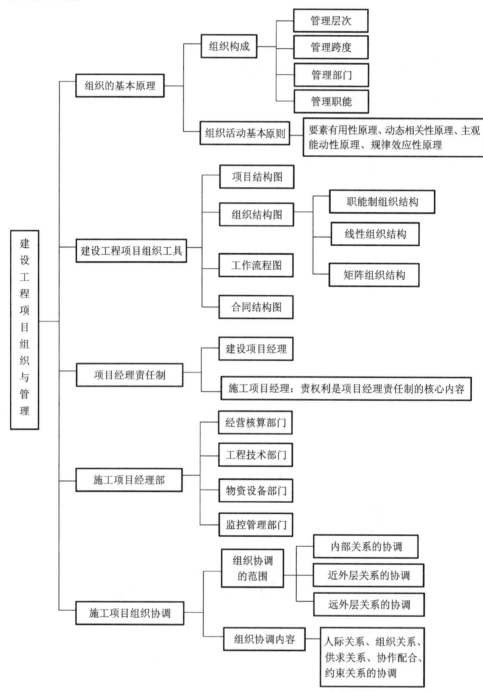

【复习题】

一、单选题

1.线性组织结构的特点是( )。

A.每一个工作部门只有一个直接的下级部门

B.每一个工作部门只有一个直接的上级部门

C.谁的级别高,就听谁的指令

D. 可以越级指挥或请示

2. 建设工程项目的组织结构如采用矩阵组织结构模式,则每一个工作部门的指令源有( )个。

A. 1　　　　　B. 2　　　　　C. 3　　　　　D. 4

3. 某建设工程项目的规模不大,参与单位不多,为提高管理效率,避免出现矛盾指令,宜采用( )模式。

A. 线性组织结构　　　　　B. 混合组织结构
C. 矩阵组织结构　　　　　D. 职能组织结构

4. 在( )中,每一个工作部门只有一个指令源,避免了由于矛盾的指令影响组织系统的运行。

A. 矩阵组织结构　　　　　B. 职能组织结构
C. 线性组织结构　　　　　D. 混合组织结构

5. 指令源分别来自于纵向和横向工作部门的组织结构是( )。

A. 职能组织结构　　　　　B. 矩阵组织结构
C. 线性组织结构　　　　　D. 混合组织结构

二、多选题

1. 下列关于项目管理组织模式的说法中,正确的有( )。

A. 职能组织结构中每一个工作部门只有一个指令源
B. 矩阵组织系统中有两个指令源
C. 大型线性组织系统中的指令路径太长
D. 线性组织结构中可以跨越管理层级下达指令
E. 矩阵组织适用于大型组织系统

2. 以下关于线性组织结构模式的描述中,正确的有( )。

A. 指令路径较短　　　　　B. 指令源是唯一的
C. 不能跨部门下达指令　　D. 只适用于大型工程项目
E. 允许越级指挥

3. 以下施工项目组织协调的范围属于近外层关系的协调的是( )。

A. 施工项目经理部内部关系的协调
B. 施工项目承包人与业主的协调
C. 施工项目承包人与监理单位的协调
D. 施工项目承包人与开户银行的协调
E. 施工项目经理部与企业之间的关系协调

4. 施工项目组织协调的内容包括( )。

A. 供求关系的协调　　　　B. 人际关系的协调
C. 协作配合关系的协调　　D. 项目经理与业主的协调
E. 项目经理与监理工程师的协调

三、简答题

1. 项目管理组织机构设计的原则有哪些?

2. 我国施工项目管理的组织形式有哪几种？分别有哪些优缺点？
3. 项目经理必须具备哪几个方面的基本条件？
4. 施工项目经理必须具备哪些素质？
5. 施工项目经理的责、权、利体现在哪些方面？
6. 施工项目的项目经理部主要有哪些工作？
7. 施工项目组织协调的内容有哪些？

单元 3　建设工程项目招投标与合同管理

【知识目标】
- 了解招标方式、投标策略、技巧运用、评标的组织和评标具体方法、定标原则和程序。
- 熟悉招标文件组成、投标文件组成、招标程序、投标程序。
- 掌握招标文件、投标文件的编制,合同谈判与合同签订、合同索赔管理。

【能力目标】
- 能编制招标文件。
- 能正确编制有竞争力的投标文件;能灵活运用投标策略和技巧去参加投标,争取获得投标项目。
- 能进行合同谈判、合同签订及在合同实施过程中进行有效的管理。
- 运用索赔知识,能正确进行索赔。

某工程已经具备施工的招标条件,业主发布了施工招标公告。具有相应资质的 A、B、C、D 四家公司前来参加投标,经过开标、定标工作,最终 B 单位中标。业主与 B 单位签订了工程施工合同。在合同的履行过程中,因业主的原因和其他客观原因造成了承包单位的损失,B 单位按规定的索赔程序向业主方递交了索赔申请书,业主方进行了合理有效的处理,最终双方顺利履行合同完毕,工程按时竣工并交付使用。在本单元中,我们将学习到建设工程项目招标、投标、合同管理、工程索赔的相关知识,对建设工程项目承发包方式及项目在实施过程中的合同管理、工程索赔有一个较深刻的认识。

任务 1　建设工程项目招标

3.1.1　建设工程项目招标的概念

建设工程项目招标是指招标人在发包建设项目之前,公开招请或邀请投标人,根据招标人的意图和要求提出报价,择日当场开标,以便从中择优选定中标人的一种经济活动。

3.1.2　我国建设工程项目招投标的范围及规模的确定

1. 我国建设项目招投标的范围

凡在中华人民共和国境内进行下列工程建设项目,包括项目的勘察、设计、施工、监理以及与工程建设有关的重要设备、材料等的采购,必须进行招标。建筑项目招标的范围包括如下内容。

(1) 大型基础设施、公用事业等关系社会公共利益、公共安全的项目。

(2) 全部或者部分使用国有资金投资或国家融资的项目。

(3) 使用国际组织或者外国政府贷款、援助资金的项目。

2. 我国建设工程项目招投标规模的确定

对以上规定范围内的各类工程建设项目,包括项目的勘察、设计、施工、监理以及与工程建设有关的重要设备、材料等的采购,达到下列标准之一的,必须进行招标。

(1) 施工单项合同估算价在 200 万元人民币以上的。

(2) 重要设备、材料等货物的采购,单项合同估算价在 100 万元人民币以上的。

(3) 勘察、设计、监理等服务的采购,单项合同估算价在 50 万元人民币以上的。

(4) 单项合同估算价低于第(1)、(2)、(3)项规定的标准,但项目总投资额在 3000 万元人民币以上的。

3.1.3 招标方式的选择

建设工程项目招标方式分为公开招标和邀请招标。

1. 应当采用公开招标的工程范围

国务院发展计划部门确定的国家重点建设项目和各省、自治区、直辖市人民政府确定的地方重点建设项目,以及全部使用国有资金投资或者国有资金投资占控股或者主导地位的依法必须进行招标的工程建设项目,应当公开招标。

2. 可以采用邀请招标的工程范围

(1) 项目技术复杂或有特殊要求,只有少量几家潜在投标人可供选择的。

(2) 受自然地域环境限制的,只有少量几家潜在投标人可供选择的。

(3) 涉及国家安全、国家秘密或者抢险救灾,适宜招标但不宜公开招标的。

(4) 拟公开招标的费用占项目合同金额的比例过大的。

(5) 法律、法规规定不宜公开招标的。

国家重点建设项目的邀请招标,应当经国务院发展计划部门批准;地方重点建设项目的邀请招标,应当经各省、自治区、直辖市人民政府批准。

3. 可以不进行招标的工程范围

(1) 涉及国家安全、国家秘密或者抢险救灾而不适宜招标的。

(2) 属于利用扶贫资金实行以工代赈需要使用农民工的。

(3) 施工主要技术采用特定的专利或者专有技术的。

(4) 施工企业自建自用的工程,且该施工企业资质等级符合工程要求的。

(5) 在建工程追加的附属小型工程或者主体加层工程,原中标人仍具备承包能力的。

(6) 需要采用不可替代的专利或者专有技术。

(7) 采购人依法能够自行建设、生产或者提供。

(8) 已通过招标方式选定的特许经营项目投资人依法能够自行建设、生产或者提供。

(9) 需要向原中标人采购工程、货物或者服务,否则将影响施工或者功能配套要求。

(10) 国家规定的其他特殊情形。

3.1.4 建设工程施工公开招标程序

1. 建设工程项目报建

(1) 建设工程项目的立项批准文件或年报投资计划下达后,按照《工程建设项目报建管理办法》规定具备条件的,建设单位填写统一格式的"工程建设项目报建登记表",向建设行政主管部门报建备案。

(2) 建设工程项目报建内容。主要包括：工程名称、建设地点、投资规模、资金来源、当年投资额、工程规模、结构类型、发包方式、计划开竣工日期、工程筹建情况等。

(3) 办理工程报建时应交验的文件资料。包括立项批准文件或年度投资计划、固定资产投资许可证、建设工程规划许可证、资金证明。

建设工程项目报建备案后，具备《工程建设施工招标投标管理办法》中规定招标条件的建设工程项目，可开始办理建设单位招标资质审查。

2. 审查建设单位招标资质

建设单位办理招标应具备以下条件。

(1) 法人和依法成立的其他组织。
(2) 有关招标工程相适应的经济、技术管理人员。
(3) 有组织编制招标文件的能力。
(4) 有审查投标单位资质的能力。
(5) 有组织开标、评标、定标的能力。

不具备上述(2)至(5)项条件的建设单位，须委托具有相应资质的中介机构代理招标，建设单位与中介机构签订委托代理招标的协议，并报招标管理机构备案。

建设单位或代理招标中介机构以下称"招标单位"。

3. 招标申请

招标单位填写"建设工程施工招标申请表"，有上级主管部门的需经其批准同意后，连同"工程建设项目报建登记表"报招标管理机构审批。

招标申请表包括以下内容：工程名称、建设地点、招标建设规模、结构类型、招标范围、招标方式、要求施工企业等级、施工前期准备情况（土地征用、拆迁情况、勘察设计情况、施工现场条件等)、招标机构组织情况等。

招标单位的招标申请得到招标管理机构批准同意后，可进行编制资格预审文件、招标文件。

4. 资格预审文件、招标文件编制与送审

公开招标采用资格预审时，只有资格预审合格的施工单位才可以参加投标；不采用资格预审的公开的招标应进行资格后审，即在开标后进行资格审查。依法必须进行招标的项目，在编制资格预审文件和招标文件时，应当使用国务院发展改革部门会同有关行政监督部门制定的标准文本。

资格预审文件和招标文件须报招标管理机构审查，审查同意后可刊登资格预审公告、招标公告。

5. 刊登资格预审公告、招标公告

公开招标在建设工程交易中心发布信息，同时也可通过报刊、广播、电视等新闻媒介发布"资格预审公告"（附件1）或"招标公告"（附件2）。依法必须进行招标的项目的资格预审公告和招标公告，应当在国务院发展改革部门依法指定的媒介发布。在不同媒介发布的同一招标项目的资格预审公告或者招标公告的内容应当一致。指定媒介发布依法必须进行招标的项目的境内资格预审公告、招标公告，不得收取费用。

附件1 资格预审公告

（项目名称）_____标段施工招标资格预审公告

1. 招标条件

本招标项目_____（项目名称）已由_____（项目审批、核准或备案机关名称）以_____（批文名称及编号）批准建设，项目业主为_____，建设资金来自_____（资金来源），项目出资比例为_____，招标人为_____。项目已具备招标条件，现进行公开招标，特邀请有兴趣的潜在投标人（以下简称申请人）提出资格预审申请。

2. 项目概况与招标范围

_____（说明本次招标项目的建设地点、规模、计划工期、招标范围、标段划分等）。

3. 申请人资格要求

3.1 本次资格预审要求申请人具备_____资质，_____业绩，并在人员、设备、资金等方面具备相应的施工能力。

3.2 本次资格预审_____（接受或不接受）联合体资格预审申请。联合体申请资格预审的，应满足下列要求：_____。

3.3 各申请人可就上述标段中的_____（具体数量）个标段提出资格预审申请。

4. 资格预审方法

本次资格预审采用_____（合格制/有限数量制）。

5. 资格预审文件的获取

5.1 请申请人于____年____月____日至____年____月____日（法定公休日、法定节假日除外），每日上午____时至____时，下午____时至____时（北京时间，下同），在_____（详细地址）持单位介绍信购买资格预审文件。

5.2 资格预审文件每套售价_____元，售后不退。

5.3 邮购资格预审文件的，需另加手续费（含邮费）_____元。招标人在收到单位介绍信和邮购款（含手续费）后_____日内寄送。

6. 资格预审申请文件的递交

6.1 递交资格预审申请文件截止时间（申请截止时间，下同）为____年____月____日____时____分，地点为_____。

6.2 逾期送达或者未送达指定地点的资格预审申请文件，招标人不予受理。

7. 发布公告的媒介

本次资格预审公告同时在_____（发布公告的媒介名称）上发布。

8. 联系方式

招标人：	招标代理机构：
地　　址：	地　　址：
邮　　编：	邮　　编：
联 系 人：	联 系 人：
电　　话：	电　　话：
传　　真：	传　　真：
电子邮件：	电子邮件：

网　　　址：	网　　　址：
开户银行：	开　户　银　行：
账　　　号：	账　　　号：

____年____月____日

附件 2　招标公告

(项目名称)_____　标段施工招标公告

1. 招标条件

本招标项目_____(项目名称)已由_____(项目审批、核准或备案机关名称)以_____(批文名称及编号)批准建设,项目业主为_____,建设资金来自_____(资金来源),项目出资比例为_____,招标人为_____。项目已具备招标条件,现对该项目的施工进行公开招标。

2. 项目概况与招标范围

_____(说明本次招标项目的建设地点、规模、计划工期、招标范围、标段划分等)。

3. 投标人资格要求

3.1 本次招标要求投标人须具备_____资质,_____业绩,并在人员、设备、资金等方面具有相应的施工能力。

3.2 本次招标_____(接受或不接受)联合体投标。联合体投标的,应满足下列要求:_____。

3.3 各投标人均可就上述标段中的____个(具体数量)个标段投标。

4. 招标文件的获取

4.1 凡有意参加投标者,请于____年____月____日至____年____月____日(法定公休日、法定节假日除外),每日上午____时至____时,下午____时至____时(北京时间,下同),在_____(详细地址)持单位介绍信购买招标文件。

4.2 招标文件每套售价_____元,售后不退。图纸押金_____元,在退还图纸时退还(不计利息)。

4.3 邮购招标文件的,应另加手续费(含邮费)_____元。招标人在收到单位介绍信和邮购款(含手续费)后____日内寄送。

5. 投标文件的递交

5.1 投标文件递交的截止时间(投标截止时间,下同)为____年____月____日____时____分,地点为_____。

5.2 逾期送达的或者未送达指定地点的投标文件,招标人不予受理。

6. 发布公告的媒介

本次招标公告同时在_____(发布公告的媒介名称)上发布。

7. 联系方式

招标人：	招标代理机构：
地　　址：	地　　址：
邮　　编：	邮　　编：

联系人：　　　　　　　　　　　　　联系人：
电　话：　　　　　　　　　　　　　电　话：
传　真：　　　　　　　　　　　　　传　真：
电子邮件：　　　　　　　　　　　　电子邮件：
网　　址：　　　　　　　　　　　　网　　址：
开户银行：　　　　　　　　　　　　开户银行：
账　号：　　　　　　　　　　　　　账　号：

　　　　　　　　　　　　　　　　　　　　　　　　　　　年　　月　　日

6. 资格预审

(1) 公开招标进行资格预审时，通过对申请单位填报的资格预审申请文件和资料进行评比和分析，确定出合格的申请单位名单，将合格名单报招标管理机构审查核准。

(2) 待招标管理机构核准同意后，招标单位向所有合格的申请单位发出资格预审合格通知书(附件3)。申请单位在收到资格预审合格通知书后，应以书面形式予以确认，在规定的时间领取招标文件、图纸及有关技术资料，并在投标截止日期前递交有效的投标文件。

(3) 资格预审审查的主要内容。

投标单位组织与机构和企业概况；近3年完成工程的情况；目前正在履行的合同情况；资源方面，如财务、管理、技术、劳力、设备等方面的情况；其他资料(如各种奖励或处罚等)。

附件3　资格预审合格通知书

(项目名称)＿＿＿＿＿＿＿＿＿＿标段施工资格预审合格通知书

＿＿＿＿＿＿＿＿＿＿(被邀请单位名称)：

你单位已通过资格预审，现邀请你单位按招标文件规定的内容，参加＿＿＿＿＿＿(项目名称)＿＿＿＿＿＿标段施工投标。

请你单位于＿＿年＿＿月＿＿日至＿＿年＿＿月＿＿日(法定公休日、法定节假日除外)，每日上午＿＿时至＿＿时，下午＿＿时至＿＿时(北京时间，下同)，在＿＿＿＿＿＿(详细地址)持本投标邀请书购买招标文件。

招标文件每套售价为＿＿＿＿元，售后不退。图纸押金＿＿＿＿元，在退还图纸时退还(不计利息)。邮购招标文件的，需另加手续费(含邮费)＿＿＿＿元。招标人在收到邮购款(含手续费)后＿＿＿日内寄送。

递交投标文件的截止时间(投标截止时间，下同)为＿＿年＿＿月＿＿日＿＿时＿＿分，地点为＿＿＿＿＿＿＿＿＿＿。

逾期送达的或者未送达指定地点的投标文件，招标人不予受理。

你单位收到本投标邀请书后，请于＿＿＿＿＿＿(具体时间)前以传真或快递方式予以确认。

招标人：　　　　　　　　　　　　　招标代理机构：
地　址：　　　　　　　　　　　　　地　址：
邮　编：　　　　　　　　　　　　　邮　编：
联系人：　　　　　　　　　　　　　联系人：
电　话：　　　　　　　　　　　　　电　话：

传　　真：	传　　真：
电子邮件：	电子邮件：
网　　址：	网　　址：
开户银行：	开户银行：
账　　号：	账　　号：

____年____月____日

7. 工程标底价格(招标控制价)的编制

当招标文件中的商务条款一经确定,即可进入标底编制阶段。标底价格(招标控制价)由招标单位自行编制或委托经建设行政主管部门批准具有编制标底资格和能力的中介机构代理编制。

标底价格(招标控制价)编制人员应严格按照国家的有关政策、规定,科学公正地编制标底价格。标底(招标控制价)的计价内容、计价依据应与招标文件的规定完全一致。标底价格(招标控制价)作为招标单位的期望计划价格,应力求与市场的实际变化吻合,要有利于竞争和保证工程质量。标底价格(招标控制价)应由成本、利润、税金等组成,一般应控制在批准的总概算(或修正概算)及投资包干的限额内。一个工程只能编制一个标底(招标控制价)。

工程施工招标的标底价格在开标前报招标管理机构审定,招标管理机构在规定的时间内完成标底价格的审定工作,未经审定的标底价格一律无效。

8. 销售招标文件

(1) 通过资格预审获得投标资格的投标单位在规定的时间内购买招标文件、交图纸押金获得图纸和有关技术资料。不进行资格预审的,公开发售招标文件,愿意参加投标的单位进行购买。投标单位收到招标文件、图纸和有关资料后,应认真核对。

(2) 招标单位对招标文件所做的任何修改或补充,须在投标截止时间 15 日前做出,且须报招标管理机构审查同意后,同时发给所有获得招标文件的投标单位,投标单位应以书面形式予以确认。

(3) 修改或补充文件作为招标文件的组成部分,对投标单位起约束作用。

(4) 投标单位收到招标文件后,若有疑问或不清的问题需澄清解释,应在投标截止时间 10 日前以书面形式向招标单位提出,招标单位应以书面形式或投标预备会形式予以解答。

9. 勘察现场

(1) 招标单位组织投标单位进行勘察现场的目的在于了解工程场地和周围环境情况,以获取投标单位认为有必要的信息。为便于投标单位提出问题并得到解答,勘察现场一般安排在投标预备会的前 1~2 天。

(2) 投标单位在勘察现场中如有疑问,应在投标预备会前以书面形式向招标单位提出,但应给招标单位留有解答时间。

(3) 招标单位应向投标单位介绍有关现场的以下情况:施工现场是否达到招标文件规定的条件;施工现场的地理位置和地形、地貌;施工现场的地质、土质、地下水位、水文等情况;施工现场气候条件,如气温、湿度、风力、年雨雪量等;现场环境,如交通、饮水、污水排放、生活用电、通信等;工程在施工现场中的位置或布置;临时用地、临时设施搭建等。

10. 投标预备会

招标单位在收到招标文件、图纸和有关技术资料及勘察现场提出的问题后,可通过以下方式进行解答。

(1) 收到投标单位提出的疑问后,应以书面形式进行解答,并将解答同时送达所有获得招标文件的投标单位。

(2) 收到提出的疑问后,通过投标预备会进行解答,并以会议记录形式同时送达所有获得招标文件的投标单位。

投标预备会的目的在于澄清招标文件中的疑问,解答投标单位对招标文件和勘察现场所提出的疑问。投标预备会可安排在发出招标文件 7 日后或勘察现场后 1 至 2 天内举行。投标预备会结束后,由招标单位整理会议记录和解答内容,报招标管理机构核准同意后,尽快以书面形式将问题及解答同时发送到所有获得招标文件的投标单位。不论是招标单位以书面形式向投标单位发放的所有资料文件,还是投标单位以书面形式提出的问题,均应以书面形式予以确认(附件 4)。

(3) 为了使投标单位在编写投标文件时,充分考虑招标单位对招标文件的修改或补充内容,以及投标预备会会议记录内容,若招标文件的修改或补充内容离投标截止时间不足 15 天,招标单位可根据情况延长投标截止时间。

投标预备会结束后,投标单位可进行投标文件的编制与递交。

附件 4

确 认 通 知

_____(招标人名称):

我方已接到你方____年____月____日发出的_____(项目名称)_____标段施工招标关于_____的通知,我方已于____年____月____日收到。

特此确认。

投标人:_____(盖单位章)

____年____月____日

11. 接收投标文件

(1) 投标文件的递交。在投标截止时间前按规定的地点递交至招标单位。在递交投标文件以后,投标截止时间之前,投标单位可以对所递交的投标文件进行修改或撤回,但所递交的修改或撤回通知必须按招标文件的规定进行编制、密封和标志。

(2) 投标文件的接收。在投标截止时间前,招标单位做好投标文件的接收工作,在接收中应注意核对投标文件是否按招标文件的规定进行密封和标识。并做好接收时间的记录等。在开标前,应妥善保管好投标文件、修改和撤回通知等投标资料;完成接收投标文件工作后,招标单位应按规定准时开标。投标文件有下列情形之一的,招标人不予受理:未通过资格预审单位提交的投标文件;逾期送达的或者未送达指定地点的;未按招标文件要求密封的。

12. 开标

(1) 在投标截止后,按规定时间、地点,在投标单位法定代表人或授权代理人在场的情况下举行开标会议,开标会议由招标单位组织并主持。

(2) 开标会议在招标管理机构监督下进行,开标会议可以邀请公证部门对开标全过程进行公证。

(3) 开标会议宣布开始后,应首先请各投标单位代表确认其投标文件的密封完整性,并签字予以确认。当众宣读评标原则、评标办法。由招标单位依据招标文件的要求,核查投标单位提交的证件和资料,并审查投标文件的完整性、文件的签署、投标担保等,但提交合格"撤回通知"和逾期送达的投标文件不予启封。

(4) 唱标顺序可按各投标单位报送投标文件时间先后的顺序进行或随机进行。当众宣读投标单位名称、投标报价、工期、质量、主要材料用量、投标保证金、优惠条件,以及招标单位认为有必要的内容。

(5) 唱标内容应做好记录,并请投标单位法定代表人或授权代理人签字确认(附件5)。
开标过程结束后,进入评标阶段。

附件5 开标记录表

_____(项目名称)_____标段施工开标记录表

开标时间:____年____月____日____时____分

序号	投标人	密封情况	投标保证金	投标报价(元)	质量目标	工期	备注	签名
招标人编制的标底								

招标人代表:_____ 记录人:_____ 监标人:_____

____年____月____日

13. 评标

(1) 评标由招标人依法组建的评标委员会负责,招标管理机构监督。评标委员会由招标单位代表、评标专家库随机抽取有关经济、技术专家组成(以经济技术专家为主)。评标委员会由5人以上单数人员组成,其中招标单位代表人数不能超过总人数的1/3,有关经济、技术专家人数不能少于总人数的2/3。

(2) 资格审查。对未进行资格预审的招标项目,在开标后须对各投标单位的资质情况进行审查。

(3) 投标文件的符合性鉴定。投标文件应实质上响应招标文件的要求。所谓实质上响应招标文件的要求,就是其投标文件应该与招标文件的所有条款、条件和规定相符,无显著差异或保留。如果投标文件实质上不响应招标文件的要求,招标单位将予以拒绝,并不允许投标单位通过修正或撤销其不符合要求的差异或保留,使之成为具有响应性的投标。

(4) 投标文件的技术标评审。对投标单位所报的施工方案或施工组织设计、施工进度计划,施工人员和施工机械设备的配备,施工技术能力、以往履行合同情况,临时设施的布置和临时用地情况等进行评估。

(5) 投标文件的商务标评审。即对投标报价进行评审,评标委员会将对确定为实质上响应招标文件要求的投标进行投标报价评审,在评审投标报价时应对报价进行校核,看其是否有计算上或累计上的算术错误。修改错误原则如下:① 投标文件中的大写金额与小写金额不一致的,以大写金额为准;② 总价金额与依据单价计算出的结果不一致的,以单价金额为准修正总价,但单价金额小数点有明显错误的除外,此时应以标出的合价为准,并修改单价。按上述修改错误的方法,调整投标书中的投标报价。经投标单位确认同意后,调整后的报价对投标单位起约束作用。如果投标单位不接受修正后的投标报价则其投标将被拒绝。

(6) 综合评价与比较。评标应依据评标原则、评标办法,对投标单位的报价、工期、质量、材料用量、施工方案或组织设计、以往业绩、社会信誉、优惠条件等方面综合评定,公正合理择优选定中标单位。

(7) 投标文件澄清。

在评标过程中,评标委员会可以书面形式要求投标人对所提交的投标文件中不明确的内容进行书面澄清或说明,或者对细微偏差进行补正。评标委员会不接受投标人主动提出的澄清、说明或补正。

(8) 有下列情形之一的,评标委员会应当否决其投标。

① 投标文件未经投标单位盖章和单位负责人签字。

② 投标联合体没有提交共同投标协议。

③ 投标人不符合国家或者招标文件规定的资格条件。

④ 同一投标人提交两个以上不同的投标文件或者投标报价,但招标文件要求提交备选投标的除外。

⑤ 投标报价低于成本或者高于招标文件设定的最高投标限价。

⑥ 投标文件没有对招标文件的实质性要求和条件作出响应。

⑦ 投标人有串通投标、弄虚作假、行贿等违法行为。

(9) 评标报告。评标完成后,评标委员会应当向招标人提交书面评标报告和中标候选人名单。中标候选人应当不超过3个,并标明排序。评标报告应当由评标委员会全体成员签字。对评标结果有不同意见的评标委员会成员应当以书面形式说明其不同意见和理由,评标报告应当注明该不同意见。评标委员会成员拒绝在评标报告上签字又不书面说明其不同意见和理由的,视为同意评标结果。

14. 定标

(1) 依法必须进行招标的项目,招标人应当自收到评标报告之日起3日内公示中标候选人,公示期不得少于3日。投标人或者其他利害关系人对依法必须进行招标的项目的评标结果有异议的,应当在中标候选人公示期间提出。招标人应当自收到异议之日起3日内作出答复。作出答复前,应当暂停招标投标活动。

(2) 确定中标单位后招标单位应于5日内持评标报告到招标管理机构核准,招标管理机构在2日内提出核准意见,经核准同意后招标单位向中标单位发放"中标通知书"(附件6)。招标单位向未中标单位发放"中标结果通知书"(附件7)。

(3)中标单位收到中标通知书后,按规定提交履约担保,并在规定日期、时间和地点与建设单位进行合同签订。

附件6　中标通知书

中标通知书

　　_____（中标人名称）：

　　你方于_____（投标日期）所递交的_____（项目名称）_____标段施工投标文件已被我方接受,被确定为中标人。

　　中标价:_____元。

　　工期:_____日历天。

　　工程质量:符合_____标准。

　　项目经理:_____（姓名）。

　　请你方在接到本通知书后的____日内到_____（指定地点）与我方签订施工承包合同,在此之前按招标文件相关规定向我方提交履约担保。

　　特此通知。

招标人:_____（盖单位章）
法定代表人:_____（签字）
____年____月____日

附件7　中标结果通知书

中标结果通知书

　　_____（未中标人名称）：

　　我方已接受_____（中标人名称）于_____（投标日期）所递交的_____（项目名称）_____标段施工投标文件,确定_____（中标人名称）为中标人。

　　感谢你单位对我们工作的大力支持！

招标人:_____（盖单位章）
法定代表人:_____（签字）
____年____月____日

15. 合同签订

（1）招标人与中标的投标单位在自中标通知书发出之日起30天内签订合同。合同的标的、价款、质量、履行期限等主要条款应当与招标文件和中标人的投标文件的内容一致。招标人和中标人不得再行订立背离合同实质性内容的其他协议。

（2）中标人无正当理由拒签合同的,招标人取消其中标资格,其投标保证金不予退还;给招标人造成的损失超过投标保证金数额的,中标人还应当对超过部分予以赔偿。

（3）发出中标通知书后,招标人无正当理由拒签合同的,招标人向中标人退还投标保证金;给中标人造成损失的,还应当赔偿损失。

(4) 建设单位与中标单位签订合同后,招标单位及时通知其他投标单位其投标未被接受,按要求退回图纸和有关技术资料,招标人最迟应当在书面合同签订后 5 日内向中标人和未中标的投标人退还投标保证金及银行同期存款利息。因违反规定被没收的投标保证金不予退回。

招标工作结束后,招标单位将开标、评标过程有关纪要、资料、评标报告、中标单位的投标文件一份副本报招标管理机构备案。

任务 2　建设工程项目投标

3.2.1　建设工程项目投标的概念

建设工程项目投标,是指投标人(或承包人)根据所掌握的招标信息,按照招标人拟定的招标文件的要求,参与投标竞争,以期获得建设工程承包权的法律活动。

3.2.2　建设工程投标的一般程序

建设工程项目的投标工作程序如图 3-1 所示。

3.2.3　建设工程投标工作的内容

1. 获取招标信息

目前投标人获得招标信息的渠道很多,最普遍的是通过大众媒体(网络、电视、报纸、招标市场电子信息屏)所发布的招标公告获取招标信息,也可通过投标邀请函的方式获取招标信息。

投标人必须认真分析验证所获信息的真实可靠性,并证实其招标项目确实已立项批准、资金已经落实等。

2. 前期投标决策

投标人在证实招标信息真实可靠后,要对招标人的信誉、实力、拟派出监理单位、拟参与投标的单位实力情况等方面进行了解,根据了解到的情况,正确做出投标决策,以减少工程实施过程中投标人的承包风险。

3. 参加资格预审

投标资格审查分为"资格预审"和"资格后审"两种方法。

资格预审是投标人投标过程中首先要通过的第一关,资格预审一般按招标人所编制的资格预审文件内容进行审查。招标人根据投标人所提供的资料,对投标人进行资格审查,只有经审查合格的投标人,才具备参加投标的资格。

4. 购买和分析招标文件

1) 购买招标文件

投标人在通过资格预审后,就可以在规定的时间内向招标人购买招标文件。

2) 分析招标文件

购买到招标文件之后,投标人应认真阅读招标文件中的所有条款。注意投标过程中的

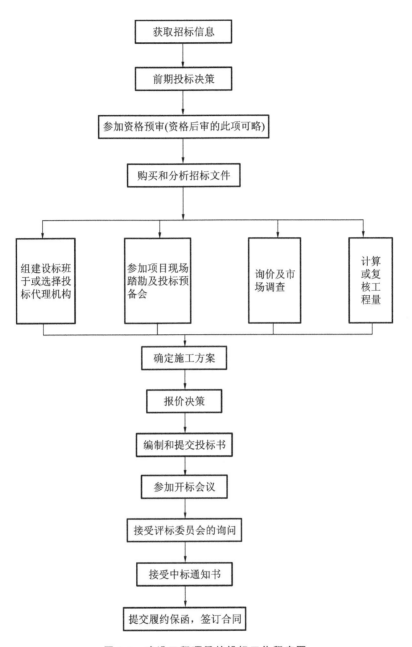

图 3-1　建设工程项目的投标工作程序图

各项活动的时间安排,明确招标文件中对投标报价、工期、质量等实质性条款的要求。同时对招标文件中的合同条款、无效标书的条件等主要内容应认真进行分析,理解招标文件隐含的涵义。对可能发生疑义或不清楚的地方,应向招标人书面提出。

5. 投标准备工作

1) 组建投标班子

为了确保在投标竞争中获胜,投标人在投标前应建立专门的投标班子,负责投标事宜。投标班子一般应包括经营管理类人员、专业技术类人员、商务金融类人员。投标人在投标时如果认为必要,可以请具有资质的投标代理机构代理投标或策划,以提高中标概率。

2) 参加现场踏勘

投标人在拿到招标文件后,除对招标文件进行认真研读分析之外,还应按照招标文件规定的时间,对拟建施工项目的现场进行考察。

3) 参加投标预备会

投标预备会又称答疑会或标前会议,一般在现场踏勘之后的1~2天内举行。目的是解答投标人对招标文件及现场踏勘中所提出的问题,并对图纸进行交底和解释。

4) 计算或复核工程量

现阶段我国进行工程施工投标时,工程量有以下两种情况。

(1) 招标文件提供的工程量清单。投标人在进行投标时,应根据图纸等资料对招标文件提供的工程量清单的准确性进行复核,为投标报价决策提供依据。在工程量复核过程中,如果发现某些工程量有较大的出入或遗漏,应要求招标人更正或补充。如果招标人不作更正或补充,投标人投标时应注意调整单价以减少实际实施过程中,由于工程量的调整带来的风险。

(2) 招标人不给出具体的工程量清单,只给相应工程的施工图纸。投标报价时应根据给定的施工图纸,结合工程量计算规则自行计算工程量。

5) 询价及市场调查

投标文件编制时,投标报价是一个很重要的环节,为了能够准确确定投标报价,投标时应通过各种渠道,采用各种手段对工程所需各种材料、设备等资源的价格、质量、供应时间、供应数量等方面进行系统全面了解。对施工设备的租赁、维修费用、使用投标人本地原材料、设备的可能性以及成本进行比较,以便为准确报价提供依据。

6. 确定施工方案

施工方案也是投标文件内容中很重要的部分,是招标人了解投标人的施工技术、管理水平、机械装备的途径。编制施工方案的主要内容如下。

(1) 选择和确定施工方法。

(2) 对大型复杂工程则要考虑几种方案,进行综合对比。

(3) 选择施工设备和施工设施。

(4) 编制施工进度计划等。

7. 报价决策

投标报价是投标工程是否中标及盈利的关键,因此,报价决策的好坏,直接影响投标工作的成败。

8. 编制和提交投标文件

经过前期的投标准备工作、确定施工方案、报价决策之后,投标人开始进行投标文件的编制工作。投标人编制投标文件时,应按照招标文件的内容、格式和顺序要求进行。投标文件编写完成后,应按招标文件中规定的时间、地点提交投标文件。

9. 参加开标会议

投标人在编制和提交投标文件后,应按时参加开标会议。开标会议由投标人的法定代表人或其授权代理人参加。投标人参加开标会议,要注意其投标文件是否被正确启封、宣读,对于被错误地认定为无效的投标文件或唱标出现的错误,应当场提出异议。

10. 接受评标委员会的询问

在评标过程中,评标委员会根据情况可以要求投标人对投标文件中含义不明确的内容作必要的澄清或者说明,这时投标人应积极地予以澄清说明。所说明、澄清和确认的问题,经招标人和投标人双方签字后,作为投标书的组成部分,但投标人的澄清说明,不得超出投标文件的范围或者改变投标文件中的工期、报价、质量、优惠条件等实质性内容。

11. 接受中标通知书、提交履约担保,签订合同

经过评标,投标人被确定为中标人后,应接受招标人发出的中标通知书。我国规定招标人和中标人应当自中标通知书发出之日起30日内订立书面合同,合同内容应根据《合同法》等有关规定,招标文件、投标文件的要求和中标的条件签订。同时,按照招标文件的要求,中标人提交履约保证金的,中标人应当按照招标文件的要求提交。履约保证金不得超过中标合同金额的10%。国有资金占控股或者主导地位的依法必须进行招标的项目,招标人应当确定排名第一的中标候选人为中标人。排名第一的中标候选人放弃中标、因不可抗力不能履行合同、不按照招标文件要求提交履约保证金,或者被查实存在影响中标结果的违法行为等情形,不符合中标条件的,招标人可以按照评标委员会提出的中标候选人名单排序依次确定其他中标候选人为中标人,也可以重新招标。

3.2.4 建设工程项目施工投标决策

1. 建设工程项目投标决策概述

建设工程项目投标决策是指一方面为是否参加投标而进行决策,另一方面是为如何进行投标进行决策。它是投标活动中的重要环节,它关系到投标人能否中标及中标后的经济效益,所以应该引起高度重视。

在获取招投标信息后,承包商决定是否参加投标,应综合考虑以下几方面的情况。

(1) 承包招标项目的可能性与可行性。即是否有能力承包该项目,能否抽调出管理力量、技术力量参加项目实施,自身经济条件等情况。

(2) 招标项目的可靠性。如项目审批是否已经完成、资金是否已经落实等。

(3) 招标项目的承包条件。如施工项目所在地政治形势、经济形势、法律法规、风俗习惯、自然条件、生产和生活条件等。

(4) 影响中标机会的因素。如业主对本企业的印象、自身信誉方面的实力情况、竞争对手实力和竞争形势情况等。

2. 承包商应该放弃投标的情况

(1) 工程规模、技术要求超过本企业技术等级的项目。

(2) 本企业业务范围和经营能力之外的项目。

(3) 本企业现有承包任务比较饱满,而招标工程的风险较大的项目。

(4) 本企业技术等级、经营、施工水平明显不如竞争对手的项目。

3.2.5 建设工程项目投标报价

建设工程项目投标报价是建设工程投标内容中的重要部分,是整个建设工程投标活动的核心环节,报价的高低直接影响着能否中标和中标后是否能够获利。

1. 投标报价的概念

施工企业根据招标文件及有关计算工程造价的资料,计算工程预算总造价,在工程预算总造价的基础上,再考虑投标策略以及各种影响工程造价的因素,然后提出有竞争力的投标价格。

2. 投标报价的原则

投标报价的编制主要是投标单位对承建招标工程所要发生的各种费用的计算。在进行投标计算时，必须首先根据招标文件进一步复核工程量。作为投标计算的必要条件，应预先确定施工方案和施工进度，此外，投标计算还必须与采用的合同形式相协调。报价是投标的关键性工作，报价是否合理直接关系到投标的成败。

(1) 以招标文件中设定的发承包双方责任划分，作为考虑投标报价费用项目和费用计算的基础；根据工程发承包模式考虑投标报价的费用内容和计算深度。

(2) 以施工方案、技术措施等作为投标报价计算的基本条件。

(3) 以反映企业技术和管理水平的企业定额作为计算人工、材料和机械台班消耗量的基本依据。

(4) 充分利用现场考察、调研成果、市场价格信息和行情资料编制基价，确定调价方法。

(5) 报价计算方法要科学严谨、简明适用，满足招标文件的要求。

3. 投标报价的编制依据

(1) 招标单位提供的招标文件。

(2) 招标单位提供的设计图纸、工程量清单及有关的技术说明书等。

(3) 国家及地区颁发的现行建筑、安装工程预算定额及与之相配套执行的各种费用定额规定等。

(4) 地方现行材料预算价格、采购地点及供应方式等。

(5) 因招标文件及设计图纸等资料不明确，经咨询后由招标单位书面答复的有关资料。

(6) 企业内部制定的有关取费、价格等的规定、标准。

(7) 其他与报价计算有关的各项政策、规定及调整系数等。

(8) 工程现场资料。

(9) 施工组织设计。

(10) 企业竞争态势的预测。

在标价的计算过程中，对于不可预见费用的计算必须慎重考虑，不要遗漏。

4. 投标报价的组成

建设工程投标报价按照费用构成要素划分：由人工费、材料（包含工程设备）费、施工机具使用费、企业管理费、利润、规费和税金组成。

5. 投标报价的编制方法

(1) 以定额计价模式投标报价。一般是采用预算定额来编制，即按照定额规定的分部分项工程逐项计算工程量，套用定额基价或根据市场价格确定直接费，然后再按规定的费用定额计取各项费用，最后汇总形成标价。这种方法在我国大多数省市现行的报价编制中比较常用。

(2) 以工程量清单计价模式投标报价。这是与市场经济相适应的投标报价方法，也是国际通用的竞争性招标方式所要求的。工程量清单报价由招标人给出工程量清单，投标者填报单价，计算出总价，作为投标报价，然后通过评标竞争，最终确定合同价。

6. 投标报价的编制程序

编制程序如下。① 复核或计算工程量。② 确定单价，计算合价。③ 确定分包工程费。④ 确定利润。⑤ 确定风险费。⑥ 确定投标价格。

3.2.6 建设工程项目投标文件的编制

根据中华人民共和国《标准施工招标文件》(2007年版)中投标文件格式,投标文件一般由以下内容组成:投标函及投标函附录、法定代表人身份证明、授权委托书、联合体协议书(联合体投标需提供)、投标保证金、已标价工程量清单、施工组织设计(施工方案)、项目管理机构配置表、拟分包项目情况表、资格审查资料、其他材料。

1. 编制投标文件的步骤

(1) 编制投标文件的准备工作。熟悉招标文件、图纸、资料;参加招标人组织的施工现场踏勘和答疑会;调查当地材料供应和价格情况;了解交通运输条件和有关事项。

(2) 实质性响应招标文件的条款编制。包括工期、投标有效期、质量要求、技术标准和要求、招标范围等的实质性内容。

(3) 复核、计算工程量。

(4) 编制施工组织设计,确定施工方案。

(5) 计算投标报价。

(6) 装订成册。

2. 编制投标文件应注意的事项

(1) 必须使用规范的投标文件表格格式。填写表格时,凡要求填写的空格都必须填写,否则,被视为放弃该项要求。

(2) 对招标文件有疑问或在施工现场踏勘中发现问题,应在招标文件规定的时间前以书面形式要求招标人进行澄清;招标文件的修改通知或投标答疑是招标文件的重要组成部分,应与招标文件集中存放,一起保管。

(3) 投标文件的内容要真实可靠,并按招标文件的要求,相应附上证明材料的复印件。

(4) 投标人在投标截止时间前修改投标函中的投标总报价,应注意同时修改"工程量清单"中的相应报价,因为总金额与依据单价计算出的结果不一致的,以单价金额为准修正总价。

(5) 注意投标文件的大写金额与小写金额的一致性,大写与小写不一致的,以大写金额为准。

(6) 投标文件要用不褪色的材料书写或打印,并由投标人的法定代表人或其委托代理人签字并盖单位公章。

(7) 投标文件中的任何改动之处,应加盖单位公章或由投标人的法定代表人或其委托代理人签字确认。

(8) 投标文件正本一份,副本份数按《招标文件》规定,正本与副本分开装订,封面标记"正本""副本"字样,当正本与副本不一致时,以正本为准。

(9) 注意查实投标截止的时间及投标文件递交的地点,确保按时、按点递交,逾期送达或送错地点,招标人不予受理。

(10) 严格按照招标文件的包封要求进行投标文件的包封,并注意查看招标文件有关废标的条件,避免造成废标。

3.2.7 建设工程项目投标技巧

投标报价方法是依据投标策略选择的,一个成功的投标策略必须运用与之相适应的报价方法才能取得理想的效果。投标报价时,既要考虑自身的优势和劣势,也要分析招标项目的特点。按照工程项目的不同特点、类别、施工条件等来选择报价策略。

1. 根据招标项目的不同特点采用不同报价

(1) 遇到下列情况可报价高些:施工条件差的工程;本公司有专长的;专业要求高的技术密集型工程;特殊工程;工期要求紧的工程。

(2) 遇到下列情况可报价低些:施工条件好、工作简单的工程;本公司急于打入市场;投标对手多,竞争激烈的工程。

2. 不平衡报价法

这一方法是指一个建设工程项目总报价基本确定后,通过调整内部各个项目的报价,以期既不提高总报价、不影响中标,又能在结算时得到更理想的经济效益。一般可以考虑在以下几方面采用不平衡报价法。

(1) 能够早日结账收款的项目(如开办费、基础工程、土方开挖、桩基等)可适当提高。

(2) 预计今后工程量会增加的项目,单价适当提高,这样在最终结算时可多赚钱;将工程量可能减少的项目单价降低,工程结算时损失不大。

(3) 设计图纸不明确,估计修改后工程量要增加的,可以提高单价;而工程内容解说不清楚的,则可适当降低一些单价,待澄清后可再要求提价。

采用不平衡报价法一定要建立在对工程量表中工程量仔细核对分析的基础上,特别是对报低单价的项目,如工程量执行时增多将造成承包商的重大损失;不平衡报价过多和过于明显,可能会引起业主反对,甚至导致废标。

3. 多方案报价法

根据标准招标文件规定:"除投标人须知附表另有规定外,投标人不得递交备选投标方案。允许投标人递交备选投标方案的,只有中标人所递交的备选方案方可予以考虑。"如果另有规定允许多方案报价,投标人在同一个招标项目,除了按招标文件的要求编制投标报价以外,还编制一个或几个建议方案。如果发现招标文件中的工程范围很不具体、明确,或条款内容很不清楚、很不公正,或对技术规范的要求过于苛刻,可先按招标文件中的要求报一个价,然后再说明假如招标人对工程要求作某些修改,报价可降低多少。由此可报出一个较低的价,这样,可以降低总价,吸引业主。

4. 增加建议方案报价法

有时招标文件中规定,可以提一个建议方案,即是可以修改原设计方案,提出投标者的方案。投标者这时应抓住机会,组织一批有经验的设计和施工工程师,对原招标文件的设计和施工方案仔细研究,提出更为合理的方案以吸引业主,促成自己的方案中标。这种新建议方案可以降低总造价或是缩短工期,或使工程运用更为合理。但要注意对原招标方案一定也要报价。建议方案不要写得太具体,要保留方案的技术关键,防止业主将此方案交给其他承包商。同时要强调的是,建议方案一定要比较成熟,有很好的可操作性。

5. 联合体法

联合体法比较常用,即两三家公司其主营业务类似或相近,单独投标会出现经验、业绩不足或工作负荷过大而造成高报价,失去竞争优势。而以捆绑形式联合投标,可以做到优势互补、规避劣势、利益共享、风险共担,相对提高了竞争力和中标几率。这种方式目前在国内许多大项目中使用。

6. 突然降价法

为了迷惑竞争对手而采用的一种竞争方法。通常的做法是，在准备投标报价的过程中预先考虑好降价的幅度，然后有意散布一些假情报，如打算弃标，按一般情况报价或准备报高价等，等临近投标截止日期前，突然前往投标，并降低报价，以期战胜竞争对手。

7. 无利润算标报价法

缺乏竞争优势的承包商，在不得已的情况下，只好在算标中根本不考虑利润去夺标。这种方法一般是处于以下情况时采用：

（1）有可能在得标后，将大部分工程分包给索价较低的一些分包商；

（2）对于分期建设的项目，先以低价获得首期工程，而后赢得机会创造第二期工程中的竞争优势，并在以后的实施中赚得利润；

（3）较长时期内，承包商没有在建的工程项目，如果再不得标，就难以维持生存。

8. 计日工单价的报价

如果是单纯报计日工单价，而且不计入总价中，可以报高些，以便在业主额外用工或使用施工机械时可多盈利。但如果计日工单价要计入总报价时，则需具体分析是否报高价，以免抬高总报价。总之，要分析业主在开工后可能使用的计日工数量，再来确定报价方针。

9. 可供选择的项目的报价

有些建设工程项目的分项工程，业主可能要求按某一方案报价，而后再提供几种可供选择方案的比较报价。但是，所谓"可供选择方案"并非由承包商任意选择，而是业主才有权进行选择。因此，我们虽然适当提高了可供选择项目的报价，并不意味着肯定可以取得较好的利润，只是提供了一种可能性，一旦业主今后选用，承包商即可得到额外加价的利益。

10. 暂定工程量的报价

（1）暂定总价款是固定的，但暂定工程量的项目的数量不确定。因此，投标时应当对暂定工程量的单价适当提高。这样做，既不会因今后工程量变更而吃亏，也不会削弱投标报价的竞争力。

（2）业主列出了暂定工程量的项目的数量，但并没有限制这些工程量的估价总价款，要求投标人既列出单价，又按暂定项目的数量计算总价，当将来结算付款时可按实际完成的工程量和所报单价支付。这时投标人必须慎重考虑。一般来说，这类工程量可以采用正常价格。如果承包商估计今后实际工程量会增大，则可适当提高单价，使将来可增加额外收益。

（3）按招标文件要求将规定的暂定固定总金额列入总报价即可。

11. 分包商报价的采用

由于现代工程的综合性和复杂性，总承包商不可能将全部工程内容完全独家包揽，特别是有些专业性较强的工程内容，需分包给其他专业工程公司施工。还有些招标项目，业主规定某些工程内容必须由他指定的几家分包商承担。因此，总承包商通常应在投标前先取得分包商的报价，并增加总承包商摊入的一定的管理费，而后作为自己报标总价的一个组成部分一并列入报价单中。

任务 3　建设工程项目合同管理

3.3.1　合同及建设工程合同

1. 合同及建设工程合同概念

（1）合同的定义。合同是平等主体的自然人、法人、其他组织之间设立、变更、终止民事权利义务关系的协议。

（2）建设工程合同的定义。建设工程合同是承包人进行工程建设，发包人支付工程价款的合同。它包括工程勘察合同、设计合同、施工合同等工程合同。

2. 合同的特点及与工程合同的区别

（1）合同的特点。首先合同的主体在法律地位上是平等的；其次合同确立的是合同主体之间民事权利义务关系。

（2）合同与工程合同的区别。

① 工程合同是合同的一个分支。

② 对主体的要求不一样。合同的主体是自然人、法人、其他组织；而建设工程合同对主体的要求更严，建设工程合同主体必须是法人和其他组织，自然人不能成为建设工程合同的主体。

③ 合同的形式要求不一样。按我国《合同法》规定，合同的形式一般可以采用书面形式、口头形式和其他形式；而建设工程合同只能采用书面形式。

④ 对合同签订的程序和管理不一样。一般的合同只要合同主体双方意思表示真实一致就可以了，而建设工程合同的签订一般必须履行严格的招投标程序及合同签订后实行严格的备案制度。

3. 合同的内容

合同的主体、客体和内容是合同组成的三要素，合同的主体是签订合同的当事人；合同的客体是指合同的标的；合同的内容是当事人之间的民事权利义务关系。

合同的内容由合同当事人约定，也可以参照各类示范合同文本订立合同。一般包括如下条款：① 当事人的名称或者姓名和住所；② 标的；③ 数量；④ 质量；⑤ 价款或者报酬；⑥ 履行期限、地点和方式；⑦ 违约责任；⑧ 解决争议的方法。

3.3.2　建设工程合同的订立和作用

1. 建设工程合同的类型

《合同法》对建设工程合同的范围界定为工程勘察、设计、施工合同。具体按照建筑工程承发包的范围、内容及合同价款的确定方式，建设工程合同可以分为以下类型。

1）按照建设工程承发包的范围划分

（1）建设工程总承包合同，即发包人可以将工程建设的全过程（可行性研究、勘察、设计和施工等）发包给一个承包人。

（2）建设工程合同，即发包人将建设工程的勘察、设计、施工分别发包给不同的承包人。

（3）建设工程分包合同，即总承包人或者工程勘察、设计、施工承包人按合同约定或在征得发包人同意的基础上,可以将自己承包的部分工作交由第三人完成。

2)按照建设工程承发包的内容划分

按照建设工程承发包的内容划分,可以分为建设工程勘察合同、建设工程设计合同、建设工程施工合同。

3)按照建筑工程合同价款确定方式划分

根据建筑工程合同价款确定方式划分,可以分为单价合同、总价合同、其他价格形式合同。

(1)单价合同。单价合同是指合同当事人约定以工程量清单及其综合单价进行合同价格计算、调整和确认的建设工程施工合同,在约定的范围内合同单价不作调整。

(2)总价合同。总价合同是指合同当事人约定以施工图、已标价工程量清单或预算书及有关条件进行合同价格计算、调整和确认的建设工程施工合同,在约定的范围内合同总价不作调整。

(3)其他价格形式。合同当事人可在专用合同条款中约定其他合同价格形式。如成本加酬金(费用)合同。成本加酬金合同又称成本补偿合同,是指按工程实际发生的成本结算外,发包人另加上商定好的一笔酬金(总管理费和利润)支付给承包人的一种承发包方式。

2. 建设工程合同的订立

1)建设工程合同订立的条件

(1)工程项目已履行报建手续。

(2)建设工程项目资金已经落实。

2)建设工程施工合同订立的条件

(1)工程项目初步设计已经批准。

(2)工程项目已列入年度建设计划。

(3)有满足工程施工需要的设计文件和有关技术资料。

(4)建设资金和主要建筑材料设备来源已经落实。

(5)已确定好工程施工单位。

3)订立建设工程合同的程序

建设工程合同作为合同在建设工程行业分支领域的运用,它的订立遵循合同订立的一般程序,即要约、承诺过程。在工程实践中,建设工程合同的订立就是要经过招投标或直接发包的程序确定承包企业。在工程招投标程序中,发包人的招标文件是向不特定或特定的人发出的要约邀请文件,投标人根据发包人的招标文件编制的投标文件是一个要约文件,发包人经过评标确定中标人并发出中标通知书,这个中标通知书就是发包人对中标人的承诺。

4)订立建设工程合同遵守的原则

订立建设工程合同遵守的原则如下。

(1)遵守国家法律、法规和国家计划原则。

(2)平等、自愿、公平的原则。

(3)诚实信用原则。

(4)等价有偿原则。

(5)不损害社会公众利益和扰乱社会经济秩序原则。

3. 建设工程合同的作用

(1) 建设工程合同明确了合同实施阶段发包人和承包人之间的权利和义务。

(2) 建设工程合同是实施阶段实行项目管理的依据。

(3) 维护建设工程实施过程中发包人和承包人权益的依据。

3.3.3 建设工程施工合同管理

1. 概述

建设工程从项目建议、可行性研究、项目立项批准、工程勘查、工程设计、设备采购、工程施工直至工程竣工验收投入使用,这一建设过程非常漫长,在这一系列的建设活动过程中,业主要与许许多多的承包商(如中介服务机构、勘查设计单位、施工单位等)就其承包的内容双方需签订工程承包合同。建设工程施工合同管理是这一系列工程承包合同当中的一个,也是我们接触最多最频繁的一个工程建设合同。

合同管理贯穿招标投标、合同谈判与签约、工程实施、交工验收及保修阶段的全过程。

2. 建设工程施工合同管理的特点

建设工程施工合同管理因为其所管理的对象(建筑产品)的特点、类型、环境及合同的类型、性质、作用等不一样而有不同的管理要求,但同时也具有以下相同的特点。

(1) 建设工程施工合同管理的周期长。

(2) 建设工程施工合同管理综合性强、复杂性强。

(3) 建设工程施工合同管理所面临的风险不可避免。

(4) 建设工程施工合同管理与效益密切相关。

3. 施工招标阶段的合同管理

1) 承包人的确定及拟定合同主要条款

施工招标阶段由于处于选择潜在的承包人和拟定合同主要条款的关键阶段,因此这个阶段的合同管理主要着重于合格的承包人的确定及拟定合同主要条款。

2) 建设工程施工合同的承包人的要求

建设工程施工合同的承包人按我国《合同法》规定,必须是具备相应施工资质的企业法人,因此合格的承包人要求具备以下条件。

(1) 具有承揽合同对象的相应施工资质,否则发包人与不具备相应施工资质的承包人签订的施工合同违反了我国《建筑法》第二十六条的规定,导致合同是无效的。

(2) 承包人是企业法人,由于建设工程涉及公众的生命财产安全,因此我国《建筑法》规定建设工程的承包人必须是企业法人,不允许个人或自然人成为建设工程的承包人。

3) 拟建建设工程的招标文件内容的确定。

发包人在施工招标阶段拟定的招标文件包括:投标邀请函、投标人须知、投标书格式及投标书附录、合同条件(通用条款、专用条款和协议书)、技术规范、工程量清单、设计图纸、工程现场水文地质资料等,在评标结束后将作为签订施工合同的依据,因此,能否拟定出一份适合拟建建设工程的招标文件就显得尤为关键。

4. 合同的谈判与签订

1) 建设工程合同谈判的概念

工程合同谈判是指合同当事人双方就合同具体内容进行研究、协商的过程。通过合同的谈判完善合同条款,合理分配合同风险、权利、义务与责任。

2) 建设工程合同的订立阶段的合同管理

根据我国《合同法》和建设工程相关法律、法规的规定,工程合同订立有两种方式。一种是遵守如前所述的一般订立程序即要约——承诺订立合同。另一种是通过特殊的方式,即通过公开招标或邀请招标订立合同。目前我国建设工程领域广泛采用后一种方式订立合同。

(1) 工程合同订立程序。招标→投标→向中标人发出中标通知→签订工程合同。

(2) 工程合同订立阶段应注意的合同管理问题:① 有效避免缔约过失责任。② 工程风险的合理分配。③ 工程合同担保。④ 有效避免无效工程合同。

2004年10月最高人民法院颁布了《最高人民法院关于审理建设工程施工合同纠纷案件适用法律问题的解释》,规定了无效建设工程施工合同的几种情形:

① 承包人未取得建设施工企业资质或者超越资质等级订立的建设工程施工合同;

② 没有资质的实际施工人借用有资质的施工企业名义与他人订立的建设工程施工合同;

③ 建设工程必须招标而没有招标或者中标无效情形下订立建设工程施工合同;

④ 承包人非法转包、违法分包建设工程所订立的建设工程施工合同。

5. 施工准备阶段的合同管理

1) 施工准备阶段涉及的主要工作

(1) 发包人提供的图纸。

目前我国的建设工程项目通常由发包人委托设计单位负责,在工程准备阶段应完成施工图纸设计文件的审查。施工图纸经监理人审核签认后,在合同约定的时期前发放给承包人,以保证承包人及时编制施工进度计划和组织施工。

发包人应当按照合同约定的份数及时将图纸免费提供给承包人。承包人要求增加图纸套数时,发包人应代为复制,但复制费用由承包人承担。发放给承包人的图纸中,应在施工现场保留一套完整的图纸以便监理人及有关人员进行检查时使用。

(2) 承包人负责设计的图纸。

有些情况下承包人享有专利权利的施工技术,若具有设计资质和能力,可以由其完成部分施工图的设计,或由其委托设计分包人完成。在承包工作范围内,包括部分由承包人负责设计的图纸,则应在合同约定的时间内将按规定的审查程序批准的设计文件提交监理人审核,经过监理人签认后可以使用,虽然监理人对承包人设计认可了,但是不能解除承包人的设计责任。

(3) 施工进度计划。

在招标阶段,承包人在投标书内提交的施工方案或施工组织设计的深度相对较浅,签订合同后通过对现场的深入考察和工程交底,对工程的施工有了进一步的了解,所以,承包人应在合同约定的日期,将施工组织设计和施工进度计划提交监理人。

监理人接到承包人提交的进度计划后,应当予以确认或者提出修改意见,如果监理人逾期不确认也不提出书面意见,则视为已同意。发包人和监理人对承包人提交的施工进度计划的确认,不能减轻或免除承包人根据法律规定和合同约定应承担的任何责任或义务。

进度计划经监理人予以认可的主要目的,是作为发包人和监理人依据计划进行协调和对施工进度控制的依据。

(4) 双方做好施工前的其他准备工作。

开工前,合同双方还应当做好其他各项准备工作,如发包人应当按照合同的规定使施工现场具备施工条件、开通施工现场公共道路,承包人应当做好施工人员和设备的调配工作等。

2) 开工

承包人应按照施工组织设计约定的期限,向监理人提交工程开工报审表,经监理人报发包人批准后执行。合同当事人应按约定完成开工准备工作。承包人按约定开工的时间按时开工,以便保证在合理工期内及时竣工。但在特殊情况下,工程的准备工作不具备开工条件,则应按合同约定区分延期开工的责任。

(1) 承包人要求的延期开工。如果是承包人要求的延期开工,则监理人有权批准是否同意延期开工。承包人不能按时开工,应在不迟于协议书约定的开工日期前 7 天,以书面形式向监理人提出延期开工的理由和要求,工期相应顺延。如果监理人不同意延期要求,工期不予顺延,如果承包人未在规定的时间内提出延期开工的要求,工期不予顺延。

(2) 发包人原因的延期开工。因发包人的原因施工现场尚不具备开工的条件,影响了承包人不能按照协议书约定的日期开工时,监理人应以书面形式通知承包人推迟开工日期,发包人应当赔偿承包人因此造成的损失,并顺延工期。因发包人原因造成监理人未能在计划开工日期之日起 90 天内发出开工通知的,承包人有权提出价格调整要求,或者解除合同。发包人应当承担由此增加的费用和(或)延误的工期,并向承包人支付合理利润。

(3) 分包及工程预付款。

① 分包。施工合同示范文本的通用条件中规定,未经发包人同意,承包人不得将承包工程的任何部分分包。承包人投标计划书中提交的分包计划,发包人通过接受投标书已表示了认可,如果施工合同履行过程中承包人又提出分包要求,则需要经发包人的书面同意。发包人控制工程分包的基本原则是,主体工程的施工任务不允许分包,主要工程量必须由承包人完成。

关于工程分包在我国《建筑法》中明确规定了"建筑工程总承包单位按照总承包合同的约定对建设单位负责;分包单位按照分包合同的约定对总承包单位负责,总承包单位和分包单位就分包工程对建设单位承担连带责任"。为了保证分包合同的顺利履行,发包人未经承包人同意,不得以任何形式向分包人支付各种工程款项,分包人完成施工任务的报酬只能依据分包合同由承包人支付。

【例 3-1】 某大学根据学校合并规划,在某市开发区建设新校址,建设 5 栋教学楼、9 栋宿舍、1 栋食堂、1 栋综合实训楼等一揽子工程,建设周期为 2 年,投资 3.8 亿元。该项目通过招标后,某市工程总公司中标。关于工程施工,双方在施工合同中约定:该项目是国家投资项目,工程必须保证质量达到优良;其次,必须保证工期,确保工程建设不影响学校正常工作和投入使用,对工程施工,承包方可以在自己的下属分公司中选择施工队伍,无须与发包人另行签订合同。

某大学群楼建设工程承包合同签订后,作为总承包单位,该工程总公司遂安排下属施工能力强、施工工艺高的二、三、五建设分公司参与工程建设,并分别与这些参建公司签订了某单位工程内部承包协议书,对工程工期和施工质量做了约定,并对施工提前奖励和延期惩罚做了说明。

在以后的工程建设中,二分公司为了加快施工进度,将其中一栋单体工程转交给了某具有三级施工资质的 A 公司,并收取该单体预算造价的 20% 作为管理费。五分公司为争取提前奖励,将自己负责的部分工程分包给临时组织的 B 农民施工队。

问题:上述资料背景中二分公司和五分公司的行为是否合法?根据我国法律、法规的规定,哪些分包行为属于违法分包行为?

分析:不合法。二分公司的行为属于非法转包行为。五分公司把部分工程分包给临时组织的农民施工队的行为也是违法的。

根据我国法律、法规的规定,违法分包行为主要有:总承包单位将建设工程分包给不具备相应资质条件的单位的;建设工程总承包合同中未约定,又未经建设单位认可,承包单位将其承包的部分建设工程交给其他单位完成的,施工总承包单位将建设工程主体结构的施工分包其他单位。

② 工程预付款的支付。

A. 预付款的支付按照合同条款约定执行,最迟应在开工通知载明的开工日期 7 天前支付。预付款应当用于材料、工程设备的采购及修建临时工程、组织施工队伍进场等。除专用合同条款另有约定外,预付款在进度付款中同比例扣回。在颁发工程接收证书前,提前解除合同的,尚未扣完的预付款应与合同价款一并结算。

B. 发包人逾期支付预付款超过 7 天的,承包人有权向发包人发出要求预付的催告通知,发包人收到通知后 7 天内仍未支付的,承包人有权暂停施工,发包人应从约定应付之日起向承包人支付应付款的贷款利息,并承担违约责任。

6. 施工过程的合同管理

1) 对材料和设备的质量控制

(1) 材料设备的到货检验。工程项目使用的建筑材料和设备按照合同约定的采购供应责任,可以由承包人负责,也可以由发包人提供全部或部分材料和设备。

(2) 发包人供应的材料设备。

发包人自行供应材料、工程设备的,应在签订合同时在合同条款的附件《发包人供应材料设备一览表》中明确材料、工程设备的品种、规格、型号、数量、单价、质量等级和送达地点。

承包人应提前 30 天通过监理人以书面形式通知发包人供应材料与工程设备进场。承包人约定修订施工进度计划时,需同时提交经修订后的发包人供应材料与工程设备的进场计划。

发包人应按照合同的材料设备供应一览表,按时、按质、按量将采购的材料和设备运抵施工现场,与承包人共同进行到货清点。承包人清点后由承包人妥善保管,保管费用由发包人承担,因承包人原因发生丢失毁损的,由承包人负责赔偿;监理人未通知承包人清点的,承包人不负责材料和工程设备的保管,由此导致丢失毁损的由发包人负责。

(3) 承包人采购的材料设备。

① 承包人负责采购材料、工程设备的,应按照设计和有关标准要求采购,并提供产品合格证明及出厂证明,对材料、工程设备质量负责。合同约定由承包人采购的材料、工程设备,发包人不得指定生产厂家或供应商,发包人违反约定指定生产厂家或供应商的,承包人有权拒绝,并由发包人承担相应责任。

② 承包人采购的材料和工程设备,应保证产品质量合格,承包人应在材料和工程设备到货前 24 小时通知监理人检验。

③ 承包人采购的材料和工程设备不符合设计或有关标准要求时,承包人应在监理人要

求的合理期限内将不符合设计或有关标准要求的材料、工程设备运出施工现场,并重新采购符合要求的材料、工程设备,由此增加的费用和(或)延误的工期,由承包人承担。

(4) 材料和设备使用前检查。

① 发包人供应的材料和工程设备使用前,由承包人负责检验,检验费用由发包人承担,不合格的不得使用。

② 承包人采购的材料和工程设备由承包人妥善保管,保管费用由承包人承担。法律规定材料和工程设备使用前必须进行检验或试验的,承包人应按监理人的要求进行检验或试验,检验或试验费用由承包人承担,不合格的不得使用。

③ 发包人或监理人发现承包人使用不符合设计或有关标准要求的材料和工程设备时,有权要求承包人进行修复、拆除或重新采购,由此增加的费用和(或)延误的工期,由承包人承担。

2) 对施工质量的监督管理

监理人在施工过程中采用巡视、旁站、平行检验等方式监督检查承包人的施工工艺和产品质量,对建筑产品生产过程进行严格控制。

(1) 工程质量标准。

① 质量标准的控制。承包人施工的工程质量应当达到合同约定的标准。发包人对部分或者全部工程质量有特殊要求的,应支付由此增加的追加合同价款,对工期有影响的应给予相应顺延。监理人依据合同约定的质量标准对承包人的工程质量进行检查,达到或超过约定标准的,给予质量认可,达不到要求时,则予以拒绝。

② 不符合质量要求的处理。无论何时,监理人一旦发现质量达不到约定标准的工程部分,均可要求承包人返工。承包人应按要求返工,直到符合约定标准为止。因承包人的原因达不到约定标准的,由承包人承担返工费用,工期不予顺延。因发包人的原因达不到约定标准的,由发包人承担返工追加的合同价款,工期相应顺延。因双方原因达不到约定标准,责任由双方分别承担。

(2) 施工过程中的检查和返工。

① 承包人应当按照标准、规范和设计要求以及监理人依据合同发出的指令施工,随时接受监理人及其委派人员的检查,并为检查检验提供便利条件。工程质量达不到约定标准部分,监理人一经发现,可以要求承包人拆除和重新施工,承包人应按监理人的要求执行,承担由于自身原因导致拆除和重新施工的费用,工期不予顺延。经过监理人检验合格后,发现因承包人原因出现质量问题,仍由承包人承担责任,赔偿发包人的直接损失,工期不应顺延。

② 监理人的检查检验原则上不应影响施工正常进行,如果实际影响了施工的正常进行,其后果责任由检验结构的质量是否合格来区分合同责任。检查检验不合格时,影响正常施工的费用由承包人承担,除此之外,影响正常施工的追加合同价款由发包人承担,相应顺延工期。由监理人指令失误和其他非承包人原因发生的追加合同价款,由发包人承担。

(3) 隐蔽工程与重新检验。

隐蔽工程在施工中一旦完成隐蔽,将很难对其进行质量检查,若是检查,检查成本也非常高,因此必须在隐蔽前进行检查验收。对于中间验收,应在合同中约定,对需要进行中间验收的单项工程和部位及时进行检查、试验,不应影响后续工程的施工,发包人为检验和试验提供便利条件。

检验程序如下。

① 承包人自检。工程具备隐蔽条件或到达合同约定的中间验收部位,承包人自行进行自检,并在隐蔽或者中间验收前48小时以书面形式通知监理人验收。通知包括隐蔽和中间验收的内容、验收时间地点,并应附有自检记录和必要的检查资料。由承包人准备验收记录。

② 共同检验。监理人接到承包人的请求验收通知后,应在通知约定的时间与承包人共同进行检查验收或试验。检测结果表明质量验收合格,经监理人在验收记录上签字后,承包人可进行工程隐蔽和继续施工;验收不合格,承包人应在监理人限定的时间内修改后重新验收。如果监理人不能按时进行验收,应在承包人通知的验收时间24小时内,以书面形式向承包人提出延期验收的要求,但延期不能超过48小时。

若监理人未能按以上时间提出延期要求,又未按时参加验收,承包人可自行组织验收。承包人经过验收的检查、试验程序后,将检查、试验记录送交监理人,本次检验视为监理人在场情况下进行的验收,监理人应承认验收记录的正确性。经监理人验收,工程质量符合标准、规范和设计图纸等要求,验收24小时后,监理人不在验收记录上签字,视为监理人已经认可验收记录,承包人可进行隐蔽或继续施工。

③ 重新检验。承包人覆盖工程隐蔽部位后,发包人或监理人对质量有疑问的,可要求承包人对已覆盖的部位进行钻孔探测或揭开重新检查,承包人应遵照执行,并在检查后重新覆盖恢复原状。经检查证明工程质量符合合同要求的,由发包人承担由此增加的费用和(或)延误的工期,并支付承包人合理的利润;经检查证明工程质量不符合合同要求的,由此增加的费用和(或)延误的工期由承包人承担。

④ 承包人私自覆盖。承包人未通知监理人到场检查,私自将工程隐蔽部位覆盖的,监理人有权指示承包人钻孔探测或揭开检查,无论工程隐蔽部位质量是否合格,由此增加的费用和(或)延误的工期均由承包人承担。

【例3-2】 监理人对已经同意承包人隐蔽的工程部位施工质量产生怀疑后,要求承包人剥露后重现检验。检验结果表明施工质量存在缺陷,承包人按监理人的指示修复后再次覆盖。此事件按照施工合同的规定,对增加的施工成本和延误的工期如何处理?

分析:保证工程质量是承包人的基本义务,不应根据是否经过监理人的质量认可来推卸自己应当承担的合同责任。所以当质量不合格时,一切损失均由承包人承担。故工期不予顺延,施工成本的增加由承包人承担。

(4) 分部分项工程验收。

① 分部分项工程质量应符合国家有关工程施工验收规范、标准及合同约定,承包人应按照施工组织设计的要求完成分部分项工程施工。

② 除专用合同条款另有约定外,分部分项工程经承包人自检合格并具备验收条件的,承包人应提前48小时通知监理人进行验收。监理人不能按时进行验收的,应在验收前24小时向承包人提交书面延期要求,但延期不能超过48小时。监理人未按时进行验收,也未提出延期要求的,承包人有权自行验收,监理人应认可验收结果。分部分项工程未经验收的,不得进入下一道工序施工。

③ 分部分项工程的验收资料应当作为竣工资料的组成部分。

(5) 施工进度管理。

① 按进度计划施工。承包人必须按照监理人确认的进度计划组织施工,接受监理人对

进度的检查、监督。

② 暂停施工。

A. 发包人原因引起的暂停施工。因发包人原因引起暂停施工的，监理人经发包人同意后，应及时下达暂停施工指示。因发包人原因引起的暂停施工，发包人应承担由此增加的费用和延误的工期，并支付承包人合理的利润。

B. 承包人原因引起的暂停施工。因承包人原因引起的暂停施工，承包人应承担由此增加的费用和延误的工期，且承包人在收到监理人复工指示后84天内仍未复工的，视为承包人无法继续履行合同。

C. 指示暂停施工。监理人认为有必要时，并经发包人批准后，可向承包人作出暂停施工的指示，承包人应按监理人指示暂停施工。

D. 紧急情况下的暂停施工。因紧急情况需暂停施工，且监理人未及时下达暂停施工指示的，承包人可先暂停施工，并及时通知监理人。监理人应在接到通知后24小时内发出指示，逾期未发出指示的，视为同意承包人暂停施工。监理人不同意承包人暂停施工的，应说明理由，承包人对监理人的答复有异议，按照"争议解决"约定处理。

E. 暂停施工后的复工。暂停施工后，发包人和承包人应采取有效措施积极消除暂停施工的影响。在工程复工前，监理人会同发包人和承包人确定因暂停施工造成的损失，并确定工程复工条件。当工程具备复工条件时，监理人应经发包人批准后向承包人发出复工通知，承包人应按照复工通知要求复工。

承包人无故拖延和拒绝复工的，承包人承担由此增加的费用和（或）延误的工期；因发包人原因无法按时复工的，由发包人承担由此延误的工期和（或）增加的费用，且发包人应支付承包人合理的利润。

F. 暂停施工持续56天以上。监理人发出暂停施工指示后56天内未向承包人发出复工通知，除该项停工属于承包人原因引起的暂停施工及不可抗力约定的情形外，承包人可向发包人提交书面通知，要求发包人在收到书面通知后28天内准许已暂停施工的部分或全部工程继续施工。发包人逾期不予批准的，则承包人可以通知发包人，将工程受影响的部分视为可取消工作。

暂停施工持续84天以上不复工的，且不属于承包人原因引起的暂停施工及不可抗力约定的情形，并影响到整个工程以及合同目的实现的，承包人有权提出价格调整要求，或者解除合同。解除合同的，按照因发包人违约解除合同执行。

G. 暂停施工期间的工程照管。暂停施工期间，承包人应负责妥善照管工程并提供安全保障，由此增加的费用由承包方承担。

H. 暂停施工的措施。暂停施工期间，发包人和承包人均应采取必要的措施确保工程质量及安全，防止因暂停施工扩大损失。

③ 工期延误。施工过程中由于社会条件自然条件和管理水平等因素的影响，可能导致工期延误不能按时竣工。是否给承包人延长工期，应当依据合同责任来判定。

A. 因发包人原因导致工期延误。在合同履行过程中，因下列情况导致工期延误和（或）费用增加的，由发包人承担由此延误的工期和（或）增加的费用，且发包人应支付承包人合理的利润。

• 发包人未能按合同约定提供图纸或所提供图纸不符合合同约定的。

• 发包人未能按合同约定提供施工现场、施工条件、基础资料、许可、批准等开工条件的。
- 发包人提供的测量基准点、基准线和水准点及其书面资料存在错误或疏漏的。
- 发包人未能在计划开工之日起7天内同意下达开工通知的。
- 发包人未能按合同约定日期支付工程预付款、进度款或竣工结算款的。
- 监理人未按合同约定发出指示、批准等文件的。
- 专用合同条款中约定的其他情形。

因发包人原因未按计划开工日期开工的,发包人应按实际开工日期顺延竣工日期,确保实际工期不低于合同约定的工期总日历天数。因发包人原因导致工期延误需要修订施工进度计划的,承包人应向监理人提交修订的施工进度计划,并附有关措施和相关资料,由监理人报送发包人。发包人和监理人应在收到修订的施工进度计划后7天内完成审核和批准或提出修改意见。发包人和监理人对承包人提交的施工进度计划的确认,不能减轻或免除承包人根据法律规定和合同约定应承担的任何责任或义务。

B. 因承包人原因导致工期延误。因承包人原因造成工期延误的,可以在合同条款中约定逾期竣工违约金的计算方法和逾期竣工违约金的上限。承包人支付逾期竣工违约金后,不免除承包人继续完成工程及修补缺陷的义务。

④ 工期顺延的确认程序。承包人在工期可以顺延的情况发生后14天内,将延误的工期向监理人提出书面报告,监理人在收到报告后14天内予以确认答复,逾期不予答复,视为报告要求已经被确认。

⑤ 发包人要求提前竣工。

发包人要求承包人提前竣工的,发包人应通过监理人向承包人下达提前竣工指示,承包人应向发包人和监理人提交提前竣工建议书,提前竣工建议书应包括实施的方案、缩短的时间、增加的合同价格等内容。发包人接受该提前竣工建议书的,监理人应与发包人和承包人协商采取加快工程进度的措施,并修订施工进度计划,由此增加的费用由发包人承担。承包人认为提前竣工指示无法执行的,应向监理人和发包人提出书面异议,发包人和监理人应在收到异议后7天内予以答复。任何情况下,发包人不得压缩合理工期。

(6) 工程变更。

① 变更的范围。合同履行过程中发生以下情形的,监理人依据工程项目的需要和施工现场的实际情况,可以就以下方面向承包人发出变更通知。

A. 增加或减少合同中任何工作,或追加额外的工作。
B. 取消合同中任何工作,但转由他人实施的工作除外。
C. 改变合同中任何工作的质量标准或其他特性。
D. 改变工程的基线、标高、位置和尺寸。
E. 改变工程的时间安排或实施顺序。

② 变更权。

A. 发包人和监理人均可以提出变更。变更指示均通过监理人发出,监理人发出变更指示前应征得发包人同意。承包人收到经发包人签认的变更指示后,方可实施变更。未经许可,承包人不得擅自对工程的任何部分进行变更。

B. 涉及设计变更的,应由设计人提供变更后的图纸和说明。如变更超过原设计标准或批准的建设规模时,发包人应及时办理规划、设计变更等审批手续。

③ 变更程序。

A. 发包人提出变更。发包人提出变更的,应通过监理人向承包人发出变更指示,变更指示应说明计划变更的工程范围和变更的内容。

B. 监理人提出变更建议。监理人提出变更建议的,需要向发包人以书面形式提出变更计划,说明计划变更工程范围和变更的内容、理由,以及实施该变更对合同价格和工期的影响。发包人同意变更的,由监理人向承包人发出变更指示。发包人不同意变更的,监理人无权擅自发出变更指示。

C. 变更执行。承包人收到监理人下达的变更指示后,认为不能执行,应立即提出不能执行该变更指示的理由。承包人认为可以执行变更的,应当书面说明实施该变更指示对合同价格和工期的影响,且合同当事人应当按照约定确定变更估价。

④ 变更估价。

A. 变更估价原则。变更估价按照以下约定处理。

- 已标价工程量清单或预算书有相同项目的,按照相同项目单价认定。
- 已标价工程量清单或预算书中无相同项目,但有类似项目的,参照类似项目的单价认定。
- 变更导致实际完成的变更工程量与已标价工程量清单或预算书中列明的该项目工程量的变化幅度超过15%的,或已标价工程量清单或预算书中无相同项目及类似项目单价的,按照合理的成本与利润构成的原则,由合同当事人确定变更工作的单价。

B. 变更估价程序。承包人应在收到变更指示后14天内,向监理人提交变更估价申请。监理人应在收到承包人提交的变更估价申请后7天内审查完毕并报送发包人,监理人对变更估价申请有异议,通知承包人修改后重新提交。发包人应在承包人提交变更估价申请后14天内审批完毕。发包人逾期未完成审批或未提出异议的,视为认可承包人提交的变更估价申请。因变更引起的价格调整应计入最近一期的进度款中支付。

(7) 工程量的确认。

发包人支付工程进度款前,要对承包人完成的实际工程量予以确认或核实,按照承包人实际完成永久工程的工程量进行支付。

① 承包人提交工程量报告。承包人按合同约定的时间,向监理人提交本阶段已完工程量的报告,明确本期完成工程的工作内容和工程量。

② 工程计量。

A. 承包人应于每月25日向监理人报送上月20日至当月19日已完成的工程量报告,并附具进度付款申请单、已完成工程量报表和有关资料。

B. 监理人应在收到承包人提交的工程量报告后7天内完成对承包人提交的工程量报表的审核并报送发包人,以确定当月实际完成的工程量。监理人对工程量有异议的,有权要求承包人进行共同复核或抽样复测。承包人应协助监理人进行复核或抽样复测,并按监理人要求提供补充计量资料。承包人未按监理人要求参加复核或抽样复测的,监理人复核或修正的工程量视为承包人实际完成的工程量。

C. 监理人未在收到承包人提交的工程量报表后的7天内完成审核的,承包人报送的工程量报告中的工程量视为承包人实际完成的工程量,据此计算工程价款。

③ 工程量的计量原则。工程量计量按照合同约定的工程量计算规则、图纸及变更指示等进行计量。工程量计算规则应以相关的国家标准、行业标准等为依据,由合同当事人在专用合同条款中约定。

（8）支付管理。

① 允许调整合同价款的情况。

可以调整合同价款的原因有以下几个方面。

A. 市场价格波动引起的调整。

市场价格波动超过合同当事人约定的范围，合同价格应当调整。合同当事人可以在合同条款中约定选择以下方式中的一种对合同价格进行调整。

第一种方式：采用价格指数进行价格调整。

第二种方式：采用造价信息进行价格调整。

合同履行期间，因人工、材料、工程设备和机械台班价格波动影响合同价格时，人工、机械使用费按照国家或省、自治区、直辖市建设行政管理部门、行业建设管理部门或其授权的工程造价管理机构发布的人工、机械使用费系数进行调整；需要进行价格调整的材料，其单价和采购数量应由发包人审批，发包人确认需调整的材料单价及数量，作为调整合同价格的依据。

B. 法律变化引起的调整。

基准日期后，法律变化导致承包人在合同履行过程中所需要的费用发生除市场价格波动引起的调整约定以外的增加时，由发包人承担由此增加的费用；减少时，应从合同价格中予以扣减。基准日期后，因法律变化造成工期延误时，工期应予以顺延。

② 工程进度款的支付。

A. 工程进度款的计算。计算本期应支付承包人的工程进度款项计算内容如下。

• 截至本次付款周期已完成工作对应的金额。

• 本次付款周期变更应增加和扣减的变更金额。

• 本次付款周期约定应支付的预付款和扣减的返还预付款。

• 本次付款周期约定应扣减的质量保证金。

• 本次付款周期应增加和扣减的索赔金额。

• 对已签发的进度款支付证书中出现错误的修正，应在本次进度付款中支付或扣除相应金额。

• 根据合同约定应增加和扣减的其他金额。

B. 进度款审核和支付。

• 监理人应在收到承包人进度付款申请单以及相关资料后 7 天内完成审查并报送发包人，发包人应在收到后 7 天内完成审批并签发进度款支付证书。发包人逾期未完成审批且未提出异议的，视为已签发进度款支付证书。

发包人和监理人对承包人的进度付款申请单有异议的，有权要求承包人修正和提供补充资料，承包人应提交修正后的进度付款申请单。监理人应在收到承包人修正后的进度付款申请单及相关资料后 7 天内完成审查并报送发包人，发包人应在收到监理人报送的进度付款申请单及相关资料后 7 天内，向承包人签发无异议部分的临时进度款支付证书。存在争议的部分，按照合同约定的处理。

• 发包人应在进度款支付证书或临时进度款支付证书签发后 14 天内完成支付，发包人逾期支付进度款的，应按照中国人民银行发布的同期同类贷款基准利率支付违约金。

• 发包人签发进度款支付证书或临时进度款支付证书，不表明发包人已同意、批准或接受了承包人完成的相应部分的工作。

③ 进度付款的修正。在对已签发的进度款支付证书进行阶段汇总和复核中发现错误、遗漏或重复的,发包人和承包人均有权提出修正申请。经发包人和承包人同意的修正,应在下期进度付款中支付或扣除。

(9) 不可抗力。

① 不可抗力的确认。不可抗力是指合同当事人在签订合同时不可预见,在合同履行过程中不可避免且不能克服的自然灾害和社会性突发事件,如地震、海啸、瘟疫、骚乱、戒严、暴动、战争和专用合同条款中约定的其他情形。

不可抗力发生后,发包人和承包人应收集证明不可抗力发生及不可抗力造成损失的证据,并及时认真统计所造成的损失。

② 不可抗力的通知。合同一方当事人遇到不可抗力事件,使其履行合同义务受到阻碍时,应立即通知合同另一方当事人和监理人,书面说明不可抗力和受阻碍的详细情况,并提供必要的证明。

不可抗力持续发生的,合同一方当事人应及时向合同另一方当事人和监理人提交中间报告,说明不可抗力和履行合同受阻的情况,并于不可抗力事件结束后 28 天内提交最终报告及有关资料。

③ 不可抗力引起的后果的承担。

A. 不可抗力引起的后果及造成的损失由合同当事人按照法律规定及合同约定各自承担。不可抗力发生前已完成的工程应当按照合同约定进行计量支付。

B. 不可抗力导致的人员伤亡、财产损失、费用增加和(或)工期延误等后果,由合同当事人按以下原则承担。

• 永久工程、已运至施工现场的材料和工程设备的损坏,以及因工程损坏造成的第三人人员伤亡和财产损失由发包人承担。

• 承包人施工设备的损坏由承包人承担。

• 发包人和承包人承担各自人员伤亡和财产的损失。

• 因不可抗力影响承包人履行合同约定的义务,已经引起或将引起工期延误的,应当顺延工期,由此导致承包人停工的费用损失由发包人和承包人合理分担,停工期间必须支付的工人工资由发包人承担。

• 因不可抗力引起或将引起工期延误,发包人要求赶工的,由此增加的赶工费用由发包人承担。

• 承包人在停工期间按照发包人要求照管、清理和修复工程的费用由发包人承担。

不可抗力发生后,合同当事人均应采取措施尽量避免和减少损失的扩大,任何一方当事人没有采取有效措施导致损失扩大的,应对扩大的损失承担责任。

因合同一方迟延履行合同义务,在迟延履行期间遭遇不可抗力的,不免除其违约责任。

④ 因不可抗力解除合同。因不可抗力导致合同无法履行连续超过 84 天或累计超过 140 天的,发包人和承包人均有权解除合同。合同解除后,发包人应支付以下的款项。

A. 合同解除前承包人已完成工作的价款。

B. 承包人为工程订购的并已交付给承包人,或承包人有责任接受交付的材料、工程设备和其他物品的价款。

C. 发包人要求承包人退货或解除订货合同而产生的费用,或因不能退货或解除合同而产生的损失。

D. 承包人撤离施工现场以及遣散承包人人员的费用。

E. 按照合同约定在合同解除前应支付给承包人的其他款项。

F. 扣减承包人按照合同约定应向发包人支付的款项。

G. 双方商定或确定的其他款项。

合同解除后,发包人应在确定上述款项后28天内完成上述款项的支付。

7. 竣工阶段的合同管理

1) 竣工验收

工程验收是合同履行中的一个重要工作阶段,工程未经竣工验收或竣工验收未通过的,发包人不得使用。发包人强行使用时,由此发生的质量问题及其他问题,由发包人承担。竣工验收分为过程验收和竣工验收两大类,视施工合同约定的工作范围而定。

(1) 竣工验收需要满足的条件。工程具备以下条件的,承包人可以申请竣工验收。

① 除发包人同意的甩项工作和缺陷修补工作外,合同范围内的全部工程以及有关工作,包括合同要求的试验、试运行以及检验均已完成,并符合合同要求。

② 已按合同约定编制了甩项工作和缺陷修补工作清单以及相应的施工计划。

③ 已按合同约定的内容备齐竣工资料。

(2) 竣工验收程序。承包人申请竣工验收的,应当按照以下程序进行。

① 承包人向监理人报送竣工验收申请报告,监理人应在收到竣工验收申请报告后14天内完成审查并报送发包人。监理人审查后认为尚不具备验收条件的,应通知承包人在竣工验收前承包人还需完成的工作内容,承包人应在完成监理人通知的全部工作内容后,再次提交竣工验收申请报告。

② 监理人审查后认为已具备竣工验收条件的,应将竣工验收申请报告提交发包人,发包人应在收到经监理人审核的竣工验收申请报告后28天内审批完毕并组织监理人、承包人、设计人等相关单位完成竣工验收。

③ 竣工验收合格的,发包人应在验收合格后14天内向承包人签发工程接收证书。发包人无正当理由逾期不颁发工程接收证书的,自验收合格后第15天起视为已颁发工程接收证书。

④ 竣工验收不合格的,监理人应按照验收意见发出指示,要求承包人对不合格工程返工、修复或采取其他补救措施,由此增加的费用和(或)延误的工期由承包人承担。承包人在完成不合格工程的返工、修复或采取其他补救措施后,应重新提交竣工验收申请报告,并按本项约定的程序重新进行验收。

⑤ 工程未经验收或验收不合格,发包人擅自使用的,应在转移占有工程后7天内向承包人颁发工程接收证书;发包人无正当理由逾期不颁发工程接收证书的,自转移占有后第15天起视为已颁发工程接收证书。

⑥ 发包人不按照本项约定组织竣工验收、颁发工程接收证书的,每逾期一天,应以签约合同价为基数,按照中国人民银行发布的同期同类贷款基准利率支付违约金。

2) 工程保修

承包人与发包人在工程竣工之前,要签署质量保修书,作为合同附件。质量保修书主要内容包括工程质量保修范围和内容、质量保修期、保修责任和其他约定五部分。

(1) 工程质量保修范围和内容。双方按照工程的性质和特点,具体约定保修的相关内容。房屋建筑工程的保修范围包括:地基基础工程,主体工程,屋面防水工程、有防水要求的卫生间和外墙防渗漏，供热与供冷系统，电气管线、给排水管道、设备安装和装修工程，以及双方约定的其他项目。

（2）质量保修期。保修期从竣工验收合格之日起计算。当事人双方应针对不同工程部位，在保修书内约定具体的保修年限。当事人协商约定的保修期限，不得低于法规规定的标准。《建设工程质量管理条例》明确规定，在正常使用条件下的最低保修期限如下。

① 基础设施工程、房屋建筑的地基基础工程和主体工程，为设计文件规定的该工程的合理使用年限。

② 房屋防水工程、有防水要求的卫生间、房间和外墙的防渗漏为5年。

③ 供热与供冷系统，为两个采暖期、供冷期。

④ 电气管线、给排水管道、设备安装盒装修工程为2年。

（3）质量保修责任。工程保修期从工程竣工验收合格之日起算，具体分部分项工程的保修期由合同当事人在合同条款中约定，但不得低于法定最低保修年限。在工程保修期内，承包人应当根据有关法律规定以及合同约定承担保修责任。

发包人未经竣工验收擅自使用工程的，保修期自转移占有之日起算。

（4）修复费用。保修期内，修复的费用按照以下约定处理。

① 保修期内，因承包人原因造成工程的缺陷、损坏，承包人应负责修复，并承担修复的费用以及因工程的缺陷、损坏造成的人身伤害和财产损失。

② 保修期内，因发包人使用不当造成工程的缺陷、损坏，可以委托承包人修复，但发包人应承担修复的费用，并支付承包人合理利润。

③ 因其他原因造成工程的缺陷、损坏，可以委托承包人修复，发包人应承担修复的费用，并支付承包人合理的利润，因工程的缺陷、损坏造成的人身伤害和财产损失由责任方承担。

3）竣工结算

工程竣工验收报告经发包人认可后，承发包双方应当按协议书约定的合同价款及合同约定的合同价款调整方式，进行工程竣工结算。

（1）竣工结算申请。承包人应在工程竣工验收合格后28天内向发包人和监理人提交竣工结算申请单，并提交完整的结算资料。竣工结算申请单应包括以下内容：①竣工结算合同价格；②发包人已支付承包人的款项；③应扣留的质量保证金；④发包人应支付承包人的合同价款。

（2）竣工结算审核。

① 监理人应在收到竣工结算申请单后14天内完成核查并报送发包人。发包人应在收到监理人提交的经审核的竣工结算申请单后14天内完成审批，并由监理人向承包人签发经发包人签认的竣工付款证书。监理人或发包人对竣工结算申请单有异议的，有权要求承包人进行修正和提供补充资料，承包人应提交修正后的竣工结算申请单。

监理人应在收到竣工结算申请单后14天内完成核查并报送发包人。发包人应在收到监理人提交的经审核的竣工结算申请单后14天内完成审批，并由监理人向承包人签发经发包人签认的竣工付款证书。监理人或发包人对竣工结算申请单有异议的，有权要求承包人进行修正和提供补充资料，承包人应提交修正后的竣工结算申请单。

② 发包人应在签发竣工付款证书后的14天内，完成对承包人的竣工付款。发包人逾期支付的，按照中国人民银行发布的同期同类贷款基准利率支付违约金；逾期支付超过56

天的,按照中国人民银行发布的同期同类贷款基准利率的两倍支付违约金。

③ 承包人对发包人签认的竣工付款证书有异议的,对于有异议部分应在收到发包人签认的竣工付款证书后 7 天内提出异议,并由合同当事人按照专用合同条款约定的方式和程序进行复核,或按照争议解决约定处理。对于无异议部分,发包人应签发临时竣工付款证书,并完成付款。承包人逾期未提出异议的,视为认可发包人的审批结果。

任务 4　建设工程项目索赔管理

3.4.1　概述

1. 索赔含义

索赔是合同的一方当事人对正当权利的主张或要求。工程索赔通常是指在工程合同履行过程中,合同当事人一方因非自身原因或因承担的风险而受到经济损失时,为保证自身权利的实现向对方提出经济或时间补偿的要求。它是发包人、工程师和承包人之间在履行合同过程中的一种正常经济现象。

2. 索赔产生的原因

在施工合同履行过程中,引起索赔的事件和原因非常多,也非常复杂。下面将一些主要的、发生量比较大的原因和事件列举如下。

(1) 发包人合同风险。

在合同的履行过程中,发包人合同风险体现为以下几个方面:发包人(业主)未按合同约定完成基本工作;发包人(业主)未按合同规定支付预付款及工程款等;发生发包人(业主)应该承担的风险如不可抗力;发包人或工程师要求工程加速;设计与发包人或工程师错误的指令错误;发包人不正当地终止工程。

(2) 不利的自然条件和客观障碍。

由于不利的自然条件及客观障碍,常常导致涉及变更、工期延长或成本大幅度增加,承包人可以据此提出索赔要求。

(3) 工程变更。

由于发包人或工程师指令增加或减少工程量、增加附加工程、修改设计、变更施工顺序等,造成工期延长和费用增加,承包人可对此提出索赔。

需要指出的是,由于工程变更减少了工作量,也有可能进行索赔。如在工程进行过程中,发包人减少了工程量,承包人可能对管理费、保险费、设备费、材料费(如已订货)、人工费(多余人员已到)等进行索赔。

(4) 工期延长和延误。

承包人有权利提出要求偿付由于非承包人原因导致工程延误而造成的损失。如果工期拖延的责任在承包人方面,则承包人无权提出索赔。

(5) 工程师指令和行为。

如果工程师在工作中出现问题、失误或行使合同赋予的权力造成承包人的损失,业主应该承担相应的合同责任。之所以有这样的规定,是因为工程师属于业主聘用的人员,在工程实施过程中代表业主利益而进行工作。

(6) 合同缺陷。

合同缺陷常常表现为合同文件规定不严谨甚至前后矛盾、合同规定过于笼统、合同中的遗漏或错误。一般情况下,发包人作为合同起草人要对合同中的缺陷负责,这是解释合同争议(缺陷)所遵循的一个原则。

(7) 物价上涨。

由于物价上涨,使人工费、材料费、施工机械费增加,导致工程成本上升、承包人的利润受到影响,承包人可对此提出索赔要求。

(8) 国家政策及法律、法规变更。

国家政策及法律、法规变更,通常是指直接影响到工程造价的某些政策及法律、法规的变更,如限制进口、外汇管制或税收及其他收费标准的提高。

(9) 货币及汇率变化。

就国际工程而言,合同一般规定:如果在投标截止日期前的第28天以后,工程所在国政府或其授权机构对支付合同价格的一种或几种货币实行货币限制或货币汇兑限制,发包人应补偿承包人因此而受到的损失。

(10) 其他承包人干扰。

其他承包人干扰是指其他承包人未能按时、按序进行并完成某项工作,各独立承包人之间配合协调不好等而给承包人的工作带来干扰。大中型土木工程,往往会有几个分别与业主签订合同的承包商在现场施工,由于各承包人之间没有合同关系,工程师有责任代表组织协调好各个承包人之间的工作,否则,将会给整个工程和各承包人的工作带来严重影响,引起承包人的索赔。比如,某承包人不能按期完成他那部分工作,其他承包人的相应工作也会因此而拖延,此时,被迫延迟的承包人就有权向发包人提出索赔。在其他方面,如场地使用、现场交通等,各承包人之间也都有可能发生相互干扰的问题。

(11) 其他第三人原因。

其他第三人的原因通常表现为因与工程有关的其他第三人的问题而引起的对本工程的不利影响,如银行付款延误、邮路延误、港口压港等。在这种情况下,由于最终表现出来的结果是承包人没有在规定时间内收到款项,所以,承包人往往会向发包人提出索赔要求。

3.4.2 施工索赔的程序及基本过程

1. 承包人的施工索赔

1) 承包人的索赔程序

按照我国《建设工程工程量清单计价规范》(GB 50500—2013)对索赔的规定:合同一方向另一方提出索赔时,应当有正当的理由和有效证据,并应符合合同的相关约定。根据合同约定,承包人认为有权得到追加付款和(或)延长工期的,应以下程序向发包人提出索赔。

(1) 承包人应在知道或应当知道索赔事件发生后28天内,向监理人递交索赔意向通知书,并说明发生索赔事件的事由;承包人未在前述28天内发出索赔意向通知书的,丧失要求追加付款和(或)延长工期的权利。

(2) 承包人应在发出索赔意向通知书后28天内,向监理人正式递交索赔报告;索赔报告应详细说明索赔理由以及要求追加的付款金额和(或)延长的工期,并附必要的记录和证明材料。

(3) 索赔事件具有持续影响的,承包人应按合理时间间隔继续递交延续索赔通知,说明持续影响的实际情况和记录,列出累计的追加付款金额和(或)工期延长天数。

(4) 在索赔事件影响结束后 28 天内,承包人应向监理人递交最终索赔报告,说明最终要求索赔的追加付款金额和(或)延长的工期,并附必要的记录和证明材料。

2) 对承包人索赔的处理

对承包人索赔的处理如下。

(1) 监理人应在收到索赔报告后 14 天内完成审查并报送发包人。监理人对索赔报告存在异议的,有权要求承包人提交全部原始记录副本。

(2) 发包人应在监理人收到索赔报告或有关索赔的进一步证明材料后的 28 天内,由监理人向承包人出具经发包人签认的索赔处理结果。发包人逾期答复的,则视为认可承包人的索赔要求。

(3) 承包人接受索赔处理结果的,索赔款项在当期进度款中进行支付。

2. 发包人的施工索赔

根据合同约定,发包人认为有权得到赔付金额和(或)延长缺陷责任期的,监理人应向承包人发出通知并附有详细的证明。

发包人应在知道或应当知道索赔事件发生后 28 天内通过监理人向承包人提出索赔意向通知书,发包人未在前述 28 天内发出索赔意向通知书的,丧失要求赔付金额和(或)延长缺陷责任期的权利。发包人应在发出索赔意向通知书后 28 天内,通过监理人向承包人正式递交索赔报告。

对发包人索赔的处理如下。

(1) 承包人收到发包人提交的索赔报告后,应及时审查索赔报告的内容、查验发包人证明材料。

(2) 承包人应在收到索赔报告或有关索赔的进一步证明材料后 28 天内,将索赔处理结果答复发包人。如果承包人未在上述期限内作出答复的,则视为对发包人索赔要求的认可。

(3) 承包人接受索赔处理结果的,发包人可从应支付给承包人的合同价款中扣除赔付的金额或延长缺陷责任期;发包人不接受索赔处理结果的,按争议解决约定处理。

3. 索赔证据

索赔证据是当事人用来支持其索赔成立及与索赔有关的证明文件和资料。索赔证据作为索赔报告的组成部分,在很大程度上关系到索赔的成功与否。证据不全、不足或没有证据,索赔是很难成功的。

一般认为,一个索赔或反驳、答辩的质量和能否成功取决于证据。因此,证据收集、整理工作是承包商、业主及工程师的一项日常重要事务。

对承包商来说,常见的索赔证据主要有:① 合同文件;② 经工程师批准的文书;③ 各种施工记录;④ 工程形象进度照片;⑤ 有关各方往来文书;⑥ 工程会议纪要;⑦ 发包人(工程师)发布的各种书面指令书和确认书;⑧ 气象资料;⑨ 投标前业主提供的各种工程资料;⑩ 施工现场记录;⑪ 业主或工程师签认材料;⑫ 工程财务资料;⑬ 各种检查验收报告和技术鉴定报告;⑭ 各种会计核算资料;⑮ 市场行情资料,国家法律、法令、政策文件。

工程管理人员应作好平时的记录,根据记录情况对问题进行预警,在问题刚一出现时将其根除,并可以为日后索赔提供丰富、有力的第一手资料。

4. 工期索赔的计算方法

1) 工期索赔计算的依据

工期索赔的依据主要如下。

(1) 合同文件约定的合同工期。

(2) 由承包商制定的并报经监理人工程师(发包人)批准的总工程进度计划。

(3) 由承包商制定的并报经监理人工程师(发包人)批准的分阶段工程详细进度计划。

(4) 发包人、监理人和承包商等工程参建各方确定的涉及工程进度的合同文件,如会议纪要、工程参建各方发出的联系函。

(5) 有关索赔事件的原始资料及发生后对进度影响的工程原始资料。如政府要求停工的文件、工地每天记录的晴雨表等。

2) 工期索赔计算方法

(1) 网络分析法。

在工程管理实践中,工程进度网络图可以采用计算机来进行管理。网络分析法就是利用进度计划的网络图,分析其关键线路。如果延误的工作为关键工作,则延误的时间为索赔的工期;如果延误的工作为非关键工作,当该工作由于延误超过该项工作的总时差时,承包商则可以索赔工期为延误后的总工期与影响前的总工期之间的差值;若该工作延误后仍为非关键工作,则不存在工期索赔问题。

采用网络分析法得出的工期索赔值是比较科学合理的,容易得到合同双方认可。

(2) 比例计算法。

比例计算法又称对比分析法。在实际工程中,特别是一些中小型的建设工程项目,常常没有采用计算机进行项目管理。干扰事件时间发生后也常难以利用网络图来确定该事件对工期的影响。为此可以采用比例计算法,比例计算法对分析施工过程中发生的某些事件是否影响所在的单位工程或分部分项工程的工期有明显效果。对总工期的影响大小,可以采用比例计算法,计算公式如下。

① 对于已知受干扰部分工程的延期时间的:

$$总工期索赔值 = \frac{受干扰部分工程的合同价}{原合同总价} \times 该受干扰部分工期拖延时间$$

【例3-3】 在某工程施工中,业主推迟办公楼工程基础设计图纸的批准,使该办公楼工程延期15周。该办公楼工程合同价为100万美元,而整个工程合同总价为500万美元。

【解】 承包商提出工期索赔为:

$$总工期索赔值 = \frac{受干扰部分工程的合同价}{原合同总价} \times 该受干扰部分工期拖延时间$$

$$= 100 万美元 \times 15 周 / 500 万美元 = 3 周$$

② 对于已知额外增加工程量部分工程的延期时间的:

$$工期索赔值 = \frac{额外增加的工程量部分工程价}{原合同总价} \times 原合同总工期$$

【例3-4】 某工程合同总价3800万元,总工期15个月。现业主指令增加附加工程的价格为760万元,则承包商提出:

【解】 工期索赔值 $= \dfrac{额外增加的工程量部分工程价}{原合同总价} \times 原合同总工期$

$$= 760 万元 \times 15 个月 / 3800 万元 = 3 个月$$

采用比例计算法存在以下缺陷:一是按照受影响的事件的价值来确定工期索赔额,认为发生的工程事件与其他施工过程的价值是均匀的、施工条件一致的,但在实际工程中价值大的工程并不一定就对工期影响大,价值小的工程并不一定对工期影响就小,这在实际工程管理中明显是不合理的;二是不同的施工过程在不同的施工阶段对工期的影响是不一样的,而本公式将所有事件的影响都等同化了。

施工单位的工期索赔可参考表 3-1。

表 3-1　延长工期报审表

工程名称:　　　　　　　　施工单位:　　　　　　　编号:

致:＿＿＿＿＿＿＿＿＿＿＿＿＿＿＿(监理单位): 　　　　＿＿＿＿＿＿＿＿＿＿＿＿＿＿＿＿＿＿＿＿工程,根据合同条款的规定,由于＿＿＿＿＿＿＿＿的原因,要求延长工期＿＿＿＿天,即从原来＿＿＿＿年＿＿月＿＿日延长到＿＿＿＿年＿＿月＿＿日 (包括已延长工期在内),请予核准。 要求延长工期的原因或理由: 延长工期的计算: 附件: 　　　　　　　　　　　　　　　　　　　　　项目经理＿＿＿＿＿＿　日　期＿＿＿＿＿＿
监理工程师审查意见: 　　　　　　　　　　　　　　　　　　　　　监理工程师＿＿＿＿＿＿　日　期＿＿＿＿＿＿
总监理工程师审定意见: 　　　　　　　　　　　　　　　　　　　　　总监理工程师＿＿＿＿＿＿　日　期＿＿＿＿＿＿

注:本表由施工单位填写一式三份,审核后建设、监理、施工单位各留一份。

5. 费用索赔的计算方法

1) 总费用法

总费用法又称总成本法,即计算出该项工程的总费用,再从这个已实际开支的总费用中减去投标报价时的成本费用,为要求补偿的索赔费用。

总费用法并不十分科学,但仍被经常采用,原因是对于某些引起索赔的事件,难以精确地确定它们导致的各项费用增加额。

【例 3-5】 某工程原合同报价如下。

工地总成本:(直接费+工地管理费)	3 800 000 元
公司管理费:(总成本×10%)	380 000 元
利润:(总成本+公司管理费)×7%	292 600 元
合同价:	4 472 600 元

在实际工程中,由于完全非承包商原因造成实际工地总成本增加至 4 200 000 元。现用总费用法计算索赔值如下:

总成本增加量:(4 200 000-3 800 000)	400 000 元
总部管理费:(总成本增量×10%)	40 000 元
利润:(仍为7%)	30 800 元
利息支付:(按实际时间和利率计算)	4 000 元
索赔值:	474 800 元

2) 修正总费用法

修正总费用法是对总费用法的改进,即在总费用计算的基础上,去掉一些不合理的部分,使其更合理。修正的内容如下。

(1) 将计算索赔费用的时段局限于受到外界影响的时间,而不是整个施工期。

(2) 只计算受影响时段内的某项工作所受影响的损失,而不是计算整个施工工作所受的损失。

(3) 与该项工作无关的费用不列入总费用中。

(4) 对投标报价费用重新进行核算,即按受影响时段内该项工作的实际单价,乘以实际完成的该项工作的工作量,得出调整后的报价费用。

按修正后的总费用计算索赔费用的公式如下:

索赔费用=某项工作调整后的实际总费用-该项工作的报价费用(或调整后的报价费用)

修正总费用法与总费用法相比,有了实质性的改进,可相当准确地反映出实际增加的费用。

3) 分项法

分项法是将索赔事件的费用按其费用组成分项进行计算。在索赔时承包商应及时向建设单位提供相应的工程记录、票据等证据资料,然后在明确责任的前提下,将需索赔的费用逐项列出,及时报与工程师核实,有利于索赔费用的顺利解决。在实际工作中,绝大多数工程的施工索赔都采用分项法计算。

施工单位的费用索赔可参考表 3-2。

表 3-2 费用索赔报审表

工程名称：_____   施工单位：_____   编号：_____

致：_____监理工程师： _____工程，根据合同条款的规定，由于_____ _____的原因，要求索赔金额(人民币)_____元， 请予核准。 索赔的详细理由及经过： 索赔金额的计算： 附件：   　　　　　　　　　　　　　　　　　　　项目经理_____ 日　期_____
监理工程师审查意见：   　　　　　　　　　　　　　　　　　　　监理工程师_____ 日　期_____
总监理工程师审定意见：   　　　　　　　　　　　　　　　　　　　总监理工程师_____ 日　期_____

注：本表由施工单位填写一式三份，审核后建设、监理、施工单位各留一份。

6．索赔报告

1）索赔报告的基本要求

索赔报告是向对方提出索赔要求的书面文件，是承包商对索赔事件处理的结果。所以索赔报告的表达方式对索赔的解决有重大影响。索赔报告应充满说服力，合情合理，有根有据，逻辑性强，能说服工程师、业主、调解人和仲裁人，同时它应是有法律效力的正规书面文件。

起草索赔报告需要实际工作经验。对重大的索赔或一揽子索赔最好在有经验的律师或索赔专家的指导下起草。索赔报告的一般要求如下。

（1）索赔事件应是真实的。这是整个索赔的基本要求，这关系到承包商的信誉和索赔的成败，不可含糊，必须保证。

（2）责任分析应清楚，准确。一般索赔报告中所针对的干扰事件都是由对方责任引起的，应将责任全部推给对方。不可用含混的字眼和自我批评式的语言，否则会丧失自己在索赔中的有利地位。

(3) 在索赔报告中应特别强调如下几点。

① 干扰事件的不可预见性和突然性。

② 在干扰事件发生后承包商已立即将情况通知工程师,听取并执行工程师的处理指令或承包商为了避免和减轻干扰事件的影响和损失尽了最大努力,采取了能够采取的措施。

③ 由于干扰事件的影响,使承包商的工作过程受到严重干扰,使工期拖延,费用增加。

④ 承包商的索赔要求应有合同文件的支持,可以直接引用相应合同条款。

(4) 索赔报告要简洁,条理清楚,各种结论、定义准确,有逻辑性。但索赔证据和索赔值的计算应很详细和精确。

(5) 用词要婉转。特别作为承包商,在索赔报告中应避免使用强硬的、不友好的、抗议式的语言。

2) 索赔报告的编写实例

【例 3-6】 某建设单位和某施工单位签订了工程施工合同。合同规定:钢材、木材、水泥由业主供货到现场仓库,其他材料由承包商自行采购。当工程施工到第三层框架梁钢筋绑扎时,因业主提供的钢筋未到,使该项作业停工 14 天(该项作业的总时差为 0)。10 月 7 日到 10 月 9 日因停电、停水使第三层的砌砖停工(该项作业的总时差为 4 天)。为此,承包商于 10 月 20 日向工程师提交了一份索赔报告书(见表 3-3),并于 10 月 25 日递交了一份工期、费用索赔计算书和索赔依据的详细材料。

表 3-3 索赔报告书

	索赔报告书
题目:	××项目临时停工索赔（责任明确）
事件:	业主供应材料未到,以及现场停水、停电
影响:	造成现场停工,虽然安排部分工人做其他工作,但是仍然有停工;机械造成停工。（用词婉转）
要求:	延长工期 14 天,费用索赔 16671.81 元。
证据:	其中:人工停工费在尽量安排工人从事其他工作之后,按补偿的工效差计算。机械停工费考虑是自有设备,仅按折旧台班费计算。本索赔事项双方同意不计取管理费和利润。 相应的合同条款、施工现场情况记录、工人工资单等证据资料附在索赔报告之后。其中:（事件真实） 工期索赔:业主供应钢材未到,停工 14 天,是属于关键工作,故要求延长工期 14 天,现场停电造成停工,因有 4 天的总时差,故不提出工期索赔要求,总计要求延长工期 14 天。

续表

	费用索赔：	
证据：	索赔费用分类	单位:元
	人工费	
	绑扎钢筋停工	35×10×14=4900
	砌砖停工	30×10×3=900
	人工费合计	5800
	机械费	
	自升式塔式起重机一台	14×369.05=5166.7
	混凝土搅拌机一台	14×371.71=5203.94
	钢筋弯曲机一台	14×4.39=61.46
	钢筋切断机一台	14×4.94=69.16
	砂浆搅拌机一台	3×6.85=20.55
	机械费合计	10521.81
	保函损失费	350
	各项费用总计	16671.81

【例 3-7】 某大学城工程，包括结构形式与建设规模一致的四栋单体建筑。每栋建筑面积为 21 000 m²，地下 2 层，地上 18 层，层高 4.2m，钢筋混凝土框架-剪力墙结构。A 施工单位与建设单位签订了施工总承包合同，合同约定：除主体结构外的其他分部分项工程施工，总承包单位可以自行依法分包；建设单位负责供应油漆等部分材料。

合同履行过程中，发生了下列事件。

事件一：由于工期较紧，A 施工单位将其中两栋单体建筑的室内精装修和幕墙工程分包给具备相应资质的 B 施工单位。B 施工单位经 A 施工单位同意后，将其承包范围内的幕墙工程分包给其具备相应资质的 C 施工单位组织施工，油漆劳务作业分包给其具备资质的 D 施工单位组织施工。

事件二：油漆作业完成后，发现油漆成膜存在质量问题，经鉴定，原因是油漆材质不合格。B 施工单位就由此造成的返工损失向 A 施工单位提出索赔，A 施工单位以油漆乃是建设单位供应的为由，认为 B 施工单位应直接向建设单位提出索赔。B 施工单位直接向建设单位提出索赔，建设单位认为油漆在进场时已由 A 施工单位进行了质量验证并办理接收手续，其对油漆材料的质量责任已经完成，因油漆不合格而返工的损失应由 A 施工单位承担，建设单位拒绝受理该索赔。

问题：

1. 分别判断事件一中 A 施工单位、B 施工单位、C 施工单位之间的分包行为是否合法？并逐一说明理由。

2. 分别指出事件二中的错误之处，并说明理由。

【解】

1.(1) A 施工单位的分包行为合法，因为总承包合同中约定，除主体结构外的其他分部分项工程施工，总承包单位可以自行依法分包；(2) B 施工单位将幕墙工程分包给 C 施工单位行为不合法，属违法分包；(3) B 施工单位将油漆劳务作业分包给具备相应资质的 D 施工单位组织施工合法，分包单位可将其劳务作业分包给具有相应资质的单位。

2.(1)错误之处一:A 施工单位认为 B 施工单位应直接向建设单位提出索赔。理由:该工程施行总承包,应由 B 施工单位向 A 施工单位提出索赔,A 施工单位向建设单位提出索赔。(2)错误之处二:B 施工单位直接向建设单位提出索赔。理由:分包单位不得与建设单位发生直接的工作关系,B 施工单位应向 A 施工单位提出索赔,由 A 施工单位向建设单位提出索赔。(3)错误之处三:建设单位认为对油漆材料的质量责任已经完成,拒绝受理该索赔。理由:合同中约定建设单位负责供应油漆等部分材料,建设单位应对其购买材质负责。

【例 3-8】 某房地产开发公司投资建造一座高档写字楼,钢筋混凝土结构,设计项目已明确,功能布局及工程范围都已确定,业主为减少建设周期,尽快获得投资收益,施工图设计未完成时就进行了招标,确定了某建筑工程公司为总承包单位。

业主与承包方签订施工合同时,由于设计未完成,工程性质已明确但工程量还难以确定,双方通过多次协商,拟采用固定总价合同形式签订施工合同,以减少双方的风险。合同条款中有下列规定。

(1) 工程合同额为 1200 万元,总工期为 10 个月。

(2) 本工程采用固定价格合同,乙方在报价时已考虑了工程施工需要的各种措施费用与各种材料涨价等因素。

(3) 甲方向乙方提供现场的工程地质与地下主要管网资料,供乙方参考使用。

(4) 乙方不能将工程转包,为加强工程进度,但允许分包,也允许分包单位将分包的工程再次分包给其他单位。

在工程实施过程中,出现下列问题。

(1) 钢材价格从报价时的 2800 元/吨上涨到 3500 元/吨,承包方向业主要求追加因钢材涨价增加的工程款。

(2) 工程遭到百年罕见的暴风雨袭击,工程被迫暂停施工,部分已完工程受损,工期延长了 2 个月。业主要求承包商承担拖延工期所造成的已完工程的经济损失。

问题:

1. 工程施工合同按承包工程计价方式不同分哪几类?
2. 在总承包合同中,业主与施工单位选择总价合同是否妥当?为什么?
3. 你认为可以选择何种计价形式的合同?为什么?
4. 合同条款中有哪些不妥之处?应如何修改?
5. 本工程合同执行过程中出现的问题应如何处理?

【解】

1. 我国工程施工合同按计价方式不同可分为总价合同、单价合同和其他价格形式如成本加酬金合同三种形式。

2. 选用总价合同形式不妥当。因为施工图设计未完成,虽然工程性质已明确,但工程量还难以确定,工程价格随工程量的变化而变化,合同总价无法确定,双方风险都比较大。

3. 可以采用(单纯)单价合同。因为施工图未完成,不能准确计算工程量,而工程范围与工作内容已明确,可列出全部工程的各分项工程内容和工作项目一览表,暂不定工作量,双方按全部所列项目协商确定单价,按实际完成工程量进行结算。

4. 第 3 条中供"乙方参考使用"提法不当,应改为保证资料(数据)真实、准确,作为乙方现场施工的依据。

第 4 条"允许分包单位将分包的工程再次分包给其他施工单位"不妥,不允许分包单位再次分包。

5.本工程合同执行过程中出现的问题可以这样处理：

（1）钢材涨价，承包商不可以向业主要求追加工程款，因为本工程采用的是固定总价合同，材料费不属于调价范围。

（2）按不可抗力执行。工期可以顺延，业主不应要求承包商赔偿损失。

【单元小结】

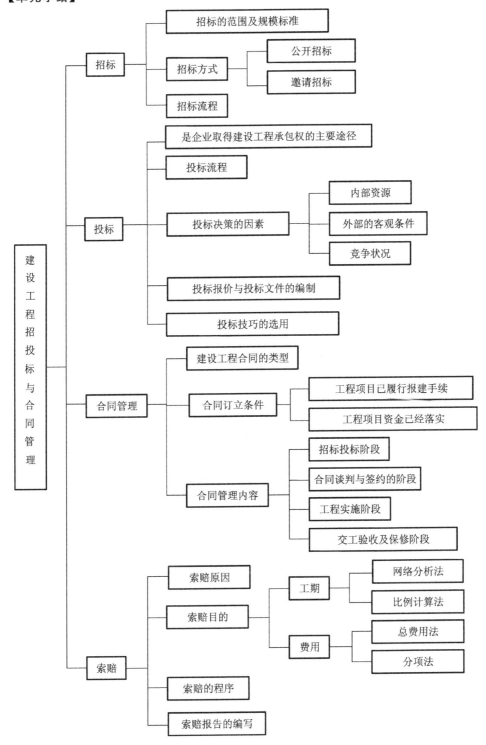

【复习题】

一、单选题

1. 某施工项目由于拆迁工作延误不能按约定日期开工,监理工程师以书面形式通知承包人推迟开工时间,则发包人( )。
   A. 无须赔偿承包人损失,工期也不顺延　　B. 无须赔偿承包人损失,工期应予顺延
   C. 应当赔偿承包人损失,工期应予顺延　　D. 应当赔偿承包人损失,工期不予顺延

2. 某施工合同约定钢材由发包人供应,但钢材到货时发包人与监理工程师都没有通知承包人验收,供应商就将钢材卸货于施工现场。在使用前发现钢材数量出现较大短缺,这一钢材损失应由( )承担。
   A. 承包人　　　　　B. 钢材供应商　　C. 监理单位　　　D. 发包人

3. 某施工合同约定,建筑材料由发包人供应。材料使用前需要进行检验时,检验由( )。
   A. 发包人负责,并承担检验费用　　B. 发包人负责,检验费用由承包人承担
   C. 承包人负责,并承担检验费用　　D. 承包人负责,检验费用由发包人承担

4. 在一个施工现场有甲、乙两个独立承包人同时施工,由于施工出现交叉干扰,致使甲、乙分别受到一定损失,总监理工程师向甲发出了暂停施工指令,则( )。
   A. 甲、乙都应向发包人索赔
   B. 甲、乙分别承担对方的损失
   C. 甲、乙分别承担各自的损失
   D. 甲的损失由发包人承担,乙的损失自行承担

5. 某施工合同约定承包工程应于10月20日竣工。9月中旬发现,因承包人的施工管理不严格,导致实际进度滞后于计划进度。承包人按工程师要求修改了进度计划,竣工日期推迟到10月30日。该进度计划得到工程师的确认,则( )。
   A. 如果通过赶工在10月20日竣工,可获提前竣工奖励
   B. 如果通过赶工在10月20日竣工,不能获提前竣工奖励
   C. 如果在10月25日竣工,既不获得奖励,也不承担拖期赔偿责任
   D. 如果在10月30日竣工,不需承担拖期赔偿责任

6. 施工合同履行中,发包人拖欠工程结算款,在收到竣工结算报告及结算资料56天内仍不支付,则承包人( )。
   A. 无权对该工程主张任何权利
   B. 无权申请人民法院拍卖该工程,但可主张该工程所有权
   C. 可以申请人民法院拍卖该工程,承包人优先受偿
   D. 可以留置该工程

7. 某工程项目施工中现场出现了图纸中未标明的地下障碍物,需要作清除处理。按照合同条款的约定,承包人应在索赔事件发生后28天内向工程师递交( )。
   A. 索赔报告　　　　　　　　　　B. 索赔意向通知
   C. 索赔依据和资料　　　　　　　D. 工期和费用索赔的具体要求

8. ( )可以作为投标有效期。
   A. 自招标公告开始至投标截止时间　　B. 自领取招标文件起至投标截止时间
   C. 自递交投标文件起至投标截止时间　　D. 自投标截止时间起40天内

9. 下列是邀请招标的一些工作内容,( )是正确的。
①申请招标 ②评标 ③发售招标文件 ④递交投标文件
A. ①②③④ B. ①④②③ C. ①③④② D. ③④②①

10. 投标人( ),其投标保证金不予退回。
A. 在投标截止时间之前撤回投标文件的
B. 在投标截止时间之后撤回投标文件的
C. 在投标有效期开始之前撤回投标文件的
D. 中标后及时提交履约保证金的

11. 当一个招标工程总报价确定后,通过调整内部各个项目的报价,以期既不提高报价且不影响中标,又能在结算时得到更理想的经济效益。这种报价技巧是( )。
A. 多方案报价法 B. 不平衡报价法 C. 先亏后盈法 D. 突然降价法

12. 投标单位在投标报价时,应按招标单位提供的工程量清单的每一单项计算填写单价和合价,在开标后发现投标单位没有填写单价和合价的项目,则( )。
A. 允许投标单位补填
B. 视为废标
C. 认为此项费用已包括在工程量清单的其他单价和合价中
D. 由招标人退回投标书

13. 某投标人在递交投标文件后,同时随同投标文件一起递交了投标保证金,在投标截止时间之前半个小时,该企业再次向招标人递交了一份报价让利投标文件。该企业采用的是( )。
A. 多方案报价法   B. 不平衡报价法
C. 先亏后盈法   D. 突然降价法

14. 在( ),投标人可以撤回或对原投标文件进行修改。
A. 投标截止时间之前   B. 投标截止时间之后
C. 开标之前   D. 评标结束之前

15. 投标人编制好投标文件后,应按招标文件规定的开标时间参加开标会议,开标会议一般由( )参加。
A. 投标文件编制小组负责人   B. 企业总经理
C. 企业董事长   D. 企业法定代表人或其授权代理人

二、多选题

1. 按照《建设工程施工合同》通用条款的规定,对发包人和承包人有约束力的合同文件包括( )。
A. 招标公告   B. 招标文件
C. 投标书   D. 工程量清单   E. 中标通知书

2. 按照《建设工程施工合同》通用条款的规定,属于发包人应完成的工作有( )。
A. 办理土地征用   B. 向工程师提供工程进度计划
C. 提供保证施工安全需要的围栏设施
D. 协调处理施工现场周围地下管线的保护工作
E. 提供施工现场的地下管线资料

3. 某施工项目双方约定3月10日开工,当年10月10日竣工,开工前承包人以书面形式向工程师提出延期开工的理由和要求,未获批准,但承包人仍延至3月20日开工,则( )。

　　A.承包人应通过赶工在10月10日竣工,赶工费用自行承担

　　B.承包人应通过赶工在10月10日竣工,赶工费用由发包人承担

　　C.承包人应通过赶工在10月10日竣工,可获提前竣工奖励

　　D.如果工程在10月20日竣工,承包人不承担拖期违约责任

　　E.如果工程在10月20日竣工,承包人承担拖期违约责任

4.按照《建设工程施工合同》通用条款的规定,因不可抗力事件导致的损失应由发包人承担的包括( )。

　　A.工程本身的损害　　　B.由发包人采购,已运至施工现场待安装设备的损害

　　C.由承包人采购,已运至施工现场待安装设备的损害

　　D.承包方人员伤亡　　　E.承包人停工损失

5.在施工合同履行中,由于承包人的原因造成工程竣工结算价款不能及时支付,则( )。

　　A.发包人无权要求交付工程　　　B.发包人有权要求交付工程

　　C.发包人未要求交付工程的,承包人仍应承担工程照管责任

　　D.发包人未要求交付工程的,承包人不再承担工程照管责任

　　E.承包人可以留置该工程

6.在下列材料费用中,承包商可以获得业主补偿的包括( )。

　　A.由于索赔事项材料实际用量超过计划用量而增加的材料费用

　　B.由于客观原因材料价格大幅度上涨而增加的材料费用

　　C.由于非承包商责任工程延误导致的材料价格上涨而增加的材料费用

　　D.由于现场承包商仓库被盗而损失的材料费用

　　E.承包商为保证混凝土质量选用高标号水泥而增加的材料费用

7.在建设工程施工阶段,为了减少或避免工程延期事件的发生,监理工程师应( )。

　　A.及时提供工程设计图纸　B.及时提供施工场地　C.适时下达工程开工令

　　D.妥善处理工程延期事件　E.及时支付工程进度款

8.下列哪些工程建设项目必须进行招标?( )

　　A.施工单项合同估算价在200万元人民币以上的

　　B.施工单项合同估算价在200万元人民币以下的

　　C.项目总投资额在3000万元人民币以上的

　　D.监理服务单项合同在50万元人民币以下的

　　E.设计单项合同在50万元人民币以下的

9.建设工程项目在进行施工招标前,必须具备以下哪些条件才能开始招标活动?( )。

　　A.有满足施工招标需要的设计文件及其他技术资料

　　B.项目资金来源已落实

　　C.已组建好项目招标班子

　　D.项目审批手续已履行

　　E.已发布招标公告

10. 下列哪些投标文件在开标过程中可以宣布为无效？（　　）
A. 未按招标文件要求密封的
B. 投标文件的投标人名称与资格预审时不一致的
C. 未盖投标人单位公章的　　D. 在投标有效期内提交撤回通知的
E. 已足额缴纳投标保证金的

11. 投标文件的组成部分包括（　　）。
A. 投标书及其附录　　　　B. 授权委托书　　　　C. 工程量清单
D. 施工组织设计　　　　　E. 图纸

12. 如果投标企业存在以下哪些情况之下，最好放弃该项目的投标竞争？（　　）
A. 该工程的工程规模、技术要求超过本企业的技术等级
B. 项目超出了本企业的经营范围
C. 本企业在技术等级、施工水平明显优于竞争对手的项目
D. 本企业在手的承包任务比较少
E. 本企业在手的承包任务比较多

三、简答题

1. 国内目前招标有哪两种法定招标方式？
2. 建设工程项目施工招标前应具备的前提条件？
3. 建设工程项目招标应按什么程序进行？
4. 是否参加投标，应综合考虑哪几方面的情况？
5. 常用的投标技巧有哪几种？
6. 简述建设工程项目投标文件编制时应注意的事项。
7. 简述施工索赔的程序。
8. 简述索赔报告的基本要求。

四、案例分析题

某投资公司建造一幢办公楼，采用公开招标方式选择施工单位。招标文件要求：提交投标文件和投标保证金的截止时间为 2013 年 5 月 30 日。该投资公司于 2013 年 3 月 6 日发出招标公告，共有 5 家建筑施工单位参加了投标。

第 5 家施工单位于 2013 年 6 月 2 日提交了投标保证金。开标会于 2013 年 6 月 3 日由该省建委主持。第 4 家施工单位在开标前向投资公司要求撤回投标文件和退还投标保证金。经过综合评选，最终确定第 2 家施工单位中标。投资公司（甲方）与中标单位（乙方）双方按规定签订了施工承包合同，合同约定开工日期为 2013 年 8 月 16 日。

工程开工后发生了如下几项事件：

事件一：因拆迁工作拖延，甲方于 2013 年 8 月 18 日才向乙方提供施工场地，导致乙方 A、B 两项工作延误了 2 天，并分别造成人工窝工 6 个和 8 个工日；但乙方 C 项工作未受影响。

事件二：乙方与机械设备租赁商约定，D 项工作施工用的某机械应于 2013 年 8 月 28 日进场，但因出租方原因推迟到当月 29 日才进场，造成 D 工作延误 1 天和人工窝工 7 个工日。

事件三：因甲方设计变更，乙方在 E 项工作施工时，导致人工增加 14 个工日，直接费用增加了 1.5 万元，并使施工时间增加了 2 天。

事件四：在 F 项工作施工时，因甲方供材出现质量缺陷，乙方施工增加用工 6 个工日，其

他费用1000元,并使H项工作时间延长1天,人工窝工24个工日。

上述事件中,A、D、H三项工作均为关键工作,没有机动时间,其余工作均有足够的机动时间。

问题:

1. 第5家施工单位提交投标保证金的时间对其投标文件产生什么影响?为什么?
2. 第4家施工单位撤回投标文件,招标方对其投标保证金应如何处理?为什么?
3. 上述招标投标过程中,有哪些不妥之处?请说明理由。
4. 乙方能否就上述每项事件向甲方提出工期索赔和费用索赔?请说明理由。
5. 合同约定人工费标准为30元/工日,应由甲方给予补偿的窝工人工费标准为18元/工日;施工管理费、利润等均不予以补偿。在该工程中,乙方可得到的合理费用索赔有哪几项?费用索赔额是多少?

单元 4　建设工程项目进度管理

【知识目标】
- 了解进度计划类型。
- 熟悉进度计划优化方法、进度控制措施。
- 掌握横道图绘制、双代号网络图绘制及时间参数的计算、双代号时标网络图的绘制。

【能力目标】
- 能编制横道图。
- 能编制双代号网络计划和双代号时标网络计划。

本工程时间比较紧迫，施工单位严格进度控制管理，在施工过程中运用了科学的流水施工和网络计划技术进行进度管理。由于建设单位的工程变更，时间进度更为仓促，针对实际情况，施工单位注重施工方法的改进，在工作面合理的条件下尽量进行施工过程之间的时间搭接，以缩短工期，采取了有效的赶工措施，对网络计划不断优化，加强了项目的进度管理，最终保证了项目如期完成。本单元学习的内容主要包括项目进度管理概述、施工进度计划的编制、流水施工原理、网络计划技术以及合理的赶工措施，使学生对实际项目进度控制有更深的理解。

任务 1　建设工程项目进度管理概述

4.1.1　建设工程项目进度管理概念

1. 建设工程项目进度管理

建设工程项目进度管理，是指在建设项目实施过程中，对各阶段的进展程度和项目最终完成的期限所进行的管理。其目的是保证项目能在满足时间约束条件下实现其总体目标，是保证项目如期完成和合理安排资源供应、节约工程成本的重要措施之一。

建设工程项目进度管理包括建设工程项目进度计划的制订和建设工程项目进度计划的控制两大任务。

2. 建设工程项目进度计划控制原理

编制切实可行的项目进度计划，在进度计划实施过程中，利用动态控制原理，不断进行检查，将实际进度与计划进度进行对比，找出实际进度偏离进度计划的主要原因，然后采取相应的措施调整进度计划，从而达到进度管理的最终目标。

4.1.2　影响建设工程项目进度的因素

1. 影响建设工程施工进度的因素

（1）项目参与单位。政府及上级建设主管部门、建设单位（业主）、设计单位、业主代表

(监理单位)、施工单位、材料供应部门、运输部门、水电供应部门等都可能影响施工进度,如属于业主责任应办而未办的前期工作、手续;业主拖欠工程进度款;业主使用要求改变或设计不当而进行设计变更;材料、构配件、机具、设备供应不及时等。

(2) 施工条件的影响。勘察资料不准确,特别是地质资料错误或遗漏而引起的未能预料的技术障碍。如在施工中工程地质条件和水文地质条件与勘查设计不符,发现断层、溶洞、地下障碍物以及恶劣的气候、暴雨和洪水等都会对施工进度产生影响。

(3) 其他因素的影响。如施工组织管理不利、意外事件。

2. 影响建设工程项目进度的责任和处理

(1) 工程延误。由于承包商自身的原因造成的工期延长,称为工程延误。由于工程延误所造成的一切损失由承包商自己承担,包括承包商在监理工程师的同意下采取加快工程进度的措施所增加的费用。同时,由于工程延误所造成的工期延长,工程延误所延长的时间不属于合同工期的一部分,承包商还要向业主支付误期损失补偿费。

(2) 工程延期。由于承包商以外的原因造成的施工期延长,称为工程延期。经过监理工程师批准的延期,所延长的时间属于合同工期的一部分,即工程竣工的时间等于标书中规定的时间加上监理工程师批准的工程延期时间。可能导致工程延期的原因有工程量增加、未按时向承包商提供图样、恶劣的气候条件、业主的干扰和阻碍等。判断工程延期总的原则就是除承包商自身以外的任何原因造成的工程延长或中断,工程中出现的工程延长是否为工程延期对承包商和业主都很重要。因此,应按照有关的合同条件,正确地区分工程延误与工程延期,合理确定工程延期的时间。

任务 2　建设工程项目进度计划的编制

4.2.1　建设工程项目进度计划概述

1. 建设工程项目进度计划

在项目实施之前,必须先对建设工程项目各建设阶段的工作内容、工作程序、持续时间和衔接关系等制定出一个切实可行的、科学的进度计划,然后再按计划逐步实施。

2. 建设工程项目进度计划的分类

建设工程项目进度计划按对象分类,包括建设项目进度计划,单项工程进度计划,单位工程进度计划,分部、分项工程进度计划等。

4.2.2　单位工程施工进度计划的编制

1. 单位工程施工进度计划

单位工程施工进度计划是从工程开工到工程竣工的施工全过程,对各分部分项工程在时间和空间上做出的合理安排,是控制各分部分项工程施工进程及总工期的依据。

2. 单位工程施工进度计划的作用

(1) 指导现场施工安排,确保在规定的工期内完成符合质量要求的工程任务。

(2) 确定各主要分部、分项工程名称及施工顺序和持续时间。

(3) 确定各施工过程相互衔接和合理配合关系。

(4) 确定材料用量。

3. 单位工程施工进度计划的编制依据

(1) 建设场地及地区的水文、地质、气象和其他技术资料。

(2) 经过审批及会审的施工图及技术资料。

(3) 合同规定的开竣工日期。

(4) 施工组织总设计对本单位工程的有关规定。

(5) 施工条件及施工方案。

(6) 其他有关要求和资料。

4. 单位工程施工进度计划的表示方法

单位工程施工进度计划一般用图表表示,主要有两种表达方式:横道图和网络图。施工进度计划表由两部分组成,左边部分列出的是拟建工程所划分的施工过程名称、工程量、定额、劳动量、机械台班数、每天工作班数、每天工人数、工作日数、工作延续时间等。右边上部部分是从规定的开工之日到竣工之日止的时间表,如表 4-1 所示。

表 4-1 单位工程施工进度计划

序号	施工过程名称	工程量		定额	劳动量		机械		每天工作班数	每天工人数	工作日数	施工 进 度											
												×月					×月					×月	
		单位	数量		单位	数量	机械名称	台班数				5	10	15	20	25	5	10	15	20	25	5	10

5. 单位工程施工进度计划的编制内容和步骤

(1) 划分施工过程。

(2) 计算工程量。

(3) 计算劳动量及机械台班量。

施工定额一般有两种形式:产量定额和时间定额。

$$H=\frac{1}{S} \quad 或 \quad S=\frac{1}{H}$$

劳动量的确定。劳动量也称劳动工日数。可按下式计算:

$$P=\frac{Q}{S}=Q\times H$$

式中 P——某施工过程所需劳动量,工日;

Q——该施工过程的工程量,m^3、m^2、m、t 等;

S——该施工过程采用的产量定额,m^3/工日、m^2/工日、m/工日、t/工日等;

H——该施工过程采用的时间定额,工日/m^3、工日/m^2、工日/m、工日/t 等。

(4) 编制施工进度计划的初始方案。

(5) 检查与调整施工进度计划。

4.2.3 建设工程项目流水施工

1. 流水施工概述

1) 流水施工的概念

流水施工是指所有的施工过程按一定的时间间隔依次投入施工,各个施工过程陆续开工、陆续竣工,使同一施工过程的施工队伍保持连续、均衡施工,不同的施工过程尽可能平行搭接施工的组织方式。

2) 流水施工的优点

(1) 按专业工种建立劳动组织,实行生产专业化,有利于劳动生产率的不断提高。

(2) 科学地安排施工进度,使各施工过程在保证连续施工的条件下,最大限度地实现搭接施工,从而减少了因组织不善而造成的停工、窝工损失,合理地利用了施工的时间和空间,有效地缩短了施工工期。

(3) 由于施工的连续性、均衡性,使劳动消耗、物资供应、机械设备利用等处于相对平稳状态,充分发挥管理水平,降低工程成本。

3) 流水施工的表达形式

流水施工主要有横道图和网络图两种表达方式。

2. 流水施工的基本参数

在组织建设工程项目流水施工时,用以表达流水施工在工艺流程、空间布置和时间安排等方面开展状态的参数,称为流水参数。流水参数主要包括工艺参数、空间参数和时间参数三种。

1) 工艺参数

工艺参数一般包括施工过程数和流水强度。

(1) 施工过程数。

施工过程数用"n"表示。施工过程划分的数目多少、粗细程度应根据实际情况而定。

(2) 流水强度。

流水强度是用来表达流水施工在施工工艺方面进展状态的参数之一,它是指每一施工过程在单位时间内所完成的工程量(如浇捣混凝土施工过程,每工作班能浇筑多少立方米混凝土),又称流水能力或生产能力。

2) 空间参数

空间参数是指在组织流水施工时,用来表达流水施工在空间布置上所处状态的参数。空间参数主要包括施工段、施工层两种。

(1) 施工段(流水段)。

划分施工段是为了组织流水施工,给施工班组提供施工空间,人为地把拟建工程项目在平面上划分为若干个劳动量大致相等的施工区段,以便不同班组在不同的施工段上流水施工,互不干扰。施工段的数目一般用"m"表示。

① 划分施工段的基本要求如下。

A. 各施工段的劳动量要大致相等。
B. 施工段分界线尽可能与结构的自然界线相一致。
C. 能满足合理劳动组织的要求。
② 施工段划分的一般部位如下。
A. 设置有伸缩缝、沉降缝的建筑工程,可以此缝为界划分施工段。
B. 单元式的住宅工程,可以单元为界分段,必要时以半个单元处为界分段。
C. 道路、管线等按长度方向延伸的工程,可以一定长度作为一个施工段。
D. 多幢同类型建筑,可以一幢房屋作为一个施工段。
(2) 施工层。

施工层是指为满足竖向流水施工的需要,在建筑物垂直方向上划分的施工区段。施工层的划分视工程对象的具体情况而定,一般以建筑物的结构层作为施工层。例如:一个18层的全现浇剪刀墙结构的房屋,其结构层数就是施工层数。如果该房屋每层划分为三个施工段,那么其总的施工段数为

$$m = 18 层 \times 3 段/层 = 54 段$$

3) 时间参数

在组织流水施工时,用以表达流水施工在时间安排上所处状态的参数,称为时间参数。时间参数一般包括流水节拍、流水步距和工期等。

(1) 流水节拍。

流水节拍是指在组织流水施工时,各个专业班组在每个施工段上完成施工任务所需要的工作持续时间,用 t_i 表示。

确定流水节拍的要点如下。

① 施工班组人数应符合最少劳动组合人数的要求。
② 要符合最小工作面的要求。
③ 确定流水节拍时,首先应考虑主导施工过程的节拍值。
④ 流水节拍的数值一般取整数,必要时可取半天。

(2) 流水步距。

在组织流水施工时,相邻的两个施工专业班组先后进入第一施工段开始施工的间隔时间,称为流水步距。通常以 $K_{i,i+1}$ 表示(i 表示前一个施工过程,$i+1$ 表示后一个施工过程)。

(3) 工期。

工期是指完成一项工程任务或一个流水组施工所需的时间,一般可采用下式计算:

$$T = \sum K_{i,i+1} + T_n + \sum t_j - \sum t_d$$

式中　T——施工工期;

　　　$\sum K_{i,i+1}$——流水施工中各流水步距之和;

　　　T_n——流水施工中最后一个施工过程的持续时间;

　　　t_j——第 i 个施工过程与 $i+1$ 个施工过程之间的间歇时间;

　　　t_d——第 $i+1$ 个施工过程与第 i 个施工过程之间的搭接时间。

3. 流水施工的基本方式

根据流水节拍特征的不同,流水施工可分为有节奏流水和无节奏流水两大类,如图 4-1 所示。

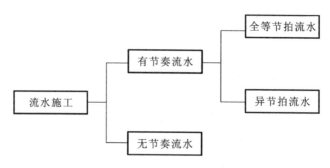

图 4-1 流水施工分类

(1) 有节奏流水施工。有节奏流水是指在组织流水施工时,同一施工过程在各施工段上的流水节拍都相等的一种流水施工方式。根据不同施工过程之间的流水节拍是否相等,有节奏流水又可分为全等节拍流水和异节拍流水。

① 全等节拍流水。

特点:A. $t_i = t$。

B. $K_{i,i+1} = t$。

C. 施工工期:$T = (m+n-1)t + \sum t_j - \sum t_d$。

【例 4-1】 某工程划分为 A、B、C、D、E 五个施工过程,每个施工过程分 4 个施工段,各施工过程的流水节拍均为 2 天,试组织流水施工。

【解】 整个流水组只有一个流水节拍,故为全等节拍流水,

其工期计算如下:

$$T = (m+n-1)t + \sum t_j - \sum t_d = (4+5-1) \times 2 + 0 - 0 = 16(天)$$

该工程施工进度计划如图 4-2 所示。

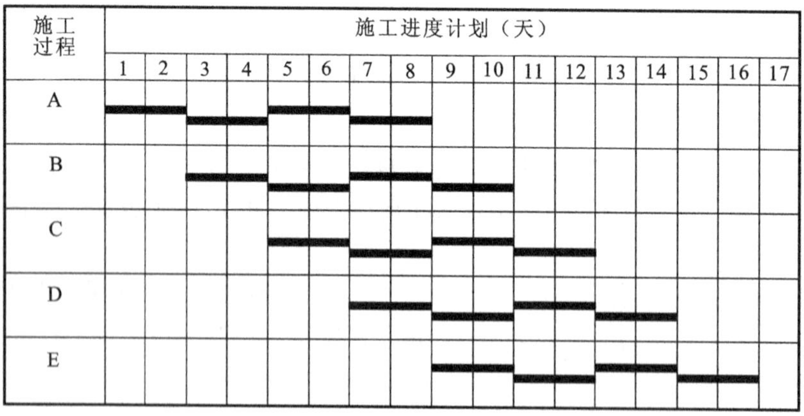

施工过程	施工进度计划(天)																
	1	2	3	4	5	6	7	8	9	10	11	12	13	14	15	16	17
A																	
B																	
C																	
D																	
E																	

图 4-2 施工进度计划(一)

全等节拍流水一般适用于工程规模较小、建筑结构比较简单、施工过程不多的房屋或某些构筑物,常用于组织一个分部工程的流水施工。

② 异节拍流水。异节拍流水是指同一施工过程在各施工段上的流水节拍都相等,但不同施工过程之间的流水节拍不完全相等的一种流水施工方式。

求流水步距公式如下:

$$K_{i,i+1} = \begin{cases} K_{i,i+1} = t_i & (\text{当 } t_i \leqslant t_{i+1} \text{时}) \\ K_{i,i+1} = mt_i - (m-1)t_{i+1} & (\text{当 } t_i > t_{i+1} \text{时}) \end{cases}$$

式中 t_i——第 i 个施工过程的流水节拍；

t_{i+1}——第 $i+1$ 个施工过程的流水节拍。

【例 4-2】 已知某工程划分为 A、B、C、D 四个施工过程，每个施工过程分 3 个施工段，各施工过程的流水节拍分别为 $t_A=2$ 天、$t_B=4$ 天、$t_C=3$ 天、$t_D=3$ 天；施工过程 B 与施工过程 C 之间有 1 天的技术间歇时间，施工过程 C 与施工过程 D 之间有 1 天搭接时间。试组织流水施工。

【解】 ① 求流水步距 $K_{i,i+1}$

因为 $t_A < t_B$，所以

$$K_{A,B} = t_A = 2(\text{天})$$

因为 $t_B > t_C$，所以

$$K_{B,C} = mt_B - (m-1)t_C = 3 \times 4 - (3-1) \times 3 = 6(\text{天})$$

因为 $t_C = t_D$，所以

$$K_{C,D} = t_C = 3(\text{天})$$

该工期按式(4-3)计算如下：

$$\begin{aligned} T &= \sum K_{i,i+1} + T_n + \sum t_j - \sum t_d \\ &= K_{A,B} + K_{B,C} + K_{C,D} + mt_D + \sum t_j - \sum t_d \\ &= (3+6+3) + (3 \times 3) + 1 - 1 \\ &= 20(\text{天}) \end{aligned}$$

② 施工进度计划如图 4-3 所示。

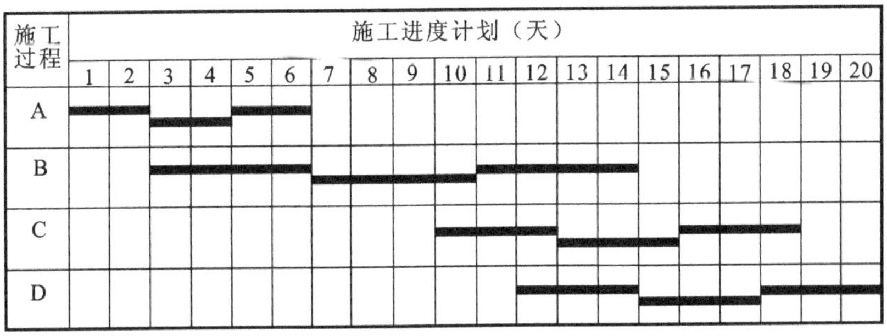

施工过程	施工进度计划（天）																			
	1	2	3	4	5	6	7	8	9	10	11	12	13	14	15	16	17	18	19	20
A	──	──			──	──														
B			──	──	──	──	──	──												
C									──	──	──		──	──	──					
D											──	──	──		──	──	──	──		

图 4-3 施工进度计划(二)

（2）无节奏流水施工。无节奏流水是指同一施工过程在各施工段上的流水节拍不完全相等的一种流水施工方式。

求流水步距采用"累加错位相减取大差法"计算。先将每个施工过程的流水节拍逐段累加，再错位相减，最后取差值最大者作为流水步距。

【例 4-3】 根据表 4-2 所示，计算各流水步距和工期并绘制流水施工进度表。

【解】

（1）流水步距计算 $K_{i,i+1}$ 和工期 T。

因每一施工过程的流水节拍不完全相等，属于无节奏流水施工。故流水步距采用"累加错位相减取大差法"计算。

表 4-2　施工过程与施工段对照表

施工过程 \ 施工段	一	二	三	四	五	六
A	2	3	3	2	1	3
B	3	2	1	2	2	2
C	4	1	2	3	3	2
D	2	3	2	4	2	3

① 计算流水步距计算 $K_{i,i+1}$。

求 A、B 过程间的流水步距 $K_{A,B}$：

```
  2  5  8  10  11  14
     3  5  6   8  10  12
 ─────────────────────────
  2  2  3  4   3   4  −12
```

取 $K_{A,B}=4$(天)。

求 B、C 过程间的流水步距 $K_{B,C}$：

```
  3  5  6  8  10  12
     4  5  7  10  13  15
 ─────────────────────────
  3  1  1  1   0  −1  −15
```

取 $K_{B,C}=3$(天)。

求 C、D 过程间的流水步距 $K_{C,D}$：

```
  4  5  7  10  13  15
     2  5  7  11  13  16
 ─────────────────────────
  4  3  2  3   2   2  −16
```

取 $K_{C,D}=4$(天)。

② 工期计算。

$$T = \sum K_{i,i+1} + T_n + \sum t_j - \sum t_d$$
$$= 4+3+4+(2+3+2+4+2+3)+0-0=27(天)$$

(2) 施工进度计划如图 4-4 所示。

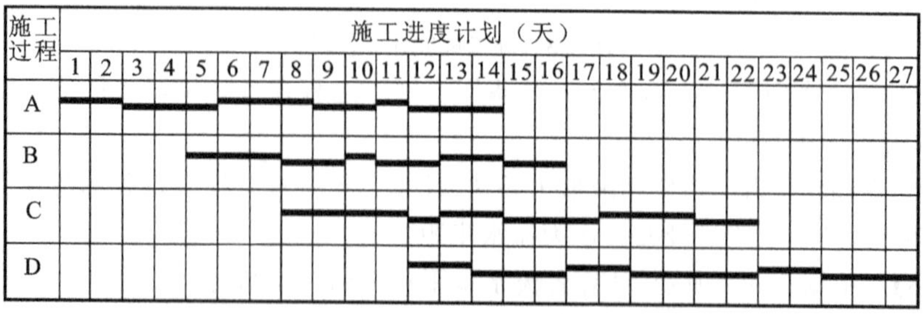

图 4-4　施工进度计划(三)

在上述各种流水施工的基本方式中,到底采用哪一种流水施工的组织形式,除了分析流水节拍的特点,还要考虑工期要求和项目经理部自身的具体施工条件。

4.2.4 网络计划技术

1. 网络计划技术概述

网络计划技术是指用于建设工程项目的计划与控制的一项管理技术。

1) 横道图与网络计划

横道图是以横向线条结合时间坐标表示各项工作施工的起始点和先后顺序的,整个计划由一系列的横道组成,如图 4-5 所示。

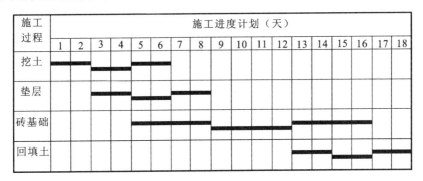

图 4-5 横道图

网络计划是以加注作业时间的箭线和节点组成的网状图形式来表示工程施工进度的。

(1) 横道计划的优缺点。优点:简单、明了、直观、易懂,时间进度一目了然。缺点:各项工作相互之间的复杂联系不能表达清楚,无法计算各工作的时间参数及时差。

(2) 网络计划的优缺点。优点:能反映各项工作之间的相互制约关系,能够计算时间参数,找出关键工作和关键线路,能够利用计算机计算和跟踪管理,能进行优化和调整。缺点:不够简单、直观明了,时间坐标的网络计划可弥补这些不足。

2) 网络计划的表示方法

网络计划是一种以网状图形表示工程施工顺序的工作流程图。通常有双代号和单代号两种表示方法,如图 4-6、图 4-7 所示。

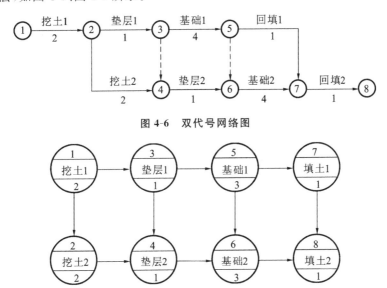

图 4-6 双代号网络图

图 4-7 单代号网络图

人们在工程实践中,将双代号网络图与时间坐标有机结合起来即形成双代号时标网络图(见图4-8)。

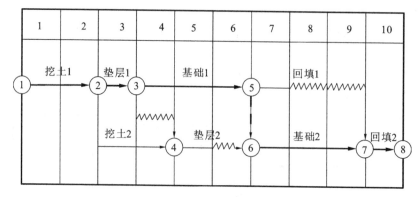

图 4-8 双代号时标网络图

将单代号网络图与搭接施工原理有机结合起来即形成单代号搭接网络图(见图4-9)。

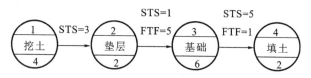

图 4-9 单代号搭接网络图

2. 双代号网络计划

双代号网络计划是以双代号网络图表示的网络计划。

双代号网络图是由箭线、节点和线路三个要素组成的。

(1) 箭线(工作)。

在双代号网络图中,每一条箭线表示一项工作。用实箭线表示一项实际工作,其名称标注在箭线的上方,完成该项工作所需要的持续时间标注在箭线的下方(见图4-10)。虚箭线表示一项虚工作,它既不占用时间,也不消耗资源,一般表示工作之间的联系、区分和断路作用(见图4-11)。

图 4-10 一项工作的表示　　　　图 4-11 虚工作的表示

如图 4-12 所示,A、B、C、D 四项工作的相互关系是:A 项工作完成后进行 B、C 项工作,B、C 项工作均完成后进行 D 项工作,通过虚工作又把 B、C 项工作区分开来。

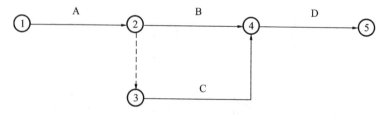

图 4-12 虚工作的区分作用

区分作用是指双代号网络图中每一项工作都必须用一条箭线和两个代号表示,若有两项工作同时开始又同时完成,绘图时应使用虚箭线才能区分两项工作的代号。

断路作用是用虚箭线把没有关系的工作隔开,如图 4-13 所示为某基础工程挖土、垫层、基础、回填土四项工作的流水施工网络计划。根据施工工艺的要求,挖土 2 与基础 1、垫层 2 与回填土 1 的工作是没有联系的,但这两处把它们联系上了,即出现了多余联系的错误。

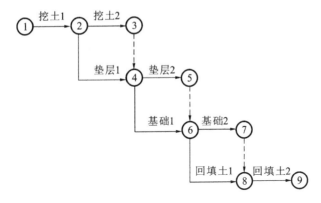

图 4-13 逻辑关系错误

为了正确表达工作间的逻辑关系,在出现逻辑错误的节点之间增设两条虚箭线,从而切断了挖土 2 与基础 1、垫层 2 与回填土 1 之间的联系,如图 4-14 所示。

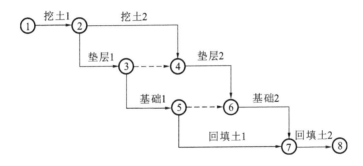

图 4-14 逻辑关系正确

由此可见,网络计划中虚箭线是非常重要的,正确理解虚箭线的作用对绘制双代号网络图有很大的帮助。

(2)节点。

节点是网络图中箭线之间的连接点。双代号网络图中有三种类型的节点。

① 起点节点。

网络图中的第一个节点叫"起点节点",它只与箭尾相连,一般表示一项任务或一个项目的开始。

② 终点节点。

网络图中的最后一个节点叫"终点节点",它只与箭头相连,一般表示一项任务或一个项目的完成。

③ 中间节点。

网络图中既与箭尾相连,又与箭头相连的节点称为中间节点。

④ 节点的编号。

网络计划中的每个节点都有自己的编号,以便赋予每项工作以代号,便于计算网络计划的时间参数和检查网络计划是否正确。

(3) 线路和关键线路。

① 线路是指从网络图起点节点开始,顺着箭头所指的方向,通过一系列的箭线和节点不断到达终点节点的通路。一个网络计划中,从起点节点到终点节点,一般都存在着许多条线路,每条线路都包含着若干项工作,这些工作的持续时间之和就是这条线路的时间长度,即线路的总持续时间。

② 关键线路和关键工作。线路上总持续时间最长的线路称为关键线路,其他线路称为非关键线路。位于关键线路上的工作称为关键工作。在关键线路上没有任何机动时间,线路上的任何工作拖延时间,都会导致总工期延长。

一般来说,一个网络计划中至少有一条关键线路。关键线路也不是一成不变的。在一定的条件下,关键线路和非关键线路会相互转化。关键线路宜用粗箭线、双箭线或彩色箭线标注,以突出其在网络计划中的重要位置。

3. 双代号网络图的绘制

双代号网络图是根据给出的逻辑关系,按照绘图基本规则进行绘制的。

1) 网络图的逻辑关系

网络图中的逻辑关系是指网络计划中所表示的各个工作之间客观上存在或主观上安排的先后顺序关系。这种顺序关系划分为两类:一类是施工工艺关系,称为工艺逻辑;另一类是施工组织关系,称为组织逻辑。

(1) 工艺关系。生产性工作之间由工艺过程决定的、非生产性工作之间由工作程序决定的先后顺序关系称为工艺关系。如图 4-15 所示,支模 1→绑钢筋 1→混凝土 1 为工艺关系。

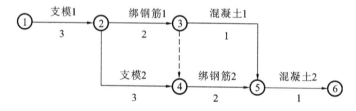

图 4-15 工艺逻辑关系

(2) 组织关系。工作之间由于组织安排需要或资源(劳动力、原材料、施工机具等)调配需要而规定的先后顺序关系称为组织关系。如图 4-15 所示,支模 1→支模 2;绑钢筋 1→绑钢筋 2 等为组织关系。

2) 紧前工作、紧后工作和平行工作

(1) 紧前工作。在网络图中,相对于某工作而言,紧排在该工作之前的工作称为该工作的紧前工作。如图 4-15 所示,支模 1 是支模 2 在组织关系上的紧前工作;工作与其紧前工作之间可能有虚工作存在。绑钢筋 1 和绑钢筋 2 之间虽然存在虚工作,但绑钢筋 1 仍然是绑钢筋 2 在组织关系上的紧前工作。

(2) 紧后工作。在网络图中,相对于某工作而言,紧排在该工作之后的工作称为该工作的紧后工作。如图 4-15 所示,混凝土 1 是绑钢筋 1 在工艺关系上的紧后工作。工作与其紧后工作之间也可能有虚工作存在。绑钢筋 2 是绑钢筋 1 在组织关系上的紧后工作。

(3) 平行工作。在网络图中,相对于某工作而言,可以与该工作同时进行的工作即为该工作的平行工作。如图 4-15 所示,绑钢筋 1 和支模 2 互为平行工作。

紧前工作、紧后工作及平行工作是工作之间逻辑关系的具体表现,只要能根据工作之间的工艺关系和组织关系明确其紧前或紧后关系,即可据此绘出网络图。它是正确绘制网络图的前提条件。

3) 绘图规则

在绘制双代号网络图时,一般应遵循以下基本规则。

(1) 网络图必须按照已定的逻辑关系绘制,例如,已知工作之间的逻辑关系如表 4-3 所示。若绘出网络图 4-16(a)则是错误的,因为工作 A 不是工作 D 的紧前工作。此时,可用虚箭线将工作 A 和工作 D 的联系断开,正确表达如图 4-16(b)所示。

表 4-3 逻辑关系表

工作	A	B	C	D
紧前工作	—	—	A、B	B

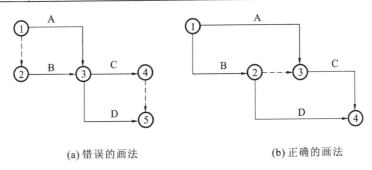

(a) 错误的画法　　　　　　　(b) 正确的画法

图 4-16　根据逻辑关系绘制网络图

(2) 网络图中严禁出现循环回路。如果出现循环回路,则会造成逻辑关系混乱,使工作无法按顺序进行。如图 4-17 所示,网络图中存在不允许出现的循环回路 BCGF。当然,此时节点编号也发生错误。

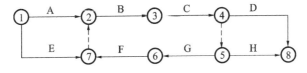

图 4-17　网络图出现错误的循环回路

(3) 为使图形简洁,可用母线法绘图。即将多条箭线经一条共用的垂直线段从起点节点引出(见图 4-18(a)),或将多条箭线经一条共用的垂直线段引入终点节点,如图 4-18(b)所示。对于特殊线形的箭线,如粗箭线、双箭线、虚箭线、彩色箭线等,可在从母线上引出的支线上标出。

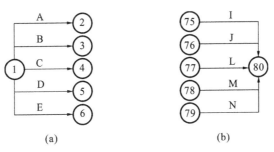

图 4-18　母线法

(4) 应尽量避免网络图中工作箭线的交叉。当交叉不可避免时,可以采用过桥法或指向法处理,如图 4-19 所示。

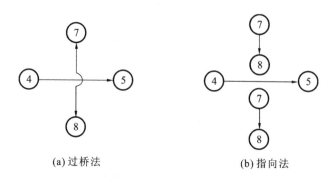

图 4-19 过桥法与指向法

(5) 网络图中应只有一个起点节点和一个终点节点(任务中部分工作需要分期完成的网络计划除外)。除网络图的起点节点和终点节点外,不允许出现没有外向箭线的节点和没有内向箭线的节点。图 4-20 所示网络图中有两个起点节点① 和②,两个终点节点⑦ 和⑧。该网络图的正确画法如图 4-21 所示,即将节点① 和② 合并为一个起点节点,将节点⑦ 和⑧ 合并为一个终点节点。

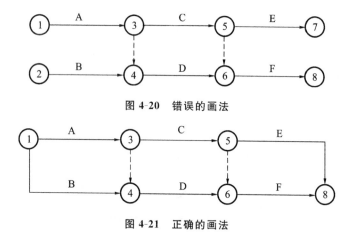

图 4-20 错误的画法

图 4-21 正确的画法

4) 绘制网络图的方法步骤

(1) 绘制草图。

(2) 检查(符合逻辑关系的网络图)。

(3) 整理图形(删掉多余的虚工作、节点编号、规整图形)。

【例 4-4】 已知各工作之间的逻辑关系如表 4-4 所示,试绘制双代号网络图。

表 4-4 逻辑关系表

工作名称	A	B	C	D	E	F	G	H	I	J	K
紧后工作	EF	G	GH	G	I	I	IJ	J	K	K	—
紧前工作	—	—	—	—	A	A	BCD	C	EFG	GH	IJ

① 绘制草图,如图 4-22 所示。

② 检查。

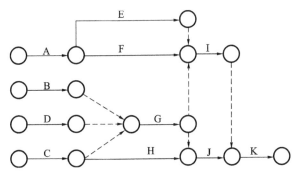

图 4-22 绘制草图

③ 整理图形,如图 4-23 所示。

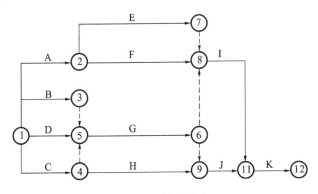

图 4-23 整理图形

4. 双代号网络计划时间参数计算

双代号网络计划时间参数计算的目的在于通过计算各项工作的时间参数,确定网络计划的关键工作、关键线路和计算工期,为网络计划的优化、调整和执行提供明确的时间参数和依据。

1) 时间参数的概念及其符号

(1) 工作持续时间 D_{i-j}(duration)。

工作持续时间是指一项工作从开始到完成的时间。

(2) 工期 T。

工期泛指完成一项任务所需要的时间。在网络计划中,工期一般有以下三种。

① 计算工期 T_c(calculated project duration)。

计算工期是根据网络计划时间参数计算而得到的工期,用 T_c 表示。

② 要求工期 T_r(required project duration)。

要求工期是任务委托人所提出的指令性工期,用 T_r 表示。

③ 计划工期 T_p(planed project time)。

计划工期是指根据要求工期和计算工期所确定的作为实施目标的工期,用 T_p 表示。

当已规定了要求工期时,计划工期不应超过要求工期,即 $T_p \leqslant T_r$。

当未规定要求工期时,可令计划工期等于计算工期,即 $T_p = T_c$。

(3) 节点时间参数。

① 节点最早时间 ET_i(earliest event time)。

节点最早时间是以该节点为开始节点的各项工作的最早开始时间。

② 节点最迟时间 LT_i（latest event time）。

节点最迟时间是以该节点为完成节点的各项工作的最迟完成时间。

(4) 工作时间参数。

① 最早开始时间：$ES_{i\sim j}$（earliest start time）。

工作的最早开始时间是指在其所有紧前工作全部完成后，本工作可能开始的最早时刻。

② 最早完成时间：$EF_{i\sim j}$（earliest finish time）。

工作的最早完成时间是指在其所有紧前工作全部完成后，本工作有可能完成的最早时刻。工作的最早完成时间等于本工作的最早开始时间与其持续时间之和。

③ 最迟开始时间：$LS_{i\sim j}$（latest start time）。

工作的最迟开始时间是指在不影响整个任务按期完成的前提下，本工作必须开始的最迟时刻。工作的最迟开始时间等于本工作的最迟完成时间与其持续时间之差。

④ 最迟完成时间：$LF_{i\sim j}$（latest finish time）。

工作的最迟完成时间是指在不影响整个任务按期完成的前提下，本工作必须完成的最迟时刻。

⑤ 总时差 $TF_{i\sim j}$（total float）。

工作的总时差是指在不影响总工期的前提下，本工作可以利用的机动时间。

⑥ 自由时差 $FF_{i\sim j}$（free float）。

工作的自由时差是指在不影响其紧后工作最早开始时间的前提下，本工作可以利用的机动时间。

2）双代号网络计划时间参数计算方法

双代号网络计划时间参数的计算方法一般有按工作计算法和按节点计算法进行计算。本节只介绍按工作时间在图上进行计算的方法（图上计算法和分析计算法）。

3）按工作计算法计算时间参数

所谓按工作计算法，就是以网络计划中的工作为对象，直接计算各项工作的时间参数。这些时间参数包括：工作的最早开始时间和最早完成时间、工作的最迟开始时间和最迟完成时间、工作的总时差和自由时差。此外，还应计算网络计划的计算工期。

【例 4-5】 下面以双代号网络计划为例，说明按工作计算法计算时间参数的过程。其计算结果如图 4-24 所示。

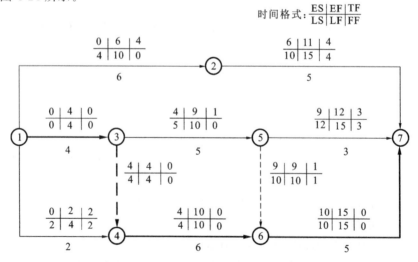

图 4-24 双代号网络计划时间参数计算图

(1) 计算工作的最早开始时间和最早完成时间。

工作最早开始时间和最早完成时间的计算应从网络计划的起点节点开始,顺着箭线方向依次进行。其计算步骤如下。

① 以网络计划起点节点为开始节点的工作,当未规定其最早开始时间时,其最早开始时间为零。例如在本例中,工作 1~2、工作 1~3 和工作 1~4 的最早开始时间都为零,即:

$$ES_{1\sim 2}=ES_{1\sim 3}=ES_{1\sim 4}=0$$

② 工作的最早完成时间可利用下列公式进行计算:

$$EF_{i\sim j}=ES_{i\sim j}+D_{i\sim j}$$

式中 $EF_{i\sim j}$——工作 $i\sim j$ 的最早完成时间;

$ES_{i\sim j}$——工作 $i\sim j$ 的最早开始时间;

$D_{i\sim j}$——工作 $i\sim j$ 的持续时间。

例如在本例中,工作 1~2、工作 1~3 和工作 1~4 的最早完成时间如下。

工作 1~2: $EF_{1\sim 2}=ES_{1\sim 2}+D_{1\sim 2}=0+6=6$

工作 1~3: $EF_{1\sim 3}=ES_{1\sim 3}+D_{1\sim 3}=0+4=4$

工作 1~4: $EF_{1\sim 4}=ES_{1\sim 4}+D_{1\sim 4}=0+2=2$

③ 其他工作的最早开始时间等于其紧前工作(包括虚工作)最早完成时间的最大值,即:

$$ES_{i\sim j}=\max\{EF_{h\sim i}\}=\max\{ES_{h\sim i}+D_{h\sim i}\}$$

式中 $ES_{i\sim j}$——工作 $i\sim j$ 的最早开始时间;

$EF_{h\sim i}$——工作 $i\sim j$ 的紧前工作 $h\sim i$ 的最早完成时间;

$ES_{h\sim i}$——工作 $i\sim j$ 的紧前工作 $h\sim i$ 的最早开始时间;

$D_{h\sim i}$——工作 $i\sim j$ 的紧前工作 $h\sim i$ 的持续时间。

例如在本例中,工作 3~5 和工作 4~6 的最早开始时间分别为:

$$ES_{3\sim 5}=EF_{1\sim 3}=4$$

$$ES_{4\sim 6}=\max\{EF_{3\sim 4},EF_{1\sim 4}\}=\max\{4,2\}=4$$

④ 网络计划的计算工期应等于以网络计划终点节点为完成节点的工作的最早完成时间的最大值,即:

$$T_c=\max\{EF_{i\sim n}\}=\max\{ES_{i\sim n}+D_{i\sim n}\}$$

式中 T_c——网络计划的计算工期;

$EF_{i\sim n}$——以网络计划终点节点 n 为完成节点的工作的最早完成时间;

$ES_{i\sim n}$——以网络计划终点节点 n 为完成节点的工作的最早开始时间;

$D_{i\sim n}$——以网络计划终点节点 n 为完成节点的工作的持续时间。

在本例中,网络计划的计算工期为:

$$T_c=\max\{EF_{2\sim 7},EF_{5\sim 7},EF_{6\sim 7}\}=\max\{11,12,15\}=15$$

(2) 确定网络计划的计划工期。

网络计划的计划工期应按上式确定。在本例中,假设未规定要求工期,则其计划工期就等于计算工期,即:$T_p=T_c=15$。

计划工期应标注在网络计划终点节点的右上方。

(3) 计算工作的最迟完成时间和最迟开始时间。

工作最迟完成时间和最迟开始时间的计算应从网络计划的终点节点开始,逆着箭线方向依次进行。其计算步骤如下：

① 以网络计划终点节点为完成节点的工作，其最迟完成时间等于网络计划的计划工期，即：

$$LF_{i \sim n} = T_p$$

式中　$LF_{i \sim n}$——以网络计划终点节点 n 为完成节点的工作的最迟完成时间；

　　　T_p——网络计划的计划工期。

例如在本例中，工作 2～7、工作 5～7 和工作 6～7 的最迟完成时间为：

$$LF_{2 \sim 7} = LF_{5 \sim 7} = LF_{6 \sim 7} = T_p = 15$$

② 工作的最迟开始时间可利用下列公式进行计算：

$$LS_{i \sim j} = LF_{i \sim j} - D_{i \sim j}$$

式中　$LS_{i \sim j}$——工作 $i \sim j$ 的最迟开始时间；

　　　$LF_{i \sim j}$——工作 $i \sim j$ 的最迟完成时间；

　　　$D_{i \sim j}$——工作 $i \sim j$ 的持续时间。

例如在本例中，工作 2～7、工作 5～7 和工作 6～7 的最迟开始时间分别为：

$$LS_{2 \sim 7} = LF_{2 \sim 7} - D_{2 \sim 7} = 15 - 5 = 10$$
$$LS_{5 \sim 7} = LF_{5 \sim 7} - D_{5 \sim 7} = 15 - 3 = 12$$
$$LS_{6 \sim 7} = LF_{6 \sim 7} - D_{6 \sim 7} = 15 - 5 = 10$$

③ 其他工作的最迟完成时间应等于其紧后工作（包括虚工作）最迟开始时间的最小值，即：

$$LF_{i \sim j} = \min\{LS_{j \sim k}\} = \min\{LF_{j \sim k} - D_{j \sim k}\}$$

式中　$LF_{i \sim j}$——工作 $i \sim j$ 的最迟完成时间；

　　　$LS_{i \sim j}$——工作 $i \sim j$ 的紧后工作 $j \sim k$ 的最迟开始时间；

　　　$LE_{i \sim j}$——工作 $i \sim j$ 的紧后工作 $j \sim k$ 的最迟完成时间；

　　　$D_{i \sim j}$——工作 $i \sim j$ 的紧后工作 $j \sim k$ 的持续时间。

例如在本例中，工作 3～5 和工作 4～6 的最迟完成时间分别为：

$$LF_{3 \sim 5} = \min\{LS_{5 \sim 7}, LS_{5 \sim 6}\} = \min\{12, 10\} = 10$$
$$LF_{4 \sim 6} = LS_{6 \sim 7} = 10$$

（4）计算工作的总时差。

工作的总时差是指在不影响总工期的前提下，本工作可以利用的机动时间。

工作的总时差等于该工作最迟完成时间与最早完成时间之差，或该工作最迟开始时间与最早开始时间之差，即：

$$TF_{i \sim j} = LF_{i \sim j} - EF_{i \sim j} = LS_{i \sim j} - ES_{i \sim j}$$

式中　$TF_{i \sim j}$——工作 $i \sim j$ 的总时差；

其余符号同前。

例如在本例中，工作 3～5 的总时差为：

$$TF_{3 \sim 5} = LF_{3 \sim 5} - EF_{3 \sim 5} = 10 - 9 = 1 \quad \text{或} \quad TF_{3 \sim 5} = LS_{3 \sim 5} - ES_{3 \sim 5} = 5 - 4 = 1$$

（5）计算工作的自由时差。

工作的自由时差是指在不影响其紧后工作最早开始时间的前提下，本工作可以利用的机动时间。

工作自由时差的计算应按以下两种情况分别考虑。

① 对于有紧后工作的工作，其自由时差等于本工作之紧后工作最早开始时间减本工作最早完成时间所得之差，即：

$$FF_{i\sim j}=ES_{i\sim k}-EF_{i\sim j}=ES_{i\sim k}-ES_{i\sim j}-D_{i\sim j}$$

式中　$FF_{i\sim j}$——工作 $i\sim j$ 的自由时差；

　　　$ES_{i\sim k}$——工作 $i\sim j$ 的紧后工作 $j\sim k$ 的最早开始时间；

　　　$EF_{i\sim j}$——工作 $i\sim j$ 的最早完成时间；

　　　$ES_{i\sim j}$——工作 $i\sim j$ 的最早开始时间；

　　　$D_{i\sim j}$——工作 $i\sim j$ 的持续时间。

例如：在本例中，工作 1～4 和工作 5～6 的自由时差分别为：

$$FF_{1\sim 4}=ES_{4\sim 6}-EF_{1\sim 4}=4-2=2$$
$$FF_{5\sim 6}=ES_{6\sim 7}-EF_{5\sim 6}=10-9=1$$

② 对于无紧后工作的工作，也就是以网络计划终点节点为完成节点的工作，其自由时差等于计划工期与本工作最早完成时间之差，即：

$$FF_{i\sim n}=T_p-EF_{i\sim n}=T_p-ES_{i\sim n}-D_{i\sim n}$$

式中　$FF_{i\sim n}$——以网络计划终点节点 n 为完成节点的工作 $i\sim n$ 的自由时差；

　　　T_p——网络计划的计划工期；

　　　$EF_{i\sim n}$——以网络计划终点节点 n 为完成节点的工作 $i\sim$ 的最早完成时间；

　　　$ES_{i\sim n}$——以网络计划终点节点 n 为完成节点的工作 $i\sim n$ 的最早开始时间；

　　　$D_{i\sim n}$——以网络计划终点节点 n 为完成节点的工作 $i\sim n$ 的持续时间。

例如：在本例中，工作 2～7、工作 5～7 和工作 6～7 的自由时差分别为：

$$FF_{2\sim 7}=T_p-EF_{2\sim 7}=15-11=4$$
$$FF_{5\sim 7}=T_p-EF_{5\sim 7}=15-12=3$$
$$FF_{6\sim 7}=T_p-EF_{6\sim 7}=15-15=0$$

当网络计划的计划工期等于计算工期时，$TF_{i\sim j}\geqslant FF_{i\sim j}\geqslant 0$。所以，当工作的总时差为零时，其自由时差必然为零，可不必进行专门计算。例如在本例 4-5 中，工作 1～3、工作 4～6 和工作 6～7 的总时差全部为零，故其自由时差也全部为零。

（6）确定关键工作和关键线路。

在网络计划中，总时差最小的工作为关键工作。特别地，当网络计划的计划工期等于计算工期时，总时差为零的工作就是关键工作。例如在本例 4-5 中，工作 1～3、工作 4～6 和工作 6～7 的总时差均为零，故它们都是关键工作。

将这些关键工作首尾相连，便至少构成一条从起点节点到终点节点的通路，通路上各项工作的持续时间总和最大的就是关键线路。在关键线路上可能有虚工作存在。

关键线路一般用粗箭线或双线箭线标出，也可以用彩色箭线标出。例如在本例 4-5 中，线路①—③—④—⑥—⑦即为关键线路。关键线路上各项工作的持续时间总和应等于网络计划的计算工期。

5. 单代号网络计划

单代号网络图是以节点及其编号表示工作，以箭线表示工作之间逻辑关系的网络图。在单代号网络图中加注工作的持续时间，便形成单代号网络计划。

1）单代号网络图的基本符号

（1）节点。

单代号网络图中的每一个节点表示一项工作，节点宜用圆圈或矩形表示。节点所表示的工作名称、持续时间和工作代号等应标注在节点内。

单代号网络图中的节点必须编号。编号标注在节点内,其号码可间断,不可重复。箭线的箭尾节点编号应小于箭头节点的编号。一项工作必须有唯一的一个节点及相应的编号。

(2) 箭线。

单代号网络图中的箭线表示紧邻工作之间的逻辑关系,既不占用时间、也不消耗资源。箭线应画成水平直线、折线或斜线。箭线水平投影的方向应自左向右,表示工作的行进方向。工作之间的逻辑关系包括工艺关系和组织关系,在网络图中均表现为工作之间的先后顺序。

(3) 线路。

单代号网络图中,各条线路应用该线路上的节点编号从小到大依次表述。

2) 单代号网络图的绘图规则

单代号网络图的绘图规则大部分与双代号网络图的绘图规则相同,故不再进行解释。

当网络图中有多项起点节点或多项终点节点时,应在网络图的两端分别设置一项虚工作,作为该网络图的起点节点(S_t)和终点节点(F_{in})如图 4-25 所示。

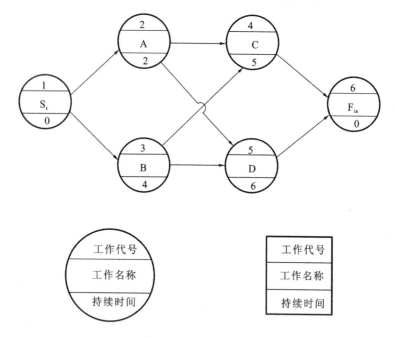

图 4-25 单代号网络图

6. 双代号时标网络计划

双代号时标网络计划是利用横道图时间坐标和网络计划结合起来应用的一种网络计划方法。双代号时标网络计划简称时标网络计划。

在时标网络计划中,箭线的长短与时间的长短有对应的关系。

1) 时标网络计划的图示特点

(1) 箭线的长短与时间有关。

(2) 时标网络计划以实箭线表示工作,以虚箭线表示虚工作,以波形线表示工作的自由时差。

(3) 没有波形线出现的线路为关键线路。

(4) 若虚工作占用时间,其长度用波形线表示,即自由时差。

2) 时标网络计划的时间安排

可按最早时间编制,也可按最迟时间编制,一般安排计划宜早不宜迟,因此通常是采用按最早时间编制。

按最早时间编制时标网络计划的方法有直接和间接两种。

(1) 直接绘制法。

直接绘制法是不计算网络时间参数,直接在时间坐标上进行绘图的方法。

(2) 间接绘制法。

间接绘制法是先计算网络计划时间参数,再根据时间参数在时间坐标上进行绘制的方法。

【例 4-6】 如图 4-26 所示为某工程双代号网络计划,试绘制相应的时标网络图。

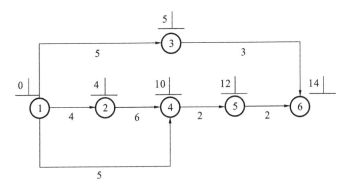

图 4-26 双代号网络图

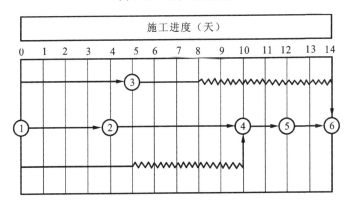

图 4-27 按最早开始时间绘制的时标网络图

【解】 (1) 图 4-27 为按最早开始时间绘制的时标网络图。

(2) 关键线路的确定和时间参数的判断。

关键线路的确定自终点节点逆箭线方向朝起点节点观察,自始至终不出现波形线的线路为关键线路(如图 4-27 所示①②④⑤⑥线路)。

(3) 时间参数的判断。

① 最早时间参数:参考工作时间参数计算,如图 4-26 所示。

② 自由时差:波形线的水平投影长度即为该工作的自由时差。

③ 总时差:自右向左进行,其值等于各紧后工作的总时差的最小值与本工作的自由时

差之和。即：

$$TF_{i\sim j} = \min\{TF_{j\sim k}\} + FF_{i\sim j}$$

任务 3　建设工程项目进度控制

4.3.1　建设工程项目进度控制概述

1. 建设工程项目进度控制任务

建设工程项目进度，是指在项目实施过程中，对各阶段的进展程度和项目最终完成的期限所进行的管理。其目的是保证项目能在满足其时间约束条件前提下实现其总体目标，是保证项目如期完成和合理安排资源供应、节约工程成本的重要措施之一。

2. 建设工程项目进度控制

施工项目进度控制是指在既定的工期内，编制出最优的施工进度计划，在执行该计划的施工中，按时检查施工实际进度情况，并将其与计划进度相比较，若出现偏差，就分析产生的原因及对工期的影响程度，提出必要的调整措施，修改原计划，如此不断地循环，直至工程竣工验收。施工项目进度控制是保证施工项目按期完成、合理安排资源供应、节约工程成本的重要措施。

建设工程项目进度控制是建设工程项目进度管理的两大任务之一。其最终目的是确保项目进度计划目标的实现，实现施工合同约定的竣工日期，其总目标是建设工期。

4.3.2　建设工程项目进度控制方法、措施

1. 建设工程项目进度控制的主要方法

建设工程项目进度控制的方法主要有行政方法、经济方法和管理技术方法等。

（1）进度控制的行政方法。

用行政方法控制进度，是指通过发布进度指令，进行指导、协调、考核；利用激励手段（奖、罚、表扬、批评等）监督、督促等方式进行进度控制。

（2）进度控制的经济方法。

进度控制的经济方法主要有以下几种：投资部门通过投资投放速度控制工程项目的实施进度；在承包合同中写进有关工期和进度的条款；建设单位通过招标的进度优惠条件鼓励施工单位加快进度；建设单位通过工期提前奖励和工程延误罚款实施进度控制等。

（3）进度控制的管理技术方法。

进度控制的管理技术方法主要有规划、控制和协调。所谓规划，就是确定项目的总进度目标和分进度目标；所谓控制，就是进行计划进度与实际进度的比较，发现偏离，及时采取措施进行纠正；所谓协调，就是协调参加工程建设各单位之间的进度关系。

2. 建设工程项目进度控制的措施

建设工程项目进度控制的措施包括组织措施、技术措施、合同措施、经济措施和信息管理措施等。

（1）组织措施。

① 落实进度控制部门人员、具体控制任务和管理职责分工。

② 确定进度协调工作制度，包括协调会议举行的时间，协调会议的参加人员等。

③ 对各种因素影响进度的概率及进度拖延的损失值进行计算、评估和预测等。

(2) 技术措施。

建设工程项目进度控制的技术措施是指采用先进的施工工艺、方法等以加快施工进度。

(3) 合同措施。

建设工程项目进度控制的合同措施主要有分段发包、提前施工,以及合同的合同期与进度计划的协调等。

(4) 经济措施。

建设工程项目进度控制的经济措施是指保证资金供应的措施。

(5) 信息管理措施。

建设工程项目进度控制的信息管理措施主要是通过计划进度与实际进度的动态比较,收集有关进度的信息等。

4.3.3 建设工程项目实际进度与计划进度的比较方法

1. 建设工程项目实际进度的控制

项目实施的过程中,由于某些因素的干扰,往往造成实际进度与计划进度产生偏差,因此,在项目进度计划的执行工程中,必须采取系统的进度控制措施,并用行之有效的进度调整方法及时解决问题,如图4-28所示。

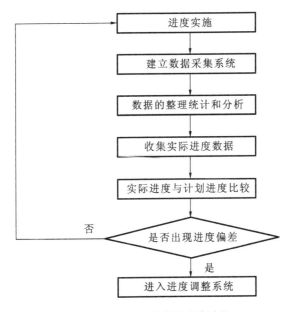

图 4-28 项目进度监测系统过程

1) 进度监测的系统过程

进度监测的系统过程主要包括以下工作。

(1) 进度计划执行者的跟踪检查。跟踪检查的主要工作是定期收集反映实际工程进度的有关数据。① 定期收集报表资料;② 指派监理人员坚守现场,检查计划进度的实际执行情况;③ 定期召开会议,了解实际进度情况。

(2) 整理、统计和分析收集的实际数据。对收集的数据进行整理、统计和分析,形成与计划具有可比性的数据。如累计完成量、本期完成的百分率和累计完成的百分率等数据。

(3) 实际进度与计划进度对比。将实际进度的数据与计划进度的数据进行比较从而得出实际进度比计划进度是拖后、超前或是一致。

2)进度调整的系统过程

在项目进度监测过程中,一旦发现实际进度与计划进度不符,即出现进度偏差时,进度控制人员必须认真分析产生的原因及对后续工作或总工期的影响,并采取合理的调整措施,确保总目标的实现。具体过程如下。

(1)分析产生偏差的原因。
(2)分析偏差对后续工作或总工期的影响。
(3)确定影响后续工作或总工期的限制条件。
(4)采取进度调整措施。
(5)实施调整后的进度计划。

2. 建设工程项目实际进度与计划进度的比较方法

实际进度与计划进度的比较是建设工程项目进度监测的主要环节。常用的进度比较方法有横道图、S曲线、香蕉曲线、前锋线等。

1)横道图比较法

横道图比较法是指将项目实施过程中检查实际进度收集到的数据,经加工整理后直接用横道线平行绘于原计划的横道线处,进行实际进度与计划进度的比较方法。采用横道图比较法,可以形象、直观地反映实际进度与计划进度的比较情况。

【例 4-7】 某工程项目基础工程的计划进度和截止到第 9 周末的实际进度如图 4-29 所示,其中细实线表示该工程计划进度,粗实线表示实际进度。从图中实际进度与计划进度的比较可以看出,到第 9 周末进行实际进度检查时,挖土方和做垫层两项工作已经完成;支模板按计划也应该完成,但实际只完成 75%,任务量拖欠 25%;绑钢筋按计划应该完成 60%,而实际只完成 20%,任务量拖欠 40%。

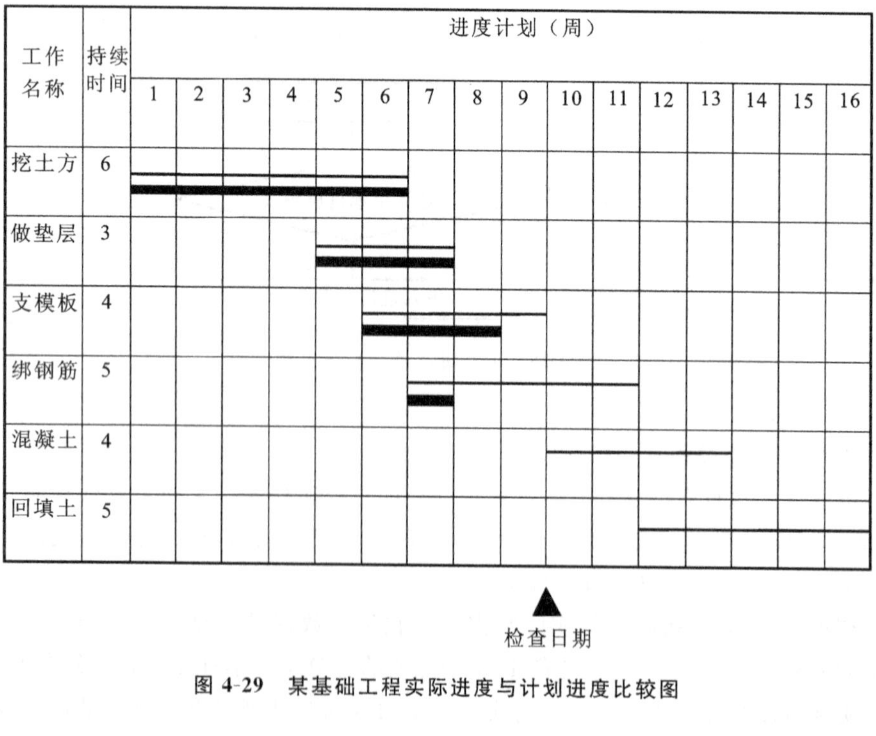

图 4-29 某基础工程实际进度与计划进度比较图

根据各项工作的进度偏差,进度控制者可以采取相应的纠偏措施对进度计划进行调整,以确保该工程按期完成。

图 4-29 所表达的比较方法仅适用于建设工程项目中的各项工作都是均匀进展的情况,即每项工作在单位时间内完成的任务量都相等的情况。事实上,工程项目中各项工作的进展不一定是匀速的。根据建设工程项目中各项工作的进展是否匀速,可分别采用以下两种方法进行实际进度与计划进度的比较。

(1) 匀速进展横道图比较法。

匀速进展是指在建设工程项目中,每项工作在单位时间内完成的任务量都是相等的,即工作的进展速度是均匀的。此时,每项工作累计完成的任务量与时间呈线性关系,如图 4-30。完成的任务量可以用实物工程量、劳动消耗量或费用支出表示。为了便于比较,常用上述物理量的百分比表示。

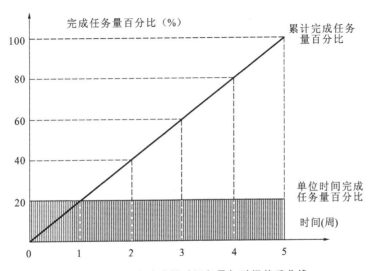

图 4-30 工作均速进展时任务量与时间关系曲线

采用匀速进展横道图比较法时,其步骤如下。

① 编制横道图进度计划。

② 在进度计划上标出检查日期。

③ 将检查收集到的实际进度数据经过加工整理后按比例用粗黑线标于计划进度的下方,如图 4-31 所示。

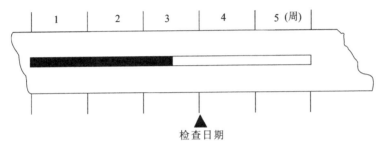

图 4-31 匀速进展横道图比较图

④ 对比分析实际进度与计划进度。

A. 如果涂黑的粗线右端落在检查日期左侧(右侧),表明实际进度拖后(超前)。

B. 如果涂黑的粗线右端与检查日期重合,表明实际进度与计划进度一致。

(2) 非匀速进展横道图比较法。

当工作在不同单位时间里的进展速度不相等时,累计完成的任务量与时间的关系就不可能是线性关系。此时,应采用非匀速进展横道图比较法进行工作实际进度与计划进度的比较。

非匀速进展横道图比较法在用涂黑粗线表示工作实际进度的同时,还要标出其对应时刻完成任务量的累计百分比,并将该百分比与其同时刻计划完成任务量的累计百分比相比较,判断工作实际进度与计划进度之间的关系。

【例 4-8】 某工程项目中的基槽开挖工作按施工进度计划安排需要 7 周完成,每周计划完成的任务量百分比如图 4-32 所示。

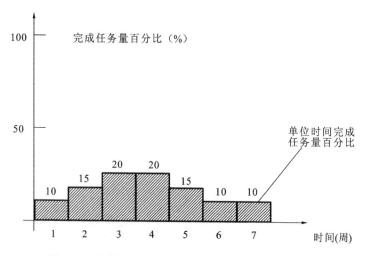

图 4-32 基槽开挖工作进展时间与完成任务量关系图

① 编制横道图进度计划,如图 4-33 所示。

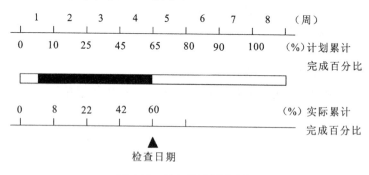

图 4-33 非匀速进展横道图

② 在横道线上方标出基槽开挖工作每周计划累计完成任务量的百分比,分别为 10%、25%、45%、65%、80%、90% 和 100%。

③ 在横道线下方标出第 1 周至检查日期(第 4 周)每周实际累计完成任务量的百分比,分别为 8%、22%、42%、60%。

④ 用涂黑粗线标出实际投入的时间。图 4-33 表明,该工作实际开始时间晚于计划开始时间,在开始后连续工作,没有中断。

⑤ 比较实际进度与计划进度。从图 4-33 中可以看出,该工作在第一周实际进度比计划

进度拖后 2%，以后各周末累计拖后分别为 3%、3% 和 5%。

由于工作进展速度是变化的，因此，在图中的横道线，无论是计划的还是实际的，只能表示工作的开始时间、完成时间和持续时间，并不表示计划完成的任务量和实际完成的任务量。此外，采用非匀速进展横道图比较法，不仅可以进行某一时刻（如检查日期）实际进度与计划进度的比较，而且还能进行某一时间段实际进度与计划进度的比较。当然，这需要实施部门按规定的时间记录当时的任务完成情况。

横道图比较法虽有记录和比较简单、形象直观、易于掌握、使用方便等优点，但一旦某些工作实际进度出现偏差时，难以预测其对后续工作和工程总工期的影响，也就难以确定相应的进度计划调整方法。因此，横道图比较法主要用于建设工程项目中某些工作实际进度与计划进度的局部比较。

2）S 曲线比较法

S 曲线比较法是以横坐标表示时间，纵坐标表示累计完成任务量，绘制一条按计划时间累计完成任务量的 S 曲线；然后将工程项目实施过程中各检查时间实际累计完成任务量的 S 曲线也绘制在同一坐标系中，进行实际进度与计划进度比较的一种方法。

从整个建设工程项目进展全过程来看，单位时间投入的资源量一般是开始和结束时较少，中间阶段较多，与其相对应，单位时间完成的任务量也呈现相同的变化规律，如图 4-34(a) 所示。而随工程进展累积完成的任务量则应呈 S 形变化，如图 4-34(b) 所示。

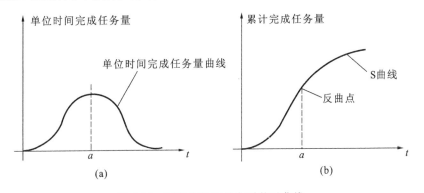

图 4-34　时间与完成任务时关系曲线

(1) S 曲线的绘制方法。

【例 4-9】 某混凝土工程的浇筑总量为 2000 m³，按照施工方案，计划 9 个月完成，每月计划完成的混凝土浇筑量如图 4-35 所示，试绘制该混凝土工程的计划 S 曲线。

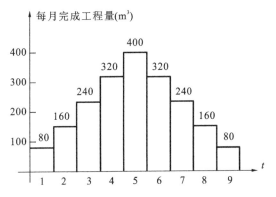

图 4-35　时间与完成任务量关系曲线

【解】

① 确定单位时间计划完成任务量。在本例中,将每月计划完成混凝土浇筑量列于表4-5中;

② 计算不同时间累计完成任务量。在本例中,依次计算每月计划累计完成的混凝土浇筑量,结果列于表4-5中。

表4-5 完成工程量汇总表

时间(月)	1	2	3	4	5	6	7	8	9
每月完成量(m^3)	80	160	240	320	400	320	240	160	80
累计完成量(m^3)	80	240	480	800	1200	1520	1760	1920	2000

③ 根据累计完成任务量绘制S曲线。在本例中,根据每月计划累计完成混凝土浇筑量而绘制的S曲线如图4-36所示。

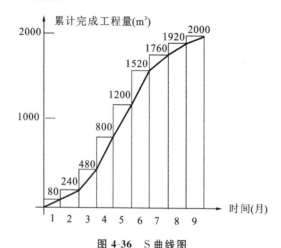

图4-36 S曲线图

(2) 实际进度与计划进度的比较。

同横道图比较法一样,S曲线比较法也是在图上进行工程项目实际进度与计划进度的直观比较。在工程项目实施过程中,按照规定时间将检查收集到的实际累计完成任务量绘制在原计划S曲线图上,即可得到实际进度S曲线,如图4-37所示。

通过比较实际进度S曲线和计划进度S曲线,可以获得如下信息。

① 建设工程项目实际进展状况。

如果工程实际进展点落在计划S曲线左侧,表明此时实际进度比计划进度超前,如图4-37中的a点;如果工程实际进展点落在S计划曲线右侧,表明此时实际进度拖后,如图4-37中的b点;如果工程实际进展点正好落在计划S曲线上,则表示此时实际进度与计划进度一致。

② 建设工程项目实际进度超前或拖后的时间。

在S曲线比较图中可以直接读出实际进度比计划进度超前或拖后的时间。如图4-37所示,ΔT_a表示T_a时刻实际进度超前的时间;ΔT_b表示T_b时刻实际进度拖后的时间。

③ 建设工程项目实际超额或拖欠的任务量。

在S曲线比较图中也可直接读出实际进度比计划进度超额或拖欠的任务量。如图4-37所示,ΔQ_a表示T_a时刻超额完成的任务量,ΔQ_b表示T_b时刻拖欠的任务量。

④ 后期工程进度预测。

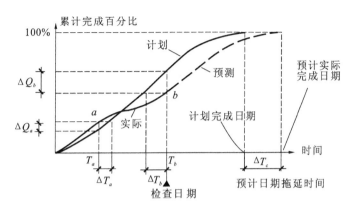

图 4-37 S 曲线比较图

如果后期工程按原计划速度进行,则可做出后期工程计划 S 曲线如图 4-37 中虚线所示,从而可以确定工期拖延预测值 ΔT_c。

(3)香蕉曲线比较法。

香蕉曲线是由两条 S 曲线组合而成的闭合曲线。由 S 曲线比较法可知,工程项目累计完成的任务量与计划时间的关系,可以用一条 S 曲线表示。对于一个工程项目的网络计划来说,如果以其中各项工作的最早开始时间安排进度而绘制 S 曲线,称为 ES 曲线;如果以其中各项工作的最迟开始时间安排进度而绘制 S 曲线,称为 LS 曲线。两条 S 曲线具有相同的起点和终点,因此,两条曲线是闭合的。在一般情况下,ES 曲线上的其余各点均落在 LS 曲线的相应点的左侧。由于该闭合曲线形似"香蕉",故称为香蕉曲线,如图 4-38 所示。

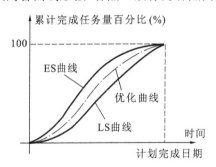

图 4-38 香蕉曲线比较图

(4)前锋线比较法。

前锋线比较法是通过绘制某检查时刻建设工程项目实际进度前锋线,进行工程实际进度与计划进度比较的方法,它主要适用于时标网络计划。前锋线比较法就是通过实际进度前锋线与原进度计划中各工作箭线交点的位置来判断工作实际进度与计划进度的偏差,进而判定该偏差对后续工作及总工期影响程度的一种方法。

采用前锋线比较法进行实际进度与计划进度的比较,其步骤如下。

(1)绘制时标网络计划图。

建设工程项目实际进度前锋线是在时标网络计划图上标示,为清楚起见,可在时标网络计划图的上方和下方各设一时间坐标。

(2)绘制实际进度前锋线。

一般从时标网络计划图上方时间坐标的检查日期开始绘制,依次连接相邻工作的实际进展位置点,最后与时标网络计划图下方坐标的检查日期相连接。

(3)进行实际进度与计划进度的比较。

前锋线可以直观地反映出检查日期有关工作实际进度与计划进度之间的关系。对某项工作来说,其实际进度与计划进度之间的关系可能存在以下三种情况。

① 工作实际进展位置点落在检查日期的左侧(右侧),表明该工作实际进度拖后(超前),拖后(超前)的时间为二者之差。

② 工作实际进展位置点与检查日期重合,表明该工作实际进度与计划进度一致。

(4) 预测进度偏差对后续工作及总工期的影响。

通过实际进度与计划进度的比较确定进度偏差后,还可根据工作的自由时差和总时差预测该进度偏差对后续工作及项目总工期的影响。

【例 4-10】 某工程项目时标网络计划如图 4-39 所示。该计划执行到第 6 周末检查实际进度时,发现工作 A 和 B 已经全部完成,工作 D 和 E 分别完成计划任务量的 20% 和 50%,工作 C 尚需 3 周完成,试用前锋线法进行实际进度与计划进度的比较。

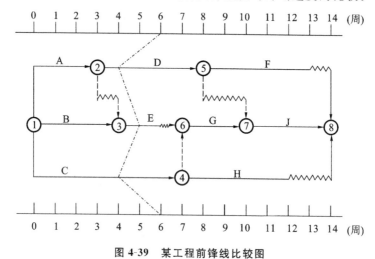

图 4-39 某工程前锋线比较图

【解】 根据第 6 周末实际进度的检查结果绘制前锋线,如图 4-39 中的点划线所示。

① 工作 D 实际进度拖后 2 周,将使其后续工作 F 的最早开始时间推迟 2 周,并使总工期延长 1 周。

② 工作 E 实际进度拖后 1 周,既不影响总工期,也不影响其后续工作的正常进行。

③ 工作 C 实际进度拖后 2 周,将使其后续工作 G、H、J 的最早开始时间推迟 2 周。由于工作 G、J 开始时间的推迟,从而使总工期延长 2 周。

综上所述,如果不采取措施加快进度,该工程项目的总工期将延长 2 周。

3. 进度计划的调整方法

当实际进度偏差影响到后续工作、总工期而需要调整进度计划时,其调整方法主要有两种。

1) 改变某些工作间的逻辑关系

改变关键线路和超过计划工期的非关键线路上的有关工作之间的逻辑关系,达到缩短工期的目的。例如,将顺序进行的工作改为平行作业、搭接作业以及分段组织流水作业等,都可以有效地缩短工期。

【例 4-11】 某工程项目基础工程包括挖基槽、作垫层、砌基础、回填土 4 个施工过程,各施工过程的持续时间分别为 21 天、15 天、18 天和 9 天,如果采取顺序作业方式进行施工,则其总工期为 63 天。为缩短该基础工程总工期,如果在工作面及资源供应允许的条件下,将基础工程划分为工程量大致相等的 3 个施工段组织流水作业,试绘制该基础工程流水作业网络计划,并确定其计算工期。

【解】 该基础工程流水作业网络计划如图 4-40 所示。通过组织流水作业,使得该基础工程的计算工期由 63 天缩短为 35 天。

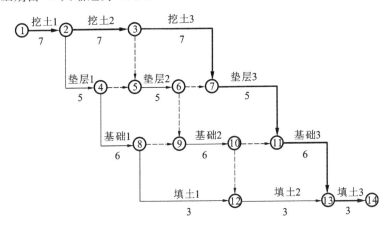

图 4-40 某基础工程流水施工网络计划

2) 缩短某些工作的持续时间

压缩关键线路和超过计划工期的非关键线路上的工作。一般可分为以下三种情况。

(1) 网络计划中某项工作进度拖延的时间已超过其自由时差但未超过其总时差。

此时该工作的实际进度不会影响总工期,而只对其后续工作产生影响。

(2) 网络计划中某项工作进度拖延的时间超过其总时差。

该工作实际进度都将对后续工作和总工期产生影响。此时,进度计划的调整方法又可分为以下三种情况。

① 项目总工期不允许拖延。

如果建设工程项目必须按照原计划工期完成,则只能采取缩短关键线路上后续工作持续时间的方法来达到调整计划的目的。

② 项目总工期允许拖延。

如果项目总工期允许拖延,则此时只需以实际数据取代原计划数据,并重新绘制实际进度检查日期之后的简化网络计划即可。

③ 项目总工期允许拖延的时间有限。

如果项目总工期允许拖延,但允许拖延的时间有限。则当实际进度拖延的时间超过此限制时,也需要对网络计划进行调整,以便满足要求。

4. 建设工程项目进度拖延的原因分析及控制措施

1) 建设工程项目进度拖延的原因

进度拖延的原因包括:工期及相关计划的失误、外界的条件变化、管理过程中的失误等。

2) 解决建设工程项目进度拖延的措施

(1) 基本措施。

① 积极赶工,以弥补或部分弥补已经产生的拖延。

② 不采取特别的措施,在目前进度状态的基础上,仍按照原计划安排后期工作。

(2) 可以采取的赶工措施。

在实际工程中经常采用如下赶工措施。

① 增加资源投入,例如增加劳动力、材料、周转材料和设备的投入量。这是最常用的办法。但它会带来如下问题。

A. 造成费用的增加，如增加人员的调遣费用、周转材料一次性费、设备的进出场费。
B. 由于增加资源造成资源使用效率的降低。
C. 加剧资源供应的困难。如有些资源没有增加的可能性，加剧项目之间或工序之间对资源激烈的竞争。

② 重新分配资源，例如将服务部门的人员投入到生产中去，投入风险准备资源，采用加班或多班制工作。

③ 减少工作范围，包括减少工作量或删去一些工作（或分项工程）。但这可能产生如下影响。
A. 损害工程的完整性、经济性、安全性、运行效率，或提高项目运行费用。
B. 必须经过上层管理者，如投资者、业主的批准。

④ 改善工具器具以提高劳动效率。

⑤ 提高劳动生产率，主要通过辅助措施和合理的工作过程。这里要注意如下问题：加强培训，通常培训应尽可能的提前；注意工人级别与工人技能的协调；工作中的激励机制，例如奖金、小组精神表扬、个人负责制、目标明确；改善工作环境及项目的公用设施（需要花费）；项目小组时间上和空间上合理的组合和搭接；避免项目组织中的矛盾，多沟通。

⑥ 将部分任务转移，如分包、委托给另外的单位，将原计划由自己生产的结构构件改为外购等。当然这不仅有风险，产生新的费用，而且需要增加控制和协调工作。

⑦ 改变网络计划中工程活动的逻辑关系，如将前后顺序工作改为平行工作，或采用流水施工的方法。这可能产生如下问题。
A. 工程活动逻辑上的矛盾性。
B. 资源的限制，平行施工要增加资源的投入强度，尽管投入总量不变。
C. 工作面限制及由此产生的现场混乱和低效率问题。

⑧ 将一些工作合并，特别是在关键线路上按先后顺序实施的工作合并，与实施者一道研究，通过局部地调整实施过程和人力、物力的分配，达到缩短工期。

例如，A1、A2两项工作如果由两个单位分包按次序施工，则它的持续时间较长。而如果将它们合并为A，由一个单位来完成，则持续时间就会大大缩短。这是由于下列原因。
A. 两个单位分别负责，则他们都经过前期准备低效率，正常施工，后期低效率过程，则总的平均效率很低。
B. 由于由两个单位分别负责，中间有一个对A1工作的检查、打扫和场地交接和对A2准备的过程，会使工期延长，这是由分包合同或工作任务单所决定的。
C. 如果合并由一个单位完成，则平均效率会较高，而且许多工作能够穿插进行。
D. 实践证明，采用"设计-施工"总承包，或施工总承包，比分阶段、分专业平行承包工期会大大缩短。

⑨ 修改实施方案，例如将现浇混凝土改为场外预制、现场安装。这样可以提高施工速度。例如在国际工程中，原施工方案为现浇混凝土，工期较长。进一步调查发现该国技术工缺乏，劳动力的素质和可培训性较差，无法保证原工期，后来采用预制装配施工方案，则大大缩短了工期。当然这一方面必须有可用的资源，另一方面又考虑会造成成本的超支。

（3）应注意的问题。
① 在选择措施时，要考虑到：赶工应符合项目的总目标与总战略；措施应是有效的、可以实现的；对项目的实施、承包商、供应商的影响较小。
② 在制订后续工作计划时，这些措施应与项目的其他过程协调。
③ 在实际工作中，人们常常采用了许多事先认为有效的措施，但实际效力却很小，常常达不到预期的缩短工期的效果。这可能是以下原因造成的。

A. 这些计划是无正常计划期状态下的计划,常常是不周全的。

B. 缺少协调,没有将加速的要求、措施、新的计划、可能引起的问题通知相关各方,如其他分包商、供应商、运输单位、设计单位。

C. 人们对以前造成拖延的问题的影响认识不清。例如由于外界干扰,到目前为止已造成两周的拖延,实质上,这些影响是有惯性的,还会继续扩大。所以即使现在采取措施,在一段时间内,其效果是很小,拖延仍会继续扩大。

【单元小结】

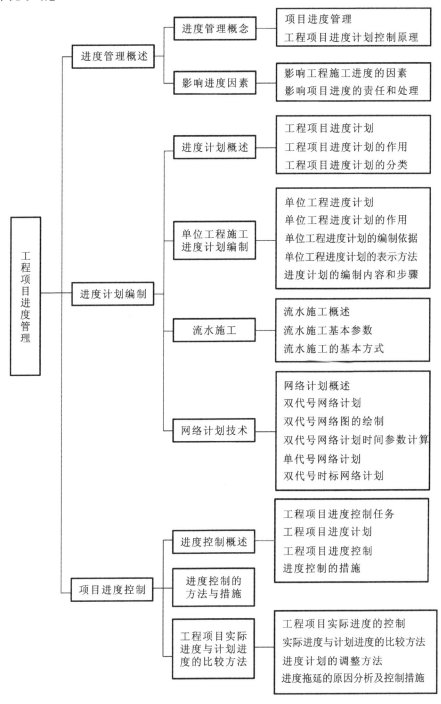

【复习题】

一、单选题

1. 下列关于双代号时标网络计划的表述中,正确的是( )。
   A. 双代号时标网络计划只能表示工作的开始和完成时间
   B. 虚箭线只能垂直画是因为虚工作的持续时间为零
   C. 时标网络计划宜按各项工作的最早开始时间编制
   D. 双代号时标网络计划必须以天为时标单位

2. 在网络图中,两项工作有一段时间是平行进行的,则这两项工作之间的关系为( )。
   A. 平行关系　　　　　　　　　B. 紧连顺序关系
   C. 搭接关系　　　　　　　　　D. 间隔顺序关系

3. 某工程项目分部工程双代号网络计划如下图,其关键线为( )。
   A. ①—③—④—⑤—⑦—⑧　　B. ①—③—④—⑤—⑥—⑧
   C. ①—②—④—⑤—⑦—⑧　　D. ①—②—④—⑤—⑥—⑧

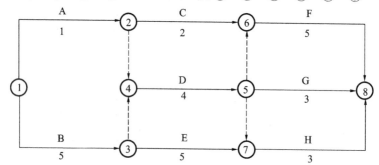

4. 工作的总时差是( )。
   A. 在不影响紧后工作最早开始时间前提下,本工作可以利用的机动时间
   B. 在不影响紧后工作最迟完成时间前提下,本工作可以利用的机动时间
   C. 在不影响总工期前提下,本工作可以利用的机动时间
   D. 在不影响紧前工作最早完成时间前提下,本工作可以利用的机动时间

5. 工作的自由时差是指( )。
   A. 在不影响总工期的前提下,本工作所具有的机动时间
   B. 在不影响紧后工作最迟完成时间的前提下,本工作所具有的机动时间
   C. 在不影响紧后工作最早开始时间的前提下,本工作所具有的机动时间
   D. 在不影响紧前工作最早完成时间的前提下,本工作所具有的机动时间

6. 已知某双代号网络计划中,某工作的最早开始时间为第 4 天,最早完成时间为第 6 天,最迟开始时间为第 7 天,最迟完成时间为第 9 天,则该工作的总时差为( )天。
   A. 6　　　　　B. 4　　　　　C. 3　　　　　D. 2

7. 某工作 A 的持续时间为 3 天,该工作有三项紧后工作,工作持续时间分别为 4 天、6 天、3 天;最迟完成时间分别为 15 天、12 天、11 天,则工作 A 的最迟开始时间为第( )天。
   A. 6　　　　　B. 3　　　　　C. 8　　　　　D. 12

8. 某分部工程双代号时标网络计划如下图所示,则工作 D 的总时差和自由时差分别是( )。

A.0 天,0 天 B.2 天,0 天
C.2 天,2 天 D.4 天,0 天

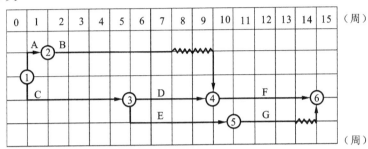

9.在某工程双代号网络计划中,工作 D 的最早开始时间和最迟开始时间分别为第 20 天和第 25 天,其持续时间为 9 天。该工作有两项紧后工作,它们的最早开始时间分别为第 32 天和第 34 天,则工作 D 的总时差和自由时差分别为(　　)天。
A.3 和 0 B.3 和 2 C.5 和 0 D.5 和 3

10.工程网络计划的工期优化是通过(　　),使计算工期满足要求工期。
A.压缩关键工作的持续时间
B.将关键工作压缩成非关键工作
C.压缩直接费最小的工作的持续时间
D.改变关键工作之间的逻辑关系

11.在进度计划的表示方法中,既表示项目的逻辑关系,又表示工作时间的方法是(　　)。
A.横道图法 B.进度曲线法
C.里程碑法 D.时标网络图法

12.采用非匀速进展横道图比较法中,涂黑粗线表示该工作的(　　)。
A.计划完成任务量 B.实际完成任务量
C.实际进度 D.实际投入的时间

13.在 S 曲线比较法中,当实际进展点落在计划 S 曲线左侧表示(　　)。
A.实际进度比计划进度超前 B.实际进度比计划进度落后
C.实际进度与计划进度相同 D.计划进度估计错误

14.以横坐标表示时间,纵坐标表示累计完成任务量,对实际进度与计划进度进行比较的方法是(　　)。
A.横道图比较法 B.香蕉曲线比较法
C.进度曲线法 D.S 形曲线比较法

15.香蕉曲线是由(　　)曲线绘制而成的。
A.ES 与 LS B.EF 与 LF
C.ES 与 EF D.LS 与 LF

16.前锋线比较法叙述正确的有(　　)。
A.适用于任何情况下的进度监测
B.仅适用于工作进度为变速进展的情况
C.只适用于实施进展速度不变的情况
D.主要适用于时标网络计划

二、多选题

1. 根据下表的工作间逻辑关系绘成的双代号网络计划如下图所示,图中的错误有( )。

工作	A	B	C	D	E	F
紧后工作	C、D	E、F	—	F	—	—

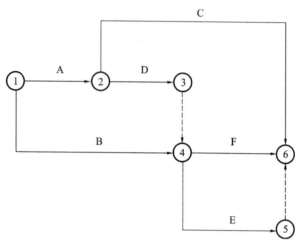

A. 节点编号有误　　　　B. 有循环回路　　　　C. 有多个起点节点
D. 有多余虚工作　　　　E. 不符合给定的逻辑关系

2. 下列关于单代号绘图法的表述,正确的是( )。
A. 单代号绘图法是用节点来代表工作
B. 单代号网络图和双代号网络图的绘制原则没有相同之处
C. 单代号绘图法也叫箭线工作法
D. 大多数项目管理软件包都使用单代号网络技术
E. 单代号绘图法中的节点一般用圆圈或方框来表示

3. 某分部工程双代号时标网络计划如下图所示,关键工作有( )。
A. 工作 A　　　　B. 工作 B　　　　C. 工作 C
D. 工作 D　　　　E. 工作 F

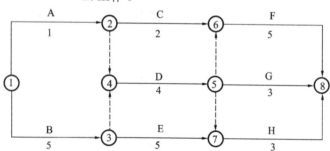

4. 某工程双代号网络计划如下图所示。下列有关该计划中工作时差和关键工作的说法,正确的有( )。
A. 工作 1—6 的总时差为 2　　　　B. 工作 2—3 的总时差为 1
C. 工作 2—4 为关键工作　　　　D. 工作 2—5 的自由时差为 0
E. 工作 4—7 的自由时差为 1

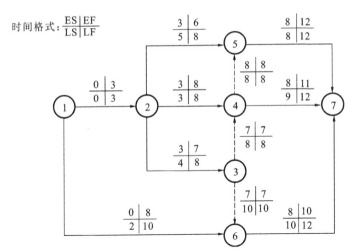

5. 某工程双代号时标网络计划执行到第 3 周末和第 9 周末时,检查其实际进度如下图前锋线所示,检查结果表明(　　)。

A. 第 3 周末检查时,工作 A 已完成,不影响工期
B. 第 3 周末检查时,工作 B 拖后 1 周,将影响工期 1 周
C. 第 3 周末检查时,工作 C 拖后 2 周,将影响工期 2 周
D. 第 9 周末检查时,工作 B 拖后 2 周,但不影响工期
E. 第 9 周末检查时,工作 E 提前 1 周,不影响工期

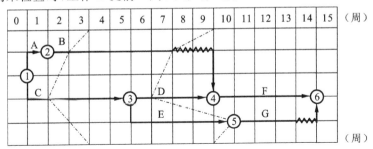

三、分析题

1. 某工程划分为四个施工段,每段工程量如下表,试填写表中的空格,并组织流水施工。

工　序	工程量	时间定额	劳动量	每天人数	施工天数
A	130m³	0.24 天		16 人	
B	38m³	0.82 天		30 人	
C	75m³	0.78 天		20 人	
D	60m³	0.19 天		10 人	

2. 已知某工程任务划分为五个施工过程,分五段组织流水施工,流水节拍均为 3 天。在第二个施工过程结束后有 2 天技术和组织间歇时间,试计算其工期并绘制进度计划。

3. 某地建造六幢同类型的大板结构住宅,每幢房屋的主要施工过程及所需施工时间分别为基础工程 5 天,结构安装 15 天,粉刷装修 10 天,室外和清理工程 10 天。对这六幢住宅组织流水施工,试计算流水步距及工期并绘制进度表。

4. 如图为某工程网络计划,工程进行到第 9 周时,A、B、C 工作已经完成,D 工作完成 2 周,E 工作完成了 3 周。试完成:

(1) 绘制实际进度前锋线；
(2) 如果后续工作按计划进行，试分析 B、D、E 三项工作对计划工期产生了什么影响？

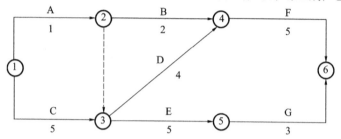

5. 背景资料。

某建筑工程施工进度计划网络图如下。

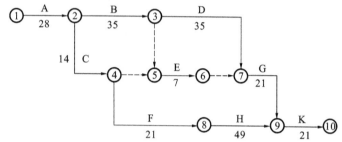

施工中发生了以下事件。

事件一：A 工作因设计变更停工 10 天；

事件二：B 工作因施工质量问题返工，延长工期 7 天；

事件三：E 工作因建设单位供料延期，推迟 3 天施工。

问题：

(1) 本工程计划总工期和实际总工期各为多少天？

(2) 施工总承包单位可否就事件一至事件三获得工期索赔？分别说明理由。

6. 绘制双代号网络图并计算时间参数。

工作	A	B	C	D	E	F	G	H	K
紧后工作	BC	EF	DF	H	G	GH	K	K	—
持续时间(天)	5	12	11	5	17	15	7	11	6

单元 5　建设工程项目成本管理

【知识目标】
- 了解施工成本管理的内容、成本管理的任务与措施。
- 熟悉施工成本管理组织职责、成本管理责任体系、成本管理的任务。
- 掌握施工成本控制的方法、成本降低的途径。

【能力目标】
- 能编制施工成本计划。
- 能进行成本核算。
- 能进行成本分析和考核。

某实验实训楼工程已完成招投标工作,中标单位为某建筑公司。该建筑公司各部门及建设工程项目部正有序开展相关的项目管理工作,其中成本预测、成本计划、成本控制、成本核算、成本分析和成本考核等项目成本管理工作需立即着手。

在本单元,我们将学习到建设工程项目成本管理的相关知识,对建设工程项目在实施过程中的成本管理目标与责任体系、成本管理的任务与措施、建设工程项目成本管理实务有一个较深刻的认识。

任务 1　建设工程项目成本管理概述

5.1.1　建设工程项目成本管理基本概念

1. 成本

1) 成本的概念

成本一般是指为进行某项生产经营活动(如材料采购、产品生产、劳务供应、工程建设等)所发生的全部费用。成本可以分为广义成本和狭义成本两种。广义成本是指企业为实现生产经营目的而取得各种特定资产(固定资产、流动资产、无形资产和制造产品)或劳务所发生的费用支出,它包含了企业生产经营过程中一切对象化的费用支出。狭义成本是指为制造产品而发生的支出。狭义成本的概念强调成本是以企业生产的特定产品为对象来归集和计算的,是为生产一定种类和一定数量的产品所应负担的费用。目前所讨论的是狭义成本的概念,即产品成本,它有多种表述形式。

(1) 产品成本是以货币形式表现的、生产产品的全部耗费或花费在产品上的全部生产费用。

(2) 产品成本是为生产产品所耗费的资金总和。生产产品需要耗费占用在劳动对象上的资金,如原材料的耗费;需要耗费占用在劳动手段上的资金,如设备的折旧;需要耗费占用在劳动者身上的资金,如生产工人的工资及福利费。为生产产品所耗费的资金总和即为产品成本。

(3) 产品成本是企业在一定时期内为生产一定数量的合格产品所支出的生产费用。这个定义有时间条件约束和数量条件约束,比较严谨,不同时期发生的费用分属于不同时期的产品,只有在本期间内为生产本产品而发生的费用才能构成该产品成本(即符合配比原则)。企业在一定期间内的生产耗费称为生产费用,生产费用不等于产品成本,只有具体发生在一定数量产品上的生产费用,才能构成该产品的成本,生产费用是建设建设工程项目成本管理计算产品成本的基础。

2) 成本的分类

(1) 按成本控制的不同标准划分。

① 目标成本。目标成本是指企业在生产经营活动中某一时期内要求实现的成本目标。确定目标成本,是为了控制生产经营过程中的活劳动消耗和物资消耗,降低产品成本,实现企业的目标利润。为保证企业目标利润的实现,目标成本应在目标利润的基础上进行预测和预算。

② 计划成本。计划成本是指根据计划期内的各项平均先进消耗定额和有关资料确定的成本。它反映计划期应达到的成本水平,是计划期在成本方面的努力目标。

③ 标准成本。标准成本是指企业在正常的生产经营条件下,以标准消耗量和标准价格计算的产品单位成本。标准成本制定后,在生产作业过程中一般不作调整和改变,实际生产费用与标准成本的偏差,可通过差异计算来反映。

④ 定额成本。定额成本是指根据一定时期的执行定额计算成本。将实际成本和定额成本对比,发现差异并分析产生差异的原因,以便采取措施,改善经营管理。

(2) 按计入产品成本的方法划分。

① 直接成本。直接成本亦称直接费用,是指生产产品时,能够直接计入产品成本的费用。

② 间接成本。间接成本是直接成本的对称,是指不能直接计入而要按一定标准分摊计入产品成本的费用。

(3) 按成本与产量的关系划分。

① 变动成本。变动成本也称变动费用,它的总额随产量的增减而变动。就单位产品成本而言,其中的变动成本部分是固定不变的,降低单位产品成本中的变动成本,必须从降低消耗标准着手。

② 固定成本。固定成本也称固定费用,它的总额在一定期间和一定业务量范围内不随产量的增减而变动。就单位产品成本而言,其中的固定成本部分与产量的增减成反比,即产

量增加时,单位产品的固定成本减少;产量减少时,单位产品的固定成本增加。固定成本并不是绝对"固定"不变的。

2. 建设工程项目成本

1) 项目成本的概念

项目成本是指施工企业以项目作为成本核算对象的施工过程中所耗费的生产资料转移价值和劳动者的必要劳动所创造的价值的货币形式。也是指,某项目在施工中所发生的全部生产费用的总和,包括所消耗的主、辅材料,构配件,周转材料的摊销费或租赁费,施工机械的台班费或租赁费,支付给生产工人的工资、奖金以及项目经理部(或分公司、工程处)以及为组织和管理工程施工所发生的全部费用支出。项目成本不包括劳动者为社会所创造的价值(如税金和计划利润),也不应包括不构成建设工程项目价值的一切非生产性支出。明确这些,对研究项目成本的构成和进行项目成本管理是非常重要的。

项目成本是施工企业的产品成本,一般以项目的单位工程作为成本核算对象,通过各单位工程成本核算的综合来反映建设工程项目成本。

2) 项目成本的分类

为了明确认识和掌握项目成本的特性,搞好成本管理,根据建设工程项目管理的需要,可从不同的角度进行考察,将项目成本划分为不同的形式。按项目成本费用目标,项目成本可分为生产成本、质量成本、工期成本和不可预见成本。

(1) 生产成本。生产成本是指完成某建设工程项目所必须消耗的费用。建设工程项目部进行施工生产,必然要消耗各种材料和物资,使用的施工机械和生产设备也要发生磨损,同时还要对从事施工生产的职工支付工资,以及支付必要的管理费用等,这些耗费和支出,就是项目的生产成本。

(2) 质量成本。质量成本是指项目部为保证和提高建设产品质量而发生的一切必要费用,以及因未达到质量标准而蒙受的经济损失。一般情况下,质量成本分为以下四类:建设工程项目内部故障成本(如返工、停工、降级、复检等引起的费用)、外部故障成本(如保修、索赔等引起的费用)、质量检验费用与质量预防费用。

(3) 工期成本。工期成本是指建设工程项目部为实现工期目标或合同工期而采取相应措施所发生的一切必要费用以及工期索赔等费用的总和。

(4) 不可预见成本。不可预见成本是指建设工程项目部在施工生产过程所发生的除生产成本、工期成本、质量成本之外的成本,诸如扰民费、资金占用费、人员伤亡等安全事故损失费、政府部门罚款等不可预见的费用。此项成本可发生,也可不发生。

3) 项目成本的构成

这里以建筑装饰装修工程费用为例说明项目成本的构成。建筑安装工程费按照费用构成要素划分:由人工费、材料(包含工程设备,下同)费、施工机具使用费、企业管理费、利润、规费和税金组成。其中人工费、材料费、施工机具使用费、企业管理费和利润包含在分部分项工程费、措施项目费、其他项目费中。其各项费用构成如表5-1所示。

表 5-1 建筑与装饰装修工程费用组成表(按构成要素分)

建筑装饰装修工程费用组成	人工费	计时工资或计价工资
		津贴、补贴
		特殊情况下支付的工资
		奖金
		加班加点工资
	材料费	材料原价
		运杂费
		运输损耗费
		采购及保管费
	机械费	折旧费
		大修理费
		经常修理费
		安拆费及场外运费
		人工费
		燃料动力费
		税费
	企业管理费	检验试验费
		管理人员工资
		办公费
		差旅交通费
		固定资产使用费
		工具用具使用费
		劳动保险和职工福利费
		劳动保护费
		工会经费
		职工教育经费
		财产保险费
		财务费
		税金
		其他
	规费	社会保险费
		住房公积金
		工程排污费
	利润	
	增值税	

3. 建设工程项目成本管理

项目成本管理是企业的一项重要的基础管理,是指施工企业结合本行业的特点,以施工过程中直接耗费为原则,以货币为主要计量单位,对项目从开工到竣工所发生的各项收、支进行全面系统的管理,以实现项目施工成本最优化目的的过程。它包括落实项目施工责任成本,制定成本计划,分解成本指标,进行成本控制、成本核算、成本考核和成本监督的过程。

项目成本管理具有如下特点。

(1) 事先能动性。由于项目管理具有一次性的特征,因而其成本管理只能在这种不再重复的过程中进行管理,以避免某一建设工程项目上的重大失误。这就要求项目成本管理必须是事先的、能动性的、自为的管理。

(2) 综合优化性。项目经理部并不是企业的财务核算部门,而是在实际履行工程承包合同中,以为企业创造经济效益为最终目的的施工管理组织。因此,项目成本管理的过程,必然要求其与项目的进度管理、质量管理、技术管理、分包管理、预算管理、资金管理、安全管理紧密结合起来,从而组成项目成本管理的完整网络。

(3) 动态跟踪性。项目产品的生产过程不同于工业产品的生产,其成本状况随着生产过程的推进会随客观条件的改变而发生较大的变化。尤其在市场经济的背景下,各种不稳定因素会随时出现,从而影响到项目成本。例如建材价格的提高、工程设计的修改、产品功能的调整、因建设单位责任引起的工期延期、资金的到位情况、国家规定的预算定额的调整、人工机械安装等分包人的价格上涨等,都使项目成本的实际水平处在不稳定的环境中。

(4) 内容适应性。项目成本管理的内容是由建设工程项目管理的对象范围决定的。它与企业成本管理的对象范围既有联系,又有明显的差异。因此对项目成本管理中的成本项目、核算台账、核算办法等必须进行深入的研究,不能盲目地要求与企业成本核算对口。

5.1.2 建设工程项目成本管理基础知识

1. 建设工程项目成本管理的原则

项目成本管理需要遵循以下六项原则。

(1) 领导者推动原则。

企业的领导者是企业成本的责任人,必然是建设工程项目施工成本的责任人。领导者应该制定项目成本管理的方针和目标,组织项目成本管理体系的建立和保持,创造使企业全体员工能充分参与项目施工成本管理、实现企业成本目标的良好内部环境。

(2) 以人为本,全员参与原则。

项目成本管理的每一项工作、每一个内容都需要相应的人员来完善,抓住本质,全面提高人的积极性和创造性,是搞好项目成本管理的前提。项目成本管理工作是一项系统工程,项目的进度管理、质量管理、安全管理、物资管理等一列管理工作都关联到项目成本,项目成本管理是项目管理的中心工作,须让企业全体人员共同参与。只有如此,才能保证项目成本管理工作顺利地进行。

(3) 目标分解,责任明确原则。

项目成本管理的工作业绩最终要转化为定量指标,而这些指标的完成是通过上述各级各个岗位的工作实现的,为明确各级各岗位的成本目标和责任,就必须进行指标分解。企业确定建设工程项目责任成本指标和成本降低率指标,是对工程成本进行了一次目标分解。

项目经理部还要对建设工程项目责任成本指标和成本降低率目标进行二次目标分解,根据岗位不同、管理内容不同,确定每个岗位的成本目标和所承担的责任。把总目标进行层层分解,落实到每一个人,通过每个指标的完成来保证总目标的实现。

(4) 管理层次与管理内容的一致性原则。

项目成本管理是企业各项专业管理的一个部分,从管理层次上讲,企业是决策中心、利润中心,项目是企业的生产场地,是企业的生产车间,由于大部分的成本耗费在此发生,因而它也是成本中心。

项目上的生产责任和成本责任是非常大的,为了完成或者实现工程管理和成本目标,就必须建立一套相应的管理制度,并授予相应的权力。因而相应的管理层次,它相对应的管理内容和管理权力必须相称和匹配,否则会发生责、权、利的不协调,从而导致管理目标和管理结果的扭曲。

(5) 动态性、及时性、准确性原则。

由于项目成本的构成是随着工程施工的进展而不断变化的,因而动态性是项目成本管理的属性之一。进行项目成本管理是不断调整项目成本支出与计划目标的偏差,使项目成本支出基本与目标一致的过程。这就需要进行项目成本的动态管理,它决定了项目成本管理不是一次性的工作,而是项目全过程每日每时都在进行的工作。项目成本管理需要及时、准确地提供成本核算信息,不断反馈,为上级部门或项目经理进行项目成本管理提供科学的决策依据。

(6) 过程控制与系统控制原则。

项目成本是由施工过程的各个环节的资源消耗形成的。因此,项目成本的控制必须采用过程控制的方法,分析每一个过程影响成本的因素,制订工作程序和控制程序,使之时时处于受控状态。

项目成本形成的每一个过程又是与其他过程互相关联的,一个过程成本的降低,可能会引起关联过程成本的提高。因此,项目成本的管理,必须遵循系统控制的原则,进行系统分析,制订过程的工作目标必须从全局利益出发,不能为了小团体的利益,损害了整体的利益。

2. 建设工程项目成本管理的内容

建设工程项目成本管理的内容包括:成本预测、成本计划、成本控制、成本核算、成本分析和成本考核等。项目经理部在项目施工过程中对所发生的各种成本信息,通过有组织、有系统地进行预测、计划、控制、核算和分析等工作,使建设工程项目系统内各种要素按照一定的目标运行,从而将建设工程项目的实际成本控制在预定的计划成本范围内。

(1) 成本预测。

项目成本预测是通过成本信息和建设工程项目的具体情况,并运用一定的专门方法,对未来的成本水平及其可能发展趋势作出科学的估计,其实质就是在施工以前对成本进行核算。通过成本预测,可以使项目经理在满足建设单位和企业要求的前提下,选择成本低、效益好的最佳成本方案,并能够在项目成本形成过程中,针对薄弱环节,加强成本控制,克服盲目性,提高预见性。因此,项目成本预测是项目成本决策与计划的依据。

(2) 成本计划。

项目成本计划是项目经理部对项目施工成本进行计划管理的工具。它是以货币形式编制建设工程项目在计划期内的生产费用、成本水平、成本降低率以及为降低成本所采取的主要措施和规划的书面方案,它是建立项目成本管理责任制、开展成本控制和核算的基础。一般来说,一个项目成本计划应包括从开工到竣工所必需的施工成本,它是降低项目成本的指导文件,是设立目标成本的依据。

(3) 成本控制。

项目成本控制是指在施工过程中,对影响项目成本的各种因素加强管理,并采取各种有效措施,将施工中实际发生的各种消耗和支出严格控制在成本计划范围内,随时揭示并及时反馈,严格审查各项费用是否符合标准、计算实际成本和计划成本之间的差异并进行分析,消除施工中的损失浪费现象,发现和总结先进经验。通过成本控制,使之最终实现甚至超过预期的成本节约目标。项目成本控制应贯穿在建设工程项目从招投标阶段开始直到项目竣工验收的全过程,它是企业全面成本管理的重要环节。

(4) 成本核算。

项目成本核算是指项目施工过程中所发生的各种费用和项目成本的核算。一是按照规定的成本开支范围对施工费用进行归集,计算出施工费用的实际发生额;二是根据成本核算对象,采用适当的方法,计算出该建设工程项目的总成本和单位成本。项目成本核算所提供的各种成本信息,是成本预测、成本计划、成本控制、成本分析和成本考核等各个环节的依据。因此,加强项目成本核算工作,对降低项目成本、提高企业的经济效益有积极的作用。

(5) 成本分析。

项目成本分析是在成本形成过程中,对项目成本进行的对比评价和剖析总结工作,它贯穿项目成本管理的全过程,也就是说项目成本分析主要利用建设工程项目的成本核算资料(成本信息),与目标成本(计划成本)、预算成本以及类似的建设工程项目的实际成本等进行比较,了解成本的变动情况,同时也要分析主要技术经济指标对成本的影响,系统地研究成本变动的因素,检查成本计划的合理性,并通过成本分析,深入揭示成本变动的规律,寻找降低项目成本的途径,以便有效地进行成本控制。

(6) 成本考核。

成本考核是指在项目完成后,对项目成本形成中的各责任者,按项目成本目标责任制的有关规定,将成本的实际指标与计划、定额、预算进行对比和考核,评定项目成本计划的完成情况和各责任者的业绩,并给以相应的奖励和处罚。通过成本考核,做到有奖有惩,赏罚分明,才能有效地调动企业的每一个职工在各自的施工岗位上努力完成目标成本的积极性,为降低项目成本和增加企业的积累做出自己的贡献。

综上所述,项目成本管理中每一个环节都是相互联系和相互作用的。成本预测是成本决策的前提,成本计划是成本决策所确定目标的具体化。成本控制则是对成本计划的实施进行监督,保证决策的成本目标实现,而成本核算又是成本计划是否实现的最后检验,它所提供的成本信息又对下一个项目成本预测和决策提供基础资料。成本考核是实现成本目标责任制的保证和实现决策目标的重要手段。

3. 建设工程项目成本管理的组织职责

(1) 项目成本管理的层次划分。

项目成本管理分公司管理层、项目管理层、岗位管理层三个管理层次,这三个管理层次之间是互相关联、互相制约的关系。岗位管理层次是项目施工成本管理的基础,项目管理层次是项目施工成本管理的主体,公司管理层次是项目施工成本管理的龙头。项目层次和岗位层次在公司管理层次的控制和监督下行使成本管理的职能。岗位层次对项目层次负责,项目层次对公司层次负责。

(2) 项目成本管理的职责。

① 公司管理层的职责。公司管理层是项目成本管理的最高层次,负责全公司的项目成本管理工作,对项目成本管理工作负领导和管理责任。

② 项目管理层的职责。公司管理层对项目成本的管理是宏观的。项目管理层对项目

成本的管理则是具体的,是对公司管理层项目成本管理工作意图的落实。项目管理层既要对公司管理层负责,又要对岗位管理层进行监督、指导。因此,项目管理层是项目成本管理的主体。项目管理层的成本管理工作的好坏是公司项目成本管理工作成败的关键。项目管理层对公司确定的项目责任成本及成本降低率负责。

③ 岗位管理层的职责。岗位管理层对岗位成本负责,是项目成本管理的基础。项目管理层将本工程的施工成本指标分解时,要按岗位进行分解,然后落实到岗位,落实到人。

5.1.3 影响建设工程项目成本管理的因素

1. 投标报价

项目成本管理的框架是从投标报价阶段作成本预测时就构建起来的,所以,投标报价对工程随后各阶段的项目成本管理工作起着很大的影响作用。

1) 投标报价的编制原则

具体内容详见本书单元3。

2) 投标报价的编制依据

具体内容详见本书单元3。

3) 投标报价的编制方法

编制方法如下。

(1) 以定额计价模式投标报价。

(2) 以工程量清单计价模式投标报价。

4) 投标报价的编制程序

编制程序如下。

(1) 复核或计算工程量。

(2) 确定单价,计算总价。

(3) 确定分包工程费。

(4) 确定利润。

(5) 确定风险费。

(6) 确定投标价格。

5) 投标报价的确定策略

投标报价时,既要考虑自身的优势和劣势,也要分析招标项目的特点。按照建设工程项目的不同特点、类别、施工条件等来选择报价策略。它包括以下内容。

(1) 不平衡报价法。

(2) 多方案报价法。

(3) 增加建议方案报价法。

(4) 分包商报价法。

(5) 无利润报价法。

(6) 计日工单价的报价。

(7) 可供选择的项目的报价。

(8) 暂定工程量的报价。

2. 施工组织

建设工程项目的施工组织设计与施工技术方案的编制与执行水平对项目成本有着很大的影响。技术先进、经济合理的施工方案将大大减少施工资源的消耗，从而降低项目成本。

1）施工方案制订的原则

（1）制订方案首先必须从实际出发，切实可行，符合现场的实际情况，有实现的可能性。

（2）满足合同要求的工期。

（3）确保工程质量和施工安全。

（4）在合同价控制下，尽量降低施工成本，使方案更加经济合理，增加施工生产的盈利。

2）施工组织的建立

施工组织学是研究建设工程项目施工过程中各种资源合理组织的科学。建设工程项目是通过施工活动完成的，进行这种活动即施工，需要有大量的各种各样的材料、施工机械、机具和具有一定生产经验和劳动技能的劳动者；并且要把这些资源按照施工技术规律与组织规律，以及设计文件的要求，在时间上按照先后顺序，在数量上按照不同的比例，将它们合理地组织起来，让劳动者在统一的指挥下行动，即由不同的劳动者运用不同的机具以不同的方式对不同的材料进行加工。建设工程项目就是通过这种施工活动建造的。组织施工活动就是对施工作业、劳动者、材料、机械等资源及施工顺序和现场平面的组织。

3）施工方法的确定

在现代化的施工条件下，施工方法的确定，一般是施工机械、机具选择和配备，有时还会成为主要问题。例如，扩大开挖基础，可以人力开挖，也可以机械开挖。选择人力施工还是机械施工必须要考虑前面叙述的四个方面。假若没有机械也能满足施工要求，地下水不甚丰富，又不是控制工程，那么选择人力施工比较适合。如果有反铲挖土机，当然用机械施工省力又省工，施工进度又快。因此，在确定施工方法时应考虑以下要求：

（1）必须具备实现的可能性。

（2）考虑对工期的影响，也就是保证合同工期的要求。

（3）应进行多种可能方案的经济比较，力求降低成本。

（4）能够保证施工质量和安全。

4）施工顺序的安排

施工顺序安排是编制施工方案的重要内容之一，施工顺序安排得好，可以加快施工进度，减少人工和机械的停歇时间，并能充分利用工作面，避免施工干扰，达到均衡的、连续的施工，实现科学组织施工，做到不增加资源，加快工期，降低施工成本。

安排好一个建设工程项目的施工顺序，要考虑到多方面的因素。由于每个具体的建设工程项目不同，不可能有统一的模式。在进行具体的分析时，应根据施工规律和工艺及操作要求来确定施工顺序。

5）施工机械的选择

正确选择施工机械是合理地组织施工的关键。正确地选择施工机械能使施工方法更为先进、合理，又经济。因此施工机械选择得好与否很大程度上决定了施工方案的优劣。所以，在选择机械时应按照以下原则。

（1）在现有的或可能争取得到的机械中选择。尽管某种机械在各方面都很合适，对工期的缩短、人力的节省都很有利，但不能得到，就不能作为可供选择的一个方案。如大型土方施工采用挖掘机或装载机配上倾卸车效率高,如有推土机、铲运机配合施工更好,但企业无资金购置或租赁不到,也只能按现有的设备定方案。

(2) 从施工条件选择机械的类型。选择的机械类型必须符合施工现场的地质、地形条件,工程量及施工进度的要求等。这也是合理选择机械的重要依据。为了保证施工进度和提高经济效益,工程量大的采用大型机械,否则选用小型机械,但并不是绝对的。选用挖土机时应考虑开挖工作面的高度,否则土斗不能一次装满,就会降低挖土机的生产效率。

(3) 固定资产损耗费与运行费是否经济。固定资产损耗费与施工机械的投资成正比,它包括折旧费、大修费、投资利息等费用;机械运行费可视为与完成的工程量成正比的费用,它包括劳动工资与直接材料费、燃料费、保养小修费、劳保设施费和其他管理费等。这些费用是在机械运行中需重点考虑的因素,也是选择施工机械必须考虑的一项原则。大型机械需要的投资大,但如果把其分摊到较大的工程量中去,其对工程成本的影响就很小。所以,大型工程选择大型的施工机械是经济的。为了降低施工运行费,不能大机小用,一定要以满足施工需要为目的。如有的现场土方量不大,用大型的土方机械施工工程很快完成,但大型机械的台班费、进场的运输费、便道修整费以及折旧费等固定费用相当庞大,运行费也过高,已经超过了缩短工期所创造的价值,这样缩短工期是没有意义的。

(4) 施工机械的合理组合。选择机械时要考虑到各种机械的合理组合,这是决定所选择的施工机械能否发挥效率的重要因素。合理组合主要包括主机与辅助机械在台数和生产能力方面的相互适应以及作业线上的各种机械相配套的组合。

(5) 从全局出发统筹考虑选择施工机械。从全局出发就是不仅考虑本项工程需要,也要考虑所承担的同一现场上的其他项工程施工的需要。就是说从局部考虑选择可能不合理,但从全局考虑则是合理的。如果几个工程需要的混凝土量大,而又相距不远,采用混凝土搅拌机比多台分散的拌和机要经济,而且可以保证混凝土的质量。

(6) 购置机械与租赁机械的选择。根据工程量的大小与企业资金情况,对施工需要的机械是购置还是租赁,必须要进行比较。为此,应采用定量分析,其计算原理是以设备的有效使用期为分析期,计算购置与租赁两者总费用现值相等的利用率,求出企业购置该项设备所必需的利用率以作为经济界限。

6) 施工技术组织措施

施工技术组织措施是保证选择的施工方案实施的措施。它包括加快施工进度,保证工程质量、施工安全,降低施工成本的各种技术措施。如采用新材料、新工艺、先进技术、建立安全质量保证体系及责任制、编写工序作业指导书、实行标准化作业、采用网络计划技术编制施工进度等。

7) 施工现场平面管理

施工现场是建设产品的施工场地,是确定项目生产要素(即人力、材料、机械设备、临时设施)的各自的空间位置,确保项目施工过程互不干扰、有序施工,达到各项资源与服务设施相互间的有效组合和安全运行,可提高劳动生产率,减少二次搬运费用,降低建设工程项目成本。

3. 施工质量、进度、安全

1) 施工质量成本

质量成本是指项目组织为保证和提高产品质量而支出的一切费用,以及因未达到质量标准而产生的一切损失费用之和。质量成本包括两个主要方面,即控制成本和故障成本。

控制成本包括预防成本和鉴定成本。故障成本又可划分为内部故障成本和外部故障成本。

(1) 预防成本。

预防成本是为了防止质量缺陷和偏差出现,保证产品质量而耗费的一切费用。通常包括:

① 质量规划费。是指进行质量规划所需的费用。如可靠性研究,质量分析,为试验、检验和工序控制编写规程或贯彻落实规程的耗费,制定质量规划等费用,这里所发生的费用主要是工时消耗费用。

② 工序控制费。是指为了控制和改进现有工序生产能力,对现有工序进行调查、研究、评价,对有关工作人员进行技术指导、示范操作以及生产过程中工序质量控制所发生的费用。

③ 新产品鉴定费。是指新产品、新施工工艺、技术革新项目的鉴定费用。

④ 质量培训费。是指培训职工提高其操作技能和工作质量所支出的费用。

⑤ 质量信息设备费。指收集、整理、分析、保存全部质量信息的活动费用,但不包括设备本身的购置费和折旧费。

⑥ 其他预防成本。如质量管理活动的行政费用、质量信息资料费用,有的项目为创优致使质量超标准而多消耗的工、料、机费用等。

(2) 鉴定成本。

鉴定成本是指在一次交验合格的情况下,为检验产品、工程质量而发生的一切费用的总和,通常包括以下内容。

① 采购材料的试验和检验费。

② 工序监测和其他计量服务费用。

③ 评价产品或零配件、施工用的构配件质量所支出的试验、检验费用。

④ 质量评审活动费。包括工程交工前的评审费等其他质量评审活动的费用。

⑤ 其他鉴定成本。如约请外单位鉴定人员的酬金、破坏性试验所耗用的材料费用等。

(3) 内部故障成本。

内部故障成本是项目在施工生产过程中,由于产品、工程质量的缺陷而造成的损失,以及为处理质量缺陷而发生的费用总和,包括以下内容。

① 废品损失费。在施工生产过程中,产品或工序在质量上达不到设计的规定和要求,必须"推倒"重建而发生的费用。废品损失从形成原因上可分为项目施工生产过程的责任和材料供应单位的责任。

② 返修损失费。检测、修复不合格工程或次品,使之达到质量合格而支付的费用。

③ 停工损失费。在施工生产过程中,因处理质量事故而导致停工和延误工期的损失。

④ 材料采购的损失费。采购人员采购的材料质量不合格时,所发生的申诉和处理损失的费用。

(4) 外部故障成本。

外部故障成本指用户在使用过程中,发现工程质量缺陷而应由施工单位负责的一切费用总和,包括:

① 保修费。指工程在保修期内对用户提供技术服务的费用。

② 赔偿费。指由于工程质量原因,按合同规定应赔偿给用户的经济损失费用,以及由此而产生的诉讼费用。

③ 罚款。在施工生产过程中,因违反环境保护法所引起的罚款等。

2) 施工进度

在规定的工程造价内,做到按规定的工期提前完成建设工程项目是一项复杂的工作,必须从技术、管理和经济等各个方面综合采取措施,使之协同动作,才能达到既缩短工期,又减少成本费用支出的目的。否则,盲目地缩短工期,加快施工进度,会增加更多的人力、物力和财力的支出,加大建设工程项目造价,提高建设工程项目的成本。

加快施工进度,缩短工期需要投入更多的人力、资金和机械设备,从而导致建设工程项目直接成本的增加;工期延长导致了建设工程项目间接成本的增加。因此,合理工期的确定必须考虑直接成本和间接成本的支出。

施工进度加快是在不增加资源(人力、机械等)的条件下越快越好,否则按着工期要求完成即可。但是,有时必须要通过增加资源加快施工进度时,要进行经济比较,比较后有价值和必要时,才能决策。

施工进度和项目成本的关系如下:在保证要求工期的前提下尽量降低施工成本;在项目目标成本控制下尽量加快施工进度。二者是相互联系、相互制约的统一体,切不可孤立地对待。

3) 施工安全

安全施工是项目管理的重要目标之一。安全工作越好,处理安全事故支出的费用就越少,施工所受的干扰也就越小,因而费用支出也越少。否则,如出现重大安全事故,不但给国家、集体和职工个人都带来重大的损失,也影响工人的施工情绪,导致劳动生产率下降,施工进度势必受到影响,从而会加大施工费用的支出。施工安全直接影响建设工程项目的成本,因此,加强安全工作与项目成本有着密切的关系,施工安全制约着项目成本,项目成本依赖着施工安全,二者是统一的。

4. 工程变更

1) 工程变更的内容

工程变更,一般是指施工条件和设计的变更,根据国际咨询工程师联合会(FIDIC)制定的"土木工程施工合同条件",变更工程通常有下列几种情况。

(1) 增加或减少合同中所包括的任何工作的数量。
(2) 省略任何种类工作(但被省略的工作由业主或其他承包商实施者除外)。
(3) 改变任何种类工作的性质或质量或类型。
(4) 改变工程任何部分的标高、基线、位置或尺寸。
(5) 实施工程竣工所必需的任何种类的附加工作。
(6) 改变工程任何部分的任何规定的施工顺序或时间安排。

2) 工程变更的处理

当发生工程变更时,经常对项目的投资和工程成本产生很大影响,如果不能正确、及时地将费用和费用承担者予以合理确定,势必影响项目双方的和谐协作关系,直接影响项目的顺利完成。无论是发生设计变更,还是施工条件发生变化,对项目承包方既定的施工方法、机械设备使用、材料供应、劳动力调配,甚至工期目标的顺利达成都有不同程度的影响,况且,变更内容的实施,往往还要附以特别的资源使用。所以,当工程变更发生时,必须适当处理,以明确建设工程项目双方的责任。

目前,有的建设项目是采取投资包干的形式,一般不变更设计,若有变更设计则按上述方法处理。

5.费用索赔

索赔是指作为合法的所有者及权利方申请或要求他认为应该得到的资格、权益或付款。建设工程项目承包合同,是业主和承包商双方权利和义务对等的合约,当事人任何一方既享有合同赋予的权利,又必须履行合同所要求的责任和义务。一旦一方没有履行自己的义务,就造成违约行为。若这种违约行为给另一方造成损失,违约方必须按照法律和合同的规定给对方予以补偿。索赔是很正常和合理合法的情况,并非是对任何一方的不友好的惩罚行为,只是对实际损失和额外费用的一种补偿,因此,对于索赔必须要正确对待。

1)索赔费用的组成

索赔费用的主要组成部分,同工程款的计价内容相似。按我国现规定,建筑安装工程费按照费用构成要素划分:由人工费、材料(包含工程设备)费、施工机具使用费、企业管理费、利润、规费和税金组成。一般承包商可索赔的具体费用内容如表 5-2 所示。

表 5-2 可索赔费用的组成图

可索赔的费用	人工费	
	材料费	
	施工机械使用费	
	分包费	
	工地管理费	
	保函手续费	
	保险费	
	临时设施费	
	咨询费	
	交通设施费	
	代理费	
	利息	
	税金	
	总部管理费	管理人员工资
		通讯费
		办公费
		差旅费
		职工福利费
	其他	
	利润	

从原则上说,承包商有索赔权利的工程成本增加,都是可以索赔的费用。这些费用都是承包商为了完成额外的施工任务而增加的开支。但是,对于不同原因引起的索赔,承包商可索赔的具体费用内容是不完全一样的。哪些内容可索赔,要按照各项费用的特点、条件进行分析论证。

(1) 人工费。

人工费包括施工人员的计时工资或计件工资、津贴补贴、加班加点工资、奖金以及特殊情况下支付的工资等费用。对于索赔费用中的人工费部分而言,人工费是指完成合同之外的额外工作所花费的人工费用;由于非承包商责任的工效降低所增加的人工费用;超过法定工作时间加班劳动;法定人工费增长以及非承包商责任工程延期导致的人员窝工费和工资上涨费等。

(2) 材料费。

材料费的索赔内容如下。

① 由于材料实际用量超过计划用量而增加的材料费。

② 由于客观原因材料价格大幅度上涨。

③ 由于非承包商责任工程延期导致的材料价格上涨和超期储存费用。

材料费中应包括材料原价、运杂费、运输损耗费及采购及保管费。如果由于承包商管理不善,造成材料损坏或失效,则不能列入索赔计价。

(3) 施工机械使用费。

施工机械使用费的索赔内容如下。

① 由于完成额外工作增加的机械使用费。

② 非承包商责任工效降低增加的机械使用费。

③ 由于业主或监理工程师原因导致机械停工的窝工费。窝工费的计算,如是租赁设备,一般按实际租金和调进调出费的分摊计算;如是承包商自有设备,一般按台班折旧费计算,而不能按台班费计算,因台班费中包括了设备使用费。

(4) 分包费用。

分包费用索赔指的是分包商的索赔费,一般也包括人工、材料和机械使用费的索赔。分包商的索赔应如数列入总承包商的索赔款总额内。

(5) 工地管理费。

索赔款中的工地管理费是指承包商完成额外工程、索赔事项工作以及工期延长期间的工地管理费,包括管理人员工资、办公费、交通费等。但如果对部分工人窝工损失索赔时,因其他工程仍然进行,可能不予计算工地管理费索赔。

(6) 利息。

在索赔款额的计算中,经常包括利息。利息的索赔通常发生于下列情况。

① 拖期付款的利息。

② 由于工程变更和工程延期增加投资的利息。

③ 索赔款的利息。

④ 错误扣款的利息。

至于这些利息的具体利率应是多少,在实践中可采用不同的标准,主要有这样几种。

① 按当时的银行贷款利率。

② 按当时的银行透支利率。

③ 按合同双方协议的利率。

④ 按中央银行贴现率加三个百分点。

(7) 总部管理费。

索赔款中的总部管理费主要指的是工程延期期间所增加的管理费。这项索赔款的计算,目前没有统一的方法。

(8) 利润。

一般来说,由于工程范围的变更、文件有缺陷或技术性错误、业主未能提供现场等引起的索赔,承包商可以列入利润。但对于工程暂停的索赔,由于利润通常是包括在每项实施的工程内容的价格之内的,而延期工期并未削减某些项目的实施而导致利润减少。所以,一般监理工程师很难同意在工程暂停的费用索赔中加进利润损失。

索赔利润的款额计算通常是与原报价单中的利润百分率保持一致。即在成本的基础上,增加原报价单中的利润率,作为该项索赔款的利润。

【例 5-1】 某高速公路由于业主高架桥修改设计,监理工程师下令承包商工程暂停一个月。试分析在这种情况下,承包商可索赔哪些费用?

【解】 可索赔如下费用。

① 人工费:对于不可辞退的工人,索赔人工窝工费,应按人工工日成本计算;对于可以辞退的工人,可索赔人工上涨费。

② 材料费:可索赔超期储存费用或材料价格上涨费。

③ 施工机械使用费:可索赔机械窝工费或机械台班上涨费。自有机械窝工费一般按台班折旧费索赔;租赁机械一般按实际租金和调进调出的分摊费计算。

④ 分包费用:是指由于工程暂停分包商向总包索赔的费用。总包向业主索赔应包括分包商向总包索赔的费用。

⑤ 工地管理费:由于全面停工,可索赔增加的工地管理费。可按日计算,也可按直接成本的百分比计算。

⑥ 保险费:可索赔延期一个月的保险费。按保险公司保险费率计算。

⑦ 保函手续费:可索赔延期一个月的保函手续费。按银行规定的保函手续费率计算。

⑧ 利息:可索赔延期一个月增加的利息支出。按合同约定的利率计算。

⑨ 总部管理费:由于全面停工,可索赔延期增加的总部管理费。可按总部规定的百分比计算。如果工程只是部分停工,监理工程师可能不同意总部管理费的索赔。

2) 索赔费用的计算方法

索赔费用的计算方法有总费用法、修正的总费用法、分项法。

任务 2　建设工程项目成本管理目标与责任体系

5.2.1　建设工程项目成本管理目标

1. 建设工程项目成本管理目标的概念

成本目标是成本管理的一项重要内容,是目标管理在成本管理中的实际运用。它是以企业的目标利润和顾客所能接受的销售价格为基础,根据先进的消耗定额和计划期内能够实现的成本降低措施及其效果来确定的,改变了以实际消耗为基础的传统成本控制观念,增强了成本管理的预见性、目的性和科学性。

项目成本目标是以项目为基本核算单元,通过定性或定量的分析计算,在充分考虑现场实际、市场供求等情况的前提下,确定出目前的内外环境下及合理工期内,通过努力所能达到的成本目标值。它是项目成本管理的一个重要环节,是项目实际成本支出的指导性文件。

2. 建设工程项目成本管理目标制定的原则

成本目标制定的原则主要是指在成本目标制定过程中对有关业务处理的标准和要求。目标成本是项目控制成本的标准,所制定的成本目标要能真正起到控制生产成本的作用,就必须符合以下原则。

(1) 可行性原则。

成本目标必须是项目执行单位在现有基础上经过努力可以达到的成本水平。这个水平既要高于现有水平,又不能高不可攀,脱离实际,也不能把目标定得过低,失去激励作用。因此,成本目标应当结合企业各种资源条件和生产技术水平,符合国内市场竞争的需要,切实可行。

(2) 科学性原则。

成本目标的科学性指的是,成本目标的确定不能主观臆断,要收集整理大量的情报资料,以可靠的数据为依据,通过科学的方法计算出来。

(3) 先进性原则。

成本目标要有激发职工积极性的功能,能充分调动广大职工的热情,使每个人尽力贡献自己的力量。如果成本目标可以轻而易举地达到,也就失去了成本控制的意义。

(4) 适时性原则。

项目的成本目标一般是在全面分析当时主客观条件的基础上制定的。由于现实中存在大量的不确定性因素,项目实施过程中的外部环境和内部条件会不断发生变化,这就要求企业根据条件的变化及时调整修订成本目标,以适应实际情况的需要。

(5) 可衡量性原则。

可衡量性是指成本目标要能用数量或质量指标表示。有些难以用数量表示的指标应尽量用间接方法使之数量化,以便能作为检查和评价实际成本水平偏离目标程度的标准和考核目标成本执行情况的准绳。

(6) 统一性原则。

同一时期对不同项目成本目标的制定必须采用统一标准,以统一尺度(施工定额水平)对项目成本进行约束。同时,成本目标要和企业总的经营目标协调一致,而且成本目标各种指标之间不能彼此矛盾、相互脱节,要形成一个统一的整体的指标体系。

3. 建设工程项目成本管理目标的编制

1) 项目成本目标编制的依据

(1) 项目与公司签订的项目经理责任合同,其中包括项目施工责任成本指标及各项管理目标。

(2) 根据施工图计算的工程量及参考定额。

(3) 施工组织设计及分部分项施工方案。

(4) 劳务分包合同及其他分包合同。

(5) 项目岗位成本责任控制指标。

2) 项目成本目标编制的程序

项目成本目标编制的基本程序如图 5-1 所示。

3) 项目成本目标编制的方法

(1) 定性分析法。

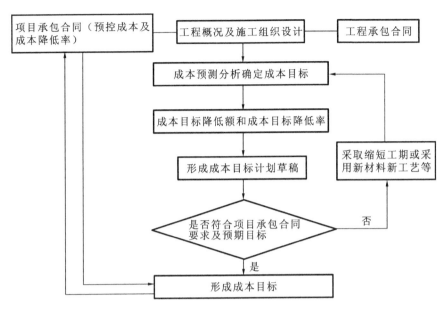

图 5-1 项目成本目标编制程序图

常用的定性分析方法是用目标利润百分比表示的成本控制标准。即：

$$成本目标=工程投标价\times[1-目标利润率(\%)]$$

在此方法中，目标利润率的取定主要是通过主观判断和对历史资料分析而得出。

(2) 定量分析法。

定量分析法就是在投标价格的基础上，充分考虑企业的外部环境对各成本要素的影响，通过对各工序中人工、材料、机械消耗的考察和定量分析计算，进而得出项目成本目标的方法。定量分析得出的成本目标为经营者提出的指标更为具体，更为现实，便于管理者抓住成本管理中的关键环节，有利于对成本的分解细化。

4) 项目成本目标的分解

项目成本目标一般可分为直接成本目标和间接成本目标，如果项目设有附属生产单位（如加工厂、预制厂、机械动力站和汽车队等），成本目标还可分解为产品和作业成本目标。

(1) 直接成本目标。

直接成本目标主要反映工程成本的目标价值，具体来说，要对材料、人工、机械费、运费等主要支出项目加以分解并各自制定目标。以材料费为例，应说明钢材、木材、水泥、砂石、加工订货制品等主要材料加工制品的目标用量、价格，模板摊销列入成本的幅度，脚手架等租赁用品计划应付款项，材料采购发生的成本差异的处理等，以便在实际施工中加以控制与考核。

(2) 间接成本目标。

间接成本目标主要反映施工现场管理费用的目标支出数。间接成本目标应根据建设工程项目的核算期，以项目总收入费的管理费用为基础，制定各部门的成本目标收支，汇总后作为建设工程项目的目标管理费用。在间接成本目标制定中，各部门费用的口径应该一致，支出应与会计核算中管理费用的科目一致。

(3) 成本目标表格。

在编制了成本目标以后还需要通过各种成本目标表格的形式将成本降低任务落实到整

个项目的施工全过程,以便于在项目实施过程中实现对成本的控制。成本目标表格通常通过直接成本目标总表的形式反映;间接成本目标表格可用施工目标管理费用表格来控制。

① 直接成本目标总表。直接成本目标总表主要是将建设工程项目的成本目标分解为各个组成部分,通过在成本目标表中加入实际成本栏的方式,并且要在存在较大差异时对其原因进行解释,达到在实际中对施工中发生的费用进行有力控制的目的,如表5-3所示。

表5-3 直接成本目标总表

工程名称: 　　　项目经理: 　　　日期: 　　　单位:

项目	成本目标	实际发生成本	差异	差异说明
1)直接费用				
人工费				
材料费				
机械使用费				
其他直接费				
2)间接费用				
施工管理费				
合计				

② 施工现场目标管理费用表格(见表5-4)。

表5-4 施工现场目标管理费用表

项目	目标费用	实际支出	差异	差异说明
1)工作人员工资				
2)生产工人辅助工资				
3)工资附加费				
4)办公费				
5)差旅交通费				
6)固定资产使用费				
7)工具用具使用费				
8)劳动保护费				
9)检验试验费				
10)工程保养费				
11)财产保险费				
12)取暖、水电费				
13)工程排污费				
14)其他				
合计				

5.2.2 建设工程项目成本管理责任体系基本概念

1. 建设工程项目全面成本管理责任体系的重要性

一个健全的企业,应该有各自健全的工作体系,诸如经营工作体系、生产调度体系、质量保证体系、成本管理体系、思想工作体系等,各系统协调工作,才能确保企业的健康发展。

建立项目全面成本管理责任体系的重要性具体可表现为以下几个方面。

(1) 建立项目全面成本管理责任体系的目的是通过建立相应的组织机构来规定成本管理活动的目的和范围。

(2) 建立项目全面成本管理责任体系是施工企业建立健全企业管理机制,完善企业组织结构的重要组成部分。

(3) 建立项目全面成本管理责任体系是企业搞好成本管理、提高经济效益的重要基础。

2. 建设工程项目全面成本管理责任体系的组织结构

项目全面成本管理责任体系中组织结构是指企业职工为实现成本管理目标,在相应的管理工作中进行分工协作,在职务范围、责任、权力方面所形成的结构体系。成本管理责任体系应包括组织管理层和项目经理部。

项目经理责任制,是项目管理的特征之一。实行项目经理责任制,就是要求项目经理对项目建设的进度、质量、成本、安全和现场管理标准化等全面负责,特别要把成本控制放在首位,因为成本失控,必然影响项目的经济效益,难以完成预期的成本目标,更无法向职工交代。

项目管理人员的成本责任,不同于工作责任。有时工作责任已经完成,甚至还完成得相当出色,但成本责任却没有完成。例如,项目工程师贯彻工程技术规范认真负责,对保证工程质量起了积极的作用,但往往强调了质量,忽视了节约,影响了成本。又如,材料员采购及时,供应到位,配合施工得力,值得赞扬,但在材料采购时就远不就近,就次不就好,就高不就低,既增加了采购成本,又不利于工程质量。因此,应该在原有职责分工的基础上,进一步明确成本管理责任,使每一个项目管理人员都有这样的认识:在完成工作责任的同时还要为降低成本精打细算,为节约成本开支严格把关。

(1) 合同预算员。

① 根据合同内容、预算定额和有关规定,充分利用有利因素,编好施工图预算,为增收节支把好第一关。

② 深入研究合同规定的"开口"项目,在有关项目管理人员(如项目工程师、材料员等)的配合下,努力增加工程收入。

③ 收集工程变更资料(包括工程变更通知单、技术核定单和按实结算的资料等),及时办理增加账,保证工程收入,及时收回垫付的资金。

④ 参与对外经济合同的谈判和决策,以施工图预算和增加账为依据,严格控制经济合同的数量、单价和金额,切实做到"以收定支"。

(2) 财务成本员。

① 按照成本开支范围、费用开支标准和有关财务制度,严格审核各项成本费用,控制成本支出。

② 建立月度财务收支计划制度,根据施工生产的需要,平衡调度资金,通过控制资金使用,达到控制成本的目的。

③ 建立辅助记录,及时向项目经理和有关项目管理人员反馈信息,以便对资源消耗进行有效的控制。

④ 开展成本分析,特别是分部分项工程成本分析、月度成本综合分析和针对特定问题的专题分析,要做到及时向项目经理和有关项目管理人员反映情况,提出问题和解决问题的

建议,以便采取针对性的措施来纠正项目成本的偏差。

⑤ 在项目经理的领导下,协助项目经理检查、考核各部门、各单位乃至班组责任成本的执行情况,落实责、权、利相结合的有关规定。

(3) 工程技术人员。

① 根据施工现场的实际情况,合理规划施工现场平面布置(包括机械布局,材料、构件的堆放场地,车辆进出现场的运输道路,临时设施的搭建数量和标准等),为文明施工、减少浪费创造条件。

② 严格执行工程技术规范和以预防为主的方针,确保工程质量,减少零星修补,消灭质量事故,不断降低质量成本。

③ 根据工程特点和设计要求,运用自身的技术优势,采取实用有效的技术组织措施和合理化建议,走技术和经济相结合的道路,为提高项目经济效益开拓新的途径。

④ 严格执行安全操作规程,减少一般安全事故,消灭重大人身伤亡事故和设备事故,确保安全生产,将事故减少到最低限度。

(4) 材料人员。

① 材料采购和构件加工,要选择质高、价低、运距短的供应(加工)单位。对到场的材料、构件要正确计量、认真验收,如遇质量差、量不足的情况,要进行索赔。切实做到:一要降低材料、构件的采购(加工)成本;二要减少采购(加工)过程中的管理消耗,为降低材料成本走好第一步。

② 根据项目施工的计划进度,及时组织材料、构件的供应,保证项目施工的顺利进行,防止因停工待料造成的损失。在构件加工的过程中,要按照施工顺序组织配套供应,以免因规格不齐造成施工间隙,浪费时间,浪费人力。

③ 在施工过程中,严格执行限额领料制度,控制材料消耗;同时,还要做好余料的回收和利用,为考核材料的实际消耗水平提供正确的依据。

④ 钢管脚手架和钢模板等周转材料,进出现场都要认真清点,准确核实并减少赔偿数量。使用后,要及时回收、整理、堆放,并及时退场,既可节省租费,又有利于场地整洁;还可加速周转,提高利用效率。

⑤ 根据施工生产的需要,合理安排材料储备,减少资金的占用,提高资金利用效率。

(5) 机械管理人员。

① 根据工程特点和施工方案,合理选择机械的型号规格,充分发挥机械的效能,节约机械费用。

② 根据施工需要,合理安排机械施工,提高机械利用率,减少机械费成本。

③ 严格执行机械维修保养制度,加强平时的机械维修保养,保证机械完好,随时都能保持良好的状态在施工中正常运转,为提高机械作业、减轻劳动强度、加快施工进度发挥作用。

(6) 行政管理人员。

① 根据施工生产的需要和项目经理的意图,合理安排项目管理人员和后勤服务人员,节约工资性支出。

② 认真执行费用开支标准和有关财务制度,控制非生产性开支。

③ 管好行政办公用的财产物资,防止损坏和流失。

④ 安排好生活后勤服务,在勤俭节约的前提下,满足职工群众的生活需要,安心为前方生产出力。

5.2.3 建设工程项目全面成本管理责任体系的建立

1. 建设工程项目全面成本管理责任体系的内容

(1) 成本预测体系。

在企业经营整体目标指导下,通过成本的预测、决策和计划确定目标成本,目标成本再进一步分解到企业各层次、各部门,以及生产各环节,形成明确的成本目标,层层落实,保证成本管理控制的具体实施。

(2) 成本控制体系。

围绕着建设工程项目,企业从纵向上(各层次)和横向上(各部门以及全体人员),根据分解的成本目标,对成本形成的整个过程进行控制。根据各阶段、各条线上成本信息的反馈,对成本目标的优化控制进行监督并及时纠正发生的偏差,使项目成本控制在计划目标范围内,以实现降低成本的目标。

(3) 信息流通体系。

信息流通体系是对成本形成过程中有关成本信息(计划目标、原始数据资料等)进行汇总、分析和处理的系统。企业各层次、各部门及生产各环节对成本形成过程中实际成本信息进行收集和反馈,用数据及时、准确地反映成本管理控制中的情况。反馈的成本信息经过分析处理,对企业各层次、各部门以及生产各环节发出调整成本偏差的调节指令,保证降低成本目标按计划得以实现。

2. 建设工程项目全面成本管理责任体系建立的步骤

1) 建立项目全面成本管理责任体系的组织机构

组织结构如下。

(1) 组织管理层。组织管理层主要是设计和建立项目成本管理体系,组织体系的运行,行使管理职能、监督职能。负责项目全面成本管理的决策,确定项目合同价格和成本计划,确定项目管理层的成本目标。

(2) 项目经理部。项目经理部的成本管理职能是组织项目部人员,在保证质量、如期完成建设工程项目施工的前提下,制定措施,落实公司制定的各项成本管理规章制度,完成上级确定的施工成本降低目标。其中,很重要的一项工作是将成本指标层层分解,与项目经理部各岗位人员签订项目经理部内部责任合同,落实到人。

(3) 岗位层次的组织机构。岗位层次的组织机构即项目经理部岗位的设置。由项目经理部根据公司人事部门的工程施工管理办法及建设工程项目的规模、特点和实际情况确定。

岗位人员负责具体的施工组织、原始数据的搜集整理等工作,负责劳务分包及其他分包队伍的管理,因此,岗位人员在日常工作中要注意把管理工作向劳务分包及其他分包队伍延伸,只有共同做好管理工作,才能确保目标的实现。

2) 制定项目全面成本管理责任体系的目标、制度文件

项目成本管理制度内容如下。

(1) 公司层次项目成本管理办法。

(2) 项目层次项目成本管理办法。

(3) 岗位层次项目成本管理办法。

3) 完善项目成本管理的内部配套工作

项目经理部是一次性的临时机构,因此项目的成本收益也是一次性的。它无法像企业

那样从众多商业行为中获得抵御市场风险能力和相应的风险收益；再者，企业拥有固定的资源和要素，项目经理部只能对供应到本建设工程项目的要素拥有支配权和处置权。因此企业要为项目施工成本管理完成内部配套工作。

4) 配套完善其他的管理系统

由于成本管理纵向贯穿从工程投标、施工准备、施工到竣工结算的全过程，横向覆盖企业的经营、技术、物资、财务等管理部门及项目经理部等现场管理部门，涉及面广、周期长，是一项综合性的管理工作，因此，在建立项目成本管理体系的过程中，要注意以成本管理系统为中心，相应配套完善相关的管理系统。

5) 认真解决项目成本管理工作中出现的问题

项目成本管理是一个动态过程，项目成本管理在实施过程中由于生产管理和经济活动的变化，会出现一些计划和预测时未能考虑到的、未能准确定位的、随机发生的必须解决的问题。如：项目成本责任总额的调整、工期调整、要素供应中出现的问题，对内和对外索赔问题，以及市场波动对项目成本的影响等。因此，企业与项目经理部在实行项目成本管理中一定要在动态中解决问题，保证项目成本管理工作的正常进行。

任务3 建设工程项目成本管理的任务与措施

5.3.1 建设工程项目成本管理的任务

1. 建设工程项目成本计划

1) 施工成本计划的类型

对于一个施工项目而言，其成本计划是一个不断深化的过程。在这一过程的不同阶段形成深度和作用不同的成本计划，按其作用可分为三类。

(1) 竞争性成本计划。

即建设工程项目投标及签订合同阶段的估算成本计划。这类成本计划以招标文件中的合同条件、投标者须知、技术规程、设计图纸或工程量清单等为依据，以有关价格条件说明为基础，结合调研和现场考察获得的情况，根据本企业的工料消耗标准、水平、价格资料和费用指标，对本企业完成招标工程所需要支出的全部费用的估算。在投标报价过程中虽也着力考虑降低成本的途径和措施，但总体上较为粗略。

(2) 指导性成本计划。

即选派项目经理阶段的预算成本计划，是项目经理的责任成本目标。它以合同标书为依据，按照企业的预算定额标准制订设计预算成本计划，且一般情况下只是确定责任总成本指标。

(3) 实施性成本计划。

即项目施工准备阶段的施工预算成本计划，它是以项目实施方案为依据，以落实项目经理责任目标为出发点，采用企业的施工定额，通过施工预算的编制而形成的实施性施工成本计划。

以上三类成本计划互相衔接和不断深化，构成了整个工程施工成本的计划过程。其中，竞争性成本计划带有成本战略的性质，是项目投标阶段商务标书的基础，而有竞争力的商务标书又是以其先进合理的技术标书为支撑的。因此，它奠定了施工成本的基本框架和水平。

指导性成本计划和实施性成本计划,都是战略性成本计划的进一步展开和深化,是对战略性成本计划的战术安排。

2）施工成本计划的编制依据

施工成本计划是施工项目成本控制的一个重要环节,是实现降低施工成本任务的指导性文件。

编制施工成本计划,需要广泛收集相关资料并进行整理,以作为施工成本计划编制的依据。施工成本计划的编制依据如下。

（1）投标报价文件。

（2）企业定额、施工预算。

（3）施工组织设计或施工方案。

（4）人工、材料、机械台班的市场价。

（5）企业颁布的材料指导价、企业内部机械台班价格、劳动力内部挂牌价格。

（6）周转设备内部租赁价格、摊销损耗标准。

（7）已签订的工程合同、分包合同（或估价书）。

（8）结构件外加工计划和合同。

（9）有关财务成本核算制度和财务历史资料。

（10）施工成本预测资料。

（11）拟采取的降低施工成本的措施。

（12）其他相关资料。

3）施工成本计划编制的具体内容

（1）编制说明。

指对工程的范围、投标竞争过程及合同条件、承包人对项目经理提出的责任成本目标、施工成本计划编制的指导思想和依据等的具体说明。

（2）施工成本计划的指标。

施工成本计划的指标应经过科学的分析预测确定,可以采用对比法、因素分析法等方法进行测定。

（3）按工程量清单列出的单位工程计划成本汇总表。

（4）按成本性质划分的单位工程成本汇总表。

根据清单项目的造价分析,分别对人工费、材料费、机械费、措施费、企业管理费和税费进行汇总,形成单位工程成本计划表。

4）施工成本计划编制的方法

施工成本计划编制以成本预测为基础,关键是确定目标成本。计划的制订需结合施工组织设计的编制过程,通过不断地优化施工技术方案和合理配置生产要素,进行工、料、机消耗的分析,制定一系列节约成本和挖潜措施,确定施工成本计划。一般情况施工成本计划总额应控制在目标成本的范围内,并使成本计划建立在切实可行的基础上。

施工总成本目标确定之后,还需通过编制详细的实施性施工成本计划把目标成本层层分解,落实到施工过程的每个环节,有效地进行成本控制。施工成本计划的编制方式有:按施工成本组成编制施工成本计划;按项目组成编制施工成本计划;按工程进度编制施工成本计划。

（1）按施工成本组成编制施工成本计划的方法。

目前我国建筑安装工程费按照费用构成要素划分:由人工费、材料(包含工程设备)费、施工机具使用费、企业管理费、利润、规费和税金组成。编制按施工成本组成分解的施工成本计划。

(2) 按项目组成编制施工成本计划的方法。

大中型建设工程项目通常是由若干单项工程构成的,而每个单项工程包括了多个单位工程,每个单位工程又是由若干个分部分项工程所构成。因此,首先要把项目总施工成本分解到单项工程和单位工程中,再进一步分解到分部工程和分项工程中。在完成施工项目成本目标分解之后,接下来就要具体的分配成本,编制分项工程的成本支出计划,从而得到详细的成本计划表。

(3) 按工程进度编制施工成本计划的方法。

按工程进度编制的施工成本计划,通常可利用控制项目进度网络图进一步扩充得到。即在建立网络同时一方面确定完成各项工作所需花费的时间,另一方面确定合适的施工成本支出计划。

在实践中,将建设工程项目分解为既能方便地表示时间,又能方便地表示施工成本支出计划的工作是不容易的,通常如果项目分解程度对时间控制合适的话,则对施工成本支出计划分解过细,以至于不可能对每项工作确定其施工成本支出计划。反之亦然。

因此在编制网络计划时,应在充分考虑进度控制对项目划分要求的同时,要考虑确定施工成本支出计划对项目划分的要求,做到二者兼顾。通过对施工成本目标按时间进行分解,在网络计划基础上,可获得项目进度计划的横道图,并在此基础上编制成本计划。其表示方式有两种:一种是在时标网络图上按月编制的成本计划;另一种是利用时间成本累积曲线(S形曲线)如图5-2表示。

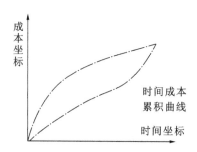

图 5-2 时间成本累积曲线

时间成本累积曲线的绘制步骤如下。

① 确定建设工程项目进度计划,编制进度计划的横道图。

② 根据每单位时间内完成的实物、工程量或投入的人力、物力和财力,计算单位时间(月或旬)的成本,在时标网络图上按时间编制成本支出计划。

③ 计算规定时间计划累计支出的成本额,其计算方法为:各单位时间计划完成的成本额累加求和。

④ 按各规定时间的成本额累加值,绘制S形曲线。如图5-2所示。

每一条S形曲线都对某一特定的工程进度计划。因为在进度计划的非关键线路中存在许多有时差的工序或工作,因而S形曲线(成本计划值曲线)必然包络在由全部工作都按最早开始时间开始和全部工作都按最迟开始时间开始的曲线所组成的"香蕉图"内。项目经理可根据编制的成本支出计划来合理安排资金,同时项目经理也可以根据筹措的资金来调整S形曲线,即通过调整非关键线路上工序项目的最早或最迟开始时间力争将实际的成本支出控制在计划范围内。

一般而言,所有工作都按最迟开始时间开始,对节约资金贷款利息是有利的,但同时也降低了项目按期竣工的保证率,因此项目经理必须合理地确定成本支出计划,达到既节约成本支出,又能控制项目工期的目的。

以上三种编制施工成本计划的方式并不是相互独立的。在实践中往往是将这几种方式结合起来使用,从而可以取得扬长避短的效果。例如,将按项目分解总施工成本与按施工成本构成分解总施工成本两种方式相结合,横向按施工成本构成分解,纵向按项目分解,或相反。这种分解方式有助于检查各分部分项工程施工成本构成是否完整,有重复计算或漏算;同时还有助于检查各项具体的施工成本支出的对象是否明确或落实,并且可以从数字上校核分解的结果有无错误;或者还可将按子项目分解总施工成本计划与按时间分解总施工成本计划结合起来,一般纵向按项目分解,横向按时间分解。

2. 建设工程项目成本控制

施工项目的成本控制,通常是指在项目成本的形成过程中,对生产经营所消耗的人力资源、物质资源和费用开支,进行指导、监督、调节和限制,及时纠正将要发生和已经发生的偏差,把各项生产费用控制在计划成本的范围之内,以保证成本目标的实现。施工项目成本控制的目的在于降低项目成本,提高经济效益。

1)施工成本控制的依据

施工成本控制的依据包括以下内容。

(1)工程承包合同。

施工成本控制要以工程承包合同为依据,围绕降低工程成本这个目标,从预算收入和实际成本两方面,努力挖掘增收节支潜力,力求获得最大的经济效益。

(2)施工成本计划。

施工成本计划是根据施工项目的具体情况制定的施工成本控制方案,既包括预定的具体成本控制目标,又包括实现控制目标的措施和规划,是施工成本控制的指导性文件。

(3)进度报告。

进度报告提供了每一时刻工程实际完成量,工程施工成本实际支付情况以及实际收到工程款等重要信息。施工成本控制工作正是通过实际情况与施工成本计划相比较,找出二者之间的差别,分析偏差产生的原因,从而采取措施改进以后的工作。此外,进度报告还有助于管理者及时发现工程实施中存在的隐患,并在事态还未造成重大损失之前采取有效措施,尽量避免损失。

(4)工程变更。

在项目的实施过程中,由于各方面的原因,工程变更是很难避免的。工程变更一般包括设计变更、进度计划变更、施工条件变更、技术规范与标准变更、施工次序变更、工程量变更等。一旦出现变更,工程量、工期、成本都必将发生变化,从而使得施工成本控制工作变得更为复杂和困难。因此,施工成本管理人员就应当通过对变更要求当中各类数据的计算、分析,随时掌握变更情况,包括已发生工程量、将要发生工程量、工期是否拖延、支付情况等重要信息,判断变更以及变更可能带来的索赔额度等。

除了上述几种施工成本控制工作的主要依据以外,有关施工组织设计、分包合同文本等也都是施工成本控制的依据。

2) 施工成本控制的方法

(1) 以施工图预算控制支出。

在施工项目的成本控制中,按施工图预算控制是最有效的方法之一,具体内容如下:

① 人工费的控制。

项目经理部与施工队签订劳务合同时,应将人工费单价定在预算定额规定的人工费以下(普工可略低一些),其余部分考虑用于定额外人工费和关键工序的奖励费。

② 材料费的控制。

按"量价分离"的方法计算工程造价,以投标价格来控制材料的采购成本,材料消耗数量通过"限额领料单"控制。

③ 钢管脚手架、钢模板等周转设备使用费的控制。

施工图预算中的周转设备使用费＝摊销数量×市场价格,

而实际发生的周转设备使用费＝使用数×企业内部的租赁单价或摊销率

由于两者的计量基础和计价方法各不相同,只能以周转设备预算收费的总量来控制实际发生的周转设备使用费的总量。

④ 施工机械使用费的控制。

采用市场台班单价测算出各个分部分项工程的实际机械使用费,并据此进行成本控制。

(2) 建立资源消耗台账,实行资源消耗的中间控制。

材料成本是整个项目成本的重要环节,不仅比重大,而且有潜力可挖。材料部门根据本月消耗数,联系本月实际完成的工程量,分析材料消耗水平和节超原因,会同项目经理制订相应的措施,分别落实给有关人员和生产班组,根据尚可使用数,联系项目施工的形象进度,从总量上控制今后的材料消耗,而且要保证有所节约。

(3) 应用成本与进度同步跟踪的方法(赢得值法)控制分部分项工程成本。

赢得值法(Earned Value Management,EVM)作为一项先进的项目管理技术,主要涉及三个参数、四个指标。

① 赢得值法的三个基本参数。

A. 已完工作预算费用。已完工作预算费用为 BCWP(budgeted cost for work performed),是指在某一时间已经完成的工作(或部分工作),以批准认可的预算为标准所需要的资金总额,由于建设单位正是根据这个值为施工企业完成的工作量支付相应的费用,也就是施工企业获得(挣得)的金额,故称赢得值或挣值。

已完工作预算费用(BCWP)＝已完成工作量×预算(计划)单价

B. 计划工作预算费用。计划工作预算费用,简称 BCWS(budgeted cost for work scheduled),即根据进度计划,在某一时刻应当完成的工作(或部分工作),以预算为标准所需要的资金总额,一般来说,除非合同有变更,BCWS 在工程实施过程中应保持不变。

计划工作预算费用(BCWS)＝计划工作量×预算(计划)单价

C. 已完工作实际费用。已完工作实际费用,简称 ACWP(actual cost for work performed),即到某一时刻为止,已完成的工作(或部分工作)所实际花费的总金额。

已完工作实际费用(ACWP)＝已完成工作量×实际单价

② 赢得值法的四个评价指标。在这三个基本参数的基础上,可以确定赢得值法的四个评价指标,它们也都是时间的函数。

A. 费用偏差 CV(cost variance)。

费用偏差 CV＝已完工作预算费用(BCWP)－已完工作实际费用(ACWP)

当费用偏差 CV 为负值时,即表示项目运行超出预算费用;当费用偏差 CV 为正值时,表示项目运行节支,实际费用没有超出预算费用。但是,必须特别指出,进度偏差对施工成本偏差分析的结果有重要影响,如果不加考虑就不能正确反映施工成本偏差的实际情况。如:某一阶段的施工成本超支,可能是由于进度超前导致的,也可能由于物价上涨导致。所以,必须引入进度偏差的概念。

B. 进度偏差 SV(schedule variance)。

进度偏差 SV＝已完工作预算费用(BCWP)－计划工作预算费用(BCWS)

当进度偏差 SV 为负值时,表示进度延误,即实际进度落后于计划进度(计划工作未完);当进度偏差 SV 为正值时,表示进度提前,即实际进度快于计划进度(实际工作超前)。

C. 费用绩效指数(CPI)。

费用绩效指数(CPI)＝已完工作预算费用(BCWP)÷已完工作实际费用(ACWP)

当费用绩效指数(CPI)＜1 时,表示超支,即实际费用高于预算费用;

当费用绩效指数(CPI)＞1 时,表示节支,即实际费用低于预算费用。

D. 进度绩效指数(SPI)。

进度绩效指数(SPI)＝已完工作预算费用(BCWP)÷计划工作预算费用(BCWS)

当进度绩效指数(SPI)＜1 时,表示进度延误,即实际进度比计划进度拖后;

当进度绩效指数(SPI)＞1 时,表示进度提前,即实际进度比计划进度快。

费用(进度)偏差反映的是绝对偏差,结果很直观,有助于费用管理人员了解项目费用出现偏差的绝对数额,并据此采取一定措施,制定或调整费用支出计划和资金筹措计划。但是,绝对偏差有其不容忽视的局限性。如同样是 10 万元的费用偏差,对于总费用 1000 万元的项目和总费用 1 亿元的项目而言,其严重性显然是不同的。因此,费用(进度)偏差仅适合于对同一项目做偏差分析。费用(进度)绩效指数反映的是相对偏差,它不受项目层次的限制,也不受项目实施时间的限制,因而在同一项目和不同项目比较中均可采用。

赢得值法基本参数关系如图 5-3 所示。

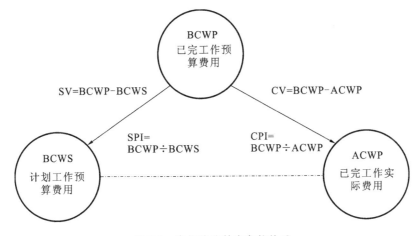

图 5-3 赢得值法基本参数关系

偏差分析可采用不同的方法,常用的有横道图法、表格法和曲线法。

① 横道图法。

用横道图进行费用偏差分析,是用不同的横道标识已完工作预算费用(BCWP)、计划工作预算费用(BCWS)和已完工作实际费用(ACWP),横道的长度与其金额成正比例。

横道图法具有形象、直观、一目了然等优点,它能够准确表达出费用的绝对偏差,而且能一眼感受到偏差的严重性。但这种方法反映的信息少,一般在项目的较高管理层应用。如图 5-4 所示。

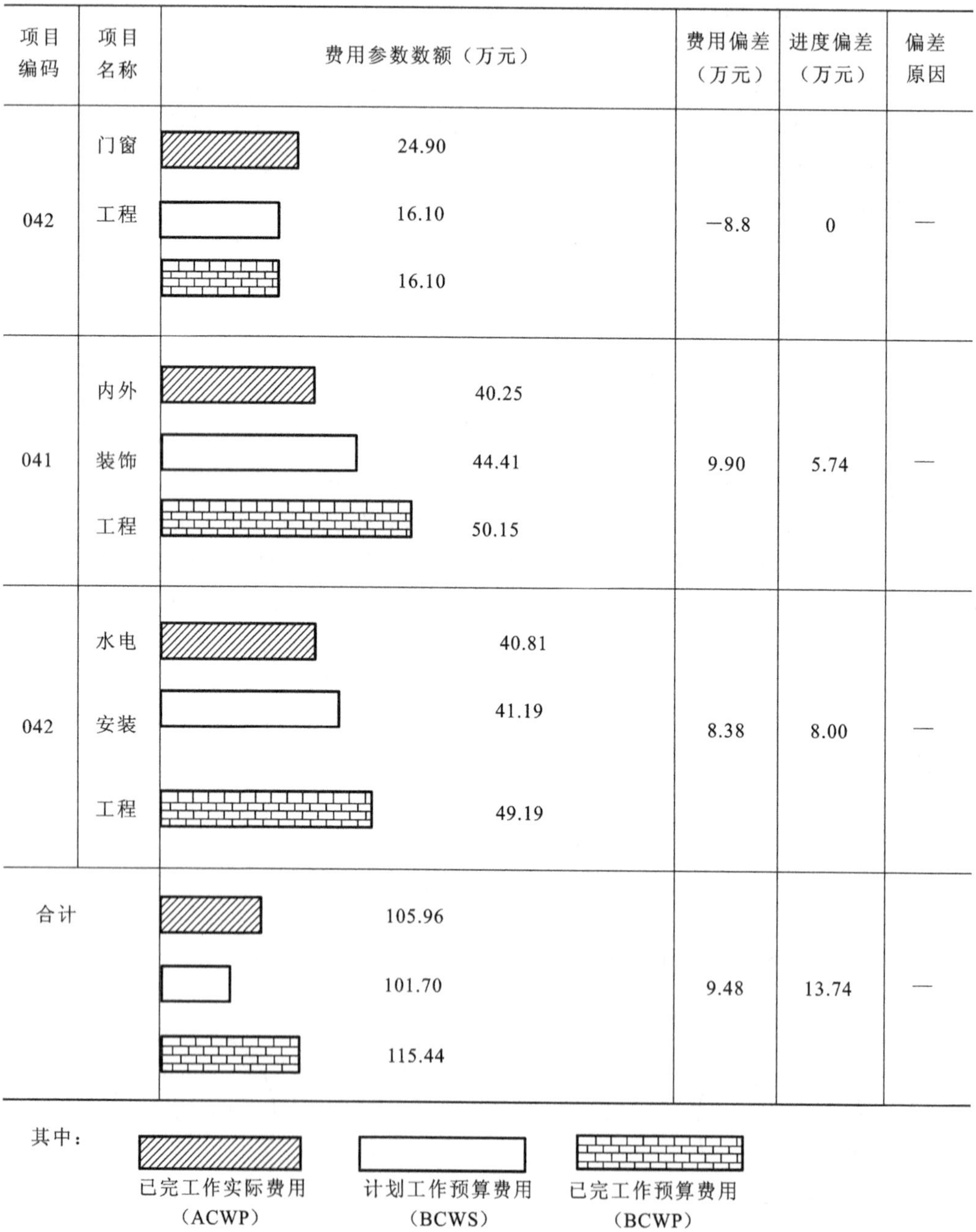

项目编码	项目名称	费用参数数额（万元）	费用偏差（万元）	进度偏差（万元）	偏差原因
042	门窗工程	24.90 / 16.10 / 16.10	−8.8	0	—
041	内外装饰工程	40.25 / 44.41 / 50.15	9.90	5.74	—
042	水电安装工程	40.81 / 41.19 / 49.19	8.38	8.00	—
合计		105.96 / 101.70 / 115.44	9.48	13.74	—

其中：已完工作实际费用（ACWP）　计划工作预算费用（BCWS）　已完工作预算费用（BCWP）

图 5-4　某实验实训楼工程偏差分析——横道图法

② 表格法。

表格法是进行偏差分析最常用的一种方法,它将项目编号、名称、各施工成本参数以及施工成本偏差数综合归纳入一张表格中,并且直接在表格中进行比较,如表 5-5 所示。由于各偏差参数都在表中列出,使得施工成本管理者能够综合地了解并处理这些数据。用表格法进行偏差分析具有如下优点:灵活性、适用性强,可根据实际需要设计表格,进行增减项;信息量大,可以反映偏差分析所需的资料,从而有利于施工成本控制人员及时采取针对性措施,加强控制;表格处理可借助于计算机,从而节约大量数据处理所需的人力并大大提高速度。

表 5-5 施工成本偏差分析表

项目编码	(1)	041	042	043
项目名称	(2)	木门窗安装	钢门窗安装	铝门窗安装
单位	(3)			
预算单位成本	(4)			
拟完工程量	(5)			
拟完工作预算费用(BCWS)	(6)=(4)×(5)	30	30	40
已完工程量	(7)			
已完工作预算费用(BCWP)	(8)=(4)×(7)	30	40	40
实际单位成本	(9)			
其他款项	(10)			
已完工作实际费用(ACWP)	(11)=(7)×(9)+(10)	30	50	50
施工成本局部偏差	(12)=(8)−(11)	0	−10	−10
施工成本局部偏差程度	(13)=(8)÷(11)	1	0.8	0.8
施工成本累计偏差	(14)=Σ(12)	−20		
进度局部偏差	(15)=(8)−(6)	0	10	0
进度局部偏差程度	(16)=(8)÷(6)	1	1.33	1
进度累计偏差	(17)=Σ(16)	10		

③ 曲线法。

在项目实施过程中,以上三个参数可以形成三条曲线,即计划工作预算费用(BCWS)、已完工作预算费用(BCWP)、已完工作实际费用(ACWP)曲线,如图 5-5 所示。

图 5-5 中,CV=BCWP−ACWP,由于两项参数均以已完工作为计算基准,所以两项参数之差,反映项目进展的费用偏差。

SV=BCWP−BCWS,由于两项参数均以预算值(计划值)作为计算基准,所以两者之差,反映项目进展的进度偏差。

在项目的实际操作过程中,最理想的状态是 BCWP、ACWP、BCWS 三条 S 曲线靠得很紧密,平稳上升,预示着项目和人们所期望的走势差不多,朝着良好的方向发展。如果三条曲线的偏离度和离散度很大,则表示项目实施过程中有严重的隐患,或已经发生了严重问题。

曲线法是用施工成本累计曲线(S形曲线)来进行施工成本偏差分析的一种方法。用曲

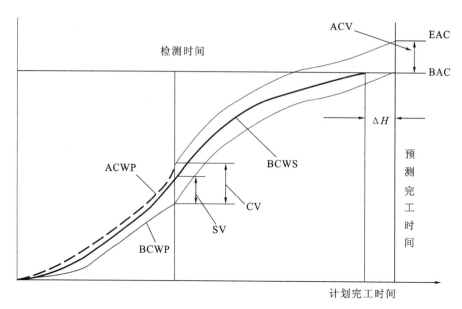

图 5-5 赢得值法评价曲线

线法进行偏差分析具有形象、直观的特点,但这种方法很难直接用于定量分析,只能对定量分析起一定的指导作用。

3) 施工成本控制的要求

(1) 要按照计划成本目标值来控制生产要素的采购价格,并认真做好材料、设备进场数量和质量的检查、验收与保管。

(2) 要控制生产要素的利用效率和消耗定额。如任务单管理、限额领料、验收报告审核等,同时要做好不可预见成本风险的分析和预控,包括编制相应的应急措施等。

(3) 控制影响效率和消耗量的其他因素(如工程变更等)所引起的成本增加。

(4) 把施工成本管理责任制度与对项目管理者的激励机制结合起来,以增强管理人员的成本意识和控制能力。

(5) 承包人必须有一套健全的项目财务管理制度。按规定的权限和程序对项目资金的使用和费用的结算支付进行审核、审批,使其成为施工成本控制的一个重要手段。

(6) 项目成本控制不仅需要进行内部挖潜,也要积极向外拓展,从增收的角度考虑降低成本的途径。

① 认真会审图纸,积极提出修改意见。在项目建设过程中,图纸是由设计单位按照业主要求和项目所在地的自然地理条件设计的,较少从施工单位的角度考虑。因此,施工单位应该在满足业主要求和保证工程质量的前提下,联系项目施工的主客观条件,对设计图纸进行认真的会审,并提出积极的修改意见,在取得业主和设计单位的同意后,修改设计图纸,同时办理签证。

② 加强合同预算管理,及时办理"签证"。一般来说,按照设计图纸和预算定额编制的综合单价,必须受预算定额的制约。由于各个方面的种种原因,工程变更是项目施工过程中经常发生的事情,从而也必定会影响成本费用的支出。工程变更后必定对施工组织带来种种影响,应及时办理签证,并通过工程款结算从甲方取得补偿。

③ 组织均衡施工,加快施工进度。凡是按时间计算的成本费用,在加快施工进度、缩短施工周期的情况下,都会有明显的节约。因此,加快施工进度也是降低项目成本的有效途径

之一。

为了加快施工进度,也会增加一定的成本支出。如在组织两班制施工的时候,需要增加模板的使用费、夜间施工的照明费和工效损失等费用。

因此,在签订合同时,应根据业主要求和赶工情况,将赶工费列入施工图预算。如果事先并未明确,而由业主在施工中临时提出的赶工要求,则应请业主签证,费用按实结算。

项目成本控制能否取得预期目标的关键还在于项目施工成本管理体制和项目部在成本控制意识与措施正确性和合理性。项目经理部的专职人员要具备综合知识与专业素养,要学会全面综合整体地观察问题;要结合工程特点、技术要求、地理条件等因素进行查漏补缺,避免错算漏算,不能简单地确定一个成本率或成本额。否则,有可能造成企业应得的利润流失,使项目部不能完成目标。从而导致牺牲其他利益来片面地满足效益,使工程质量、安全与文明施工等各方面产生问题,甚至会对企业今后的生存产生较大的影响。

3. 建设工程项目成本核算

施工项目成本核算是指按照规定开支范围对施工费用进行归集,计算出施工实际费用的成本。施工项目成本核算所提供的各种成本信息是成本预测、成本计划、成本控制、成本考核等各个环节的依据。

1) 项目成本核算的要求

(1) 项目成本核算应坚持形象进度、产值统计、成本归集三同步的原则。

(2) 项目经理部应根据财务制度和会计制度的有关规定,建立项目成本核算制,明确项目成本核算的原则、范围、程序、方法、内容、责任及要求,并设置核算台账,记录原始数据。

(3) 项目经理部应按照规定的时间间隔进行项目成本核算。

(4) 项目经理部应编制定期成本报告。

2) 项目成本核算的方法

项目成本核算的方法有项目成本直接核算、项目成本间接核算、项目成本列账核算。

(1) 项目成本直接核算。

直接核算是将核算放在项目上,既便于及时了解项目各项成本情况,也可以减少一些扯皮现象。不足的是每个项目都要配有专业水平和工作能力较高的会计核算人员。目前一些单位还不具备直接核算的条件。此种核算方式,一般适用于大型项目。

(2) 项目成本间接核算。

间接核算是将核算放在企业的财务部门,项目经理部不配专职的会计核算部门,由项目有关人员按期与相应部门共同确定当期的项目成本。

(3) 项目成本列账核算。

项目成本列账核算是介于直接核算和间接核算之间的一种方法。项目经理部组织相对直接核算,正规的核算资料留在企业的财务部门。

3) 项目成本核算的工作内容

(1) 项目成本核算的辅助记录台账。

可分为项目成本核算积累资料的台账,对项目资源消耗进行控制的台账,为项目成本积累资料的台账,为项目管理服务和备忘性质台账。

(2) 项目成本实际数据的收集与计算。

施工产值及实际成本数据的收集与计算应按以下方法。

① 人工费应按照劳动管理人员提供的用工分析和受益对象进行账务处理。

② 材料费应根据当月项目材料的消耗和实际价格,计算当期耗费,计入工程成本;周转材料应实行内部调配制,按照当月使用时间、数量、单价计算计入工程成本。
③ 机械使用费按照项目当月使用台班和单价计入工程成本。
④ 其他直接费、临时设施费等应根据有关核算资料进行财务处理计入工程成本。
⑤ 间接成本应根据现场发生的间接成本项目的有关资料进行账务处理计入工程成本。
⑥ 按照统计人员提供的当月完成工程量的价值及有关规定,扣减各项上缴税费后作为当期工程的结算收入。

4. 建设工程项目成本分析

1) 项目成本分析的概念

项目成本分析,就是根据统计核算、业务核算和会计核算提供的资料对项目成本的形成过程和影响成本升降的因素进行分析,以寻求进一步降低成本的途径,包括项目成本中的有利偏差的挖潜和不利偏差的纠正。

通过成本分析,可从账簿、报表反映的成本现象看清成本的实质,从而增强项目成本的透明度和可控性,为加强成本控制、实现项目成本目标创造条件。项目成本分析,也是降低成本、提高项目经济效益的重要手段之一。

2) 项目成本分析的原则

(1) 实事求是的原则。

在成本分析中,必然涉及一些人和事,因此要注意人为因素的干扰。成本分析一定要有充分的事实依据,对事物进行实事求是的评价。

(2) 为生产经营服务的原则。

成本分析不仅要揭露矛盾,而且要分析产生矛盾的原因,提出积极有效的解决矛盾的合理化建议,这样的成本分析,必然会深得人心,从而受到项目经理部及有关部门和人员的积极支持与配合,使项目的成本分析更健康地开展下去。

(3) 用数据说话的原则。

成本分析要充分利用统计核算和有关台账的数据进行定量分析,尽量避免抽象的定性分析。

(4) 注重时效的原则。

项目成本分析贯穿项目成本管理的全过程。这就要求要及时进行成本分析,及时发现问题,及时予以纠正,否则,就可能贻误解决问题的最好时机,造成成本失控、效益流失。

3) 项目成本分析的基本方法

(1) 比较法。

与本行业平均水平、先进水平对比。通过这种对比,可以反映本项目的技术管理和经济管理与本行业的平均水平和先进水平的差距,进而采取措施赶超先进水平。将实际指标与目标指标进行对比。

用实际指标与目标指标对比的方法检查目标完成情况,分析影响目标完成的积极因素和消极因素,以便及时采取措施,保证成本目标的实现。

在进行实际指标与目标指标对比时,还应注意目标本身有无问题。如果目标本身出现问题,则应调整目标,重新正确评价实际工作的成绩。

本期实际指标与上期实际指标对比。通过这种对比,可以看出各项技术经济指标的变动情况,反映施工管理水平的提高程度。

(2) 因素分析法。

因素分析法是把项目施工成本综合指标分解为与各个项目相联系的原始因素,以确定引起指标变动的各个因素的影响程度的一种成本费用分析方法。它可以衡量各项因素影响程度的大小,以便查明原因,明确主要问题所在,提出改进措施,达到降低成本的目的。

确定分析对象,并计算出实际数与目标数的差异。确定该指标是由哪几个因素组成的,并按其相互关系进行排序。以目标数为基础,将各因素的目标数相乘,作为分析替代的基数。将各个因素的实际数按照上面的排列顺序进行替换计算,并将替换后的实际数保留下来。

将每次替换计算所得的结果,与前一次的计算结果相比较,两者的差异即为该因素对成本的影响程度。各个因素的影响程度之和,应与分析对象的总差异相等。

(3) 差额计算法。

差额计算法是因素分析法的一种简化形式。

(4) 比率法。

项目成本分析常用的比率法利用各个因素的目标与实际的差额来计算。

4) 项目综合成本分析法

(1) 分部、分项工程成本分析。

分部、分项工程成本分析是项目成本分析的基础。分部、分项工程成本分析的对象为已完成分部、分项工程。

分析的方法是:进行预算成本、目标成本和实际成本的"三算"对比,分别计算实际偏差和目标偏差,分析偏差产生的原因,为今后的分部、分项工程成本寻求节约的途径。

(2) 月(季)度成本分析。

月(季)度的成本分析,是建设工程项目定期的、经常性的中间成本分析。月(季)度成本分析对于有一次性特点的建设工程项目来说.有着特别重要的意义。因为,通过月(季)度成本分析,可以及时发现问题,以便按照成本目标指示的方向进行监督。

(3) 年度成本分析。

通过年度成本的综合分析,可以总结一年来成本管理的成绩和不足,管理提供经验和教训,从而可以对项目成本进行更有效的管理。年度成本分析的依据是年度成本报表。年度成本分析的内容除了月、季度成本分析外,重点是针对下一年度的施工进展情况提出切实可行的成本管理措施,以保证项目成本目标的实现。

(4) 竣工成本的综合分析。

如果建设工程项目只有一个成本核算对象(单位工程),就以该成本核算对象的竣工成本资料作为成本分析的依据。

凡是有几个单位工程而且是单独进行成本核算(即成本核算对象)的建设工程项目,其竣工成本分析应以各单位工程竣工成本分析资料为基础,再加上项目经理部的经营效益(如资金调度、对外分包等所产生的效益)进行综合分析。

5) 工期成本分析

工期成本分析,就是计划工期成本与实际工期成本的比较分析。工期成本分析的方法一般采用比较法,即将计划工期成本与实际工期成本进行比较,然后应用"因素分析法"分析各种因素的变动对工期成本差异的影响程度。

6) 项目成本目标差异分析法

(1) 人工费分析。

① 人工费量差。计算人工费量差首先要计算工日差,即实际耗用工日数同预算定额工日数的差异。

② 人工费价差。计算人工费价差先要计算出每个工人的工费价差,即预算人工单价和实际人工单价之差。

(2) 材料费分析。

① 主要材料和结构件费用分析。主要材料和结构件费用的高低,主要受价格和消耗数量的影响。材料价格的变动,又要受采购价格、运输费用、途中损耗、来料不足等因素的影响;材料消耗数量的变动,也要受操作损耗、管理损耗和返工损失等因素的影响,可在价格变动较大和数量超用异常的时候再作深入分析。为了分析材料价格和消耗数量的变化对材料和结构件费用的影响程度,可按下列公式计算。

因材料价格变动对材料费的影响:(预算单价－实际单价)×消耗数量。
因消耗数量变动对材料费的影响:(预算用量－实际用量)×预算价格。

② 周转材料使用费分析。在实行周转材料内部租赁制的情况下,项目周转材料费的节约或超支,决定于周转材料的周转利用率和损耗率。

③ 材料采购保管费分析。材料采购保管费属于材料的采购成本,包括材料采购保管人员的工资、工资附加费、劳动保护费、办公费、差旅费,以及材料采购保管过程中发生的固定资产使用费、工具用具使用费、检验试验费、材料整理及零星运费和材料物资的盘亏及毁损等。

④ 材料储备资金分析。材料的储备资金,是根据日平均用量、材料单价和储备天数计算。

(3) 机械使用费分析。

机械使用费分析主要通过实际成本与成本目标之间的差异进行分析,成本目标分析主要列出超高费和机械费补差收入。

(4) 施工措施费分析。

施工措施费的分析,主要应通过预算与实际数的比较来进行。如果没有预算数,可以计划数代替预算数。

(5) 间接费用分析。

间接费用分析主要用于分析为施工设备、组织施工生产和管理所需要的费用现场管理人员的工资和进行现场管理所需要的费用。

5. 建设工程项目成本考核

1) 项目成本考核的要求

主要包括项目成本管理的绩效考核,是贯彻项目成本管理责任制和激励机制的重要措施,这种考核既是对项目成本管理过程所进行的经验与教训总结,也是对项目成本管理的绩效所进行的审查与确认,对于调动各级项目管理者的积极性、责任心以及进行项目成本管理的持续改进,将产生积极的推动作用。

2) 项目成本考核的依据

(1) 工程施工承包合同。

(2) 项目管理目标责任书。

(3) 项目管理实施规划及施工组织、设计文件。
(4) 项目成本计划。
(5) 项目成本核算资料与成本报告文件等。

3) 项目成本考核的原则

(1) 按照项目经理部人员分工,进行成本内容确定。每个施工项目有大有小,管理人员投入量也有所不同。项目大的,管理人员就多一些,项目有几个栋号施工时,还可能设立相应的栋号长,分别对每个单体工程或几个单体工程进行协调管理。工程量小时,项目管理人员就相应减少,一个人可能兼顾几份工作,所以成本考核,以人和岗位为主,没有岗位就计算不出管理目标,同样没有人,就会失去考核的责任主体。

(2) 及时性原则。岗位成本是项目成本要考核的实时成本,如果以传统的会计核算对项目成本进行考核,就偏离了考核的目的。所以时效性是项目成本考核的生命。

(3) 简单易行、便于操作。项目的施工生产,每时每刻都在发生变化,考核项目的成本,必须让项目相关管理人员明白,由于管理人员的专业特点,对一些相关概念不可能很清楚,所以确定的考核内容,必须简单明了,要让考核者一看就能明白。

4) 项目成本考核的程序

(1) 组织主管领导或部门发出考评通知书,说明考评的范围、具体时间和要求。
(2) 项目经理部按要求做好相关范围成本管理情况的总结和数据资料的汇总,提出自评报告。
(3) 组织主管领导签发项目经理部的自评报告,交送相关职能部门和人员进行审阅。
(4) 及时进行项目审计,对项目整体的综合效益做出评估。
(5) 按规定时间召开组织考评会议,进行集体评价与审查,并形成考评结论。

5) 项目成本考核的内容

项目成本考核的内容见表 5-6。

表 5-6 项目成本考核内容

项目成本考核的内容			
	项目经理		① 项目成本目标和阶段成本目标的完成情况。 ② 建立项目经理为核心的成本管理责任制的落实情况。 ③ 成本计划的编制和落实情况。 ④ 对各部门、各作业队和班组责任成本的检查和考核情况。
	项目经理对所属各部门、各作业队和班组考核	对各部门考核	① 本部门、本岗位责任成本的完成情况。 ② 本部门、本岗位成本管理责任的执行情况
		对各作业队考核	① 对劳务规定的承包范围和承包内容的执行情况。 ② 劳务合同以外的补充收费情况。 ③ 对班组施工任务单的管理情况,以及班组完成施工任务后的考核情况
		对生产班组考核	以分部、分项工程成本作为班组的责任成本。以施工任务单和限额领料单的结算资料为依据,与施工预算进行对比,考核班组责任成本的完成情况。

5.3.2 建设工程项目成本管理的措施

1. 建设工程项目成本管理的措施

为了取得施工成本管理的理想成效,应当从多方面采取措施实施管理,通常可以将这些措施归纳为组织措施、技术措施、经济措施、合同措施。

(1) 组织措施。

组织措施是从施工成本管理的组织方面采取的措施。施工成本控制是全员的活动,如实行项目经理责任制,落实施工成本管理的组织机构和人员,明确各级施工成本管理人员的任务和职能分工、权利和责任。施工成本管理不仅是专业成本管理人员工作,各级项目管理人员都负有成本控制责任。

组织措施的另一方面是编制施工成本控制工作计划,确定合理详细的工作流程。要做好施工采购规划,通过生产要素的优化配置、合理使用、动态管理,有效控制实际成本;加强施工定额管理和施工任务单管理,控制活劳动和物化劳动的消耗;加强施工调度,避免因施工计划不周和盲目调度造成窝工损失、机械利用率降低、物料积压等使施工成本增加。成本控制工作只有建立在科学管理的基础之上,具备合理的管理体制、完善的规章制度、稳定的作业秩序、完整准确的信息传递,才能取得成效。组织措施是其他各类措施的前提和保障,而且一般不需要增加什么费用,运用得当可以收到良好的效果。

(2) 技术措施。

施工过程中降低成本的技术措施,包括:进行技术经济分析,确定最佳的施工方案;结合施工方法,进行材料使用的比选,在满足功能要求的前提下,通过代用、改变配合比、使用添加剂等方法降低材料消耗的费用;确定最合适的施工机械、设备使用方法。结合项目的施工组织设计及自然地理条件,降低材料的库存成本和运输成本;先进的施工技术的应用,新材料的运用,新开发机械设备的使用等。在实践中,也要避免仅从技术角度选定方案而忽视对其经济效果的分析论证。

技术措施不仅对解决施工成本管理过程中的技术问题是不可缺少的,而且对纠正施工成本管理目标偏差也有相当重要的作用。因此,运用技术纠偏措施的关键,一是要能提出多个不同的技术方案;二是要对不同的技术方案进行技术经济分析。

(3) 经济措施。

经济措施是最易为人们所接受和采用的措施。管理人员应编制资金使用计划,确定、分解施工成本管理目标。对施工成本管理目标进行风险分析,并制定防范性对策应对各种支出,应认真做好资金的使用计划,并在施工中严格控制各项开支。及时准确地记录、收集、整理、核算实际发生的成本。对各种变更,及时做好增减账,及时落实业主签证,及时结算工程款。通过偏差分析和未完工程预测,可发现一些潜在的问题将引起未完工程施工成本增加,对这些问题应以主动控制为出发点,及时采取预防措施。由此可见,经济措施的运用绝不仅仅是财务人员的事情。

(4) 合同措施。

采用合同措施控制施工成本,应贯穿整个合同周期,包括从合同谈判开始到合同终结的全过程。首先,要选用合适的合同结构,对各种合同结构模式进行分析、比较。在合同谈判时,要争取选用适合于工程规模、性质和特点的合同结构模式。其次,在合同的条款中应仔细考虑一切影响成本和效益的因素,特别是潜在的风险因素。通过对引起成本变动的风险因素的识别和分析,采取必要的风险对策,如通过合理的方式,增加承担风险的个体数量降低损失发生的比例,并最终使这些策略反映在合同的具体条款中。在合同执行期间,合同管理的措施既要密切关注对方合同执行的情况,以寻求合同索赔的机会,同时也要密切关注自己履行合同的情况,防止被对方索赔。

2. 建设工程项目成本控制的方法

所谓成本控制,就是在成本的形成过程中,对成本形成的各项具体活动进行指导、限制和监督,如果发现偏差,迅速采取有效措施,推广先进经验,改进工作缺点,使各项具体的和全部的费用消耗符合有关成本的各项法令、方针和政策,并控制在原来规定的范围内,达至以较少的劳动消耗,创造较多的社会适用产品的目的。

在施工企业中,加强对施工项目成本管理,不断降低成本,具有十分重要的意义。首先,施工项目成本的降低表明施工企业在施工过程中的活劳动和物化劳动的节约。活劳动的节约说明企业劳动生产率的提高;物化劳动的节约,说明企业机械设备利用率的提高和材料消耗率的降低。由此可见,施工项目成本是反映企业经营效果的综合指标。成本控制的方法很多,而且有一定的随机性,也就是:在什么情况下,就要采取与之相适应的控制手段和控制方法,但一般都包括成本预测、成本计划、成本核算等。

1) 以施工图预算控制成本支出

在施工项目的成本控制中,可按施工图预算,实行"以收定支",或者叫"量入为出",是最有效的方法之一。

具体的实施办法如下。

(1) 人工费的控制。假定预算定额规定的人工费单价为 13.80 元,合同规定人工费补贴为 20 元/工日,则人工费的预算收入为 33.80 元/工日。在这种情况下,项目经理部与施工队签订劳务合同时,应该将人工费单价定在 30 元以下(辅工还可再低一些),其余部分的费用考虑用于定额外人工费和关键工序的奖励费。如此安排,人工费就不会超支,而且还留有余地,以备关键工序的不时之需。

(2) 材料费的控制。在实行按"量价分离"方法计算工程造价的条件下,水泥、钢材、木材等"三材"的价格随行就市,实行高进高出。在对材料成本进行控制的过程中,首先要以上述预算价格来控制地方材料的采购成本;至于材料消耗数量的控制,则应通过"限额领料单"落实。

由于材料市场价格变动频繁,往往会发生预算价格与市场价格严重背离而使采购成本失去控制的情况。因此,项目材料管理人员有必要经常关注材料市场价格的变动,并积累系统翔实的市场信息。如遇材料价格大幅度上涨,可向工程造价管理部门反映,同时争取建设单位(甲方)的补贴。

(3) 钢管脚手架和模板等周转设备使用费的控制。施工图预算中的周转设备使用费=耗用数×市场价格,而实际发生的周转设备使用费=使用数×企业内部的租赁单价或摊销率。由于两者的计量基础和计价方法不同,所以只能以周转设备预算收费的总量来控制实际发生的周转设备使用费的总量。

(4) 施工机械使用费的控制。施工图预算中的机械使用费=工程量×定额台班单价。由于项目施工的特殊性,实际的机械利用率不可能达到预算定额的取值水平,再加上预算定额所设定的施工机械原值和折旧率又有较大的滞后性,因而使施工图预算的机械使用费往往小于实际发生的机械使用费,形成机械使用费超支。在施工过程中要严格管理,尽量控制机械费支出。

(5) 构件加工和分包工程费的控制。在签订构件加工费和分包工程经济合同的时候,特别要坚持"以施工图预算控制合同金额"的原则,绝不允许合同金额超过施工图预算。

2) 以施工预算控制人力资源和物质资源的消耗

资源消耗数量的货币表现就是成本费用。因此,资源消耗的减少,就等于成本费用的节约;控制了资源消耗,也等于是控制了成本费用。

施工预算控制资源消耗的实施步骤和方法如下。

(1) 项目开工以前,应根据设计图纸计算工程量,并按照企业定额或上级统一规定的施工预算定额编制整个建设工程项目的施工预算,并将其作为指导和管理施工的依据。

在施工过程中,如遇到工程变更或改变施工方法,应由预算员对施工预算作统一调整和补充,其他人不得任意修改施工预算,或故意不执行施工预算。

施工预算对分部分项工程的划分,原则上应与施工工序相吻合,或直接使用施工作业计划的"分项工程工序名称",以便与生产班组的任务安排和施工任务单的签发取得一致。

(2) 对生产班组的任务安排,必须签发施工任务单和限额领料单,并向生产班组进行技术交底。施工任务单和限额领料单的内容应与施工预算完全相符,任何人不得篡改施工预算。

(3) 在施工任务单和限额领料单的执行过程中,要求生产班组根据实际完成的工程量和实耗人工、实耗材料做好原始记录,并将记录作为施工任务单和限额领料单结算的依据。

(4) 任务完成后,根据回收的施工任务单和限额领料单进行结算,并按照结算内容支付报酬(包括奖金)。一般情况下,绝大多数生产班组能按质按量提前完成生产任务。因此,施工任务单和限额领料单不仅能控制资源消耗,还能促进班组全面完成施工任务。

为了保证施工任务单和限额领料单结算的正确性,要求对施工任务单和限额领料单的执行情况进行认真的验收和核查。

为了便于任务完成后进行施工任务单和限额领料单与施工预算的逐项对比,要求在编制施工预算时对每一个分项工程工序名称统一编号,在签发施工任务单和限额领料单时也要按照施工预算的统一编号对每一个分项工程工序名称进行编号,以便对号检索对比,分析节超。

3) 应用成本控制的财务方法——成本分析表法控制项目成本

作为成本分析控制手段之一的成本分析表,包括月度成本分析表和最终成本控制报告表。月度成本分析表又分直接成本分析表和间接成本分析表两种。

(1) 月度直接成本分析表。

月度直接成本分析表主要是反映分部分项工程实际完成的实物量和与成本相对应的情况以及与预算成本和计划成本相对比的实际偏差和目标偏差,为分析偏差产生的原因和针对偏差采取相应的措施提供依据。

(2) 月度间接成本分析表。

月度间接成本分析表主要反映间接成本的发生情况以及与预算成本和计划成本相对比的实际偏差和目标偏差,为分析偏差产生的原因和针对偏差采取相应的措施提供依据。此外,还要通过间接成本占产值的比例来分析其支用水平。

(3) 最终成本控制报告表。

主要是通过已完实物进度、已完产值和已完累计成本,联系尚需完成的实物进度、尚可上报的产值和还将发生的成本,进行最终成本预测,以检验实现成本目标的可能性,并可为项目成本控制提出新的要求。工期短的项目应该每季度进行一次,工期长的项目可以每半年进行一次。

以上项目成本的控制方法,不可能也没有必要在一个建设工程项目全部同时使用,可由各建设工程项目根据自己的具体情况和客观需要,选用其具有针对性的、简单实用的方法。

4) 应用成本与进度同步跟踪的方法控制分部分项工程成本

长期以来,与成本控制的要求和管理方法截然不同,大家都认为计划工作是为安排施工进度和组织流水作业服务的。其实,成本控制与计划管理、成本与进度之间有着必然的同步关系,即施工到什么阶段,就应该发生相应的成本费用。如果成本与进度不对应,就要作为"不正常"现象进行分析,找出原因,并加以纠正。

为了便于在分部分项工程的施工中同时进行进度与费用的控制,掌握进度与费用的变化过程,可以按照横道图或网络图的特点分别进行处理。

(1) 横道图计划的进度与成本的同步控制。

在横道图计划中,表示作业进度的横线有两条:一条为计划线;一条为实际线,可用颜色或单双线(细线和粗线)来区别,计划线上的"C"表示与计划进度相对应的计划成本;实际线下的"C"表示与实际进度相对应的实际成本。

由此,从横道图可以掌握以下信息:

① 每道工序(即分项工程)的进度与成本是同步关系,即施工到什么阶段,就将发生相应的成本。

② 每道工序的计划成本与实际成本比较(节约或超支),以及对完成某一时期责任成本的影响。

③ 每道工序的计划施工时间与实际施工时间(从开始到结束)的比较(提前或拖后),以及对紧后工序的影响。

④ 每道工序施工进度的提前或延期对成本的影响程度,如提前一天完成该工序可以节约多少人工费与机械设备使用费。

⑤ 整个施工阶段的进度和成本情况。

通过进度与成本同步跟踪的横道图,要求实现以计划成本控制实际成本;以计划进度控制实际进度。随着每道工序进度的提前或拖后,对每个分项工程的成本实行动态控制,以保证项目成本目标的实现。

(2) 网络图计划的进度与成本的同步控制。

网络图计划的进度与成本的同步控制和横道图计划有异曲同工之处。所不同的是,网络计划在施工进度的安排上更具逻辑性,而且可随时进行优化和调整,因而对每道工序的成本控制也更为有效。

双代号网络图中箭杆的下方为本工序的计划施工时间,箭杆上方数字为本工序的计划成本;实际施工的时间和成本,则在箭杆附近的方格中按实填写。这样,就能从网络图中看到每道工序的计划进度与实际进度、计划成本与实际成本的对比情况,同时也可清楚地看出今后控制进度、控制成本的方向。

5) 以用款计划控制成本费用支出

建立项目月度财务收支计划制度,以用款计划控制成本费用支出。

(1) 以月度施工作计划为龙头,并以月度计划产值为当月财务收入计划,同时由项目各部门根据月度施工作业计划的具体内容编制本部门的用款计划。

(2) 项目财务成本员应根据各部门的月度用款计划进行汇总,并按照用途的轻重缓急平衡调度,同时提出具体的实施意见,经项目经理审批后执行。

(3) 在月度财务收支计划的执行过程中,项目财务成本员应根据各部门的实际用款做好记录,并于下月初反馈给相关部门,由各部门自行检查分析节超原因,吸取经验教训。对于节超幅度较大的部门,应以书面分析报告的形式分送项目经理和财务部门,以便项目经理和财务部门采取针对性的措施。

建立项目月度财务收支计划制度的优点如下。

① 根据月度施工作业计划编制财务收支计划,可以做到收支同步,避免支大于收,形成资金紧张。

② 在实行月度财务收支计划的过程中,各部门既要按照施工生产的需要编制用款计划,也要在项目经理批准后认真贯彻执行,这就使得资金使用(成本费用开支)更趋合理。

③ 用款计划经过财务部门的综合平衡,又经过项目经理的审批,可使一些不必要的费用开支得到控制。

6) 建立项目成本审核签证制度,控制成本费用支出

引进项目经理责任制以后,需要建立以项目为成本中心的核算体系。所有的经济业务,不论是对内或对外,都要与项目直接对口。在发生经济业务的时候,首先要由有关项目管理人员审核,最后经项目经理签字后支付。这是项目成本控制的最后一关,必须重视。其中,以有关项目管理人员的审核尤为重要,因为他们熟悉自己分管的业务,有一定的权威性。

审核成本费用的支出,必须以有关规定和合同为依据,主要内容如下。

(1) 国家规定的成本开支范围。

(2) 国家和地方规定的费用开支标准和财务制度。

(3) 内部经济合同。

(4) 对外经济合同。

由于项目的经济业务比较繁忙,如果事无巨细都要项目经理"一支笔"审批,难免分散项目经理的精力,不利于项目管理的整体工作。因此,可从实际出发,在需要与可能的条件下,将不太重要、金额较小的经济业务授权财务部门或业务主管部门代为处理。

7) 加强质量管理,控制质量成本

质量成本是指项目为保证和提高产品质量而支出的一切费用,以及未达到质量标准而产生的一切损失费用之和。质量成本包括两个主要方面:控制成本和故障成本。控制成本包括预防成本和鉴定成本,属于质量保证费用,与质量水平成正比关系,即:工程质量越高,鉴定成本和预防成本就越大;故障成本包括内部故障成本和外部故障成本,属于损失性费用,与质量水平成反比关系,即,工程质量越高,故障成本就越低。

控制质量成本,首先要从质量成本核算开始,而后是质量成本分析和质量成本控制。

(1) 质量成本核算

质量成本核算是将施工过程中发生的质量成本费用,按照预防成本、鉴定成本、内部故障成本和外部故障成本的明细科目归集,然后计算各个时期各项质量成本的发生情况。

进行质量成本核算的原始资料,主要来自会计账簿和财务报表,或利用会计账簿和财务报表的资料整理加工而得,但也有一部分资料需要依靠技术等有关部门提供,如质量过剩损失和技术超前支出等。

(2) 质量成本分析。

质量成本分析,即根据质量成本核算的资料进行归纳、比较和分析,共包括四个方面内容。

① 质量成本总额的构成内容分析。

② 质量成本总额的构成比例分析。
③ 质量成本各要素之间的比例关系分析。
④ 质量成本占预算成本的比例分析。
上述分析内容,可在质量成本分析表中反映。

（3）质量成本控制。
根据以上分析资料,对影响质量成本较大的关键因素,采取有效措施,进行质量成本控制。

8）坚持现场管理标准化,堵塞浪费漏洞
（1）现场平面布置管理。
施工现场的平面布置,是根据工程特点和场地条件,以配合施工为前提合理安排的,有一定的科学根据。但在施工过程中,往往会出现不执行现场平面布置,造成人力、物力浪费的情况。

① 材料、构件不按规定地点堆放,造成二次搬运,不仅浪费人力,材料、构件在搬运中还会受到损失。
② 钢模和钢管脚手架等周转设备,使用后不予整修和堆放整齐,而是任意乱堆乱放,既影响场容整洁,又容易造成损失,特别是将周转设备放在路边,一旦车辆开过,轻则变形,重则报废。
③ 任意开挖道路,又不采取措施,造成交通中断,影响物资运输。
④ 排水系统不畅,一旦下雨,现场积水严重,造成电器设备受潮容易触电,水泥受潮就会变质报废。

由此可见,施工项目一定要强化现场平面布置的管理,堵塞一切可能发生的漏洞,争创"文明工地"。

（2）现场安全生产管理。
现场安全生产管理的目的,在于保护施工现场的人身安全和设备安全,减少和避免不必要的损失。要达到这个目的,就必须强调按规定的标准去管理,不允许有任何细小的疏忽,否则,将会造成难以估量的损失。例如:
① 不遵守现场安全操作规程,容易发生工伤事故,甚至死亡事故。
② 不遵守机电设备的操作规程,容易发生一般设备事故,甚至重大设备事故,不仅会损坏机电设备,还会影响正常施工。
③ 忽视消防工作和消防设施的检查,容易发生火灾。
④ 不注意食堂卫生管理,有可能危害职工的身体健康。

诸如此类的事情,都是不利于项目成本的因素,必须从现场标准化管理着手,切实做好预防工作,把可能发生的经济损失减少到最低限度。

9）建立资源消耗台账,实行资源消耗的中间控制
根据"必需、实用、简便"的原则,施工项目成本核算应设立资源消耗台账。这里以"材料消耗台账"为例,说明资源消耗台账在成本控制中的应用。

（1）材料消耗台账。
材料消耗台账的账面第一项和第二项分别为施工图预算和施工预算,是整个项目用料的控制依据;第三项为第一个月的材料消耗数;第四项、第五项为第二个月的材料消耗数和到第二个月为止的累计耗用数;第五项以下依推,直至项目竣工为止。

（2）材料消耗情况的信息反馈。

项目财务成本员应于每月初根据材料消耗台账的记录,填制"材料消耗情况信息表",向项目经理和材料部门反馈。

(3) 材料消耗的中间控制。

由于材料成本是整个项目成本的重要环节,不仅比重大,而且有潜力可挖。如果材料成本出现亏损,必将使整个成本陷入被动。因此,项目经理应对材料成本有足够的重视。

按照以上要求,项目经理和材料部门收到"材料消耗情况信息表"以后,应该做好以下工作。

① 根据本月材料消耗数,联系本月实际完成的工程量,分析材料消耗水平和节超原因,制订材料节约使用的措施,分别落实给有关人员和生产班组。

② 根据尚可使用数,联系项目施工的形象进度,从总量上控制今后的材料消耗,而且要保证有所节约。这是降低材料成本的重要环节,也是实现施工项目成本目标的关键。

10) 定期开展"三同步"检查,防止项目成本盈亏异常

项目经济核算的"三同步",就是统计核算、业务核算、会计核算的"三同步"。统计核算是产值统计;业务核算即人力资源和物质资源的消耗统计;会计核算即成本会计核算。根据项目经济活动的规律,这三者之间表现为规律性的同步关系,即完成多少产值,消耗多少资源,发生多少成本。否则,项目成本就会出现盈亏异常。

开展"三同步"检查的目的就在于查明不同步的原因,纠正项目成本盈亏异常的偏差。"三同步"的检查方法,可从以下三方面入手。

(1) 时间上的同步,即产值统计、资源消耗统计和成本核算的时间应该统一。如果在时间上不统一,就不可能实现核算口径的同步。

(2) 分部分项工程直接费的同步,即产值统计是否与施工任务单的实际工程量和形象进度相符;资源消耗统计是否与施工任务单的实耗人工和限额领料单的实耗材料相符;机械和周转材料的租赁费是否与施工任务单的施工时间相符。如果不符,应查明原因,予以纠正,直到同步为止。

(3) 其他费用是否同步。这要通过统计报表与财务付款逐项核对才能查明原因。

在选用控制方法时,应该充分考虑与各项施工管理工作相结合。例如:在计划管理、施工任务单管理、限额领料单管理、合同预算管理等工作中,跟踪原有的业务管理程序,利用业务管理所取得的资料进行成本控制,不仅省时省力,还能帮助各业务管理部门落实责任成本。

3. 建设工程项目成本降低的途径

降低施工项目成本应该从加强施工管理、技术管理、劳动工资管理、机械设备管理、材料管理、费用管理以及正确划分成本中心、使用先进的成本管理方法和考核手段入手,降低施工项目成本。

1) 认真会审图纸,积极提出修改意见

在项目建设过程中,施工单位必须按图施工。但是,图纸是由设计单位按照用户要求和项目所在地的自然地理条件(如水文地质情况等)设计的,施工单位应该在满足用户要求和保证工程质量的前提下,联系项目施工的主客观条件,对设计图纸进行会审,并提出修改意见,在取得用户和设计单位的同意后,修改设计图纸,同时办理增减账。

2) 加强合同预算管理,增创工程预算收入

(1) 深入研究招标文件与合同内容,正确编制施工图预算。

在编制施工图预算的时候,要充分考虑可能发生的成本费用,将其全部列入施工图预

算,然后通过工程款结算向甲方取得补偿。

(2) 把合同规定的"开口"项目,作为增加预算收入的重要方面。

一般来说,按照设计图纸和预算定额编制的施工图预算,必须受预算定额的制约,很少有灵活伸缩的余地;而"开口"项目则有比较大的潜力,是项目增收的关键。

例如,合同规定,待图纸出齐后,由甲乙双方共同制定加快工程进度、保证工程质量的技术措施,费用按实结算。按照这一规定,项目经理和工程技术人员应该联系工程特点,充分利用自己的技术优势,采用先进的新技术、新工艺和新材料,经甲方签证后实施。这些措施应符合以下要求:既能为施工提供方便,有利于加快施工进度,又能提高工程质量,还能增加预算收入。还有,如合同规定,预算定额缺项的项目,可由乙方参照相近定额,经监理工程师复核后报甲方认可。这种情况,在编制施工图预算时是常见的,需要项目预算员参照相近定额进行换算。在定额换算的过程中,预算员就可根据设计要求,充分发挥自己的业务技能,提出合理的换算依据,以此来摆脱原有的定额偏低的约束。

(3) 根据工程变更资料,及时办理增减账。

由于设计、施工和业主使用要求等种种原因,工程变更是项目施工过程中经常发生的事情,是不以人们的意志为转移的。工程变更必然会带来工程内容的增减和施工工序的改变,从而影响成本费用。因此,项目承包方应就工程变更对既定施工方法、机械设备使用、材料供应、劳动力调配和工期目标等的影响程度进行合理估价,及时办理增减账手续,并通过工程款结算从甲方取得补偿。

3) 制订先进的、经济合理的施工方案

施工方案主要包括四项内容:施工方法的确定、施工机具的选择、施工顺序的安排和流水施工的组织。施工方案的不同,工期就会不同,所需机具也不同,因而发生的费用亦会不同。因此,正确选择施工方案是降低成本的关键所在。

制订施工方案要以合同工期和项目要求为依据,联系项目的规模、性质、复杂程度、现场条件、装备情况、人员素质等因素综合考虑。

必须强调,施工项目的施工方案,应该同时具有先进性和可行性。如果只先进不可行,不能在施工中发挥有效的指导作用,那就不是最佳施工方案。

4) 落实技术组织措施

落实技术组织措施,以技术优势来取得经济效益,是降低项目成本的又一个关键。一般情况下,项目应在开工以前根据工程情况制订技术组织措施计划,作为降低成本计划的内容之一列入施工组织设计。在编制月度施工作业计划的同时,也可按照作业计划的内容编制月度技术组织措施计划。

为了保证技术组织措施计划的落实,并取得预期的效果,应在项目经理的领导下明确分工:由工程技术人员订措施,材料人员供材料,现场管理人员和生产班组负责执行,财务成本员结算节约效果,最后由项目经理根据措施执行情况和节约效果对有关人员进行奖励,形成落实技术组织措施的一条龙。

必须强调,在结算技术组织措施执行效果时,除要按照定额数据等进行理论计算外,还要做好节约实物的验收,防止"理论上节约、实际上超用"的情况发生。

5) 组织均衡施工,加快施工进度

加快施工进度是降低项目成本的有效途径之一。

为了加快施工进度,将会增加一定的成本支出。例如,在组织两班制施工的时候,需要增加夜间施工的照明费和工效损失费等;同时,还将增加模板的使用量和租赁费。

因此,在签订合同时,应根据业主和赶工要求,将赶工费列入施工图预算。如果事先并未明确写出,而由业主在施工中临时提出的赶工要求,则应请业主签证,费用按实结算。

5.3.3 建筑安装工程费用结算

1. 建筑安装工程费用的主要结算方法

建筑安装费用的结算可以根据不同情况采取多种方法。

(1) 按月结算。即先预付部分工程款,在施工过程中按月结算工程进度款,竣工后进行竣工结算。

(2) 竣工后一次结算。建设工程项目或单项工程全部建筑安装工程建设期在12个月以内,或者工程最包合同价值在100万元以下的,可以实行工程价款每月月中预支,竣工后一次结算。

(3) 分段结算。即当年开工,当年不能竣工的单项工程或单位工程,按照工程形象进度划分不同阶段进行结算。分段结算可以按月预支工程款。

(4) 结算双方约定的其他结算方式。实行竣工后一次结算和分段结算的工程,当年结算的工程款应与分年度的工作量一致,年终不另清算。

2. 工程预付款

1) 工程预付款

工程预付款是建设工程施工合同订立后由发包人按照合同约定,在正式开工前预先支付给承包人的工程款。它是施工准备和所需要材料、构件等流动资金的主要来源,国内习惯上称为预付备料款。

《建设工程工程量清单计价规范》(GB 50500—2013)规定:发包人应按照合同约定支付工程预付款。支付的工程预付款,按照合同约定在工程进度款中抵扣。当合同对工程预付款的支付未约定时,可按《建设工程价款结算暂行办法》的规定办理。

工程预付款的额度:包工包料工程的预付款按合同约定拨付,原则上预付比例不低于合同金额(扣除暂列金额)的10%,不高于合同金额(扣除暂列金额)的30%;对重大建设工程项目,按年度工程计划逐年预付。实行工程量清单计价的工程,实体性消耗和非实体性消耗部分应在合同中分别约定预付款比例。

工程预付款的支付时间:在具备施工条件的前提下,发包人应在双方签订合同后的一个月内或约定的开工日期的7天内预付工程款。若发包人不按约定预付,承包人应在预付时间到期后10天内向发包人发出要求预付的通知,发包人收到通知后仍不按要求预付,承包人可在发出通知14天后停止施工,发包人应从约定应付之日起向承包人支付应付款的利息(利率按同期银行贷款利率计),并承担违约责任。

凡是没有签订合同或不具备施工条件的工程,发包人不得预付工程款,不得以预付款为名转移资金。

2) 工程预付款的扣回

发包人支付给承包人的工程预付款其性质是预支。随着工程进度的推进,拨付的工程进度款数额不断增加,工程所需主要材料、构件的用量逐渐减少,原已支付的预付款应以抵扣的方式予以陆续扣回,扣款的方法有以下几种。

(1) 发包人和承包人通过洽商用合同的形式予以确定。可采用等比率或等额扣款的方式,也可针对工程实际情况具体处理。

(2) 采用起扣点法。未完施工工程尚需的主要材料及构件的价值相当于工程预付款数额时扣起,从每次中间结算工程价款中,按材料及构件比重扣抵工程价款,至竣工之前全部扣清。因此确定起扣点是工程预付款起扣的关键。确定工程预付款起扣点的依据是:未完施工工程所需主要材料和构件的费用,等于工程预付款的数额。

工程预付款起扣点可按下式计算:
$$T=P-M/N$$

式中　T——起扣点,即工程预付款开始扣回的累积完成工程金额;
　　　P——承包工程合同总额;
　　　M——工程预付款数额;
　　　N——主要材料、构件所占比重。

【例 5-2】　某工程合同总额 200 万元,工程预付款为 24 万元,主要材料、构件所占比重为 60%。起扣点为多少万元?

【解】　按起扣点计算公式:
$$T=P-M/N=200-24/60\%=160(万元)$$

则当工程完成 160 万元时,本项工程预付款开始起扣。

3. 工程进度款

工程进度款的计算,主要涉及两个方面:一是工程量的计量,二是单价的计算。单价的计算方法,主要根据发包人和承包人事先约定的工程价格的计价方法确定。

1) 采用可调工料单价法计算工程进度款

当采用可调工料单价法计算工程进度款时,在确定已完工程量后,可按以下步骤计算工程进度款。

(1) 根据已完工程量的项目名称、分项编号、单价得出合价。
(2) 将本月所完成全部项目合价相加,得出直接工程费小计。
(3) 按规定计算出措施费、间接费、利润。
(4) 按规定计算主材差价或差价系数。
(5) 按规定计算税金。
(6) 累积本月应收工程进度款。

2) 采用全费用综合单价法计算工程进度款

采用全费用综合单价法计算工程进度款,只要将工程量与综合单价相乘得出合价,再累加即可完成本月工程进度款的计算。

4. 建筑安装工程费用的竣工结算

《建设工程施工合同(示范文本)GF2013—0201》约定:"承包人应在工程竣工验收合格后 28 天内向发包人和监理人递交竣工结算申请单及完整的结算资料,双方按照协议书约定的合同价款及专用条款约定的合同价款调整内容,进行工程竣工结算。"

监理人应在收到竣工结算申请单后 14 天内完成核查并报送发包人。发包人应在收到监理人提交的经审核的竣工结算申请单后 14 天内完成审批,并由监理人向承包人签发经发包人签认的竣工付款证书。监理人或发包人对竣工结算申请单有异议的,有权要求承包人进行修正和提供补充资料,承包人应提交修正后的竣工结算申请单。

发包人应在签发竣工付款证书后的 14 天内,完成对承包人的竣工付款。发包人逾期支付的,按照中国人民银行发布的同期同类贷款基准利率支付违约金;逾期支付超过 56 天的,按照中国人民银行发布的同期同类贷款基准利率的两倍支付违约金。

在工程竣工验收合格后 28 天内,承包人未能向发包人递交竣工结算申请单及完整的结算资料,造成工程竣工结算不能正常进行或工程竣工结算价款不能及时支付,发包人要求交付工程的,承包人应当交付;发包人不要求交付工程的,承包人承担保管责任。

5. 建筑安装工程费用的动态结算

建筑安装工程费用的动态结算就是要把各种动态因素渗透到结算过程中,使结算大体能反映实际的消耗费用。下面介绍几种常用的动态结算办法。

1) 按实际价格结算法

在我国,由于建筑材料需从市场采购的范围越来越大,有些地区规定对钢材、木材、水泥三大材料的价格采取按实际价格结算的办法,工程承包人可凭发票实报实销。但由于实报实销,因而承包人对降低成本不感兴趣,为了避免副作用,造价管理部门要定期公布最高结算限价,同时合同文件中应规定建设单位或监理工程师有权要求承包人选择更廉价的供应来源。

2) 按主材计算价差法

发包人在招标文件中列出需要调整价差的主要材料表及其基期价格(一般采用当时当地工程造价管理机构公布的信息价或结算价),工程竣工结算时按竣工当时当地工程造价管理机构公布的材料信息价或结算价,与招标文件中列出的基期价比较计算材料差价。

3) 竣工调价系数法

按工程造价管理机构公布的竣工调价系数及调价计算方法计算差价。

4) 调值公式法

调值公式法(又称动态结算公式法)即在发包方和承包方签订的合同中明确规定了调值公式,如下式所示。

$$\Delta P = P_0 \left[A + \left(B_1 \times \frac{F_{t1}}{F_{01}} + B_2 \times \frac{F_{t2}}{F_{02}} + B_3 \times \frac{F_{t3}}{F_{03}} + \cdots + B_n \times \frac{F_{tn}}{F_{0n}} \right) - 1 \right]$$

式中　ΔP——需调整的价格差额。

　　　　P_0——约定的付款证书中承包人应得到的已完成工程量的金额。此项金额应不包括价格调整、不计质量保证金的扣留和支付、预付款的支付和扣回。约定的变更及其他金额已按现行价格计价的,也不计在内。

　　　　A——定值权重(即不调部分的权重)。

　　　　$B_1, B_2, B_3, \cdots, B_n$——各可调因子的变值权重(即可调部分的权重),为各可调因子在签约合同价中所占的比例。

　　　　$F_{t1}, F_{t2}, F_{t3}, \cdots, F_{tn}$——各可调因子的现行价格指数,指约定的付款证书相关周期最后一天的前 42 天的各可调因子的价格指数。

　　　　$F_{01}, F_{02}, F_{03}, \cdots, F_{0n}$——各可调因子的基本价格指数,指基准日期的各可调因子的价格指数。

价格调整的计算程序如下。

(1) 确定调整价格的品种。一般地说,品种不宜太多,只确定那些对工程款影响较大的因素,如水泥、钢材、木材和工资,这样便于计算。

(2) 要明确的两个问题。

① 在合同价格条款中,应写明经双方商定的调整因素,在签订合同时要写明考核几种物价波动到何种程度才进行调整,一般都在±5%;二是考核的地点和时点,地点一般在工程

单元 5　建设工程项目成本管理　**191**

所在地,或指定的某地市场价格;时点指的是某月某日的市场价格。这里要明确两个时点价格,即基准日期的市场价格(基础价格)和与特定付款证书有关的期间最后一天的 28 天前的时点价格。这两个时点就是计算调值的依据。

② 确定各成本因素的系数和固定系数,各成本要素的系数要根据各成本要素对总造价的影响程度而定。各成本要素系数之和加上固定系数应该等于 1。

(3) 建筑安装工程费用的价格调值公式。建筑安装工程费用价格调值公式包括固定部分、材料部分和人工部分等。

【例 5-3】　某工程合同总价为 1000 万元。其组成为:土方工程费 100 万元,占 10%;砌体工程费 400 万元,占 40%;钢筋混凝土工程费 500 万元,占 50%。这三个组成部分的人工费和材料费占工程价款 85%,人工材料费中各项费用比例如下。

① 土方工程:人工费 50%,机具折旧 26%,柴油 24%。
② 砌体工程:人工费 53%,钢材 5%,水泥 20%,骨料 5%,空心砖 12%,柴油 5%。
③ 钢筋混凝土工程:人工费 53%,钢材 22%,水泥 10%,骨料 7%,木材 4%,柴油 4%。

假定该合同的基准日期为 2013 年 1 月 4 日,2013 年 9 月完成的工程价款占合同总价的 10%,有关月报的工资、材料物价指数如表 5-7 所示。

表 5-7　工资、材料物价指数

费用名称	代号	2013 年 1 月指数	代号	2013 年 8 月指数
人工费	A_0	100.0	A	116.0
钢材	B_0	153.4	B	187.6
水泥	C_0	154.8	C	178.0
骨料	D_0	132.6	D	169.3
柴油	E_0	178.3	E	192.8
机具折旧	F_0	154.4	F	162.5
空心砖	G_0	160.1	G	162.0
木材	H_0	142.7	H	159.5

要求:计算 2013 年 9 月的实际价款。

【解】　该工程其他费用,即不调值的费用占工程价款的 15%,计算出各项参加调值的费用占工程价款比例如下:

人工费占工程价款比例:$(50\% \times 10\% + 53\% \times 40\% + 53\% \times 50\%) \times 85\% \approx 45\%$
钢材占工程价款比例:$(5\% \times 40\% + 22\% \times 50\%) \times 85\% \approx 11\%$
水泥占工程价款比例:$(20\% \times 40\% + 10\% \times 50\%) \times 85\% \approx 11\%$
骨料占工程价款比例:$(5\% \times 40\% + 7\% \times 50\%) \times 85\% \approx 5\%$
柴油占工程价款比例:$(24\% \times 10\% + 5\% \times 40\% + 4\% \times 50\%) \times 85\% \approx 5\%$
机具折旧占工程价款比例:$26\% \times 10\% \times 85\% \approx 2\%$
空心砖占工程价款比例:$12\% \times 40\% \times 85\% \approx 4\%$
木材占工程价款比例:$4\% \times 50\% \times 85\% \approx 2\%$

根据公式得:

$$\Delta P = 10\% \times 1000 \times [0.15 + (0.45 \times 116/110 + 0.11 \times 187.6/153.4 + 0.11 \times 178.0/154.8 \\ + 0.05 \times 169.3/132.6 + 0.05 \times 192.8/178.3 + 0.02 \times 162.5/154.4 + 0.04 \\ \times 162.0/160.1 + 0.02 \times 159.5/142.7)] - P_0$$

$$= 113.3 - 1000(万元)$$
$$= 13.3(万元)$$

【单元小结】

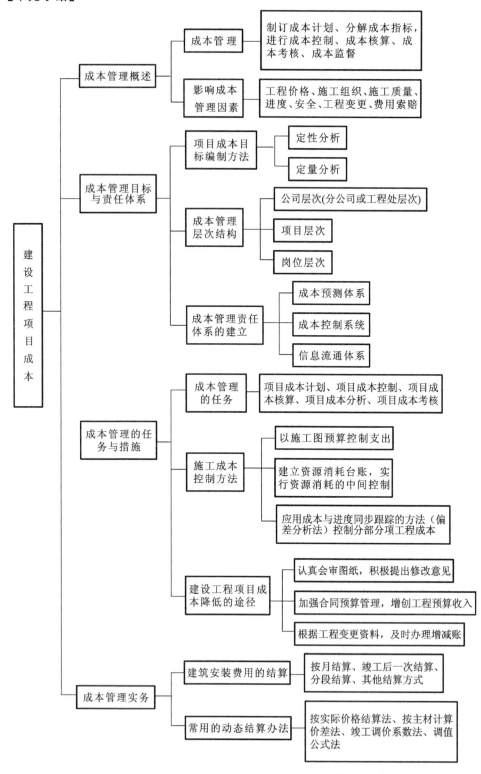

【复习题】
一、单选题
1. 成本可以分为广义成本和狭义成本两种。狭义成本是指为（　　）而发生的支出。
   A. 固定资产　　　　　　　　B. 特定资产
   C. 制造产品　　　　　　　　D. 对象化的费用支出
2. （　　）是指不能直接计入而要按一定标准分摊计入产品成本的费用。
   A. 直接成本　　　　　　　　B. 间接成本
   C. 变动成本　　　　　　　　D. 摊销成本
3. 质量成本是指项目组织为保证和提高产品质量而支出的一切费用，以及因未达到质量标准而产生的一切损失费用之和。质量成本包括两个主要方面，即（　　）。
   A. 控制成本和故障成本　　　B. 可控成本和不可预见成本
   C. 预防成本和鉴定成本　　　D. 内部故障成本和外部故障成本
4. 施工项目（　　）是指按照规定开支范围对施工费用进行归集，计算出施工实际费用的成本。
   A. 成本考核　　　　　　　　B. 成本预测
   C. 成本分析　　　　　　　　D. 成本核算
5. 建筑安装费用的结算可以根据不同情况采取多种方法。其中（　　）可以按月预支工程款。
   A. 分段结算　　　　　　　　B. 按月结算
   C. 竣工结算　　　　　　　　D. 竣工后一次结算

二、多选题
1. 成本的分类，按成本与产量的关系划分，成本可分为（　　）。
   A. 变动成本　　　　　　　　B. 目标成本
   C. 固定成本　　　　　　　　D. 计划成本
   E. 标准成本
2. 建筑装饰装修工程费用构成中，材料费包括材料原价、（　　）。
   A. 运输损耗费　　　　　　　B. 检验试验费
   C. 运杂费　　　　　　　　　D. 采购及保管费
   E. 试验配合费
3. 项目全面成本管理责任体系的组织机构包括（　　）。
   A. 集团总部　　　　　　　　B. 组织管理层
   C. 项目经理部　　　　　　　D. 岗位层次的组织机构
   E. 分公司
4. 建设工程项目成本管理的任务包括（　　）。
   A. 成本计划　　　　　　　　B. 成本核算
   C. 成本控制　　　　　　　　D. 成本考核
   E. 成本分析
5. 为了取得施工成本管理的理想成效，应当从多方面采取措施实施管理，通常可以将这些措施归纳为（　　）。

A. 组织措施 B. 技术措施
C. 经济措施 D. 合同措施
E. 法律措施

三、简答题

1. 简述成本管理任务的定义。
2. 建设工程项目成本管理目标制定的原则是什么？

单元 6　建设工程项目质量管理

【知识目标】
- 了解质量定义、质量控制与质量管理区别。
- 熟悉质量管理的几个基本原理、质量控制的工具和方法。
- 掌握质量影响因素、施工过程质量验收、施工过程质量验收不合格的处理、竣工质量验收。
- 能进行检验批、分项工程、分部工程、单位工程、单项工程的质量验收、建设工程质量事故的处理。

【知识目标】
- 能进行施工过程质量验收。
- 能进行竣工质量验收。
- 能对建设工程质量事故进行处理。

建设工程项目在施工过程中,对基础工程、砌筑工程、钢筋混凝土工程等工序及构件的制作应符合设计及使用要求。如何保证施工质量,是建设工程项目管理的重要工作。本单元我们将学习建设工程质量管理的相关知识,根据现行建设工程施工验收标准对建设工程实体各阶段质量进行控制检查和验收,掌握建设工程质量管理的程序和方法。

质量是建设工程项目管理的重要任务目标。质量目标的确定和实现过程,需要系统有效地应用质量管理和质量控制的基本原理和方法,通过各参与方的质量责任和职能活动的实施来达到。本单元的主要内容包括:质量管理和质量控制的基本理论;质量形成的影响因素、控制系统的建立和运行、施工质量控制和验收方法、常用的质量管理方法与工具以及质量事故的处理等。

任务 1　建设工程项目质量管理概述

6.1.1　建设工程项目质量

1. 建设工程项目质量概念

建设工程项目质量是指国家现行的有关法律、法规、技术标准、设计文件及建设工程合同中对建设工程的安全、使用、经济、美观等特性的综合要求。建设工程项目是按照建设工程项目承包合同形成的,其质量也是在相应合同条件下形成的。合同条件是业主的需要,是质量的重要内容,通常表现在项目的适用性、可靠性、经济性、外观质量与环境协调等方面。

2. 建设工程项目质量的内容

任何建设工程项目都是由分项工程、分部工程、单位工程及单项工程所构成,就建设工程项目而言,是由一道道工序完成的。因此,建设工程项目质量包含分项工程质量(包括检验批质量)、分部工程质量、单位工程质量以及单项工程质量。同时,建设工程项目质量还包括工作质量,工作质量是指参与建设工程建设者为了保证建设工程项目质量所从事工作的水平和完善程度。建设工程项目质量的高低是由业主、勘察、设计、施工、监理等单位各方面、各环节的综合反映,并不是单纯靠质量检验检查出来的,要保证建设工程项目质量就必须提高工作质量。

3. 建设工程项目质量实施

建设工程项目质量不仅包括活动或过程的结果,还包括活动或过程本身,即包括建设工程项目形成全过程,按照我国建设工程项目建设程序所包括的四阶段八步骤,建设工程项目质量包括决策质量、设计质量、施工质量、验收保修质量。

4. 建设工程项目质量的特点

建设工程项目质量的特点由建设工程项目的特点决定,其特点主要体现在其施工生产上,而施工生产又由建设产品特点反映,以建筑工程为例,建筑产品特点表现在产品本身位置上的固定性、类型上的多样性、体积庞大三个方面,因此,建筑施工具有生产的单体性、生产的流动性、露天作业和生产周期长的特点。

由于上述建设工程项目的特点,造就了建设工程项目质量具有以下特点。

(1) 影响因素多。如决策、设计、材料、机械、环境、施工工艺、施工方案、施工人员素质等都直接或间接影响建设工程项目质量。

(2) 质量波动大。建设工程项目因其单件性、施工的复杂性,其生产工艺和检测技术均不完善,其工业化程度、机械化操作程度低,因而其质量波动大。

(3) 易产生质量变异。由于影响建设工程项目质量因素多,任何一个因素出现偏差,均会造成质量事故,且影响质量的系统性因素和偶然性因素存在,建设工程项目易产生质量变异。

(4) 质量具有隐蔽性。由于建设工程项目在施工过程中,工序交接多,中间产品多,隐蔽工程多,若不及时检查验收容易产生第二类判断错误,即将不合格的产品认为是合格的。

(5) 终检局限大。当建设工程项目建成后,无法通过拆卸和解体来检查内在的质量问题,而是通过过程中形成的相关资料进行评定,因而建设工程项目终检验收时难以发现内在的隐蔽质量缺陷。当项目建成后发现有质量问题,是无法重新更换零件的,更不可能退货。因此,对于建设工程项目质量应重视事前控制和过程控制,防患于未然,将质量事故消灭在萌芽状态。

6.1.2 建设工程质量管理

1. 建设工程质量管理

按照《GB/T19000—ISO9000(2000)质量管理体系标准》的定义:"质量管理是指确立质量方针及实施质量方针的全部职能及工作内容,并对其工作效果进行评价和改进的一系列工作。"

按照质量管理的概念,组织必须通过建立质量管理体系实施质量管理。其中,质量方针是最高管理者的质量宗旨、经营理念和价值观的反映。在质量方针的指导下,通过质量手册、程序性管理文件、质量记录的制定,并通过制度的落实、管理人员与资源的配置、质量活动的责任分工与权限界定等,形成质量管理体系的运行机制。

2. 建设工程质量管理的 PDCA 循环

在生产实践和理论研究中形成的 PDCA 循环,是确立质量管理和建立质量体系的基本原理。PDCA 循环见图 6-1,每一循环都围绕预期目标,进行计划、实施、检查和处置并不断重复,随着对存在问题的克服、改进和解决,不断提高质量水平。PDCA 循环的四大职能活动相互联系,共同构成了质量管理体系的系统过程。

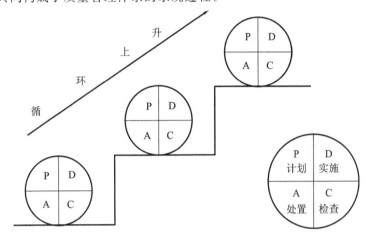

图 6-1 PDCA 循环

(1) 计划 P(plan)。

质量管理的计划职能,包括明确目标和制定实现质量目标的行动方案两方面。质量计划的严谨周密、经济合理并切实可行,是保证工作质量、产品质量和服务质量的前提条件。

建设工程项目的质量计划,是由项目参与人根据其在项目实施中所承担的任务、责任范围和任务目标,分别进行计划而形成的质量计划体系。其中,建设单位的建设工程项目质量计划包括确定和论证项目整体的质量目标,提出项目质量管理的组织、制度、工作程序、方法和要求。项目其他相关各方根据各自合同规定的质量标准,制定质量管理的实施方案,包括技术方案、检验试验方案、不合格产品处理方案、管理措施等实施方案文件,同时必须对其实现预期目标的可行性、经济性等方面进行论证,按规定的程序经审批后执行。

(2) 实施 D(do)。

实施职能在于将质量的目标值,通过生产要素的投入、作业技术活动和产出过程,生产出合格的产品。在质量活动的实施过程中,则要求严格执行计划的行动方案,规范行为,把质量管理计划的各项规定和安排落实到具体的资源配置和作业技术活动中去。

(3) 检查 C(check)。

指对计划实施过程进行各种检查,包括作业者的自检、互检和专职管理者专检。各类检查也都包含两大方面内容:一是检查是否严格执行了计划的行动方案,实际条件是否发生了变化,不执行计划的原因;二是检查计划执行的结果,即产出的质量是否达到标准的要求,对此进行确认和评价。

(4) 处置 A(action)。

对于质量检查所发现的质量问题,及时进行原因分析,采取必要的措施,予以纠正,保持建设工程质量形成过程的受控状态。处置分纠偏和预防改进两个方面。前者是采取应急措施,解决当前的质量偏差、问题或事故;后者是提出目前质量状况信息,并反馈给管理部门,反思问题症结或计划时的不周,确定改进目标和措施,为今后类似问题的质量预防提供借鉴。

3. 全面质量管理(TQC)的思想

TQC 即全面质量管理(total quality control),是20世纪中期在欧美和日本广泛应用的质量管理理念和方法。我国从20世纪80年代开始引进和推广全面质量管理方法。其基本原理就是强调在企业或组织的质量方针指引下,实行全面、全过程和全员参与的质量管理。

TQC 的主要特点是以顾客满意为宗旨,领导参与质量方针和目标的制定,提倡预防为主、科学管理、用数据说话等。在当今国际标准化组织颁布的 ISO9000—2000 版质量管理体系标准中,都体现了这些重要特点和思想。建设工程项目的质量管理,同样应贯彻如下三全管理的思想和方法。

(1) 全方位质量管理。

建设工程项目的全方位质量管理,是指建设工程项目各方干系人所进行的质量管理的总称,其中包括建设工程(产品)质量和工作质量的全面管理。工作质量是产品质量的保证,工作质量直接影响产品质量的形成。业主、监理单位、勘察单位、设计单位、施工总承包单位、施工分包单位、材料设备供应商等,任何一方任何环节的怠慢疏忽或质量责任不到位都会对建设工程质量造成影响。

(2) 全过程质量管理。

全过程质量管理是指根据建设工程质量的形成规律,从源头抓起,全过程推进。GB/T19000 强调质量管理的"过程方法"管理原则。因此,必须掌握识别过程和应用"过程方法"进行全过程质量控制。主要的过程有:项目策划与决策过程;勘察设计过程;施工采购过程;施工组织与准备过程;检测设备控制与计量过程;施工生产的检验试验过程;质量的评定过程;竣工验收与交付过程;回访维修服务过程等。

(3) 全员参与质量管理。

按照全面质量管理的思想,组织内部的每个部门和工作岗位都承担有相应的质量职能,组织的最高管理者确定了质量方针和目标,就应组织和动员全体员工参与到实施质量方针的系统活动中去,发挥自己的角色作用。开展全员参与质量管理的重要手段就是运用目标管理方法,将组织的质量总目标逐级进行分解,使之形成自上而下的质量目标分解体系和自下而上的质量目标保证体系,发挥组织系统内部每个工作岗位、部门或团队在实现质量总目标过程中的作用。

6.1.3 建设工程质量控制

1. 建设工程质量控制

质量控制的定义为:"质量控制是质量管理的一部分,致力于满足质量要求的一系列相关活动。"由于建设工程项目的质量要求是由业主(或投资者、项目法人)提出的,即建设工程项目的质量总目标,是业主的建设意图通过项目策划,包括项目的定义及建设规模、系统构成、使用功能和价值、规格档次标准等的定位策划和目标决策来确定的。因此,建设工程项目质量控制,在建设工程勘察设计、招标采购、施工安装、竣工验收等各个阶段,项目干系人均应围绕着致力于满足业主要求的质量总目标而展开。

质量控制所致力的一系列相关活动,包括作业技术活动和管理活动、产品或服务质量的产生,归根结底是由作业技术过程直接形成的。因此,作业技术方法的正确选择和作业技术能力的充分发挥是质量控制的致力点,包含了技术和管理两个方面。必须认识到,组织或人员具备相关的作业技术能力只是产出合格的产品或服务质量的前提,在社会化大生产的条件下,只有通过科学管理,对作业技术活动过程进行组织和协调,才能使作业技术能力得到充分发挥,实现预期的质量目标。

质量控制是质量管理的一部分而不是全部。两者的区别在于概念不同、职能范围不同、作用不同。质量控制是在明确的质量目标和具体的条件下,通过行动方案和资源配置计划,进行质量目标的事前控制、事中控制,实现预期质量目标的系统过程。

2. 质量控制的基本原理

质量控制的基本原理是运用全面质量管理的思想和动态控制的原理,进行质量的事前预控、事中控制和事后控制。

(1) 事前预控。

事前预控就是要求预先进行周密的质量计划,包括质量策划、管理体系、岗位设置。把各项质量职能活动,包括作业技术和管理活动,建立在有充分能力、条件保证和运行机制的基础上。对于建设工程项目,尤其施工阶段的质量预控,就是通过施工质量计划或施工组织设计或项目管理实施规划的制定过程,运用目标管理的手段,实施质量事前预控或称为质量的计划预控。

事前预控必须充分发挥组织的技术和管理方面的整体优势,把长期形成的先进技术、管理方法和经验智慧,创造性地应用于建设工程项目。

事前预控要求针对质量控制对象的控制目标、活动条件、影响因素进行周密分析,找出薄弱环节,制定有效的控制措施和对策。

(2) 事中控制。

事中控制也称作业活动过程质量控制,是指质量活动主体的自我控制和他人监控的控制方式。自我控制是第一位的,即作业者在作业过程中对自己质量活动行为的约束和技术能力的发挥,以完成预定质量目标。他人监控是指作业者的质量活动过程和结果,接受来自企业内部管理者和来自企业外部有关方面的检查检验,如监理机构、政府质量监督部门等的监控。事中质量控制的目标是确保工序质量合格,杜绝质量事故发生。

由此可知,事中控制的关键是增强质量意识,发挥操作者自我约束、自我控制。他人监控是必要的补充,没有前者或用后者取代前者都是不正确的。因此,有效进行过程控制,也就在于创造一种过程控制的机制。

(3) 事后控制。

事后控制也称为事后质量把关,杜绝不合格的工序或产品流入后道工序、流入市场。事后控制的任务就对质量活动结果进行评价、认定;对工序质量偏差进行纠正;对不合格产品进行整改和处理。

从理论上分析,对于建设工程项目,如果计划预控过程所制定的行动方案考虑得越周密,事中自控能力越强、监控越严格,实现质量预期目标的可能性就越大。理想的状况就是希望做到各项作业活动"一次成活""一次交验合格率达 100%"。但要达到这样的管理水平和质量形成能力是相当不容易的,即使坚持不懈地努力,也还可能有个别工序或分部分项施工质量会出现偏差,这是因为在作业过程中不可避免地会存在一些计划时难以预料的因素,包括系统因素和偶然因素的影响。

以上系统控制的三大环节,不是孤立和截然分开的,它们之间构成有机的系统过程,实际上也就是质量管理 PDCA 循环的具体化,并在每一次滚动循环中不断提高,达到持续改进的目的。

任务2　建设工程项目质量的形成过程和影响因素

由于建设产品的多样性和单件性决定了各具体建设工程项目的质量特性和目标的差异,但它们的质量形成过程和影响因素却有共同的规律。

6.2.1　建设工程项目质量的形成过程

1. 建设工程项目质量的基本特性

建设工程项目从本质上说是一项拟建或在建的建设产品,它跟一般产品具有同样的质量内涵,即一组固有特性满足需要的程度。这些特性是指产品的适用性、可靠性、安全性、经济性以及环境的适宜性等。由于建设产品一般是采用单件性筹划、设计和施工的生产组织方式,因此,其具体的质量特性指标是在各建设工程项目的策划、决策和设计过程中进行定义的。在工程管理实践和理论研究中,把质量的基本特性概括如下:

(1) 反映使用功能的质量特性。

建设工程项目的功能性质量,主要是反映对建设工程使用功能需求的一系列特性指标,如房屋建筑的平面空间布局、通风采光性能;工业建设工程项目的生产能力和工艺流程;道路交通建设工程的路面等级、通行能力等。按照现代质量管理理念,功能性质量必须以顾客关注为焦点,通过需求的识别进行定义。

(2) 反映安全可靠的质量特性。

建设产品不仅要满足使用功能和用途的要求,而且在正常的使用条件下应能达到安全可靠的要求,如建筑结构的自身安全可靠;建筑物使用过程的防腐蚀、防坠、防火、防盗、防辐射;设备系统运行与使用安全等。可靠性质量必须在满足功能性质量需求的基础上,结合技术标准、规范特别是强制性条文的要求进行确定与实施。

(3) 反映艺术文化的质量特性。

建设工程项目艺术文化特性的质量来自于设计者的设计理念、创意和创新,以及施工者对设计意图的领会与精益生产。

(4) 反映建设环境的质量特性。

作为项目管理对象(或管理单元)的建设工程项目,可能是独立的单项工程或单位工程,甚至某一主要分部工程,建设环境质量包括项目用地范围内的规划布局、道路交通组织、绿化景观,更追求其与周边环境的协调性或适宜性。

2. 建设工程项目质量的形成过程

从一般意义上说,建设工程项目是可以独立发包组织设计和施工的交工系统,如大型国际机场,其中的航站区、飞行区、工作区、航管设施、供油设施等,无论是在理论分析还是实践运作上,都是作为独立的建设工程项目或交工系统组织实施的。建设工程项目质量的形成过程,贯穿整个决策过程设计与施工过程,体现了质量从目标决策、目标细化到目标实现的系统过程。

(1) 质量需求的识别过程。

在建设项目决策阶段,主要工作包括建设项目发展策划、可行性研究、建设方案论证和投资决策。这一过程的质量职能在于识别建设意图和需求,对建设项目的性质、建设规模、使用功能、系统构成和建设标准等进行策划、分析、论证,为整个建设项目的质量总目标,以及建设项目内各质量目标提出明确要求。

必须指出,由于建设产品采取定制式的承发包生产,因此,其质量目标的决策是建设单位(业主)或项目法人的质量职能,尽管建设项目的前期工作,业主可以采用社会化、专业化的方式委托咨询机构、设计单位或工程总承包企业进行,但这一切并不改变业主或项目法人的决策性质。业主的需求和法律法规的要求,是决定项目质量目标的主要依据。

(2) 质量目标的定义过程。

建设工程项目质量目标的定义过程体现在设计阶段。设计是一种高智力的创造性活动。建设工程项目的设计任务,因其产品对象的单件性,总体上属于目标设计与标准设计相结合的特征。在总体规划设计与单体方案设计阶段,相当于目标产品的开发设计、总体规划和方案设计经过可行性研究和技术经济论证后,进入建设工程的标准设计,在整个过程中实现对质量目标的明确定义。由此可见,设计的任务就在于按照业主的建设意图、决策要点、法律法规和强制性标准的要求,将建设工程项目的质量目标具体化。通过建设工程的方案设计、扩大初步设计、技术设计和施工图设计等环节,对项目各细部的质量特性指标进行明确定义,为建设工程项目的施工安装作业活动及质量控制提供依据。另一方面,承包商为了创品牌工程或根据业主的创优要求及具体情况来确定总体质量目标,策划精品工程的质量控制。

(3) 质量目标的实现过程。

建设工程项目质量目标实现的最重要和最关键的过程是在施工阶段,包括施工准备过程和施工作业技术活动过程,其任务是按照质量策划的要求,制定企业或建设工程项目内控标准,实施目标管理、过程监控、阶段考核、持续改进的方法,严格按图纸施工,正确合理地配备施工生产要素,把特定的劳动对象转化成符合质量标准的建设产品。

综上所述,建设工程项目质量的形成过程,贯穿决策过程和实施过程,这些过程的各个重要环节构成了工程建设的基本程序,它是建设客观规律的体现。无论哪个国家和地区,无论其发达程度如何,只要讲求科学,都必须遵循这样的客观规律。尽管在信息技术高度发展的今天,流程可以再造,可以优化,但不能改变流程所反映的事物本身的内在规律。建设工程项目质量的形成过程,在某种意义上说,也就是在执行建设程序的过程中,对建设工程项目实体注入一组固有的质量特性,以满足人们的预期需要。在这个过程中,业主方的项目管理,担负着对整个建设工程项目质量总目标的策划、决策和实施监控的任务。而建设工程项目各参与方,则承担着质量目标的控制职能和相应的质量责任。

6.2.2 建设工程项目质量的影响因素

对于建设项目质量影响的因素,归纳起主要有五大方面,包括人、材料、机械、施工方法和环境因素。

1. 人的因素控制

人是指直接参与工程建设的决策者、组织者、指挥者和操作者。人作为控制的对象,要避免产生失误;人作为控制的动力,要充分调动其积极性,发挥"人的因素第一"的主导作用。

为了避免人的失误,调动人的主观能动性,增强人的责任感和质量观,达到以工作质量保工序质量、促建设工程质量的目的,除了加强政治思想教育、劳动纪律教育、职业道德教育、专业技术知识培训、健全岗位责任制、改善劳动条件、公平合理的激励外,还需根据建设工程项目的特点,从确保质量出发,本着适才适用,扬长避短的原则来控制。

在建设工程质量控制中,人员的参与,一种是以个体形态存在,另一种是以某一组织的形态参与,下面分别介绍两种形态下的人的控制。

1) 个体人员因素控制

(1) 领导层的素质。

在对设计、监理、施工承包单位进行资质认证和优选时,一定要考核领导层的素质。因为领导层整体的素质好,决策能力强,组织机构健全,管理制度完善,经营作风正派,技术措施得力,社会信誉高,实践经验丰富,善于协作配合,这样就有利于合同执行,有利于确保质量、投资、进度三大目标的实现。事实证明,领导层的整体素质,是提高工作质量和建设工程质量的关键。

(2) 人的理论、技术水平。

人的理论、技术水平直接影响建设工程质量水平,尤其是对技术复杂、难度大、精度高、工艺新的建设工程项目。例如:功能独特、造型新颖的建筑设计;特种结构;空间结构的理论计算;危害性大、原因复杂的建设工程质量事故分析处理等均应选择既有丰富理论知识,又有丰富实践经验的建筑师、结构工程师和有关的技术人员承担。必要时还应对他们的技术水平予以考核,进行资质认证。

(3) 人的违纪违章。

人的违纪违章,指人粗心大意、漫不经心、注意力不集中、不懂装懂、无知而又不虚心、不履行安全措施、不认真做安全检查、随意乱扔东西、任意使用规定外的机械装置、不按规定使用防护用品、碰运气、图省事、玩忽职守、有意违章等,都必须严加教育、及时制止。

(4) 施工企业管理人员和操作人员控制。

施工队伍的管理者和操作者,是建设工程的主体,是产品形成的直接创造者,人员素质高低及质量意识的强弱都直接影响到建设产品的优劣,应认真抓好素质教育,不断提高操作者的生产技能,严格控制操作者的技术资质、资格与准入条件。

(5) 持证上岗。

项目经理实行持证上岗制度。项目经理是岗位职务,从 2008 年开始,项目经理必须由取得建造师执业资格证书(分为一级建造师和二级建造师)的人员担任。项目技术负责人的资格应与所承包的建设工程项目的结构特征、规模大小和技术要求相适应。

专业工长和专业管理人员(九大员)必须经培训、考核合格,具有岗位证书的人员担任。

特殊专业工种(焊工、电工、防水工等)的操作人员应经专业培训并获得相应资格证书,其他工种的操作工人应取得高、中、初级工的技能证书。

(6) 素质教育。

学习有关建设工程质量的法律、法规和规章,提高法律观念、质量意识,树立良好的职业道德。学习国家标准、规范、规程等技术法规,提高业务素质,加强技术标准、管理标准和企业标准化建设。组织工人学习工艺、操作规程,提高操作技能,开展治理质量通病活动,消除影响结构安全和使用功能的质量通病。

全面开展"五严活动"。严禁偷工减料,严禁粗制滥造,严禁假冒伪劣、以次充好,严禁盲目指挥、玩忽职守,严禁私招乱揽、层层转包、违法分包。

2) 组织人员因素控制

人在参与施工项目质量控制时,是以各种组织的身份来作出或不作出某种行为的,这就要求参与人必须充分了解并切实履行所代表的组织在质量控制中应承担的责任和义务。

(1) 建设单位的质量责任和义务。

① 建设单位应当将建设工程发包给具有相应资质等级的承建单位,建设单位不得将建设工程肢解发包。

② 建设单位应当依法对项目的勘察、设计、施工、监理以及工程建设有关的重要设备、材料采购进行招标。

③ 建设单位必须向有关的勘察、设计、监理等单位提供与建筑建设工程有关的原始资料,原始资料必须真实、准确、齐全。

④ 建设单位不得明示或者暗示设计单位或者施工单位违反建设强制性标准,降低建设工程质量。

⑤ 建设单位应将施工图设计文件报县级以上人民政府建设行政主管部门或者其他有关部门审查。施工图设计文件审查的具体办法,由国务院建设行政主管部门会同国务院其他有关部门制定。施工图设计文件未经审查的不得使用。

⑥ 实行监理的建设工程,建设单位应当委托具有相应资质等级的监理单位进行监理,也可以委托具有监理相应资质等级并与被监理的施工承包单位没有隶属关系或者其他利害关系的进行监理。下列建设工程必须实施监理。

A. 国家重点建设工程。

B. 大中型公用事业建设工程。

C. 成片开发建设的住宅小区建设工程。

D. 利用外国政府或者国际组织贷款、援助资金的建设工程。

E. 国家规定必须实行监理的其他建设工程。

⑦ 建设单位在领取施工许可证或者开工报告前,应当按照国家有关规定办理建设工程质量监督手续。

⑧ 建设单位不得明示或者暗示施工单位使用不合格的材料、构配件和设备。

⑨ 房屋建筑使用者在装修过程中,不得擅自变动房屋建筑材料、建筑主体和承重结构。

⑩ 建设工程竣工验收应具备下列条件。

A. 完成建设工程设计和合同约定的各项内容。

B. 有完整的技术档案和管理资料。

C. 有建设工程使用的主要材料、配件和设备的进场试验报告。

D. 有勘察、设计、施工、监理等单位分别签署的质量合格文件。

E. 有施工单位签署的建设工程保修书。建设工程经验收合格的,方可交付使用。

建设单位应当严格按照国家有关档案管理的规定,及时收集、整理各环节的文件资料,建立、健全建设项目档案,并在工程竣工验收后,及时向建设行政主管部门或者其他有关部门移交建设项目档案。

(2) 勘察、设计单位的质量责任和义务。

勘察、设计单位的质量责任和义务如下。

① 从事建设工程勘察、设计的单位应当依法取得相应等级的资质证书,并在其资质等级许可的范围内承揽建设工程。禁止勘察、设计单位超越其资质等级许可的范围或者以其

他勘察、设计单位的名义承揽建设工程。禁止勘察、设计单位允许其他单位或者个人以本单位的名义承揽工程。勘察、设计单位不得转包或者违法分包所承揽的工程。

② 勘察、设计单位必须按照建设强制性标准进行勘察、设计,并对其勘察、设计的质量负责。注册建筑师、注册结构工程师等注册执业人员应当在设计文件上签字,对设计文件负责。

③ 勘察单位提供的地质、测量、水文等勘察成果必须真实、准确。

④ 设计单位应当根据勘察成果文件进行建设工程设计。设计文件应当符合国家规定的设计深度要求,注明建设工程合理使用年限。

⑤ 设计单位在设计文件中选用的材料、构配件和设备,应当注明规格、型号、性能等技术指标,其质量要求符合国家规定的标准。除有特殊要求的材料、专用设备、工艺生产等外,设计单位不得指定生产厂、供应商。

⑥ 设计单位应当就审查合格的施工设计文件向施工单位作出详细说明。

⑦ 设计单位应当参与建设工程质量事故分析,并对因设计造成的质量事故,提出相应的技术处理方案。

(3) 施工单位的质量责任和义务。

施工单位的质量责任和义务如下。

① 施工单位应当依法取得相应等级的资质证书,并在其资质等级许可的范围内承揽建设工程。禁止施工单位超越本单位资质等级许可的业务范围或者以其他施工单位的名义承揽建设工程。禁止施工单位允许其他单位或者个人以本单位的名义承揽建设工程。施工单位不得转包或者违法分包建设工程。

② 施工单位对建设工程的施工质量负责。施工单位应当建立质量责任制,确定建设工程项目的项目经理、技术负责人和施工管理负责人。建设工程实行总承包的,总承包单位应当对全部建设工程质量负责;建设工程勘察、设计、施工、设备采购的一项或者多项实行总承包的,总承包单位应当对其承包的建设工程或者采购的设备的质量负责。

③ 总承包单位依法将建设工程分包给其他单位的,分包单位应当按照分包合同的约定对其分包建设工程的质量向总承包单位负责,总承包单位与分包单位对分包建设工程的质量承担连带责任。

④ 施工单位必须按照建设工程设计图和施工技术标准施工,不得擅自修改建设工程设计,不得偷工减料。施工单位在施工过程中发现设计文件和图纸有差错的,应当及时提出意见和建议。

⑤ 施工单位必须按照设计要求、施工技术标准和合同约定,对建筑材料、建筑构配件、设备和商品混凝土进行检验,检验应当有书面记录和专人签字;未经检验或者检验不合格的,不得使用。

⑥ 施工单位必须建立、健全施工质量的检验制度,严格工序管理,做好隐蔽工程的质量检查和记录。隐蔽工程在隐蔽前,施工单位应当通知建设单位和建设工程质量监督机构。

⑦ 施工人员对涉及结构安全的试块、试件以及有关材料,应当在建设单位或者监理单位监督下现场取样,并送具有相应资质等级的质量检测单位进行检测。

⑧ 施工单位对施工中出现质量问题的建设工程或者竣工验收不合格的建设工程,应当负责返修。

⑨ 施工单位应当建立、健全教育培训制度,加强对职工的教育培训;未经教育培训或者

考核不合格的人员,不得上岗作业。

(4) 监理单位的质量责任和义务。

① 监理单位应当依法取得相应等级的资质证书,并在其资质等级许可的范围内承担建设工程监理业务。禁止监理单位超越本单位资质等级许可的范围或者以其他监理单位的名义承担监理业务。禁止监理单位允许其他单位或者个人以本单位的名义承担建设工程监理业务。监理单位不得转让监理业务。

② 监理单位与被监理的施工承包单位以及材料、构配件和设备供应单位有隶属关系或者其他利害关系的,不得承担该项建设工程的监理业务。

③ 监理单位应当依照法律、法规以及有关技术标准、设计文件和建设工程承包合同,代表建设单位对施工质量实施监理,并对施工质量承担监理责任。

④ 监理单位应当选配相应的总监理工程师和监理工程师进驻施工现场。未经监理工程师签字,建筑材料及设备不得在建设工程上使用或者安装,施工单位不得进行下一道工序的施工;未经总监理工程师签字,建设单位不拨付工程款,不进行竣工验收。

⑤ 监理工程师应当按照建设工程监理规范的要求,以旁站、巡视和平行检验等形式,对建设工程实施监理。

2. 材料的质量控制

材料(含构配件)是建设工程施工的物质条件,没有材料就无法施工。材料的质量是建设工程质量的基础,材料质量不符合要求,建设工程质量也就不可能符合标准。所以,加强材料的质量控制,是提高工程质量的重要保证,也是创造正常施工条件的前提。

1) 材料质量控制的要点

材料质量控制的要点包括以下几个方面。

(1) 掌握材料信息,优选供货厂家。掌握材料质量、价格、供货能力的信息,选择好供货厂家,就可获得质量好、价格低的材料资源,从而确保建设工程质量,降低建设工程造价。这是企业获得良好社会效益、经济效益、提高市场竞争力的重要因素。

材料订货时,要求厂方提供质量保证文件,用以表明提供的货物完全符合质量要求。质量保证文件的内容主要包括:供货总说明;产品合格证及技术说明书;质量检验证明;检测与试验者的资质证明;不合格品或质量问题处理的说明及证明;有关图纸及技术资料等。

对于材料、设备、构配件的订货、采购,其质量要满足有关标准和设计的要求;交货期应满足施工及安装进度计划的要求。对于大型的或重要设备,以及大宗材料的采购,应当实行招标采购的方式;对某些材料,如瓷砖等装饰材料订货时最好一次订齐和备足货源,以免由于分批订货而出现颜色差异、质量不一。

(2) 合理组织材料供应,确保施工正常进行。

合理、科学地组织材料的采购、加工、储备、运输,建立严密的计划、调度体系,加快材料的周转,减少材料的占用量,按质、按量、如期地满足建设需要,是提高供应效益、确保正常施工的关键环节。

(3) 合理组织材料使用,减少材料的损失,正确按定额计量使用材料,加强运输、仓库保管工作,加强材料限额管理和发放工作,健全现场材料管理制度,避免材料损失、变质,这是确保材料质量、节约材料的重要措施。

(4) 加强材料检查验收,严把材料质量关。

① 对用于建设工程的主要材料,进场时必须具备正式的出厂合格证和材质化验单。如

不具备或对检验证明有怀疑时,应补做检验。

② 建设工程中所有构件,必须具有厂家批号和出厂合格证。钢筋混凝土和预应力钢筋混凝土构件,均应按规定的方法进行抽样检验。由于运输、安装等原因出现的构件质量问题,应分析研究,经处理鉴定合格后方能使用。

③ 凡标志不清或认为质量有问题的材料;对质量保证资料有怀疑或与合同规定不符合的一般材料;由建设工程重要程度决定,应进行一定比例试验的材料;需要进行追踪检验,以控制和保证其质量的材料等,均应进行抽检。对于进口的材料设备和重要建设工程或关键施工部位所用的材料,则应进行全部检验。

④ 材料质量抽样和检验的方法要能反映该批材料的质量性能。对于重要构件或关键部位的材料,还应酌情增加采样的数量。

⑤ 在现场配制的材料,如混凝土、砂浆等的配合比,应先提出试配要求,经试配检验合格后才能使用。

⑥ 对进口材料、设备应会同商检局检验,如核对凭证中发现问题,应取得供方和商检人员签署的商务记录,及时提出索赔。

(5) 要重视材料的使用认证,以防错用或使用不合格的材料。

① 对主要装饰材料及建筑配件,应在订货前要求厂家提供样品或看样订货;主要设备订货时,要审核设备清单是否符合设计要求。

② 对材料性能、质量标准、适用范围和施工要求必须充分了解,以便慎重选择和使用材料。

③ 凡是用于重要结构、部位的材料,使用时必须仔细地核对、认证其材料的品种、规格、型号、性能有无错误,是否适合建设工程特点和满足设计要求。

④ 新材料应用,必须通过试验和鉴定;代用材料必须通过计算和充分的论证,并要符合结构构造的要求。

⑤ 材料认证不合格时,不许用于建设工程中。有些不合格的材料,如过期、受潮的水泥是否降级使用,亦需结合建设工程的特点予以论证,但决不允许用于重要的建设工程或部位。

(6) 现场材料管理。

管理内容如下。

① 入库材料要分型号、品种,分区堆放,予以标识,分别编号。

② 对易燃易爆的物资,要专门存放,有专人负责,并有严格的消防保护措施。

③ 对有防湿、防潮要求的材料,要有防湿、防潮措施,并要有标识。

④ 对有保质期的材料要定期检查,防止过期,并做好标识。

⑤ 易损坏的材料、设备,要保护好外包装,防止损坏。

2) 材料质量控制的原则

(1) 材料质量控制的基本要求。

虽然建设工程使用的材料种类很多,其质量要求也各不相同,但是从总体上说,材料可以分为直接使用的进场材料和现场进行二次加工后使用的材料两大类。前者如砖或砌块,后者如混凝土和砌筑砂浆等。这两类进场材料质量控制的基本要求都应当掌握。

① 材料进场时其质量必须符合规定。

② 各种材料进场后应妥善保管,避免质量发生变化。

③ 材料在施工现场的二次加工必须符合有关规定，如混凝土和砂浆配合比、拌制工艺等必须符合有关规范标准和设计的要求。

④ 了解主要材料常见的质量问题及处理方法。

（2）进场材料质量的验收。

① 对材料外观、尺寸、形状、数量等进行检查。对材料外观等进行检查，是任何材料进场验收必不可缺的重要环节。

② 检查材料的质量证明文件。

③ 检查材料性能是否符合设计要求。材料质量不仅应该达到规范规定的合格标准，当设计有要求时，还必须符合设计要求。因此，材料进场时还应对照设计要求进行检查验收。

④ 为确保建设工程质量，对涉及地基基础与主体结构安全或影响主要建筑功能的材料，还应当按照有关规范或行政管理规定进行抽样复试。以检验其实际质量与所提供的质量证明文件是否相符。

（3）见证取样和送检。

近年来，随着建设工程质量管理的深化，对建设工程材料试验的公正性、可靠性提出了更高的要求。从1995年开始，我国北京、上海等城市开始实行见证取样送检制度。具体做法是：对部分重要材料试验的取样、送检过程，由监理工程师或建设单位的代表到场见证，确认取样，符合有关规定后，予以签认，同时将试样封存，直至送达试验单位。为了更好地控制建设工程及材料质量，质量控制参与者应当熟悉见证取样的有关规定，要求建设单位、监理单位、施工单位认真实施。应当将见证取样送检的试验结果与其他试验结果进行对比，互相印证，以确认所试项目的结论是否正确、真实。如果应当进行见证取样送检的项目，由于种种原因未做时，应当采取补救措施。例如，当条件许可时，应该补做见证取样送检试验，当不具备补做条件时，对相应部位应该进行检测等。

见证取样送检制度提高了取样与送检环节的公正性，但对试验环节没有涉及。通常由各地根据自己的情况对试验环节加以管理。

（4）新材料的使用。

新材料通常指新研制成功或新生产出来的未曾在建设工程上使用过的材料。建设工程使用新材料时，由于缺乏相对成熟的使用经验，对新材料的某些性能不熟悉，因此必须贯彻"严格""稳妥"的原则，我国许多地区和城市对建设工程使用新型材料都有明确和严格的规定。通常，新材料的使用应该满足以下三条要求。

① 新材料必须是生产或研制单位的正式产品，有产品质量标准，产品质量应达到合格等级。任何新材料，生产研制单位除了应有开发研制的各种技术资料外，还必须具有产品标准。如果没有国家标准、行业标准或地方标准，则应该制定企业标准，企业标准应按规定履行备案手续。材料的质量，应该达到合格等级。没有质量标准的材料，或不能证明质量达到合格的材料，不允许在工程上使用。

② 新材料必须通过试验和鉴定。新材料的各项性能指标，应通过试验确定。试验单位应具备相应的资质。为了确保新材料的可靠性与耐久性，在新材料用于建设工程前，应通过一定级别的技术论证与鉴定。对涉及地基基础、主体结构安全及环境保护、防火性能以及影响重要功能的材料，应经过有关管理部门批准。

③ 使用新材料，应经过设计单位和建设单位的认可，并办理书面认可手续。

（5）材料质量标准。

材料质量标准是用以衡量材料质量的尺度,也是作为验收、检验材料质量的依据。不同的材料有不同的质量标准。如水泥的质量标准有细度、标准稠度用水量、凝结时间、强度、体积安定性等。掌握材料的质量标准,就便于可靠地控制材料和建设工程的质量。如水泥颗粒越细,水化作用就越充分,强度就越高;初凝时间过短,不能满足施工对操作时间的要求,初凝时间过长,又影响施工进度;安定性不良,会引起水泥石开裂,造成质量事故;强度达不到等级要求,直接危害结构的安全。为此,对水泥的质量控制,就是要检验水泥是否符合质量标准。

(6) 材料质量的检验。

① 材料质量的检验目的。

是通过一系列的检测手段,将所取得的材料数据与材料的质量标准相比较,借以判断材料质量的可靠性及能否使用于建设工程中,同时还有利于掌握材料信息。材料质量的检验方法有书面检验、外观检验、理化检验和无损检验四种。

A. 书面检验是通过对提供的材料质量保证资料、试验报告等进行审核,取得认可方能使用。

B. 外观检验是对材料从品种、规格、标志、外形尺寸等进行直观检查,看其有无质量问题。

C. 理化检验是借助试验设备和仪器对材料样品的化学成分、机械性能等进行科学的鉴定。

D. 无损检验是在不破坏材料样品的前提下,利用超声波、X射线、表面探伤仪等进行检测。

② 材料质量的检验程度。

根据材料信息和保证资料的具体情况,其质量检验程度分免检、抽检和全部检验三种。

A. 免检。就是免去质量检验过程。对有足够质量保证的一般材料,以及实践证明质量长期稳定且质量保证资料齐全的材料,可予免检。

B. 抽检。就是按随机抽样的方法对材料进行抽样检验。当对材料的性能不清楚,或对质量保证资料有怀疑,或成批生产的构配件,均应按一定比例进行抽样检验。

C. 全部检验。凡对进口的材料、设备和重要部位的材料,以及贵重的材料,应进行全部检验,以确保材料和工程质量。

③ 材料检验项目。

一般试验项目为通常进行的试验项目;其他试验项目为根据需要进行的试验项目。具体内容参阅材料检验项目的相关规定。

材料质量检验的取样材料必须有代表性,即所采取样品的质量应能代表该批材料的质量。

3) 材料的选择和使用要求

材料的选择和使用不当,均会严重影响建设工程质量或造成质量事故。为此,必须针对建设工程特点,根据材料的性能、质量标准、适用范围和对施工要求等方面进行综合考虑,慎重地选择和使用材料。如不同品种、强度等级的水泥,由于水化热不同,不能混合使用;硅酸盐水泥、普通水泥因水化热大,适宜于冬期施工,而不适宜于大体积混凝土工程。

4) 常用材料的质量控制

(1) 进场水泥的质量控制。

水泥是一种有效期短、质量极容易变化的材料,同时又是工程结构最重要的胶结材料。水泥质量对建设工程的安全具有十分重要的意义。由水泥质量引发的质量问题比较常见,对此应该引起足够重视。

① 对进场水泥的质量进行验收工作。

A. 检查进场水泥的生产厂是否具有产品生产许可证。

B. 检查进场水泥的出厂合格证或试验报告。

C. 对进场水泥的品种、标号、包装或散装仓号、出厂日期等进行检查。对袋装水泥的实际重量进行抽查。

D. 按照产品标准和施工规范要求,对进场水泥进行抽样复试。抽样方法及试验结果必须符合国家有关标准的规定。由于水泥有多种不同类别,其质量指标与化学成分以及性能各不相同,故应对抽样复试的结果认真加以检查,各项性能指标必须全部符合标准。

E. 当对水泥质量有怀疑时,或水泥出厂日期超过三个月时,应进行复试,并按试验结果使用。水泥的抽样复试应符合见证取样送检的有关规定。

② 进场水泥的保存、使用。

A. 必须设立专用库房保管。水泥库房应该通风、干燥、屋面不渗漏、地面排水通畅。

B. 水泥应按品种、标号、出厂日期分别堆放,并应当用标牌加以明确标示。标牌书写项目、内容应齐全。当水泥的贮存期超过三个月或受潮、结块时,遇到标号不明、对其有怀疑时,应当进行取样复试,并按复试结果使用。这样的水泥,不允许用于重要建设工程和建设工程的重要部位。

C. 为了防止材料混合后出现变质或强度降低现象,不同品种的水泥,不得混合使用。各种水泥有各自的特点,在使用时应予以考虑。例如,硅酸盐水泥、普通水泥因水化热大,适宜于冬期施工,而不适宜于大体积混凝土工程;矿渣水泥适用于大体积混凝土和耐热混凝土,但具有泌水性好的特点,易降低混凝土的匀质性和抗渗性,施工时必须注意。

(2) 进场钢筋的质量控制。

① 进场钢筋的验收工作。

A. 检查进场钢筋生产厂是否具有产品生产许可证。

B. 检查进场钢筋的出厂合格证或试验报告。

C. 按炉罐号、批号、钢筋直径和级别等对钢筋的标志、外观等进行检查。进场钢筋的表面或每捆(盘)均应有标志,且应标明炉罐号或批号。

D. 按照产品标准和施工规范要求,按炉罐号、批号及钢筋直径和级别等分批抽取试样作力学性能试验。试验结果应符合国家有关标准的规定。

E. 当钢筋在运输、加工过程中,发现脆断、焊接性能不良或力学性能显著不正常等现象时,应根据国家标准对该批钢筋进行化学成分检验或其他专项检查。

F. 钢筋的抽样复试应符合见证取样送检的有关规定。

② 对冷拉钢筋的质量验收。

A. 应进行分批验收。每批由不大于 20 t 的同级别、同直径冷拉钢筋组成。

B. 钢筋表面不得有裂纹和局部缩颈,当用作预应力筋时,应逐根检查。

C. 从每批冷拉钢筋中抽取 2 根钢筋,每根取 2 个试样分别进行拉力和冷弯试验。当有一项试验结果不符合规定时,应当取加倍数量的试样重新试验,当仍有一个试样不合格时,则该批冷拉钢筋为不合格品。

3. 机械设备质量控制

1) 施工现场机械设备控制的意义

施工生产活动,除了要具备劳动力和劳动对象之外,还必须具有一定数量的劳动资料。机械设备是建设产品生产的主要劳动资料,是生产建设产品必备的基本要素。随着建筑工业化的发展,施工机械越来越多,并将逐步代替繁重的体力劳动,在施工生产中发挥愈来愈大的作用。加强现场施工机械设备管理,使机械设备经常处于良好的技术状态,对提高劳动生产效率、减轻劳动强度、改善劳动环境、保证建设工程质量、加快施工速度等都具有重要作用。现场施工机械设备管理是施工企业管理的重要组成部分,是提高经济效益的重要环节。

2) 施工现场机械设备控制的任务与内容

施工企业机械设备管理从选购(或自制)机械设备开始,包括投入施工、磨损、补偿直到报废为止的全过程的管理。而现场施工机械设备管理主要是正确选择(或租赁)和使用机械设备,及时搞好施工机械设备的维护和保养,按计划检查和修理,建立现场施工机械设备使用管理制度等。其主要任务是采取技术、经济、组织措施对机械设备合理使用,用养结合,提高施工机械设备的使用效率,尽可能降低机械使用成本,提高经济效益。

现场施工机械设备管理的内容主要有以下几个方面。

(1) 机械设备的选择与配套。任何一个项目施工机械设备的合理装备,必须依据施工组织设计。首先,对机械设备的技术经济进行分析,选择既满足生产、技术先进又经济合理的机械设备。结合施工组织设计,分析自制、购买和租赁的分界点,进行合理装备。其次,现场施工机械设备的装备必须配套使用,使设备在性能、能力等方面相互配套。如果设备数量多,但相互之间不配套,不仅机械性能不能充分发挥,而且会造成经济上的浪费。所以不能片面地认为设备的数量越多越好。现场施工机械设备的配套必须考虑主机和辅机的配套关系,考虑前后工序机械设备间的配套关系,考虑大、中、小型建设工程机械及动力工具的多层次结构的合理比例关系。

(2) 现场机械设备的合理使用。现场机械设备管理要处理好"养""管""用"三者之间的关系,遵照机械设备使用的技术规律和经济规律,合理有效地利用机械设备,使之发挥较高的使用效率。为此,操作人员使用机械时必须严格遵守操作规程,反对"拼设备""吃设备"等野蛮操作。

(3) 现场机械设备的保养和修理。为了提高机械设备的完好率,使机械设备经常处于良好的技术状态,必须做好机械设备的维修保养工作。同时,定期检查和校验机械设备的运转情况和工作精度,发现隐患及时采取措施。根据机械设备的性能、结构和使用状况,制订合理的修理计划,以便及时恢复现场机械设备的工作能力,预防事故的发生。

3) 施工机械设备使用控制

(1) 合理配备各种机械设备。

由于建设工程特点及生产组织形式各不相同,因此,在配备现场施工机械设备时必须根据建设工程特点,经济合理地为工程配好机械设备,同时又必须根据各种机械设备的性能和特点,合理地安排施工生产任务,避免"大机小用""精机粗用",以及超负荷运转的现象。而且还应随建设工程任务的变化及时调整机械设备,使各种机械设备的性能与生产任务相适应。现场施工单位在确定施工方案和编制施工组织设计时,应充分考虑现场施工机械设备管理方面的要求,统筹安排施工顺序和平面布置图,为机械施工创造必要的条件。如水、电、动力供应,照明的安装、障碍物的拆除,以及机械设备的运行路线和作业场地等。现场负责人要善于协调施工生产和机械使用管理间的矛盾,既要支持机械操作人员的正确意见,又要向机械操作人员进行技术交底和提出施工要求。

(2) 实行人机固定的操作证制度。

为了使施工机械设备在最佳状态下运行使用,合理配备足够数量的操作人员并实行机械使用、保养责任制是关键。现场的各种机械设备应定机定组交给一个机组或个人,使之对机械设备的使用和保养负责。操作人员必须经过培训和统一考试合格取得操作证后,方可独立操作。无证人员登机操作应按严重违章操作处理。坚决杜绝为赶进度而任意指派机械操作人员之类事件的发生。

(3) 建立健全现场施工机械设备使用的责任制和其他规章制度。

人员岗位责任制,操作人员在开机前、使用中、停机中,必须按规定的项目要求,对机械设备进行检查和例行保养,做好清洁、润滑、调整、紧固、防腐工作。经常保持机械设备的良好状态,提高机械设备的使用效率,节约使用费用,取得良好的经济效益。

(4) 创造良好的环境和工作条件。

① 创造适宜的工作场地。水、电、动力供应充足,工作环境应整洁、宽敞、明亮,特别是夜晚施工时,要保证施工现场的照明。

② 配备必要的保护,安全、防潮装置,有些机械设备还必须配备降温、保暖、通风等装置。

③ 配备必要测量、控制和保险用的仪表和仪器等装置。

④ 建立现场施工机械设备的润滑管理系统。即实行"五定"的润滑管理——定人、定质、定点、定量、定期的润滑制度。

⑤ 开展施工现场范围内的完好设备竞赛活动。完好设备是指零件、部件和各种装置完整齐全、油路畅通、润滑正常、内外清洁,性能和运转状况均符合标准的设备。

⑥ 对于在冬期施工中使用的机械设备,要及时采取相应的技术措施,以保证机械正常运转。如准备好机械设备的预热保温设备;在投入冬期使用前,对机械设备进行一次季节性保养,检查全部技术状态,换用冬期润滑油等。

(5) 现场施工机械设备使用控制建立"三定"制度。

① "三定"制度的意义。"三定"制度,即定人、定机、定岗位责任,是人机固定原则的具体表现,是保证现场施工机械设备得到最合理使用和精心维护的关键。"三定"制度是把现场施工机械设备的使用、保养、保管的责任落实到个人。

② 施工现场落实"三定"制度形式。施工现场"三定"制度的形式可多种多样,根据不同情况而定,但是必须把本工地所属的全部机械设备的使用、保管、保养的责任落实到人。做到人人有岗位,事事有专责,台台机械有人管,具体可利用以下几种形式。

A. 多人操作式多班作业的机械设备,在指定操作人员基础上,任命一人为机长,实行机长负责制。

B. 一人一机或一人多机作业的机械,实行专机专人负责制。

C. 掌握有中、小型机械设备的班组,在机械设备和操作人员不能固定的情况下,应任命机组长对所管机械设备负责。

D. 施工现场向企业租赁或调用机械设备时,对大型机械原则上做到机调人随,重型或关键机械必须人随机走。

在"三定"制度内部,建立健全机械操作人员与机长的职责,班与班之间的责任制。

③ 操作人员职责包括以下几方面。

A. 严格遵守操作规程,主动积极为施工生产服务,高质低耗地完成机械作业任务。

B. 爱护机械设备,执行保养制度,认真按规定要求做好机械设备的清洁、润滑、加固、调整、防腐等工作,保证机械设备整洁完好。

C. 保管好原机零件、部件、附属设备、随机工具,做到完整齐全,不丢失或无故损坏。

D. 认真执行交接班制度,及时准确地填写机械设备的各项原始记录,经常反映机械设备的技术状况。

④ 机长职责包括以下几方面。

A. 组织并督促检查全组人员对机械设备的正确使用、保养、保管和维修,保证完成机械施工作业任务。

B. 检查并汇总各项原始记录及报表,及时准确上报,组织机组人员进行单机核算。

C. 组织并检查交接班制度执行情况。

D. 组织机组人员的技术业务学习,并对人员的技术考核提出意见。

另外,为了使多班作业的机械设备不致由于班与班之间交接不清而发生操作事故、附件丢失或责任不清等现象,必须建立交接班制度作为岗位责任制的组成部分。机械设备交接班时,首先应由交方填写交接班记录,并作口头补充介绍,经接方核对确认签收后方可下班。交接班的内容有以下几方面。

Ⅰ 交清本班任务完成情况、工作面情况及其他有关注意事项或要求。

Ⅱ 交清机械运转及使用情况,特别应介绍有无异常情况及处理经过。

Ⅲ 交清机械保养情况及存在问题。

Ⅳ 交清机械随机工具、附件和消耗材料等情况。

Ⅴ 填好本班各项原始记录,做好机械清洁工作。

4. 施工方法的质量控制

方法控制是指施工项目为达到合同条件的要求,在项目施工阶段内所采取的技术方案、工艺流程、组织措施、检测手段、施工组织设计等的控制。

施工项目的施工方案正确与否直接影响施工项目的进度控制、质量控制、投资控制三大目标能否顺利实现的关键。为此,在制定和审核施工方案时,必须结合建设工程实际从技术、组织、管理、工艺、操作、经济等方面进行全面分析、综合考虑,力求方案技术可行、经济合理、工艺先进、措施得力、操作方便,有利于提高质量、加快进度、降低成本。

施工方案的确定一般包括确定施工流向、施工顺序,划分施工段,选择施工方法和施工机械。

1) 确定施工流向

确定施工流向是解决施工项目在平面上、空间上的施工顺序,确定时应考虑以下因素。

(1) 按生产工艺要求,须先期投入生产或起主导作用的建设工程项目先施工。

(2) 技术复杂、施工进度较慢、工期较长的工段和部位先施工。

(3) 满足选用的施工方法、施工机械和施工技术的要求。

(4) 符合建设工程质量与安全的要求。

(5) 确定的施工流向不得与材料、构件的运输方向发生冲突。

2) 确定施工顺序

施工顺序是指一个建设项目或单位工程,在施工中应遵循的合理施工顺序。其主要解决工序间在时间上的搭接关系,以充分利用空间、争取时间、缩短工期。施工应遵循先地下、后地上;先土建、后安装;先高空、后地面;先设备安装、后管道电气安装的顺序。

3) 划分施工段

施工段的划分,必须满足施工顺序、施工方法和流水施工条件的要求,为使施工段划分合理,应遵循以下原则:

(1) 各施工段上的工程量应大致相等,相差幅度不超过10%～15%,确保施工连续、均衡地进行。

(2) 划分施工段界限应与施工项目的结构界限(变形缝、单元分界、施工缝位置)相一致,以确保施工质量和不违反操作顺序要求为前提。

(3) 施工段应有足够的工作面,以利于达到较高的劳动效果。

(4) 施工段的数量要满足连续流水施工组织的要求。

4) 选择施工方法和施工机械

施工方法和施工机械的选择是紧密联系的,施工机械的选择是施工方法选择的中心环节,不同的施工方法所用的施工机具不同,在选择施工方法和施工机械时,要充分研究施工项目的特征、各种施工机械的性能、供应的可能性和企业的技术水平、建设工期的要求和经济效益等,一般遵循以下要求:

(1) 施工方法的技术先进性和经济合理性统一。

(2) 施工机械的适用性与多用性兼顾。

(3) 辅助机械应与主导机械的生产能力应协调一致。

(4) 机械的种类和型号在一个施工项目上应尽可能少。

(5) 尽量利用现有机械。

在确定施工方法和主导机械后,应考虑施工机械的综合使用和工作范围,工作内容得到充分利用,并制定保证工程质量与施工安全的技术措施。

5) 施工方案的技术经济分析

建设项目中的任何一个分部分项工程,应列出几个可行的施工方案,通过技术经济分析在其中选出一个工期短、质优、省料、劳动力和机械安全合理、成本低的最优方案。

施工方案的技术经济分析有定性分析和定量分析两种常用方法。

(1) 定性分析。是结合施工经验,对几个方案的优缺点进行分析和比较,得出以下指标来评价确定。

① 施工操作上的难易程度和安全可靠性。

② 能否为后续工作创造有利的施工条件。

③ 选择的施工机械设备是否可能取得。

④ 能否为现场文明施工创造有利条件。

⑤ 对周围其他建设项目施工影响的程度大小。

(2) 定量分析。是通过计算各方案的几个主要技术经济指标进行综合分析,从中选择技术经济指标最优的方案,主要指标如下所述:

① 工期指标。当要求建设工程尽快完成时,选择施工方案就要确保建设工程质量、安全和成本较低的条件下,优先考虑缩短工期的方案。

② 劳动消耗量指标。它反映施工机械化程度和劳动生产率水平,在方案中劳动消耗量越小,说明机械化程度和劳动生产率越高。

③ 主要材料消耗量指标。反映各施工方案的主要材料节约情况。

④ 成本指标。反映施工方案成本高低。

⑤ 投资额指标。当拟定的施工方案需要增加新的投资时,以投资额低的方案为好。

5. 环境因素的控制

施工阶段是建设项目质量形成的关键阶段,此阶段是施工企业在项目的施工现场将设计的蓝图建造成实物,因而施工阶段的环境因素对质量起着非常重要的影响,在施工项目质量的控制中应重视施工现场环境因素的影响,并加以有效合理的控制。

影响质量的环境因素很多,概括起来分为建设工程技术(图纸资料、图纸会审、开工审批、技术交底等)、建设工程管理环境(质量保证体系、质量管理制度等)、现场施工环境(场地情况、交通情况、能源供应等)、自然环境(地质、地下水位、气象等)以及其他环境因素。环境因素对施工项目质量的影响具有复杂而多变的特点。比如气象条件:温度、湿度、降雨、严寒等都直接影响建设项目质量。气象变化主要体现在冬期、雨期、炎热季节性施工中,尤其是混凝土工程、土方工程、深基础及高空作业等深受季节性条件的影响。但气象条件是无法改变的,只能根据各自特点做好季节性施工的准备工作并采取有针对性的质量措施,降低或避免季节性环境因素对质量影响。

1)季节性施工准备工作控制

(1)冬期施工准备工作。

① 合理安排冬期施工项目。冬期施工条件差、技术要求高,费用增加。因此,在保证施工质量的前提下,宜将费用较少的项目安排在冬期施工,如吊装、打桩、室内抹灰、装修(可先安装好门窗及玻璃)等建设工程。

② 落实各种热源供应和管理。包括各种热源供应渠道、热源设备和冬期用的各种保温材料的储存和供应等工作。

③ 做好保温防冻工作。

④ 做好测温组织工作。测温要按规定的部位、时间要求进行,并要如实填写测温记录。

⑤ 做好停工部位的安排、防护和检查。

⑥ 加强安全教育,严防火灾发生。要有防火安全技术措施,经常检查落实确保各种热源设备完好。做好职工培训及冬期施工的技术操作和安全施工的教育,确保施工质量,避免安全事故发生。

(2)雨期施工的准备工作。

① 防洪排涝,做好现场排水工作。工程地点若在河流附近,上游有大面积山地丘陵,应有防洪排涝准备。施工现场雨期来临前,应做好排水沟渠的开挖,准备好抽水设备,防止场地积水和地沟、基槽、地下室等泡水,造成损失。

② 做好雨期施工安排,尽量避免雨期窝工造成的损失。一般情况下在雨期到来之前,应多安排完成基础、地下工程、土方工程、室外及屋面工程等不宜在雨期施工的项目,多留些室内工作在雨期施工。

③ 做好道路维护,保证运输畅通。雨期前检查道路边坡排水,适当提高路面,防止路面凹陷,保证运输畅通。

④ 做好物资的储存。雨期到来前,材料、物资应多储存,减少雨期运输量,以节约费用。要准备必要的防雨器材,库房四周要有排水沟渠,防止物品淋雨浸水而变质。

⑤ 做好机具设备防护。雨期施工,对现场的各种设施、机具要加强检查,特别是脚手

架、垂直运输设施等,要采取防倒塌、防雷击、防漏电等一系列技术措施。

⑥ 加强施工管理,做好雨期施工的安全教育。要认真编制雨期施工技术措施,认真组织贯彻实施。加强对职工的安全教育,防止各种事故发生。

2) 季节性施工管理措施

(1) 施工人员应熟悉并认真执行冬期施工技术有关规定,掌握气候动态。

(2) 混凝土冬期施工以蓄热法为主,掺早强剂为辅,可用热水搅拌混凝土、短运输、快入模,混凝土浇筑完毕立即盖好,尽量使用高强度等级水泥。

(3) 混凝土搅拌时间增加常温时的 50%,草帘子日揭夜盖,保持温度,直至强度达到设计标号的 40%。

(4) 砌体工程冬期施工、石灰膏要遮盖防冻,砖及块材不浇水,砌筑时亦不浇水、刮浆;砌筑砂浆中可加早强剂、缓冲剂或加热,砌体上应用草帘覆盖。

(5) 大面积外抹灰冬期应停止施工。如必须进行时应尽量利用太阳光照热度。

(6) 内抹灰冬期施工,应将外门窗玻璃装好,洞口堵隔,出入门口挂草帘,室内在 5℃ 以上时才可施工;小面积粉刷可在室内人工加温,保温应保持到粉刷干燥到九成以上。

(7) 现场道路要坚实,有排水沟及流水去向,施工安排要立体交叉,要考虑雨期可转入室内的工作。雨期施工时,施工现场重点是控制截水和排水,截水是在施工现场的上游设置截水沟,阻止场外水流流入施工现场。排水是在施工现场内规划布置排水系统,使雨水经排水系统排至场外。一般设置的排水沟横断面不小于 0.5 米×0.5 米,纵向坡度一般不小于千分之 3。

(8) 地下室施工时要防止地面水淌进坑内,要设集水坑,并备用足够的排水设备。

(9) 正在浇筑混凝土遇雨时,已浇好的要及时覆盖,允许留施工缝的,中途停歇要按施工缝要求处理,现场应备用必要的挡雨设施。

(10) 夏季要做好防暑降温工作,混凝土夏季可掺缓凝剂,做好浇水养护工作。

任务3 建设工程项目质量控制

6.3.1 建设工程项目质量控制系统的运行

建设工程项目质量控制系统的建立,为质量控制提供了组织制度方面的保证。质量控制系统的运行,实质上就是系统功能的发挥过程,也是质量活动职能和效果的控制过程。质量控制系统要能有效地运行,还有赖于系统内部的运行环境和运行机制的完善。

1. 运行环境

质量控制系统的运行环境,主要是指为系统运行提供支持的管理关系、组织制度和资源配置的条件。

(1) 建设工程的合同结构。

建设工程合同是联系项目各参与方的纽带,只有在项目合同结构合理、质量标准和责任条款明确,并严格进行履约管理的条件下,质量控制系统的运行才可能成为各方的自觉行动。

(2) 质量管理的资源配置。

质量管理的资源配置,包括专职的建设工程技术人员和质量管理人员的配置,以及实施技术管理和质量管理所必需的设备、设施、器具、软件等物质资源的配置。人员和资源的合理配置是质量控制系统得以运行的基础条件。

(3) 质量管理的组织制度。

质量控制系统内部的各项管理制度和程序性文件的建立,为质量控制系统各个环节的运行,提供必要的行动指南、行为准则和评价基准的依据,是系统有序运行的基本保证。

2. 运行机制

质量控制系统的运行机制,是由一系列质量管理制度安排所形成的内在能力。运行机制是质量控制系统的生命,机制缺陷是造成系统运行无序、失效和失控的重要原因。因此,在系统内部的管理制度设计时,必须予以高度的重视,防止重要管理制度的缺失、制度本身的缺陷、制度之间的矛盾等现象出现,才能为系统的运行注入动力机制、约束机制、反馈机制和持续改进机制。

(1) 动力机制。

动力机制是质量控制系统运行的核心机制,它来源于公正、公开、公平的竞争机制和利益机制的制度设计或安排。这是因为建设工程项目的实施过程是由多主体参与的价值增值链,只有保持合理的供方及分供方等各方关系,才能形成合力,是建设项目成功的重要保证。

(2) 约束机制。

没有约束机制的控制系统是无法使工程质量处于受控状态的,约束机制取决于各主体内部的自我约束能力和外部的监控效力。约束能力表现为组织及个人的经营理念、质量意识、职业道德及技术能力的发挥;监控效力取决于建设工程项目实施主体外部对质量工作的推动和检查监督。两者相辅相成,构成了质量控制过程的制衡关系。

(3) 反馈机制。

运行的状态和结果的信息反馈,是对质量控制系统的能力和运行效果进行评价,并为及时做出处置提供决策依据。因此,必须有相关的制度安排,保证质量信息反馈的及时和准确,保持质量管理者深入生产第一线,掌握第一手资料,才能形成有效的质量信息反馈机制。

(4) 持续改进机制。

在建设工程项目实施的各个阶段,不同的层面、不同的范围和不同的主体间,应用PDCA循环原理,即计划、实施、检查和处置的方式展开质量控制,同时必须注重抓好控制点的设置,加强重点控制和例外控制,并不断寻求改进机会,研究改进措施。这样才能保证质量控制系统的不断完善和持续改进,不断提高质量控制能力和控制水平。

6.3.2 施工过程的建设工程质量控制

施工过程质量控制是一个涉及面广泛的系统过程,除了施工质量计划的编制和施工生产要素的质量控制以外,作业工序质量控制是建设项目实际质量形成的重要过程。

施工是由一系列相互关联、相互制约的作业过程(工序)构成,因此施工质量控制,必须对全部作业过程,即各道工序的施工质量进行控制。从项目管理的立场看,作业工序质量的控制,首先是质量生产者即作业者的自控,在施工生产要素合格的条件下,作业者能力及其发挥的状况是决定作业质量的关键。其次,来自作业者外部的各种作业质量检查、验收和对质量行为的监督,也是一种不可缺少的设防和把关的管理措施。

1. 施工作业质量的自控

(1) 施工作业质量自控的意义。

施工质量的自控,从经营的层面上说,强调的是作为建设产品生产者和经营者的施工企业,应全面履行企业的质量责任,向顾客提供质量合格的建设工程产品;从生产的过程说,强调施工作业者的岗位质量责任,向后道工序提供合格的作业成果(中间产品)质量。同理,供货厂商必须按照供货合同约定的质量标准和要求,对施工材料物资的供应过程实施产品质量自控。因此,施工承包方和供应方在施工阶段是质量自控主体,他们不能因为监控主体的存在和监控责任的实施而减轻或免除其质量责任。我国《建筑法》和《建设工程质量管理条例》规定:建筑施工企业对建设工程的施工质量负责;建筑施工企业必须按照建设工程设计要求、施工技术标准和合同的约定,对建筑材料、建筑构配件和设备进行检验,不合格的不得使用。

施工方作为建设工程施工质量的自控主体,既要遵循本企业质量管理体系的要求,也要根据其在所承建的建设工程项目质量控制系统中的地位和责任,通过具体项目质量计划的编制与实施,有效地实现施工质量的自控目标。

(2) 施工作业质量自控的程序。

施工作业质量的自控过程是由施工作业组织的成员进行的,其基本的控制程序包括:作业技术交底、作业活动的实施和作业质量的自检自查、互检互查以及专职管理人员的质量检查等。

技术交底是施工组织设计和施工方案的具体化,施工作业技术交底的内容必须具有可行性和可操作性。

从施工组织设计到分部分项工程的施工计划,在实施之前都必须进行逐级交底,其目的是使管理者的计划和决策意图为实施人员所理解。施工作业交底是最基层的技术和管理交底活动,施工总承包方和监理机构都要对施工作业交底进行监督。作业交底的内容包括作业范围、施工依据、作业程序、技术标准和要领、质量目标以及其他与安全、进度、成本、环境等目标管理有关的要求和注意事项。

2. 施工项目质量控制

1) 质量控制

质量控制是指为达到一定的质量要求所采取的作业技术和活动。其质量要求需要转化为可用定性和定量的规范表示的质量特性,以便于质量控制的执行和检查。

2) 施工项目质量控制

施工项目质量控制是指为达到建设工程项目质量要求采取的作业技术和活动,即为了保证达到建设工程合同、设计文件、技术规程规定的质量标准而采取的一系列措施、手段和方法。

3) 施工项目质量控制分类

施工项目质量控制按其实施者分为三个方面。

(1) 业主和监理的质量控制,属于外部的、横向的控制。

① 控制目的:保证建设项目能够按照建设工程合同规定的质量要求达到业主的建设意图,取得良好的投资效益。

② 控制依据:合同文件、设计图纸、国家现行法律、法规。

③ 控制内容:在设计阶段及其前期以审查可行性研究报告及设计文件、图纸为主,在审查基础上确定设计是否符合业主要求。在施工阶段进驻现场实施监理,检查是否严格按图施工,并达到合同文件规定的质量标准。

(2) 政府监督机构的质量控制,属于外部的、纵向的控制。

① 控制目的:维护社会公共利益,保证技术性法规和标准贯彻执行。

② 控制依据:相关的法律文件和法定技术标准。

③ 控制内容:在设计阶段及其前期以审查设计纲要、选址报告、建设用地申请及设计图纸为主,施工阶段以不定期的检查为主,审核是否违反城市规划,是否符合有关技术法规、标准的规定,对环境影响的性质和程度大小,有无防止污染、公害的技术措施。

(3) 承建商的质量控制,属于内部的、自身的控制。

① 控制目的:按业主的需求将蓝图建造成实物。

② 控制依据:合同文件、设计图纸、相关的法律法规和标准。

③ 控制内容:以施工项目的质量、成本、进度、安全和现场管理等为主。

4) 施工项目质量控制的基本要求

质量控制的目的是为了满足预定的质量要求,以取得期望的经济效益。对于建设工程,一般来说,有效的质量控制的基本要求有以下几点。

(1) 提高预见性。要实现这项要求,就应及时地通过建设过程中的信息反馈预见可能发生的重大建设工程质量问题,采取切实可行的措施加以防范,以满足"预防为主"的宗旨。

(2) 明确控制重点。一般是以关键工序和特殊工序为重点,设置控制点。

(3) 重视控制效益。建设工程质量控制同其他质量控制一样,要付出一定的代价,投入和产出的比值是必须考虑的问题。对建设项目来说,是通过控制其质量与成本的协调来实现。

(4) 系统地进行质量控制。系统地进行质量控制,它要求有计划地实施质量体系内各有关职能的协调和控制。

(5) 制定控制程序。质量控制的基本程序是:按照质量方针和目标,制定质量控制措施并建立相应的控制标准;分阶段地进行监督检查,及时获得信息与标准相比较,作出建设工程合格性判定;对于出现的质量问题,及时采取纠偏措施,保证项目预期目标的实现。

5) 建设工程项目质量控制原则

建设工程项目质量控制应遵循以下原则。

(1) 坚持质量第一,用户至上。

(2) 以人为核心。

(3) 以预防为主。

(4) 用数据说话,坚持质量标准、严格检查。

(5) 贯彻科学、公正、守法的职业规范。

6) 建设工程项目质量控制的过程

从建设工程项目的质量形成过程来看,要控制质量,就要按照建设过程的顺序依法控制各阶段的质量。

(1) 项目决策阶段的质量控制。选择合理的建设场地,使项目的质量要求和标准符合投资者的意图,并与投资目标相协调,使建设项目与所在的地区环境相协调,为项目的长期使用创造良好的运行环境和条件。

(2) 项目设计阶段的质量控制。第一,选择好设计单位,要通过设计招标,必要时组织设计方案竞赛,从中选择能够保证质量的设计单位。第二,保证各个部分的设计符合决策阶段确定的质量要求。第三,保证各个部分设计符合有关的技术法规和技术标准的规定。第四,保证各个专业设计之间协调。第五,保证设计文件、图纸符合现场和施工的实际条件,其深度应满足施工的要求。

(3) 项目施工阶段的质量控制。首先,展开施工招标,选择优秀施工单位,认真审核投标单位的标书中关于保证质量的措施和施工方案,必要时组织答辩,使质量作为选择施工单位的重要依据。其次,在于保证严格按设计图纸进行施工,并最终形成符合合同规定质量要求的最终产品。

(4) 项目验收与保修阶段的质量控制。按质量验收标准组织验收,经验收合格,备案签署合格证和使用证,监督承建商按国家法律、法规规定的内容和时间履行保修义务。

3. 建设工程项目施工阶段质量控制过程

施工阶段的质量控制可以分为事前控制、事中控制和事后控制。

1) 事前质量控制

事前质量控制即在施工前进行质量控制,其具体内容包括以下几个方面。

(1) 审查各承包单位的技术资质。

(2) 对建设工程所需材料、构件、配件的质量进行检查和控制。

(3) 对永久性生产设备和装置,按审批同意的设计图纸组织采购或订货。

(4) 施工方案和施工组织设计中应含有保证建设工程质量的可靠措施。

(5) 对建设工程中采用的新材料、新工艺、新结构、新技术,应审查其技术鉴定书。

(6) 检查施工现场的测量标桩、建筑物的定位放线和高程水准点。

(7) 完善质量保证体系。

(8) 完善现场质量管理制度。

(9) 组织设计交底和图纸会审。

2) 事中质量控制

事中质量控制即在施工过程中进行质量控制,其具体内容有以下几个方面。

(1) 完善的工序控制。

(2) 严格工序之间的交接检查工作。

(3) 重点检查重要部位和专业过程。

(4) 对完成的分部分项工程按照相应的质量评定标准和办法进行检查、验收。

(5) 审查设计图纸变更和图纸修改。

(6) 组织现场质量会议,及时分析通报质量情况。

3) 事后质量控制

(1) 按规定质量评定标准和办法对已完成的分部分项工程、单位工程进行检查验收。

(2) 组织联动试车。

(3) 审核质量检验报告及有关技术性文件。

(4) 审核竣工图。

(5) 整理有关建设工程项目质量的技术文件,并编目、建档。

4. 工序质量控制

1) 工序及工序质量

施工工序是产品(建设工程)构配件或零部件生产(施工)过程的基本环节,是构成生产的基本单位,也是质量检验的基本环节。从工序的组合和影响工序因素看,工序就是人、材、机、方法和环境对产品(建设工程)质量起综合作用的过程。工序的划分主要取决于生产技术的客观要求,同时也取决于劳动分工和提高劳动生产率的要求。

工序质量是工序过程的质量。在生产(施工)过程中,由于各种因素的影响而造成产品

(建设工程)产生质量波动,工序质量就是去发现、分析和控制工序中的质量波动,使影响各道工序质量的制约因素都能控制在一定范围内,确保每道工序的质量,不使上道工序的不合格品转入下道工序。工序质量决定最终产品(建设工程)的质量,因此,对于施工企业来说,搞好工序质量就是保证单位工程质量的基础。

工序管理的目的是使影响产品(建设工程)质量的各种因素能始终处于受控状态的一种管理方法。因此,工序管理实质上就是对工序质量的控制,一般采用建立质量控制点(管理点)的方法来加强工序管理。

建设工程项目施工质量控制就是对施工质量形成的全过程进行监督、检查、检验和验收的总称。施工质量由工作质量、工序质量和产品质量三者构成。工作质量是指参与项目实施全过程人员,为保证施工质量所表现的工作水平和完善程度,例如管理工作质量、技术工作质量、思想工作质量等。工序质量包括工序作业条件和作业效果质量。产品质量是指建设产品必须具有满足设计规范所要求的安全可靠性、经济性、适用性、环境协调性、美观性等。建设工程项目的施工过程是由一系列相互关联、相互制约的工序构成,工序质量是基础,直接影响建设工程项目的产品质量,因此,必须先控制工序质量,从而保证整体质量。

2)工序质量控制的程序

工序质量控制就是通过工序子样检验,来统计、分析和判断整道工序质量,从而实现工序质量控制。工序质量控制的程序如下。

(1)选择和确定工序质量控制点。

(2)确定每个工序控制点的质量目标。

(3)按规定检测方法对工序质量控制点现状进行跟踪检测。

(4)将工序质量控制点的质量现状和质量目标进行比较,找出二者差距及产生原因。

(5)采取相应的技术、组织和管理措施,消除质量差距。

3)工序质量控制的要点

(1)必须主动控制工序作业条件,变事后检查为事前控制。对影响工序质量的各种因素,如材料、施工工艺、环境、操作者和施工机具等项目,要预先进行分析,找出主要影响因素,并加以严格控制,从而防止工序质量出现问题。

(2)必须动态控制工序质量,变事后检查为事中控制。及时检验工序质量,利用数理统计方法分析工序质量状态,并使其处于稳定状态。如果工序质量处于异常状态,则应停止施工。在分析原因,采取措施消除异常状态后,方可继续施工。

(3)建立工序质量控制点,合理设置工序质量控制点,并做好工序质量预控工作。

① 确定工序质量标准,并规定其抽样方法、测量方法、一般质量要求和上下波动幅度。

② 确定工序技术标准和工艺标准,具体规定每道工序的操作要求,并进行跟踪检验。

5. 质量控制点设置

1)质量控制点的定义

质量控制点是为保证工序处于受控状态,在一定的时间和一定的条件下,在产品制造过程中需重点控制的质量特性、关键部件或薄弱环节。质量控制点也称为"质量管理点"。

质量控制点是根据对重要的质量特性需要进行重点质量控制的要求而逐步形成的。任何一个施工过程或活动总是有许多项的特性要求,这些质量特性的重要程度对建设工程使用的影响程度不完全相同。质量控制点就是在质量管理中运用"关键的少数""次要的多数"这一基本原理的具体体现。质量控制点一般可分为长期型和短期型两种。对于设计、工艺方面要求较高的关键、重要项目,是必须长期重点控制的,而对于工序质量不稳定、不合格品多或用户反馈的项目,或因为材料供应、生产安排等在某一时期内的特殊需要,则要设置短期适量控制点。当技术改进项目的实施、新材料的采用、控制措施的标准化等经过一段时间验证有效后,可以相应撤销,转入一般的质量控制。

如果对产品(建设工程)的关键特性、关键部位和重要因素都设置了质量控制点,得到了有效控制,则这个产品(建设工程)的质量就有了保证。同时控制点还可以收集大量有用的数据、信息,为质量改进提供依据。所以设置建立质量控制点,加强工序管理,是企业建立质量体系的基础环节。

2) 质量控制点的设置原则

在什么地方设置质量控制点,需要通过对建设工程的质量特性要求和施工过程中的各个工序进行全面分析来确定。设置质量控制点一般应考虑下列原则。

(1) 对产品(建设工程)的适用性(可靠性、安全性)有严格影响的关键质量特性、关键部位或重要影响因素,应设置质量控制点。

(2) 对工艺上有严格要求,对下道工序有严重影响的关键部位应设置质量控制点。

(3) 对经常容易出现不良产品的工序,必须设立质量控制点。

(4) 对会影响项目质量的某些工序的施工顺序,必须设立质量控制点。

(5) 对会严重影响项目质量的材料质量和性能,必须设立质量控制点。

(6) 对会影响下道工序质量的技术间歇时间,必须设立质量控制点。

(7) 对某些与施工质量密切相关的技术参数,要设立质量控制点。

(8) 对容易出现质量通病的部位,必须设立质量控制点。

(9) 某些关键操作过程,必须设立质量控制点。

(10) 对用户反馈的重要不良项目应建立质量控制点。产品(建设工程)在施工过程中应设置多少质量控制点,应根据产品(建设工程)的复杂程度、技术文件上标记的特性分类以及缺陷分级的要求而定。

3) 质量控制点实施

根据质量控制点的设置原则,质量控制点的落实与实施一般有以下几个步骤:

(1) 确定质量控制点,编制质量控制点明细表。

(2) 绘制"建设工程质量控制程序图"及"工艺质量流程图",明确标出建立控制点的工序、质量特性、质量要求等。

(3) 组织有关人员进行工序分析,绘制质量控制点设置表。

(4) 组织有关部门对质量部门进行分析,明确质量目标、检查项目、达到标准及各质量保证相关部门的关系及保证措施等,并编制质量控制点内部要求。

(5) 组织有关人员找出影响工序质量特性的主导因素,并绘制因果分析图和对策表。

(6) 编制质量控制点工艺指导书。

(7) 按质量评定表进行验评。为保证质量,严格按照建设工程质量验评标准进行验评。

6. 施工项目质量控制方法和手段

1) 施工项目质量控制

施工项目质量控制,主要是审核有关技术文件、报告和直接进行现场质量检验或必要的试验等。对技术文件、报告、报表的审核,是项目管理者对建设工程质量进行全面控制的重要手段,其审核的具体内容如下。

(1) 有关技术资质证明文件。
(2) 开工报告,并经现场核实。
(3) 施工方案、施工组织设计和技术措施。
(4) 有关材料、半成品的质量检验报告。
(5) 反映工序质量动态的统计资料或控制图表。
(6) 设计变更、修改图纸和技术核定书。
(7) 有关质量问题的处理报告。
(8) 有关应用新工艺、新材料、新技术、新结构的技术鉴定书。
(9) 有关工序交接检查,分部分项工程质量检查报告;审核并签署现场有关技术签证、文件等。

现场质量检验主要有以下内容。

(1) 开工前检查。目的是检查是否具备开工条件,开工后能否连续正常施工,能否保证建设工程质量。

(2) 工序交接检查。对于重要的工序或对建设工程质量有重大影响的工序,在自检、互检的基础上,还要组织专职人员进行工序交接检查。

(3) 隐蔽工程检查。凡是隐蔽工程均应检查认证后方能掩盖。

(4) 停工后复工前的检查。因处理质量问题或某种原因停工后需复工时,亦应经检查认可后方能复工。

(5) 分部分项工程完工后,应经检查认可,签署验收记录后,才能进行下一阶段施工。

(6) 成品保护检查。检查成品有无保护措施,或保护措施是否可靠。此外,还应经常深入现场,对施工操作质量进行巡视检查。必要时,还应进行跟班或追踪检查。

2) 施工质量控制的方法

(1) PDCA循环工作方法,PDCA循环是指由计划(plan)、实施(do)、检查(check)和处理(action)四个阶段组成的工作循环。

(2) 质量控制统计法包括以下几种方法。

① 排列图法,又称主次因素分析图法。用来寻找影响建设工程质量主要因素的一种方法。表6-1表示对某项模板施工精度进行抽样检查,得到150个不合格点数的统计数据。然后按照质量特性不合格点数(频数)从大到小的顺序,重新整理为表6-2,并分别计算出累计频数和累计频率。

表6-1 某模板施工精度抽样检查数据

序号	检查项目	不合格点数	序号	检查项目	不合格点数
1	轴线位置	1	5	平面水平度	15
2	垂直度	8	6	表面平整度	75
3	标高	4	7	预埋设施中心位置	1
4	截面尺寸	45	8	预留孔洞中心位置	1

表6-2 抽样检查数据整理

序号	项目	频数	频率(%)	累计频率(%)
1	表面平整度	75	50.0	50.0
2	截面尺寸	45	30.0	80.0
3	平面水平度	15	10.0	90.0

续表

序号	项目	频数	频率(%)	累计频率(%)
4	垂直度	8	5.3	95.3
5	标高	4	2.7	98.0
6	其他	3	2.0	100.0
合计		150	100	

根据表 6-2 的统计数据画排列图，如图 6-2 所示，并将其中累计频率 0%~80% 定为 A 类问题，即主要问题，进行重点管理；将累计频率在 80%~90% 区间的问题定为 B 类问题，即一般问题，按照常规适当加强管理。以上方法成为 ABC 分类管理法。

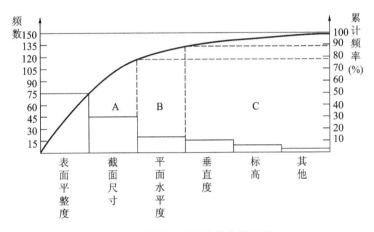

图 6-2 构件尺寸不合格点排列图

② 因果分析图法，又称树枝图或鱼刺图。它是用来寻找某种质量问题的所有可能原因的有效方法。采用图 6-3 所示的方法，逐层深入排查可能原因，然后确定其中最主要原因，进行合理处置和管理。

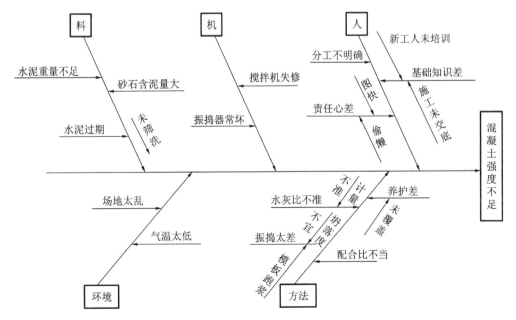

图 6-3 混凝土强度不合格因素

③ 直方图法,又称频数(或频率)分布直方图。它是把从生产工序搜集来的产品质量数据,按数量整理分成若干级,画出以组距为底边,以根数为高度的一系列矩形图。通过直方图可以从大量统计数据中找出质量分布规律,分析判断工序质量状态,进一步推算工序总体的合格率,并能鉴定工序能力。

正常直方图呈正态分布,其形状特征是中间高、两边低,呈对称状,如图 6-4 所示。正常直方图反映生产过程质量处于正常、稳定状态。数理统计研究证明,当随机抽样方案合理且样本数量足够大时,在生产能力处于正常、稳定状态,质量特性检测数据趋于正态分布。

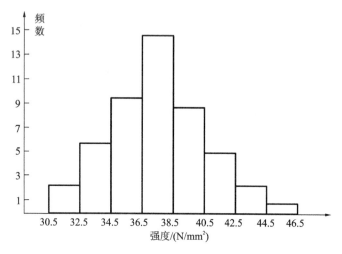

图 6-4 混凝土强度分布直方图

④ 控制图法,又称管理图。它是用样本数据分析判断工序(总体)是否处在稳定状态的有效工具。它的主要作用:一是分析生产过程是否稳定,为此,应随机地连续收集数据,绘制控制图,观察数据点分布情况并评定工序状态;二是控制工序质量,为此,要定时抽样取得数据,将其描在图上,随时进行观察,以发现并及时消除生产过程中的失调现象,预防不合格的产生。

⑤ 散布图法。它是用来分析两个质量特性之间是否存在相关关系。即根据影响质量特性因素的各对数据,用点表示在直角坐标图上,以观察判断两个质量特性之间的关系。

⑥ 分层法,又称分类法。它是将搜集的不同数据,按其性质、来源、影响因素等进行分类和分层研究的方法。它可以使杂乱的数据和错综复杂的因素系统化、条理化,从而找出主要原因,采取相应措施。

例如:一个焊工班组有 A、B、C 三位工人实施焊接作业,共抽检 60 个焊接点,发现有 18 点不合格,占 30%,究竟问题在哪里?根据分层调查的统计数据表(表 6-3)可知,主要是作业工人 C 的焊接质量影响了总体的质量水平。

表 6-3 分层调查的统计数据表

作业工人	抽检点数	不合格点数	个体不合格率	占不合格点总数百分率
A	20	2	10%	11%
B	20	4	20%	22%
C	20	12	60%	67%
合计	60	18	—	100%

⑦ 统计分析表法。它是用来统计整理数据和分析质量问题的各种表格,一般根据调查项目,可设计出不同表格格式的统计分析表,对影响质量的原因作粗略分析和判断。

3) 质量控制的手段

(1) 日常性的检查。在现场施工过程中,质量控制人员(专业工长、质检员、技术人员)对操作人员进行操作情况及结果的检查和抽查,及时发现质量问题或质量隐患、事故苗头,以便及时进行控制。

(2) 测量和检测。利用测量仪器和检测设备对建筑物水平和竖向轴线、标高、几何尺寸、方位进行控制,对建筑结构施工的有关砂浆或混凝土强度进行检测,严格控制建设工程质量,发现偏差及时纠正。

(3) 试验及见证取样。各种材料及施工试验应符合相应规范和标准的要求,诸如原材料的性能、混凝土搅拌的配合比和计量、坍落度的检查和成品强度等物理力学性能及打桩的承载能力等,均需通过试验的手段进行控制。

(4) 实行质量否决制度。质量检查人员和技术人员对施工中存有的问题,有权以口头方式或书面方式要求施工操作人员停工或者返工,纠正违章行为,责令不合格的产品推倒重做。

(5) 按规定的工作程序控制。预检、隐检应有专人负责并按规定检查,作出记录,第一次使用的配合比要进行开盘鉴定,混凝土浇筑应经申请和批准,完成的分项建设工程质量要进行实测实量的检验评定等。

(6) 对使用安全与功能正常的项目实行竣工抽查检测。

任务4 建设工程质量事故的处理

6.4.1 建设工程质量事故的特点和分类

1. 建设工程质量事故的特点

根据我国有关质量、质量管理和质量保证方面的定义,凡建设产品质量没有满足某个规定的要求,就称之为质量不合格;而没有满足某个预期的使用要求或合理的期望(包括与安全性有关的要求),则称之为质量缺陷。在建设工程中通常所称的质量缺陷,一般是指建设工程不符合国家或行业现行有关技术标准、设计文件及合同中对质量的要求。由质量不合格和质量缺陷而造成或引发经济损失、工期延误或危及人的生命和社会正常秩序的事件,称为建设工程质量事故。

建设工程质量事故具有复杂性、严重性、可变性和多发性的特点。

(1) 复杂性。

建设生产与一般工业生产相比有:产品固定,生产流动;产品多样,结构类型不一,露天作业多,自然条件复杂多变;材料品种、规格多,材料性能各异;多工种、多专业交叉施工,相互干扰大;工艺要求不同、施工方法各异、技术标准不一等特点。因此,影响建设工程质量的因素繁多,造成质量事故的原因错综复杂,即使是同一类质量事故,而原因却可能截然不同。例如,就墙体开裂质量事故而言,其产生的原因就可能是:设计计算有误;地基不均匀沉降;

或温度应力、地震力、冻胀力的作用;也可能是施工质量低劣、偷工减料或材料不良等。所以使得对质量事故进行分析,判断其性质、原因及发展,确定处理方案与措施等都增加了复杂性。

(2) 严重性。

建设工程项目一旦出现质量事故,其影响较大。轻者影响建设工程顺利进行、拖延工期、增加费用,重者则会留下隐患成为危险的建设产品,影响使用功能或不能使用,更严重的还会引起失稳、倒塌,造成人民生命、财产的巨大损失。所以对于建设工程质量事故问题不能掉以轻心,必须高度重视,加强对建设工程建筑质量的监督管理,防患于未然,力争将事故消灭在萌芽之中,以确保安全。

(3) 可变性。

许多建设工程的质量事故出现后,其质量状态并非稳定于发现时的初始状态,而是有可能随时间、环境、施工情况等而不断地发展、变化。例如,地基基础或桥墩的超量沉降可能随上部荷载的不断增大而继续发展;混凝土结构出现的裂缝可能随环境温度的变化而变化,或随荷载的变化及持续时间的变化而变化等。因此,有些在初始阶段并不严重的质量问题,如不及时处理和纠正,有可能发展成严重的质量事故,例如,开始时微细的裂缝可能发展为结构断裂或建筑物倒塌事故。所以在分析、处理建设工程质量事故时,一定要注意质量事故的可变性,应及时采取可靠的措施,防止事故进一步恶化,或加强观测与试验,取得可靠数据,预测未来发展的趋向。

(4) 多发性。

建设工程质量事故多发性有两层意思:一是有些事故经常发生,成为质量通病,例如混凝土、砂浆强度不足,预制构件裂缝等;二是有些同类事故一再发生,例如悬挑结构断塌事故,近几年在全国十几个省、市先后发生数十起,一再重复出现。

2. 建设工程质量问题的分类

建设工程质量问题一般分为质量不合格、质量缺陷、质量通病和质量事故四种。

(1) **质量不合格**。指建设工程质量未满足设计、规范、标准的要求。

(2) **质量缺陷**。指各类影响建设工程结构、使用功能和外形观感的常见性质的损伤。

(3) **质量通病**。指建筑建设工程中经常发生的、普遍存在的建设工程质量问题。

(4) **质量事故**。凡是建设工程质量不合格必须进行返修、加固或报废处理,由此造成直接经济损失低于 5000 元的称为质量问题;直接经济损失在 5000 元(含 5000 元)以上的称建设工程质量事故。

3. 建设工程质量事故的分类

建设工程质量事故一般可按下述不同的方法分类。

1) 按事故发生的时间分类

(1) 施工期事故。

(2) 使用期事故。

从国内外大量的统计资料分析,绝大多数质量事故都发生在施工阶段到交工验收前这段时间内。

2) 按事故损失的严重程度分类

(1) 特别重大事故

是指造成 30 人以上死亡,或者 100 人以上重伤(包括急性工业中毒,下同),或者 1 亿元以上直接经济损失的事故;

(2) 重大事故

是指造成 10 人以上 30 人以下死亡,或者 50 人以上 100 人以下重伤,或者 5000 万元以上 1 亿元以下直接经济损失的事故;

(3) 较大事故

是指造成 3 人以上 10 人以下死亡,或者 10 人以上 50 人以下重伤,或者 1000 万元以上 5000 万元以下直接经济损失的事故;

(4) 一般事故

是指造成 3 人以下死亡,或者 10 人以下重伤,或者 100 万元以上 1000 万元以下直接经济损失的事故。

3) 按施工质量事故产生的原因分类

(1) 技术原因引发的质量事故。

(2) 管理原因引发的质量事故。

(3) 社会、经济原因引发的质量事故。

4) 施工质量事故按事故责任分类

(1) 指导责任事故

指由于工程实施指导或领导失误而造成的质量事故。例如,由于工程负责人片面追求施工进度,放松或不按质量进行控制和检验,降低施工质量标准等。

(2) 操作责任事故

指在施工过程中,由于实施操作者不按规程和标准实施操作,而造成的质量事故。例如,浇筑混凝土时随意加水,或振捣疏漏造成混凝土质量事故等。

(3) 自然灾害事故

指由于突发的严重自然灾害等不可抗力造成的质量事故。例如地震、台风、暴雨、雷电、洪水等对工程造成破坏甚至倒塌。这类事故虽然不是人为责任直接造成,但灾害事故造成的损失程度也往往与人们是否在事前采取了有效的预防措施有关,相关责任人员也可能负有一定责任。

5) 按事故性质分类

(1) 倒塌事故。建筑物整体或局部倒塌。

(2) 开裂事故。包括砌体或混凝土结构开裂。

(3) 错位偏差事故。位置错误;结构构件尺寸、位置偏差过大预埋件、预留洞等错位偏差超过规定等。

(4) 地基工程事故。地基失稳或变形,斜坡失稳等。

(5) 基础工程事故。基础错位、变形过大,设备基础振动过大等。

(6) 结构或构件承载力不足事故。混凝土结构中漏放或少放钢筋;钢结构中杆件连接达不到设计要求等。

(7) 功能事故。房屋漏水、渗水，隔热或隔声功能达不到设计要求，装饰建设工程质量达不到标准等。

4. 建设工程质量事故原因分析

常见的质量事故的原因有以下几类。

(1) 未遂事故。凡通过检查所发现的问题，经自行解决处理，未造成经济损失或延误工期的，均属于未遂事故。

(2) 已遂事故。凡造成经济损失及不良后果者，则构成已遂事故。

事故原因如下。

① 违背建设程序和法规。

② 建设工程地质勘察失误或地基处理失误。

③ 设计计算问题。

④ 材料及制品不合格。

⑤ 施工与管理失控。

⑥ 自然条件影响。

⑦ 建筑结构或设施的使用不当等。

6.4.2 建设工程质量事故处理的依据和程序

1. 建设工程质量事故处理的依据

处理建设工程质量事故，必须分析原因，作出正确的处理决策，这就要以充分的、准确的第一手资料作为决策基础和依据，进行建设工程质量事故处理的主要依据有以下几个方面。

(1) 事故调查分析报告。

事故调查分析报告一般包括以下内容。

① 质量事故的情况。② 事故性质。③ 事故原因。④ 事故评估。⑤ 设计、施工以及使用单位对事故的意见和要求。⑥ 事故涉及人员与主要责任者的情况等。

(2) 具有法律效力的，得到有关当事各方认可的建设工程承包合同、设计委托合同、材料或设备购销合同以及监理合同或分包合同等合同文件。

(3) 有关的技术文件和档案。

(4) 相关的法律法规。

(5) 类似建设工程质量事故处理的资料和经验。

2. 建设工程质量事故处理的程序

事故处理的程序为：事故调查→事故原因分析→事故调查报告→结构可靠性鉴定→确定处理方案→事故处理设计→事故处理施工→验收和检验→结论。

1) 事故调查

(1) 初步调查内容包括包括建设工程情况、事故情况、图纸资料、施工资料等。

(2) 详细调查内容有：设计情况；地基及基础情况；结构实际情况；荷载情况；建筑物变形观测；裂缝观测等。

(3) 补充调查内容有：对有怀疑的地基进行补充勘测；测定所用材料的实际性能；建筑物内部缺陷的检查；较长时期的观测等。

2）事故原因分析

在事故调查的基础上，分清事故的性质、类别及其危害程度，为事故处理提供必要的依据。

(1) 确定事故原点。事故原点的状况往往反映出事故的直接原因。

(2) 正确区别同类型事故的不同原因。根据调查的情况，对事故进行认真、全面的分析，找出事故的根本原因。

(3) 注意事故原因的综合性。要全面估计各种因素对事故的影响，以便采取综合治理措施。

3）事故调查报告

主要包括：建设工程概况；事故概况；事故是否已作过处理；事故调查中的实测数据和各种试验数据；事故原因分析；结构可靠性鉴定结论；事故处理的建议等。

4）结构可靠性鉴定

根据事故调查取得的资料，对结构的安全性、适用性和耐久性进行科学的评定，为事故的处理决策确定方向。可靠性鉴定一般由专门从事建筑物鉴定的机构作出。

5）确定处理方案

根据事故调查报告、实地勘察结果和事故性质，以及用户的要求确定优化方案。

6）事故处理设计注意事项

(1) 按照有关设计规范的规定进行。

(2) 考虑施工的可行性。

(3) 重视结构环境的不良影响，防止事故再次发生。

7）事故处理施工

施工应严格按照设计要求和有关的标准、规范的规定进行，并应注意以下事项：把好材料质量关；复查事故实际状况；做好施工组织设计；加强施工检查；确保施工安全。

8）建设工程验收和处理效果检验

事故处理工作完成后，应根据规范规定和设计要求进行检查验收。

9）事故处理结论

建设工程质量事故处理结论包括以下几种。

(1) 事故已排除，可继续施工。

(2) 隐患已消除，结构安全有保证。

(3) 经修补、处理后，完全能满足使用要求。

(4) 基本上满足使用要求，但使用时应有附加的限制条件，例如限制荷载等。

(5) 对耐久性的结论。

(6) 对建筑物外观影响的结论。

对短期难以作出结论的，可提出进一步观测检验的意见。建设工程质量事故处理的一般程序如图 6-5 所示。

3. 事故处理的任务与特点

(1) 事故处理的主要任务如下。① 创造正常施工条件。② 确保建筑物安全。③ 满足使用要求。④ 保证建筑物具有一定的耐久性。⑤ 防止事故恶化，减小损失。⑥ 有利于建设工程交工验收。

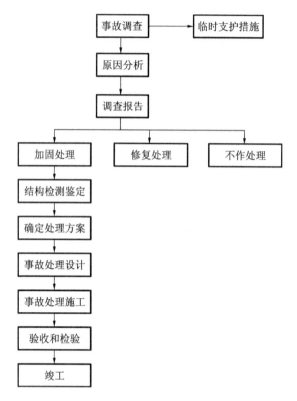

图 6-5 建设工程质量事故处理的一般程序

(2) 质量事故处理的特点包括以下内容。① 复杂性。相同形态的事故,产生的原因、性质及危害程度会截然不同。② 危险性。随时可能诱发倒塌。③ 连锁性。结构构件之间的相互牵连。④ 选择性。处理方法和处理时间可有多种选择。⑤ 技术难度大。⑥ 高度的责任性。涉及单位之间关系和人员处理。

4. 质量事故处理的条件与注意事项

(1) 质量事故处理必须具备的条件如下。① 事故情况清楚。② 事故性质明确。结构性的还是一般性的问题;表面性的还是实质性的问题;事故处理的迫切程度。③ 事故原因分析准确、全面。④ 事故评价基本一致,各单位的评价应基本达成一致的认识。⑤ 处理目的和要求明确,恢复外观、防渗堵漏、封闭保护、复位纠偏、减少荷载、结构补强、拆除重建等。⑥ 事故处理所需资料齐全。

(2) 质量事故处理的注意事项如下。① 综合治理。注意处理方法的综合应用,以便取得最佳效果。② 消除事故根源。③ 注意事故处理期的安全。随时可能发生倒塌,要有可靠支护;对需要拆除结构,应制定安全措施;在不卸载进行结构加固时,要注意加固方法的影响。④ 加强事故处理的检查验收。准备阶段开始,对各施工环节进行严格的质量检查验收。

(3) 不需要处理的事故包括以下几项。① 不影响结构安全和正常使用,如错位事故。② 施工质量检验存在问题。③ 不影响后续建设工程施工和结构安全。④ 利用后期强度。混凝土强度未达设计要求,但相差不多,同时短期内不会满载,可考虑利用混凝土后期强度。⑤ 通过对原设计进行验算可以满足使用要求。根据实测数据,结合设计要求验算,如能满足要求,经设计单位同意,可不作处理。

6.4.3 建设工程质量事故处理的方法与验收

1. 建设工程质量事故处理的方法

事故处理方法,应当正确地分析和判断事故产生的原因,通常可以根据质量问题的情况,确定以下几种不同性质的处理方法。

(1) 返工处理。即推倒重来,重新施工或更换零部件,自检合格后重新进行检查验收。

(2) 修补处理。即经过适当的加固补强、修复缺陷,自检合格后重新进行检查验收。

(3) 让步处理。即对质量不合格的施工结果,经设计人员的核验,虽没达到设计的质量标准,却尚不影响结构安全和使用功能,经业主同意后可予验收。

(4) 降级处理。如对已完工部位,因轴线、标高引测差错而改变设计平面尺寸,若返工损失严重,在不影响使用功能的前提下,经承发包双方协商验收。

(5) 不作处理。对于轻微的施工质量缺陷,如面积小、点数多、程度轻的混凝土蜂窝麻面、露筋等在施工规范允许范围内的缺陷,可通过后续工序进行修复。

2. 建设工程质量事故处理的验收

(1) 检查验收。

施工单位自检合格报验,按施工验收标准及有关规范的规定进行,结合监理人员的旁站、巡视和平行检验结果,依据质量事故技术处理方案设计要求,通过实际量测确定。

(2) 必要的鉴定。

凡涉及结构承载力等使用安全和其他重要性能的处理工作,均应做相应鉴定。

(3) 验收结论。

验收结论通常有以下两种:① 事故已排除,可以继续施工;② 隐患已消除,结构安全有保证。

对短期内难以作出结论的,可提出进一步观测检验意见。对于处理后符合规定的,监理工程师应确认,并应注明责任方主要承担的经济责任。对经处理仍不能满足安全使用要求的分部工程,单位(子单位)工程,应拒绝验收。

6.4.4 建设工程质量事故处理的资料

1. 建设工程质量事故处理的资料

处理建设工程质量事故,必须分析原因,作出正确的处理决策,这就要以充分的、准确的有关资料作为决策的基础和依据,质量事故处理,一般必须具备以下资料。

(1) 与建设工程质量事故有关的施工图。

(2) 与建设工程施工有关的资料、记录。例如,材料的试验报告,各种中间产品的检验记录和试验报告,以及施工记录等。

(3) 事故调查分析报告一般包括以下内容。① 质量事故的情况。② 事故性质。③ 事故原因。④ 事故评估。⑤ 事故涉及的人员与主要责任者的情况等。

(4) 设计单位、施工单位、监理单位和建设单位对事故处理的意见和要求。

2. 质量事故处理后的资料

事故处理后,应由监理工程师提出事故处理报告,其内容包括以下几方面。① 质量事故调查报告。② 质量事故原因分析。③ 质量事故处理依据。④ 质量事故处理方案、方法及技术措施。⑤ 质量事故处理施工过程的各种原始记录资料。⑥ 质量事故检查验收记录。⑦ 质量事故结论等。

【单元小结】

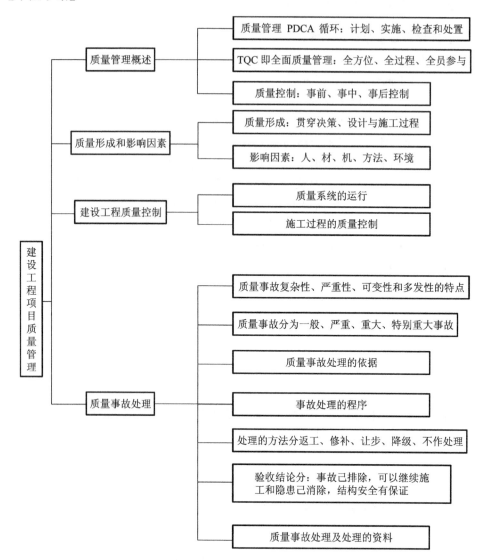

【复习题】

一、单选题

1. 全面质量管理思想的主要特点是以(　　)为宗旨。
   A. 现场实际　　　　　　　　B. 顾客满意
   C. 整体效果　　　　　　　　D. 利润最大

2. 建设工程项目质量的形成过程,(　　)担负着对整个建设工程项目质量总目标的策划、决策和实施监控的任务。
   A. 建设工程项目各参与方　　B. 监理方的项目管理
   C. 业主方的项目管理　　　　D. 施工方的项目管理

3. 以下哪个不是建设工程项目施工阶段质量控制过程中的事后质量控制内容(　　)。
   A. 审核竣工图
   B. 审核质量检验报告及有关技术性文件

C. 审查设计图纸变更和图纸修改

D. 整理有关建设工程项目质量的技术文件,并编目、建档

4. 从2008年开始,项目经理必须由取得( )的人员担任。

A. 监理师执业资格证书　　　　　B. 建筑师执业资格证书

C. 造价师执业资格证书　　　　　D. 建造师执业资格证书

5. 以下哪项建设工程不一定实施监理( )。

A. 临时设施

B. 国家重点建设工程

C. 利用外国政府或者国际组织贷款、援助资金的建设工程

D. 成片开发建设的住宅小区建设工程

二、多选题

1. 建设工程质量事故具有( )特点。

A. 复杂性　　　　　　　　　　　B. 严重性

C. 可变性　　　　　　　　　　　D. 多发性

E. 偶然性

2. 质量管理PDCA循环的职能活动有( )。

A. 计划　　　　　　　　　　　　B. 实施

C. 检查　　　　　　　　　　　　D. 处置

E. 决策

3. 建设工程项目质量的基本特性有( )。

A. 反映使用功能的质量特性　　　B. 反映建设环境的质量特性

C. 反映安全可靠的质量特性　　　D. 反映外观形态的质量特性

E. 反映艺术文化的质量特性

4. 建设工程项目质量具有哪些特点( )。

A. 生产的固定性　　　　　　　　B. 质量具有隐蔽性

C. 影响因素多　　　　　　　　　D. 易产生质量变异

E. 影响因素少

5. 质量控制统计法有以下几种方法( )。

A. 直方图法　　　　　　　　　　B. 折线图法

C. 排列图法　　　　　　　　　　D. 比重分析法

E. 横道图法

三、简答题

1. 建设工程项目质量控制应遵循的原则有哪些?

2. 施工质量控制的手段有哪些?

单元 7　建设工程项目资源管理

【知识目标】
- 了解资源管理的相关概念、内容与范围。
- 熟悉材料的分类管理、材料管理的主要控制环节；机械设备来源、设备租赁和选型原则。
- 掌握实体材料、周转性材料管理方法；人力资源需求量分析、机械设备需求量分析、资金计划。

【能力目标】
- 能编制人力资源需求量计划。
- 能编制机械设备需求量计划。
- 能编制材料需求量计划。
- 能编制资金需求量计划。

某实验实训楼建设工程已完成招投标工作，中标单位为某建设公司。该建设公司各部门及建设工程项目部正有序开展相关的项目管理工作，其中组建项目班子、组织劳动力、材料订购采购、机械设备租赁及添置、资金计划及筹措等项目资源管理工作需立即着手。

在本单元，我们将学习到建设工程项目资源管理的相关知识，对建设工程项目在实施过程中的人力资源管理、材料管理、施工机械设备管理、技术管理、资金管理有一个较深刻的认识。

任务 1　建设工程项目资源管理概述

7.1.1　建设工程项目资源管理的相关概念

1. 建设工程项目资源管理概念

项目资源管理即各生产要素的管理。项目的生产要素是指生产力作用于建设工程项目的各有关要素，通常是指投入施工项目的人力资源、材料、机械设备、技术和资金等诸要素，是完成施工任务的重要手段，也是建设工程项目目标得以实现的重要保证。

在建设工程项目管理过程中，为了取得各阶段目标和最终目标，在进行各项工作时，必须加强项目资源管理。项目资源管理的主体是以项目经理为首的项目经理部，管理的客体是与施工活动相关的各生产要素。因此，要加强对施工项目的资源管理，就必须对建设工程项目的各生产要素进行认真的分析和研究。

2. 建设工程项目资源的种类

建设工程项目资源作为项目实施的基本要素，它通常包括以下几点。

（1）人力资源。

在建设工程项目资源中，人力资源是各生产要素中"人"的因素，具有非常重要的作用，主要包括劳动力总量、各专业、各种级别的劳动力、操作工人、修理工以及不同层次和职能的管理人员。

随着国家和建设行业用工制度的改革,目前,各施工企业已经有了多种形式的用工,包括固定工、合同工、临时工和城建制的外地队伍,而且已经形成了弹性结构。在施工任务增大时,可以多用农民务工队伍;任务减少时,可以少用农民务工队伍,以避免窝工。已基本解决了劳动力招工难和不稳定的问题,促进了劳动生产率的提高。农民务工人员和临时工到企业中来,既不增加企业的负担,又不增加城市和社会的负担,因而大大节省了福利费用,减轻了国家和企业的负担,适应了施工项目用工弹性和流动性的要求。

(2) 材料。

材料主要包括原材料、设备和周转材料。其中,原材料和设备构成建设工程实体。

以建筑业为例,按在生产中的作用分类,建筑材料可分为主要材料、辅助材料和其他材料。主要材料是指在施工中被直接加工,构成建筑工程实体的各种材料,如钢材、水泥、木材、砂、石等。辅助材料是指在施工中有助于产品的形成,但不构成实体的材料,如促凝剂、脱模剂、润滑物等。其他材料指不构成建设工程实体,但又是施工中必需的材料,如燃料、油料、砂纸、棉纱等。

周转材料,如脚手架材、模板材等、工具、预制构配件、机械零配件等,都因在施工中有独特作用而自成一类,其管理方式与材料基本相同。

(3) 机械设备。

建设工程项目的机械设备主要是指项目施工所需的施工设备、临时设施和必需的后勤供应。施工设备,如塔吊、混凝土拌和设备、运输设备等。临时设施,如施工用仓库、宿舍、办公室、工棚、厕所、现场施工用供排系统(水电管网、道路等)。

(4) 技术。

技术的含义很广,指操作技能、劳动手段、劳动者素质、生产工艺、试验检验、管理程序和方法等。任何物质生产活动都是建立在一定的技术基础上的,也是在一定技术要求和技术标准的控制下进行的。随着生产的发展,技术水平也在不断提高,技术在生产中的地位和作用也就越来越重要。

(5) 资金。

资金也是一种资源,从运动过程来讲,首先是投入,即筹集到的资金投入到施工项目上;其次是使用,也就是支出。资金也是一种资源,资金的合理使用是施工顺序、有序进行的重要保证,这也是常说的"资金是项目的生命线"的原因。

此外,项目资源还可能包括计算机软件、信息系统、服务、专利技术等。

3. 建设工程项目资源管理的目的

建设工程项目资源管理的目的,就是在保证建设工程施工质量和工期的前提下,节约活劳动和物化劳动,从而节约资源,达到降低建设工程成本的目的。为达到此种目的,建设工程项目资源管理应注意以下几个方面。

(1) 建设工程项目资源管理就是对资源进行优化配置,即适时、适量地按照一定比例配置资源,并投入到施工生产中,以满足需要。

(2) 进行资源的优化组合,即投入项目的各种资源在施工项目中搭配适当、协调,能够充分发挥作用,更有效地形成生产力。

(3) 在整个项目运行过程中,能对资源进行动态管理。由于项目的实施过程是一个不断变化的过程,对资源的需求也会不断发生变化,因此资源的配置与组合也需要不断地调整以适应建设工程的需要,这就是一种动态的管理。它是优化组合与配置的手段与保证。它的基本内容应该是按照项目的内在规律、有效地计划、组织协调、控制各种生产资源,使它能合理地流动,在动态中求得平衡。

(4) 在施工项目运行中,合理地、节约地使用资源,也是实现节约资源(人力资源、材料、机械设备、资金)的一种重要手段。

7.1.2 建设工程项目资源管理的特点

1. 建设工程项目资源管理的重要性

资源作为建设工程实施必不可少的前提条件,它们的费用一般占建设工程总费用的80%以上,如果资源不能保证,任何考虑得再周密的工期计划也不能实行。

在项目建设工程施工过程中,由于资源的配置组合不当往往会给项目造成很大的损失,例如由于供应不及时造成建设工程活动不能正常进行,整个建设工程停工或不能及时开工,不仅浪费时间,还会造成窝工,增加施工成本。此外,还由于不能经济地使用资源或不能获取更为廉价的资源,也将造成成本的增加。由于未能采购符合规定的材料,使材料或建设工程报废,或采购超量、采购过早造成浪费、造成仓库费用增加等。

综上所述,加强项目资源管理在现代施工项目管理中具有非常重要的意义。

2. 建设工程项目资源管理的复杂性

资源管理是极其复杂的,主要原因如下。

(1) 资源的种类多,供应量大。如材料的品种、机械设备的种类极多,通常一个建设工程的材料种类多达几千种、总质量多达几万吨;而劳动力的数量、工种及各个工种的级别等,也都很多,管理起来很不方便。

(2) 资源需求和供应的不均衡性。由于建设工程项目生产过程并不均衡,对各种资源的需求和使用也有很大幅度的变化,不同时期、不同地点、不同施工工艺都可以改变资源的品种和使用量,直接影响项目资源的管理,增加管理的难度。

(3) 资源供应过程的复杂性。按照建设工程量和工期计划确定的仅是资源的使用计划,而资源的供应是一个非常复杂的过程,例如,要保证劳动力使用,就必须安排招聘、培训、调遣以及相应的现场生活设施;要保证材料的使用,就必须安排好材料的采购、运输、储存等。

以上三个环节均不能出现问题,只有这样才能保证建设工程的顺利实施,所以要有合理的供应方案、采购方案和运输方案,并对全过程进行监督和控制。

(4) 项目实施方案的设计和规划,与资源的投入和使用存在交互作用。资源计划是总计划的一部分,它受整个设计方案和实施方案的影响很大。在做设计和计划时,必须考虑到市场所能提供的设备和材料、供应条件、供应能力,否则设计和计划会不切实际,必须进行变更建设工程项目资源管理。

此外,设计和计划的任何偏差、错误和变更,都可能导致材料积压、无效采购、多进、早进、错进、缺乏等,这都会影响工期、质量和建设工程经济效益,甚至会产生争执(索赔)。例如在实施过程中增加建设工程范围、修改设计、停工、加速施工等,都可能导致资源计划的修改,资源供应和运输方式的变化,资源使用的浪费。

(5) 由于资源对成本的影响很大,所以在资源供应和使用中就要加强成本控制,进行资源优化。例如：选择使用资源少的实施方案；均衡地使用资源；优化资源供应渠道，以降低采购费用；充分利用现有的企业资源、现有的人力、物力、设备；充分利用现场可用的资源、建筑材料、已有建设，以及已建好但未交付的永久性建设工程等。

（6）资源的供应受外界影响大，外界对项目的制约条件，常常不是由项目本身所能解决的。例如：供应商不能及时地交货；在项目实施过程中市场价格、供应条件变化大；运输途中由于政治、自然、社会的原因造成拖延；冬季和雨季对供应的影响；用电高峰期造成施工现场停电等。

（7）资源经常不是一个项目的问题，而必须在多项目中协调平衡。例如企业一定的劳动力数量和一定的设备数量必须在同时实施的几个项目中均衡使用，对有限的资源寻找一个可能的、可行的，同时又能产生最佳整体效益的安排方案。有时由于资源的限定使得一些能够同时施工的项目必须错开实施，甚至不得不放弃能够获得的建设工程。

（8）资源的限制有可能存在上限定义，而且可能存在下限定义，或要求充分利用现有定量资源。例如，在某项建设工程中，共有劳动力180人，由于没有其他建设工程相调配，这180人就必须在这个建设工程中得到安排。

7.1.3 建设工程项目资源管理的范围

1. 建设工程项目资源管理的内容

（1）人力资源管理。

人力资源管理在项目整个资源管理中占有很重要的地位，从经济的角度看，人是生产力要素中的决定因素。在社会生产过程中，处于主导地位，因此，我们在这里所指的人力资源应当是广义的人力资源，它包括管理层和操作层。只有加强了这两方面的管理，把它们的积极性充分调动起来，才能很好地去掌握手中的材料、设备、资金，把一项项建设工程做得尽善尽美。

（2）材料管理。

材料管理就是项目对施工生产过程中所需要的各种材料的计划、订购、运输、储备、发放和使用所进行的一系列组织与管理工作。做好这些物资管理工作，有利于企业合理使用和节约材料，加速资金周转，降低建设工程成本，增加企业的盈利，保证并提高产品质量。

（3）机械设备管理。

随着建设行业的发展，工业化、机械化的水平正在不断地提高，以机械设备施工代替繁重的体力劳动已经日益显著，而且机械、设备的数量、型号、种类还在不断增多，在施工中所起的作用也越来越大，因此加强对施工机械设备的管理也日益重要。

（4）技术管理。

技术管理，是项目经理对所承包建设工程的各项技术活动和施工技术的各项内容进行计划、组织、指挥、协调和控制的总称，总而言之就是对建设工程项目进行科学管理。

（5）资金管理。

和其他任何行业一样，施工企业在运作过程中也离不开资金。人们常常把资金比作为企业的血液，这是十分恰当的。抓好资金管理，把有限的资金运用到关键的地方，加快资金的流动，促进施工，降低成本，因此资金管理具有十分重要的意义。

2. 建设工程项目资源管理的基本工作

在项目的施工过程中，项目资源管理的基本工作主要包括以下几个方面。

（1）编制项目资源管理计划。

项目施工过程中，往往涉及多种资源，如人力资源、材料、机械设备、施工工艺及资金等。因此，在施工前必须编制项目资源管理计划。施工前，建设工程总承包商的项目经理部必须做出指导建设工程施工全局的施工组织计划，其中，编制项目资源计划便是施工组织设计中的一项重要内容。

为了对资源的投入量、投入时间、投入步骤有一个合理的安排，在编制项目资源管理计划时，必须按照建设工程施工准备计划，施工进度总计划和主要分部（项）建设工程进度计划以及建设工程的工作量，套用相关的定额，来确定所需资源的数量、进场时间、进场要求和进场安排，编制出详尽的需求计划表。

（2）保证资源的供应。

在项目施工过程中，为保证资源的供应，应当按照编制的各种资源计划，派专业部门人员负责组织资源的来源，进行优化选择，并把它投入到施工项目管理中，使计划得以实施、施工项目的需要得以保证。

（3）节约使用资源。

在项目施工过程中，资源管理的最根本意义就在于节约活劳动及物化劳动，因此，节约使用资源应该是资源管理诸环节中最为主要的一环。要节约使用资源，就要根据每种资源的特性，设计出科学的措施，进行动态配置和组合，协调投入，合理使用，不断地纠正偏差，以尽可能少的资源，满足项目的使用要求，达到节约的目的。

（4）对资源使用情况进行核算。

资源管理的另一个重要环节，就是对施工项目投入的资源的使用和产出情况进行核算。只有完成了这个程序，资源管理者才能做到心中有数，才知道哪些资源的投入、使用是恰当的，哪些资源还需要进行重新调整。

（5）对资源使用效果进行分析。

对资源使用效果进行分析，一方面是对管理效果的总结，找出经验与问题，评价管理活动；另一方面又为管理者提供储备与反馈信息，以指导以后的管理工作。

任务2　建设工程项目人力资源管理

7.2.1　建设工程项目人力资源管理概述

1. 建设工程项目人力资源来源

1）人力资源

人力资源是指在一定时间空间条件下，劳动力数量和质量的总和。为了实现项目既定目标，采用计划、组织、指挥、监督、激励、协调、控制等有效措施和手段，充分开发和利用项目中人力资源所进行的一系列活动的总称，称为人力资源管理。

2）人力资源来源

目前，企业内部自有固定工人逐渐减少，合同制工人逐渐增加，而主要的工人来源将是劳务基地，以"定点定向，双向选择，专业配套，长期合作"为原则，形成了"两点一线"（"两点"即劳务输出方与输入方，"一线"即建设市场的供需方式）。

根据我国建设部企业资质重新定位的文件要求，可将施工单位定位为总承包企业、专业承包企业和劳务承包企业,不同性质的企业必然有不同的劳动力管理特点。就施工项目来说,项目作业工人通常是由企业内部劳务市场按项目经理部制订的劳动力使用计划提供的。而内部劳务市场提供的劳动力,大部分来自劳务基地;特殊的劳动力,可经企业劳务部门授权,由项目经理部自行招募。

从来源上看,人力资源可分为自有(聘用)职工和劳务分包(或劳务合作单位)两种形式。

(1) 自有或聘用的职工。

施工企业自有或聘用的职工一般多为管理人员或施工技术工人。他们一般与企业签有定期合同,有的甚至是长期合同,这类人员较为固定。但是,总承包企业对自有职工的要求较高,根据建设工程施工的需求,施工企业可对此类人员自行招收、培训、录用或聘用。

(2) 劳务分包(或劳务合作单位)。

随着建设技术和管理技术的发展,专业分工更加细化,社会协作更加普遍,企业也不可能在建设所有领域里保有优势,因此不可避免地会采取劳务分包(或劳务合作单位)进行劳动力的补充。

劳务分包一般都是农民务工人员,除少数人外,大多技术水平较低,因此对劳务分包如何进行更有效的管理是一个非常重要和实际的问题。但是,采用劳务分包的形式有利于减少成本,规避风险。

建设工程项目经理部一般不设固定的劳务队伍。当任务需要时,可与内部劳务市场管理部门签订劳务合同;任务完成后,即可解除合同,劳动力退归劳务市场。项目经理享有和行使劳动用工自主权,自主决定用工的时间、条件、方式和数量,自主决定用工形式,并自主决定解除劳动合同、辞退劳务人员等。

2. 建设工程项目人力资源组织

人力资源组织是指劳动力在劳动过程中,按照施工生产的需要,科学地组织劳动分工与协作,使各劳动力组合及它们之间整体协调的组织形式。劳动力组织的任务,就是解决劳动者之间以及劳动者与物质技术条件之间的关系,不断提高劳动生产率,保证企业生产任务的完成。

合理的劳动组织应该是适合于施工的需要,有利于劳动力的合理使用,适合于建立现代企业制度的需要,并有利于企业的管理。

1) 人力资源的组织形式

建设类企业职工的劳动具有施工分散、露天作业、劳动强度高、消耗体力大、劳龄短的特点,决定了它必须经常增加新生力量,以保持施工生产队伍的精干,减轻老化循环。因此,建设类企业必须采用以管理技术层与生产劳务层分离为主的劳动组织形式。

所谓管理技术层与生产劳务层分离,就是指除保留管理人员和少数技术性强的岗位职工外,不再保留成建制的施工生产队伍和生产人员。

2) 人力资源组织的调整与稳定

人力资源组织要服从施工生产的需要,在保持一定的稳定性的情况下,要随现场施工的情况而不断调整。劳动力组织的调整必须遵循以下原则。

(1) 根据施工对象的特点(结构特点、技术复杂程度、建设工程量大小等)分别采取不同的劳动力组织形式。

(2) 按照施工组织设计的要求,有利于工种和工序间的协作配合,有利于充分发挥工人在生产中的主动性和创造性。

(3) 现场工人要相对稳定,并使骨干力量和一般力量,技术工人和普通工人密切配合,以保证建设工程质量。

现场劳动力组织的相对稳定对保证现场的均衡施工,防止施工过程脱节具有重要作用。劳动力组织经过调整,新的组织要具有很强的凝聚力,这样才能有利于劳动任务的完成和劳动技术的提高。

3. 建设工程项目人力资源培训和上岗

目前,施工现场缺少的不是劳动力,而是缺少有知识、有技能、能够适应现代建筑行业发展要求的新型劳动者和经营管理者。劳动者的素质和劳动技能不同,在现场施工中所起的作用和获得的劳动成果也不相同。因此,很有必要对劳动者的素质和技能进行培训。

1) 培训要求

(1) 对劳动力进行培训,要有计划、有步骤地进行,做到与需求同步,避免影响正常工作或培训滞后。

(2) 根据建设工程的需要,在安排劳动力培训计划时,要与企业其他培训相结合,争取做到结合实际,兼顾长远。

(3) 应对培训工作进行有效的档案管理,以利于专业知识和技能的提高和普及,也有利于优化劳动力组合,达到形成专长劳动资源的目的。

2) 培训方法

按照培训时间的长短,可进行长期培训或短期培训。但无论哪种培训,均应因地制宜、因人制宜,广开学路,不拘形式,讲求实效,根据各企业自身的不同特点和现场实际情况,以及不同工种不同业务的工作需要,而采取不同的培训方法。

如果条件允许,施工企业可自行办理;也可几个单位联合办理或委托社会培训单位进行培训。其采用的方式可以脱产,也可以不脱产。按其脱产程度的不同,企业培训可分为业余培训、半脱产培训和全脱产培训,还可采取岗位练兵、师带徒等形式。

3) 培训内容

提高劳动力的文化水平和技术熟练程度的唯一途径,就是采取有效措施全面开展培训,通过培训达到预定的目标和水平,并经过一定考核取得相应的技术熟练程度和文化水平的合格证,才能上岗。

(1) 现代现场管理理论的培训。任何实践活动都离不开理论的指导,现场施工也是这样。如果管理者与被管理者不掌握现场管理理论,就无法做到协调高效地工作,容易造成窝工和浪费;如果管理跟不上,现场施工水平就要落后,就不能参与市场竞争,企业就要被淘汰,所以,加强现场管理理论的培训很有必要。

(2) 文化知识的培训。文化知识是进行业务学习、提高操作水平的基础。要运用一定的施工技术,必须有相应的文化知识作保证。文化知识就是工具,进行岗位培训必须使职工掌握这个工具。

(3) 操作技术的培训。职工进行培训的目的是为了能上岗胜任工作,所以一切培训内容都要围绕这一点进行。结合现场技能、技术及协作的要求,围绕施工工艺进行培训,做到有的放矢,学以致用,使职工的技术水平达到岗位或工人工资级别相应的水平。

(4) 考核发证。凡是上岗人员,都要对其进行统一考核。只有获得相应的岗位证书的职工,才有资格上岗。对那些一次培训不能合格的人员不能发证上岗,要么离岗,要么继续进行培训,直到取得合格的岗位证书为止,以保证培训的质量。

4. 劳动工资

1）劳动工资的形式

工资是依据劳动者提供的劳动量,而支付给劳动者的劳动报酬。目前,施工企业的工资有计时工资、计件工资、奖金和津贴四种,其中,前两种是工资的基本形式,后两种是工资的补充形式。

2）劳动分配的方式

(1) 企业劳务部门与项目经理部签订劳务承包合同时,即根据包工资、包管理费的原则,在承包造价的范围内,扣除项目经理部的现场管理工资额和应向企业上缴的管理费分摊额,对承包劳务费进行合同约定。项目经理部按核算制度,按月结算,向劳务管理部门支付。

(2) 劳务管理部门负责按劳务责任状向作业队支付劳务费,该费用支付额根据劳务合同收入总量,扣除劳务管理部门管理费及应缴企业部分,经核算后支付。作业队按月进度收取。

(3) 作业队向工人班组支付工资及奖金,按计件工资制,在考核进度、质量、安全、文明施工的基础上进行支付。考核时宜采用计分制。

(4) 班组向工人进行分配实行结构工资制,并根据表现对考核结果进行浮动。

7.2.2　建设工程项目管理层人力资源管理

1. 项目经理

国内外实践证明,项目经理负责制是符合现代项目管理要求的项目领导体制;项目经理班子,尤其是项目经理对项目管理的成败关系重大,其素质的高低具有决定性的影响。

1）项目经理责任制

项目经理责任制就是将项目经理统一领导、全面负责的组织管理形式作为项目管理的一种制度。项目经理负责制产生于现代西方发达国家,它已成为现代项目管理的基本特征之一。我国一直在探索科学的项目管理领导体制,随着整个经济体制的改革,尤其是在加快建立社会主义市场经济体制和现代企业制度的新形势下,传统的项目领导体制已不适应,项目经理负责制被广泛采用,正在实践中逐步健全和完善。

实行项目经理负责制有利于明确职责,形成合理的责、权、利体系;有利于从行政指令式的管理方式向经济合同制的管理方式转变;有利于优化组织结构,采用矩阵式的组织形式;有利于强化项目意识,树立项目的权威性,统一思想,提高效率,保证项目目标的实现。实行项目经理责任制必然造就一个专家化、专业化的项目经理职业阶层。

2）项目经理的设置

(1) 项目经理的类型。

项目经理是企业法人代表在项目上派出的全权代表,这就决定了项目经理在项目管理上的中心地位。项目经理包括业主的项目经理、受业主委托代业主进行项目管理的咨询机构的项目经理、设计单位的项目经理和施工单位的项目经理等四种类型(具体内容详见单元2-任务3-项目经理责任制)。

(2) 项目经理的选择途径。

项目经理大多数是从公司内部选择,有一些是从公司外部招聘。选择项目经理主要是根据其工作能力的大小。

从公司内部选择的优点如下。

① 熟悉公司组织、制度、流程和合同关键人物,有助于更好地完成任务。

② 人事纪录比较完整,可用最大程度的授予项目管理责任和权力。

③ 具有良好纪录的项目经理及其班子易受顾客欢迎。

从公司外部招聘项目经理也有许多优点:从外部招聘来的新经理由于与公司各部门的非正式联系较少,因此可能公平对待项目。

(3) 项目经理选择的方式。

我国施工项目经理的选择一般有以下几种方式。

① 竞争招聘制。招聘范围可以面向公司内外,其程序是:个人自荐,组织审查,答辩讲演,择优选聘。这种方式既可择优,又可增强竞争意识和责任心。

② 领导委任制。委任的范围一般会限于公司内部。经公司领导提名,人事部门考察,党政决定。这种方式要求公司组织和人事部门严格考核,知人善用。

③ 基层推荐,内部协调制。这种方式一般是由公司各基层推荐若干人选,然后由人事部门集中意见,经严格考核后,提出拟聘人选,由党政决定。

总之,由于项目大小不一,组织管理的复杂程度不同,因此,项目经理的设置及其工作班子成员的组成不可能有统一的标准组织模式,应视具体情况而定。

(4) 项目经理的职责、权力和权益。

具体内容参见本书"项目经理责任制"相关内容。

2. 项目管理团队

项目管理团队是指本着共同的目标、为了保障项目的有效协调实施建立起来的管理组织。在项目运转过程中,项目经理手下汇集了一批各方面的专业精英,项目经理必须将他们组建成一个有效的管理团队,即为了实现一个共同的目标,按照一定的分工和工作程序协同工作而组成的有机整体。他们是在项目实施中紧密协作并互相负责的一群人,他们拥有共同的目标,有分工和合作并由不同层次的权力和责任所构成。显然,建设工程项目的建设任务要依靠项目管理团队来完成。无论是在技术方面还是管理方面,团队中个体的能力都是建设工程项目团队能力的必要基础,但是,并不是说团队中的每一个个体能力具备了,建设工程项目管理目标就一定能够实现的。要实现建设工程项目管理目标,不仅在于专业分工,更在于加强协作,搞好建设工程项目团队建设,积极开发建设工程项目团队能力。

一个团队要实现其工作目标,重要的是其成员要有团队精神。团队精神主要是指团队成员为了实现团队的利益与目标,工作中相互协作、相互信任、相互支持、尽心尽力的意愿与作风。团队精神对项目管理的重要作用早已被实践所证明。

总而言之,建设工程项目管理团队是进行项目运作的最基层落脚点。我们必须认真研究其内在的运行规律,努力提高其管理艺术,充分发挥其在项目管理中的突击队和战斗队的作用,这对于我们有效地提高项目管理水平,无疑有着极其重要的意义。

7.2.3 建设工程项目劳动力资源管理

建设行业用工制度的改革,使施工总承包企业和专业承包企业的作业人员有了可靠的来源保证,也为建设工程项目的劳动力管理带来了改革发展的契机。按照合同,由劳务分包公司提供作业人员,主要由劳务分包公司进行劳动力管理,项目管理部协助管理,这必将大大提高劳动力管理的水平和管理效果。

在项目中对于劳动力的使用,关键是要提高效率,提高效率的关键是如何调动工人的积极性,而最好的办法就是加强思想政治工作和利用行为科学,从劳动力个人的需要和行为的关键点出发进行恰当的激励,这是建设工程项目劳动力管理的正确思路。

1. 劳动力的优化配置

一般来说,一个建设工程项目在劳动力安排上应有一个统筹计划,即首先要做好综合劳动力和主要工种劳动力计划,以使管理者在人力使用上做到心中有数。

一个项目所需劳动力的种类、数量、时间、来源等问题,应就项目的具体状况作出安排。劳动力的合理安排要通过劳动力的优化配置来实现。劳动力的优化配置首先要依据项目的不同加以确定,同时要考虑项目的进度计划,而且劳动力资源供应环境也是主要的参考依据。

在劳动力优化配置的方法上,首先应根据项目分解结构,按照充分利用、提高效率、降低成本的原则确定每项工作或活动所需劳动力的种类和数量;然后根据项目的初步进度计划进行劳动力配置的时间安排,在此基础上进行劳动力资源的平衡和优化,同时考虑劳动力资源的来源,最终形成劳动力优化配置计划。具体来说:

(1)应在劳动力需用量计划的基础上进一步具体化,以防漏配。必要时根据实际情况对劳动力计划进行调整。

(2)配置劳动力应积极可靠,使其有超额完成的可能、以获得奖励,进而激发其劳动积极性。

(3)尽量保持劳动力和劳动组织的稳定,防止频繁变动。但是,当劳动力或劳动组织不能适应任务需要时,则应进行调整,并敢于改变原建制进行优化组合。

(4)工种组合、技术工种和一般工种比例等应适当、配套。

(5)力求使劳动力配置均匀,使劳动资源强度适当,以达到节约的目的。

2.劳务分包

(1)劳务分包企业。施工企业的资质分为施工总承包、专业承包和劳务分包三个序列。其劳务分包企业就是施工项目的劳动力来源。获得劳务分包资质的企业,可以承接施工总承包企业或者专业承包企业分包的劳务作业。

劳务分包企业共有十三类,包括:木工、砌筑、抹灰、石制作、油漆、钢筋、混凝土、脚手架、模板、焊接、水暖电安装、钣金、架线作业分包企业。

(2)劳务分包合同。劳务分包合同一般分为两种形式:一是按施工预算或投标报价承包;二是按施工预算中的清工承包。劳务分包合同的内容包括:建设工程名称,劳务分包工作内容及范围,提供劳务人员的数量、合同工期、合同价款及确定原则,合同价款的结算和支付,安全施工、重大伤亡及其他安全事故处理,建设工程质量、验收与保修,工期延误,文明施工,材料机具供应,文物保护,发包人、承包人的权利和义务,违约责任等。

3.劳动力的激励管理

要充分调动项目劳动力的积极性,就必须了解其行为动机.激发劳动力的潜能。应有效地将人的动机和项目所提供的工作机会,工作条件和工作报酬紧密地结合起来,这就是项目劳动力激励的主要内容。

在项目的劳动力激励管理中,应注意以下几方面的基础性工作。

(1) 共同的目标和利益是劳动力激励管理的核心基础。
(2) 合理的管理制度和奖励分配制度是劳动力激励管理的抓手。
(3) 期望心理和公平心理的疏导是劳动力激励管理的重要手段。
(4) 健康向上的企业文化是劳动力激励管理的必要环境。
(5) 自然形成的群众领袖式人物是劳动力激励管理的条件。

4. 劳动力的能力培训和提高

劳动力的能力培训和提高指为提高员工技能和知识，增进员工工作能力，从而促进员工现在和未来工作业绩所做的努力，在整个人力资源管理过程中起重要作用。

在提高员工能力方面，为满足新员工的需要，一般可以提供三种类型的培训：技术培训、取向培训和文化培训。一般来说，在招聘过程中，总是尽力挑选有必需的技术知识和技能的人，但这也不能保证所有的工作都将被分配给完全胜任的人，对新员工的技术培训或多或少总是必要的。新员工还需要通过培训来熟悉他们的工作、公司及其政策和程序。

在劳动力培训方面应做好如下几方面的工作。

1) 确定培训目标

培训目标要描述受训者应该能做些什么作为培训结果。即经过培训后员工应该有什么变化，应该掌握什么新技能，培训结果越具体，就越有可能设计出正确的培训方案并实现它们。同时培训目标也可以被用来判断培训方案的有效性，即作为评估培训效果的依据。

2) 选择培训对象

虽然员工都可以被培训，而且可以从培训中获得收益，但由于资源有限，不可能提供足够的资金、人力、时间作漫无边际的培训。因此，必须有指导性地确定急需人才培训计划，根据项目目标的需求挑选被培训人员。

总之，培训对象是根据个人情况、当时的技术及组织需要而确定的。

3) 选择培训方法

通常，培训方法随工作水平的不同而有所不同，而每种培训方法都有自己独特的优点，常见的有如下几种。

(1) 在职培训。在职培训是采用较普遍的培训方式，这里指在实际工作职务和工作场地所进行的训练和学习。

(2) 工作指导培训。工作指导培训方案的开发始于工作分解，就是分步骤地列出应如何进行工作。伴随工作分解的是对每一步骤的关键点进行描述。关键点就是提供建议帮助员工有效而安全地执行任务。培训者首先讲解并演示任务，然后让受训者一步步地执行任务，必要时给予纠正性反馈。这种方法对教导受训者如何执行相对简单并可以一步步完成的任务非常有效。它的有效性归功于受训者有大量机会实践任务并接收有益的反馈。

(3) 讲授法。讲授法就是课程学习，它最适合于以简单地获取知识为目标的情形（比如在新员工培训中描述公司历史）。

(4) 工作模拟培训。工作模拟是能够提供几近真实的工作条件，同时又不失对培训过程的有效控制。从而为受训者提供一种较好的学习条件。

任务3 建设工程项目材料管理

7.3.1 建设工程项目材料管理概述

建设工程项目材料管理就是建设工程项目施工过程所需要的各种材料计划、订购、运输、储备、发放和使用等所进行的一系列组织和管理工作。搞好材料管理工作，有利于项目合理使用和节约材料，保证并提高建设产品质量，降低建设工程成本，加速资金周转，增加企业盈利。

1. 建设工程项目材料分类

项目材料的分类方法很多，可按材料在生产中的作用、材料的自然属性或其来源等进行分类，但对材料管理来说，最重要的是从经济观点出发的 ABC 分类法。

ABC 分类法也叫重点管理法。由于建设工程项目所用材料的品种繁多，材料费用占建设工程造价的比重较大，如果对所有材料不分轻重地同等管理，其结果将会事倍功半，效率低下。而运用 ABC 分类法可以找出材料管理的重点对象，针对不同对象采取不同的管理措施，以期收到最好的经济效果。

1) 分类方法

(1) 对象可以是一个企业或一个建设工程处、施工队，一个建设工程项目、单位建设工程的材料。

(2) 统计上一计划期实际消耗材料的品种、数量、单价和金额等，核实后制成卡片，然后按材料金额从大到小依次对卡片排序。

(3) 顺序按好后，按先大后小的顺序将卡片资料填入 ABC 分类表，然后进行品种数累计百分比和金额累计百分比的统计。将材料分成 A、B、C 三类，见表 7-1。

表 7-1　材料 ABC 分类表

类　　别	金额累计百分比	材料品种数所占比例	备　　注
A 类	75%～80%	8%～10%	
B 类	15～20%	20%～25%	
C 类	5%	70%	

此外，也可根据材料对建设工程质量和成本的影响程度进行分类。对建设工程质量有直接影响的，关系用户使用生命和效果的，占建设工程成本较大的物资一般为 A 类；对建设工程质量有间接影响，为建设工程实体消耗的可分为 B 类；辅助材料中占建设工程成本较小的为 C 类。

2) 分类内容

目前，大部分企业在对材料进行分类管理中，多运用了"ABC 法"的原理，即关键的少数，次要的多数，根据材料对本企业质量和成本的影响程度和材料管理体制将材料分成了ABC 三类进行管理，以建筑材料为例，其具体内容见表 7-2。

表 7-2 材料 ABC 分类表

类别	序号	材料名称	具体种类
A 类	1	钢材	各类钢筋,各类型钢
	2	水泥	各等级袋装水泥、散装水泥、装饰建设工程用水泥、特种水泥
	3	木材	各类板、方材、木、竹制模板、装饰、装修建设工程用各类木制品
	4	装饰材料	精装修所用各类材料,各类门窗及配件、高级五金
	5	机电材料	建设工程用电线、电缆,各类开关、阀门、安装设备等所有机电产品
	6	建设工程机械设备	公司自购各类加工设备,租赁用自升式塔吊,外用电梯
B 类	1	防水材料	室内、外各类防水材料
	2	保温材料	内外墙保温材料,施工过程中的混凝土保温材料,建设工程中管道保温材料
	3	地方材料	砂石,各类砌筑材料
	4	安全防护用具	安全网,安全帽,安全带
	5	租赁设备	①中小型设备:钢筋加工设备,木材加工设备,电动工具;②钢模板;③架料,U 形托,井字架
	6	建材	各类建设胶,PVC 管,各类腻子
	7	五金	火烧丝,电焊条,圆钉,钢丝,钢丝绳
	8	工具	单价 400 元以上的手用工具
C 类	1	油漆	临建用调和漆,机械维修用材料
	2	小五金	临建用五金
	3	杂品	
	4	工具	单价 400 元以下手用工具
	5	劳保用品	按公司行政人事部有关规定执行

3)管理措施

材料 ABC 分类后的管理措施如下。

(1) A 类材料占用资金较多,要严格控制订货量,力争减少库存实行重点管理。对其中的每种材料都要规定合理的经济订购批量,尽量能减少安全库存量,并对库存量随时进行严格盘点。把这类材料控制好能对资金节省起重要作用。

(2) 对 B 类材料也不能忽视,应认真管理,控制其库存,按经济按量订购,按储备定额储备。

(3) 对于 C 类材料,可采用简化的方法管理,如定期检查,组织一起订货或适当加大订货批量,以节省订购费用。

三类材料的管理方法的比较,如表 7-3 所示。

表 7-3 A、B、C 材料管理方法

管理类型		材料的分类		
		A 类	B 类	C 类
价值		高	一般	低
定额的综合程度		按品种或按规格	按大类品种	按该类的总金额
定额的检查方法	消耗定额	技术计算法	写真计算法	经济估算法
	周转库存定额	按库存量的不同条件下的数学模型计算	同 A	经验估算法
检查		经常检查	一般检查	季或年度检查
统计		详细统计	一般统计	按金额统计
控制		严格控制	一般控制	金额总量控制
安全库存量		控制得低	较大	允许较高

2. 建设工程项目材料信息的收集

随着我国市场经济的不断完善和建设市场投标报价方式的转变，信息在企业的经营决策中起到了重要作用，业已成为施工企业进行物资采购、存储、投标报价的依据和基础资料。

1）材料信息的种类

项目材料信息有多种，如资源信息、供求信息、新产品信息、淘汰材料信息、国家关于建设工程项目的管理政策以及施工技术等，这些信息的获得和整理，对企业材料进行管理具有非常重要的作用，具体表现为以下几点。

（1）资源信息。包括建设工程所需各类物资生产（供应）企业的生产能力、产品质量、企业的信誉，生产工艺和服务的水平。

（2）供求信息。包括当期国内外建材市场的供需情况、价格情况和发展趋势。

（3）政策信息。包括国家、地方和行业主管部门对物资供应与管理的各项政策。

（4）新产品信息。包括国内外建材市场新型材料发展和新产品开发与应用的信息。

（5）淘汰材料信息。

2）材料信息的收集途径

由于信息所特有的时效性、区域性和重要性，所以信息管理要求动态管理，收集整理的信息应当全面、广泛、及时、准确。

材料信息收集的主要途径有订阅各种专业报刊、杂志；专业的学术、技术交流资料；互联网查询；政府部门和行业管理部门发布的相关信息；各级采购人员的实际采购资料；各类广告资料；各类展销会、订货会提供的资料。

3）材料信息资源库的建立

项目应将收集来的各类信息进行分类整理，然后利用计算机等先进工具建立企业材料资源库，并使之能够在企业的相关部门工作中共享。材料信息资源库应包括价格信息库、供方资料库、有关物资的政策信息库、新产品、新材料库和建设工程物资消耗库。

3. 建设工程项目材料管理的特点和意义

1）材料管理的特点

材料管理是改善建设项目的各项技术经济指标、提高经济效益的重要环节，其特点如下：

（1）建设项目需要材料的品种和数量较多，规格型号也复杂，而且当前材料产品更新换代速度加快,如果材料管理不善,将会给建设项目带来很大的损失。

(2) 建设项目生产周期长,多数是跨年度建设工程,且为多工种配合施工,互相制约又互为基础。如果材料供应有问题就会影响整个建设项目的实施进程。特别是运输量非常大的材料,要求在制定材料储备和运输方案时,要周密计划,科学管理。

(3) 建设项目受客观条件的限制,很难组织均衡施工。因此材料供应就要特别加强平衡和调度工作,同有关单位建立良好的协作关系。

2) 材料管理的意义

项目材料管理是项目管理的重要组成部分,搞好材料管理,具有十分重要的意义。

(1) 搞好材料管理,是保证项目生产正常进行的物质前提,项目的生产施工过程同时也是物资的消费过程,任何一种材料,如不能在适当的时间,以适当的质量、数量、价格保证供应,都会给正常的施工生产带来影响,严重的可以导致施工生产中断、停工待料,直接影响施工计划的完成,因此,要保证生产的顺利进行,就必须做好材料采购,储存、保管供应等一系列组织管理工作。

(2) 搞好材料管理,可以降低材料费用和建设工程成本。因为建设产品成本中材料所占比重相当大,一般为 $60\%\sim70\%$,因此,要从材料的采购、运输、储存、保管、供应、使用等各个环节加强管理,降低材料的费用,降低建设工程成本。

(3) 搞好材料管理,可以加速流动资金的周转,减少流动资金的占用。由于建设产品生产周期长,物资储备大,储备资金约占流动资金的 $50\%\sim60\%$。加速这部分资金的周转,就可以用同样数量的流动资金完成更多的施工任务,或者较少流动资金完成同样多的生产任务,从而充分发挥流动资金的经济效果。为此,物资供应部门要在保证生产正常进行的前提下,尽量减少材料储备,加速材料的周转。

(4) 搞好材料管理,有利于保证建设工程质量和提高劳动生产率。材质不合格、运输保管不善,将会使材质降低,从而影响建设工程质量。由于管理不善造成二次搬运以及材料不符引起改制代用都会浪费物力和人力,降低劳动生产率。所以,加强材料管理,通过正确组织订货、验收、保管等途径来保证材料质量和规格,具有重要意义。

4. 建设工程项目材料管理的任务

1) 建设工程项目材料管理的任务

建设工程项目材料从采购、供应、运输到施工现场验收、保管、发放、使用,主要涉及材料的流通和消耗两个过程。其中,在流通过程的管理,一般称为供应管理,包括物资从项目采购供应前的策划,供方的评审与评定,合格供方的选择、采购、运输、仓储、供应到施工现场(或加工地点)的全过程;在使用过程的管理,一般称为消耗管理,它包括物资从进场验收、保管出库、拨料、限额领料,耗用过程的跟踪检查,物资盘点,剩余物资的回收利用等全过程。

在这两个过程中,材料管理的任务就是保证适时、适地、按质、按量、成套齐备地供应所需的材料,同时,加速材料周转,监督和促进材料合理使用,以降低材料费用。

总之,项目材料管理的任务是一方面保证物资供应,及时保质保量地满足项目施工生产的需要;另一方面加快周转,降低消耗,节约费用,提高经济效益。物资管理的目的,就是用最少的资金发挥最大的供应效力。

2) 项目现场材料管理的内容

(1) 材料计划管理。

项目开工前,向企业材料部门提出材料需用量计划,作为供应备料依据;在施工中,根据建设工程变更及调整的施工预算,及时向企业材料部门提出调整供料月计划,作为动态供料的依据;根据施工图纸、施工进度,在加工周期允许时间内提出加工制品计划,作为供应部门组织加工和向现场送货的依据;根据施工平面图对现场设施的设计,按使用期提出施工设施用料计划,报供应部门作为送料的依据;按月对材料计划的执行情况进行检查,不断改进材料供应。

(2) 材料进场验收。

为了把住质量和数量关,在材料进场时必须根据进料计划、送样凭证、质量保证书或产品合格证,进行材料的数量和质量验收;验收工作按质量验收规范和计量检测规定进行;验收内容包括品种、规格、型号、质量、数量、证件等;验收要做好记录、办理验收手续;对不符合计划要求或质量不合格的材料应拒绝验收。

(3) 材料的储存与保管。

进库的材料应验收入库,建立台账。施工现场的材料必须防火、防盗、防雨、防变质、防损坏;材料的放置要按平面布置图实施,做到位置正确、保管处置得当、符合堆放保管制度;要日清、月结、定期盘点、账实相符。

(4) 材料领发。

凡有定额的建设工程用料,凭限额领料单领发材料;超限额的用料,用料前应办理手续,填写限额领料单,注明超耗原因,经签发批准后实施,建立领发台账,记录领发状况和节约、超支状况。

(5) 材料使用监督。

现场材料管理责任者应对现场材料的使用进行分工监督,监督的内容包括:是否按材料做法合理用料,是否严格执行配合比,是否认真执行颁发料手续,是否做到谁用谁清、随清随用、工完料退场地清,是否按规定进行用料交底和工序交接,是否做到按平面图堆料,是否按要求保护材料等。检查是监督的手段,检查要做到情况有记录、原因有分析、责任要明确、处理有结果。

(6) 材料回收。

班组余料必须回收,及时办理退料手续,并在限额领料单中登记扣除。余料要造表上报;按供应部门的安排办理调拨和退料。设施用料、包装物及容器,在使用周期结束后组织回收。建立回收台账,处理好经济关系。

(7) 周转材料的现场管理。

按建设工程量、施工方案编报需用计划。各种周转材料均应按规格分别码放,阳面朝上,垛位见方;露天存放的周转材料应夯实场地,垫高 30cm、有排水措施,按规定限制高度,垛间留有通道;零配件要装入容器保管,按合同发放;按退库验收标准回收,做好记录;建立维修制度,按周转材料报废规定进行报废处理。

5. 建设工程项目材料管理主要控制环节

1) 施工准备阶段的现场材料管理

(1) 调查现场环境。

现场环境调查包括:建设工程合同的有关现场规定,建设工程地点及周围已有建设、交通道路、运输条件,临时建设及其用料情况等。

(2) 参与施工平面规划。

材料管理部门应参与施工平面使用规划,并注意以下问题:尽量使材料存放场地接近使用地点,以减少二次搬运和提高劳动效率;存料场地及道路的选择不能影响施工用地;存料场地应能满足最大存放量。

(3) 制定项目材料计划。

在项目开工之前,由材料管理部门根据施工方案和施工进度计划编制项目材料需用量计划。

(4) 做好料场、仓库、道路等设施及有关业务的准备。

露天料场要平整、夯实、有排水设施;现场临时仓库要符合防火、防雨、防潮、防盗的要求;现场运输道路要符合道路修筑要求,循环畅通,有周转条件,有排水措施。

2) 竣工收尾阶段的现场材料管理

(1) 估计未完建设工程用料,在平衡的基础上,调整原用料计划,控制进场,防止剩余积压,为完工清场创造条件。

(2) 提前拆除不再使用的临时设施,充分利用可以利用的旧料,节约费用,降低成本。

(3) 及时清理、利用和处理各种破料、碎料、旧料、残料、料底和建设垃圾等。

(4) 及时组织回收退库。对设计变更造成的多余材料,以及不再使用的周转材料,抓紧作价回收,以利于竣工后迅速转移。

(5) 做好施工现场材料的收、发、存和定额消耗的业务核算,办理各种材料核销手续,正确核算实际耗料状况,在认真分析的基础上找出经验与教训,在新开建设工程上加以改进。

3) 节约材料成本的主要途径

节约材料成本的途径非常多,但总体可归纳为两个方面:降低材料费用和减少材料消耗量。

(1) 找出材料管理的重点。

一般而言,占成本比重大的材料、使用量大的材料、采购价格高的材料应是重点管理的材料,此类材料最具节约潜力。

(2) 选择合理的材料采购和供应方式。

材料成本占建设工程成本的绝大部分,而构成建设工程项目材料成本的主要成分就是材料采购价格。材料管理部门应拓宽材料供应渠道,优选材料供应厂商,加强采购业务管理,多方降低材料采购成本。

(3) 合理订购和存储材料,节约材料订购与库存费用。

材料订购和存储量过低,容易造成材料供应不足,影响正常施工,同时增加采购工作与采购费用;材料订购和存储量过高,将造成资金积压,增加存储费用,增加仓库和材料堆场的面积。

(4) 研究节约材料的技术措施和组织措施,降低材料消耗量。

要特别重视施工规划(施工组织设计)对材料节约技术组织措施的设计,特别重视月度技术组织措施计划的编制和贯彻。

(5) 合理使用材料,充分发挥材料性能。

既要防止使用不合格材料,也要防止大材小用、优材劣用。可以利用价值建设工程等现代管理工具,在不降低功能和质量的前提下,寻找成本较低的代用材料。

(6) 做好周转材料的维护保养,提高周转率。

模板、脚手架等周转材料的成本不仅取决于材料单价,而且与材料的周转次数有关。提高周转率可以减少周转材料的占用,减少周转材料的成本分摊,有效地降低周转材料的成本。

(7) 建立健全材料领发管理制度。

凭限额领料单颁发材料,建立领发料台账,记录颁发状况和节约、超支状况,加强材料节约与浪费的考核和奖惩。

(8) 做好材料回收工作。

班组余料必须回收;要做好废料回收和修旧利废工作;建设工程完工后,要及时清理现场,回收残旧材料。

(9) 大力研究和推广新技术、新材料、新工艺,使材料成本大幅度降低。

例如:混凝土建设工程中各种混凝土填充料及各种外加剂的应用,可以大量节约水泥;钢筋建设工程中采用对焊、电渣压力焊,可以大量节约钢筋。

6. 建设工程项目材料消耗量定额

定额是企业及其工作人员从事生产活动时,在人力、物力、财力用方面所遵循的标准。施工企业的材料有很多种,他们在生产中所处的地位不同,各自有着不同的用途。材料定额管理是材料计划、供应、储存、消耗等管理工作的基础,按定额使用领域的不同,有材料消耗定额和材料储备定额两种。

1) 材料消耗定额

材料消耗定额是指在一定的生产技术下,完成一定计量单位的建设工程量所必须消耗的材料数量标准。材料消耗定额在项目管理中有着重要作用,它是确定项目材料需要量、库存量,编制材料计划,组织材料供应的依据;是限额领发料,考核分析材料消耗利用情况的依据,也是加强经济核算,进行成本控制的重要工具。

为了发挥材料消耗定额的积极作用,其定额就必须具有科学性、先进性、合理性和群众性,为了在生产过程中的运行还必须具有法令性。因为材料消耗定额同项目管理有着密切关系,所以必须加强对材料消耗定额的管理。

2) 材料消耗定额的构成

(1) 材料消耗的构成。

材料消耗主要是由净用量消耗和材料损耗两部分构成。

① 净用量消耗。指在完成符合合同规定的质量标准的建设工程施工过程中,实际应用到建设工程实体上的材料消耗。它是实际的有效的消耗,是材料消耗的主体部分。

但是,对于在施工操作中没有进入建设工程实体而在实体形成中损耗掉的那部分材料,则称为操作损耗。它包括材料在加工准备过程中产生的损耗,如端头短料、边角余料;也包括材料在施工过程中产生的损耗,如砌墙、抹灰时的掉灰等。这种损耗在现阶段是不可避免的,但可控制在一定范围内。

② 材料损耗。指材料在运输、保管、加工或调剂、操作及事故过程中,不可避免地出现的损耗,如保管损耗,运输损耗,垛底损耗等。这种损耗一般难以完全避免,但是对于在保管过程中因工作人员责任心不强而造成的损耗,则可以避免。

(2) 材料消耗定额的构成。

材料消耗定额是对材料消耗过程进行分析、提炼的结果,其构成和材料消耗的构成基本相同,差别是在材料消耗中剔除了一部分不合理的损耗而组成的材料损耗定额。材料消耗和材料消耗定额的构成如表 7-4 所示。

表 7-4　材料消耗和材料消耗定额的构成

序号	内容			材料消耗定额的构成
1	净用量			√
2	场外运输损耗	不可避免		
		可以避免		
3	操作损耗	散落损耗	不可避免,不可回收利用	√
			可以避免,可以回收利用	
		边角余料损耗	合理配合下料后的边角余料	√
			不合理下料,无计划配料	
			超过控制指标的余料	
		废品损耗	控制在一定指标内的废品	√
			超过控制指标的废品	
4	场内运输损耗	合理的、控制在一定指标内的损耗		√
		不合理的、超过控制指标的损耗		
5	保管损耗	合理的、控制在一定指标内的损耗		√
		不合理的、超过控制指标的损耗		
6	事故损耗			

制定材料消耗定额时必须对那些不可避免的、不可回收的合理损耗在定额中予以认可,那些本可以避免或者可以再回收利用而没有回收利用、没有避免的损耗,则不能作为损耗标准记入定额,所以材料消耗定额的构成内容只应包括有效消耗和合理损耗。

7.3.2　建设工程项目实体项目材料管理

1. 编制项目材料需要计划

建设工程项目材料需用计划,是指建设工程项目在计划期内对所需材料的预测。建设工程项目材料需用计划一般分为建设工程项目全过程材料需用计划和各计划期阶段材料需用计划两种。

建设工程项目全过程材料需用计划,一般称为建设工程项目一次性用料计划。该计划反映了整个项目及其各部位各分项建设工程材料需用量。它是用于组织资源和特殊材料、制品加工的依据;经审核后也是限额用料和考核材料消耗的依据。其编制的主要依据是设计文件、施工方案、技术措施计划及有关的材料消耗定额。编制程序如下。

(1) 根据设计文件、施工方案和措施计划计算建设工程项目各分部、分项的建设工程量。

(2) 根据各分部分项的建设工程量、工艺操作方法和材料消耗定额,计算各分部分项建设工程各种材料需用量。其计算公式为:

某种材料计划需用量＝分部分项建设工程实物建设工程量×材料消耗定额

(3) 汇总各分部分项建设工程材料需用量,求得整个建设工程项目各种材料的总需用量。

计划期材料需用计划一般是指年、季、月的材料需用计划。一般建设工程项目主要采用月度材料需用计划,主要用于材料采购、运输和供应。其编制依据是项目的全过程材料需用计划、施工进度计划、月度施工计划和有关材料消耗定额。编制方法有计算法和卡段法两种。

计算法是依据月度施工计划中各分部分项建设工程的建设工程量和相应的材料消耗定额,计算各分部分项建设工程材料需用量,然后汇总各分部分项建设工程各种材料需用量,编制计划期内材料需用计划。

卡段法是利用建设工程施工预算和施工进度计划,卡出计划时段内的材料需用量,然后汇总编制材料需用计划。

2. 编制项目材料供应计划

1)材料供应计划编制程序

材料供应计划,是指在计划期内如何满足各建设工程项目材料需用的一种实施计划。它包括平衡计划、储备计划和采购计划,是组织采购、调拨、储备、供料的依据。其编制程序如下。

(1)根据建设工程项目材料需用计划,结合现有库存资源,设置周转储备,经综合平衡后确定材料供应量,其计算方法为

材料供应量=期内材料需用量-期初库存量+期末周转储备量

(2)针对材料供应量,提出实现供应的保证措施并编制措施计划,如材料采购加工计划、库存和项目间调拨计划、储备计划等。

2)影响供应计划的因素

编制材料供应计划的关键是合理确定影响供应计划的四项因素。

(1)合理确定材料需用量。主要是审核项目材料需用计划,对需要预先进行加工制作的材料应考虑加工制作周期。

(2)准确统计库存量。根据编制计划时的实际库存,考虑计划编制期内库存增减因素,确定可提供调拨的资源量。

(3)根据材料消耗速度、运输及到货间隔,合理确定周转储备量。

(4)对上述因素进行平衡后,确定供应量并制定供应措施。

3. 限额用料

1)限额用料的主要方式

限额用料的主要方式有以下三种,可根据建设工程项目特点和承包要求选用。

(1)分项限额用料。分项限额用料是分工种对班组实行限额。其优点是范围小,责任明确,利益直接,便于管理。缺点是易于出现班组在操作中考虑自身利益而不顾与下道工序的衔接,以致影响最终用料效果。

(2)分层分段限额用料。按建设工程施工段或施工层对混合队或扩大的班组组合限定材料消耗数量,按段或层进行考核,这种方法是在分项建设工程限额用料的基础上进行了综合。其优点是直接、形象,较为简便易行,但要注意综合定额的科学性和合理性。

(3)部位限额用料。以施工部位材料总需用量为控制目标,以混合队为对象实行限额用料。这种做法实际上是扩大了的分项建设工程限额用料。其优点是混合队内部易于从整体利益出发,有利于工种配合和工序搭接,各班组互创条件,促进节约使用。但应注意加强混合队内部队组用料的考核。

限额用料的依据一般地讲有三个:一是施工材料消耗定额;二是用料者所承担的建设工程量或工作量;三是施工中必须采取的技术措施。由于定额是在一般条件下确定的,在实际操作中应根据具体的施工方法、技术措施及不同材料的试配翻样资料来确定限额用量。

2)限额用料的步骤

限额用料的步骤大体如下。

(1)给发。采用限额用料单或小票形式,根据不同用料者所承担的建设工程项目和建设工程量,计算限额用料的品种和数量。

(2)下达。将限额单下达到用料者并进行用料交底。交底用料措施、要求及注意事项。

(3)应用。用料者凭限额单到指定部门领料,材料部门在限额内发料。每次领发数量时间要做好记录,并互相签认。

(4)检查。在用料过程中,对影响用料因素进行检查,帮助用料者正确执行定额,合理使用材料。检查的内容包括:施工项目与定额项目的一致性;验收建设工程量与定额建设工程量的一致性;操作是否符合规程;技术措施是否落实;工作完成是否料净。

(5)验收。完成任务后,由有关人员对实际完成建设工程量和用料情况进行测定和验收,作为结算用工、用料的依据。

(6)结算。根据实际完成的建设工程量核对和调整应用材料量,并与实耗量进行对比,结算用料的节约或超耗。

(7)分析。查找用料节超原因,总结经验,吸取教训。

限额领料单的内容包括:建设工程项目名称、工程量、定额用量、发料数量、退料数量、材料节约措施及节约量等。

4. 进场材料验收

进场材料验收包括材料数量、材料规格、材料质量等几方面的内容。把好进场材料验收关应做好以下几项工作。

(1)做好进场材料验收准备工作。清理存放场地、垛位,校验验收计量器具,调配搬运人力及设备,掌握有关验收标准。

(2)核对进场材料的凭证、票据、计划、合同等有关资料;核对到货地点、材料品种是否与所需相符;出现问题及时上报,未解决问题前不应卸车或接收。

(3)目测材料外包装是否完整,若发现材料外表损坏或外包装破损严重的,应做好记录并及时上报,问题未解决前不得进行数量的质量验收。

(4)经数量、质量验收合格的材料要及时办理验收手续,入库登账,质量复验资料存档备案。

(5)对验收中出现了数量和质量问题应做出记录,上报有关部门处理,未解决问题前不应办理验收。

(6)因某些非主要因素不能验收或对验收中问题供需双方已有解决意见而建设工程急需时,可做暂估验收,发放使用,待问题正式解决后再办理正式验收手续。

7.3.3 建设工程项目周转材料管理

周转材料是指在施工中可多次周转使用,但不构成产品实体的但必须使用的料具。如支撑体系、模板体系、安全防护等。由于周转材料占用数量大,投资多,周转时间长,是施工不能缺少的工具,因此切实加强对它的管理与核算,延长其使用时间,降低损耗,对保证完成施工任务,取得良好经济效果有积极作用。

1. 周转材料的管理内容

周转材料的管理内容如下。

(1)使用。

在使用过程中严格按照施工组织设计和分项建设工程的技术方案,合理配套地组织进场,未经有关部门和人员批准,不得擅自改变原使用功能和价值。同时,经常深入施工现场检查工完场清,及时回收散落料具。

(2)维修保养。

经常对周转料具进行维护保养,上油,损坏的应及时修理。

(3)改制利用。

根据施工情况,在保证建设工程质量的前提下,对损坏且不能修复的尽量改制利用。

(4)核算。

经常定期对周转材料的使用进行分析、核算。

2. 项目部周转材料的管理

1)周转材料管理的范围

周转材料的种类如下。

(1)模板:大模板、滑模、组合钢模、异型模、竹模板等。

(2)脚手架:钢架管、腕扣、钢支柱、吊篮、竹塑板等。

(3)其他周转材料:卡具、附件等。

2)周转材料的加工、购置和租赁

项目经理部应根据建设工程特点编制建设工程周转材料的使用计划,提交企业相关部门或租赁单位,由企业相关部门或租赁单位进行加工、购置,并及时提供租赁,租赁单位与项目部签订租赁合同。

3)周转材料的进场保管

各项目经理部周转材料进场后,应按规格、品种、数量登记入账。周转材料的码放应注意以下几点。

(1)大模板应集中码放,做好防倾斜等安全措施,设置区域围护并标识。

(2)组合钢模板、竹木模板应分规格码放,便于清点和发放,一般码十字交叉垛,高度应控制在1.8m以下,并做好标识。

(3)钢脚手架管、钢支柱等,应分规格顺向码放,四周用围栏固定,减少滚动,便于管理,并做好标识。

(4)周转材料零配件应集中存放、装箱、装袋,作好保护,减少散失并标识。

4)周转材料的进场使用

周转材料如连续使用的,每次使用完并及时清理、除污后,涂刷和分类码放,以备再用。如不再使用的,应及时回收、整理和退场,并签订手续。

3. 模板的管理

(1)集中配料法。

企业集中设立模板配料场,负责所属工地模板的统一管理、统一配料、统一回收。工地使用的模板向配料场提出申请料单,由配料场根据库存模板的新旧及长短进行搭配,发给工地使用,工地使用后,配料场应根据施工进度情况统一回收、整理,提出工地实耗情况。

(2) 专业队法。

此法是在集中配料法基础上的扩大和发展,即在配料场配备施工力量,负责工地混凝土建设工程模板的制作、安装和拆除。其为工地的二包单位,单独核算。

(3) 租赁法。

企业设专门机构管理组合钢模板,对项目部租赁,并负责钢模板的修理。根据周转天数和周转一次的摊销费用,确定每平方米的日租赁费。

(4) 模板的"四包"制。

班组对所需的模板实行包作、包装、包拆除、包回收整理。实行四包,可以统一考虑模板施工中的制作、安装、拆除、回收,有利于加强管理,降低损耗。

4. 脚手架的管理

(1) 租赁法。

在企业内部,脚手架出租单位与施工使用单位之间实行租赁制,按日计租金,损失赔偿,促进加速周转;在施工使用单位内与架工班组之间实行脚手架费用包干制。由施工队负责,力争缩短工期。由架工班负责脚手架搭设拆除、保养管理,争取少占用,不丢失损坏,降低损耗。

(2) 费用承包。

实行脚手架费用包干的内容:一是架工班对脚手架建设工程包搭设、包拆除、包维修保养、包管理,还负责代表施工队向出租单位办理租入脚手架验收和用毕点交等具体手续;二是包脚手架的定额损耗,包括钢管、扣件及跳板的定额损耗。

任务 4　建设工程项目施工机械设备管理

7.4.1　建设工程项目施工机械设备管理概述

机械设备是施工企业进行施工生产必不可少的技术物质基础,是构成生产力的重要因素。采用机械化施工,是提高劳动生产率加快施工速度的主要途径。要充分发挥施工机械和机械化的优越性,就必须加强机械管理,按机械运转规律办事。合理地组织机械和配合人员,采用先进的施工技术和科学管理,不断提高机械化施工水平。

1. 施工机械设备的获取

施工机械设备的获取方式如下。

(1) 从本企业专业机械租赁公司租用已有的施工机械设备。

(2) 从社会上的建设机械设备租赁市场租用设备。

(3) 进入施工现场的分包建设工程施工队伍自带施工机械设备。

(4) 企业为本建设工程新购买施工机械设备。

2. 施工机械设备的选择

施工机械设备选择的总原则是切合需要、经济合理。

(1) 对施工设备的技术经济进行分析,选择既满足生产、技术先进又经济合理的施工设备。结合施工项目管理规划,分析购买和租赁的分界点,进行合理配备。如果设备数量多,但相互之间使用不配套,不仅机械性能不能充分发挥,而且会造成经济上的浪费。

（2）现场施工设备的配套必须考虑主导机械和辅助机械的配套关系，在综合机械化组列中前后工序施工设备之间的配套关系，大、中、小型建设工程机械及劳动工具的多层次结构的合理比例关系。

（3）如果多种施工机械的技术性能可以满足施工工艺要求，还应对各种机械的下列特性进行综合考虑：工作效率、工作质量、施工费和维修费、能耗、操作人员及其辅助工作人员、安全性、稳定性、运输、安装、拆卸及操作的难易程度、灵活性、机械的完好性、维修难易程度、对气候条件的适应性、对环境保护的影响程度等。

3. 建设工程项目部的机械设备管理职责

（1）按照施工组织设计积极寻求具有相应设备租赁资质、起重设备安拆资质、设备性能良好、服务优良、价格合理的设备租赁公司，签订设备租赁合同，承租与施工组织设计相适应的机械设备，并组织实施。

（2）按设备租赁合同的要求，组织设备的进场与退场，对进入施工现场的机械设备进行验收，并做好设备的验收记录，建立现场设备使用台账，杜绝把带有安全隐患的设备进入施工现场。

（3）制定本建设工程项目的设备管理制度，坚持对施工现场所使用的机械设备进行日巡查、周检查和月专业大检查，杜绝设备带病运转。

（4）组织人员对施工现场机械设备进行保养和维修，确保机械设备处于完好、有效的状态。

（5）做好设备使用安全技术交底工作，督促设备操作者严格按照设备操作规程进行操作，对违反操作规程者给予批评、指正或处罚。

（6）根据国家有关规定，组织对机务工作人员进行技术业务培训，设备操作者必须经过相应的技术培训，并取得相应设备操作许可证方可上岗操作。

（7）提高机械设备管理者的管理水平，以保证设备高效、有序、安全地应用于生产。

7.4.2 建设工程项目施工机械设备管理

1. 施工机械设备管理控制

机械设备管理控制应包括机械设备购置与租赁管理、使用管理、操作人员管理、报废和出场管理等。

机械设备管理控制的任务主要包括：正确选择机械；保证在使用中处于良好状态；减少闲置、损坏；提高使用效率及产出水平；机械设备的维护和保养。

2. 施工机械设备的合理使用

机械设备必须合理地使用，才能发挥其正常的生产效率，降低使用费用及防止出现事故。为此应做好以下几项工作。

（1）人机固定，实行机械使用、保养责任制，并将机械设备的使用效益与个人经济利益联系起来。

（2）实行操作证制度。专机的操作人员必须经过培训和统一考试，确认合格，发给上岗证，这是保证机械设备得到合理及安全使用的必要条件。

（3）遵守合理使用规定。坚持搞好机械的例行和强制保养；对新机械设备和经过大修或改造的机械设备在投产使用初期，必须经过运行磨合，使零配件摩擦表面逐渐达到良好配合，防止机件早期磨损，以延长机械使用寿命和修理周期。

（4）实行单机或机组核算。根据考核的成绩实行奖罚，这也是一项提高机械设备管理水平的重要措施。

（5）建立设备档案制度，以便于监督设备情况，便于使用与维修。

（6）合理组织机械设备施工。必须加强维修管理，提高机械设备完好率和单机效率，并合理地组织机械调配，搞好施工的计划工作。

（7）培养机务队伍。采取办训练班，进行岗位练兵等活动，有计划、有步骤地做好机务人员的培养和提高工作。

（8）搞好机械设备的综合利用。机械设备的综合利用是指现场的施工机械尽量做到一机多用，使其效率充分发挥。例如垂直运输机械，可兼作回转范围内的水平运输、装卸车等，因此要按小时安排好机械的工作，大力提高其利用率。

（9）努力组织好机械设备的流水施工。当施工进度主要取决于机械设备而不是人力的时候，施工段的划分必须以机械设备的服务能力作为决定因素，使机械设备能连续作业。必要时"歇人不歇马"，使机械三班作业。当一个施工项目有多个单项建设工程时，应使机械在单项建设工程之间流水作业，以减少进出场时间和装拆费用。

（10）机械设备安全作业。项目经理部在机械作业前应向操作人员进行安全操作交底，使操作人员对施工要求、场地环境、气候等安全生产要素有清楚的了解。项目经理部要按机械设备的安全操作要求安排工作和进行指挥，不得要求操作人员违章作业，也不得强令机械设备带病操作，更不得指挥和允许操作人员野蛮施工。

（11）为机械设备的施工创造良好的条件。如现场环境、施工平面图的布置应满足机械作业要求，道路畅通无障碍，夜间施工安排好照明等。

3. 施工机械设备的维修与保养

1）机械设备的磨损

机械设备的磨损可分为三个阶段。

（1）磨合磨损：属初期磨损，包括制造或大修理中的磨合磨损和使用初期的磨合磨损，这段时间较短。此时，只要执行适当的磨合期使用规定即可降低初期磨损，增强零件的耐用性，提高机械运行的可靠性和经济性，延长机械的大修间隔期及使用寿命。

（2）正常工作磨损：这一阶段的前期及中期零件经过磨合磨损，光洁度提高了，磨损较少，在较长时间内基本处于稳定的均匀磨损状态。这个阶段后期，条件逐渐变坏，磨损就逐渐变快，进入第三阶段。

（3）事故性磨损：由于零件配合的间隙扩展而使负荷加大，磨损激增，可能磨损得很快，如果磨损程度超过了极限而不及时修理，就会引起事故性损坏，造成修理困难和较大经济损失。

2）机械设备的保养

机械设备保养的目的是使机械设备保持良好的技术状态，提高运转的可靠性和安全性，减少零件的磨损，延长使用寿命，降低消耗，提高机械施工的经济效益。

（1）例行保养：属于正常使用管理工作，它不占用机械设备的运转时间，由操作人员在机械运行间隙进行。其主要的内容是：进行清洁、润滑、紧固容易松动的螺丝，检查零部件的完整情况，防止机械腐蚀及修换个别易损件等。

（2）强制保养：是隔一定周期，需要占用机械设备运转时间而停工进行的保养。强制保养是按照一定周期和内容分级进行的。机械设备运转到了规定的时限，不管其技术状态好坏,任务轻重,都必须按照规定作业范围与要求进行检查和维护保养,不得借故拖延。这种制度进一步贯彻了以预防为主的精神,有利于设备处于良好的技术状态。

3) 机械设备的修理

机械设备的修理是指对机械设备的自然损耗进行修复,排除机械运行故障,对损坏的零部件进行更换、修复。对机械设备的预检和修理,可以保证机械的使用效率,延长其使用寿命。机械设备修理可分为大修、中修和零星小修。

(1) 大修:对机械设备进行全面的解体检查修理,保证各零部件质量和配合,尽可能使机械设备恢复原有精度、性能、效率,达到良好的技术状态,从而延长机械设备的使用寿命。其内容包括:设备全部解体、拆除和清洗设备的全部零部件,修理、更换所有磨损及有缺陷的零部件,清洗、修理全部管路系统,更换全部润滑材料等。

(2) 中修:更换与修复设备的主要零部件和数量较多的其他磨损件,并校正机械设备的基准,恢复机械设备的精度、性能和效率,保证其能使用到下一次修理。中修是部分解体的修理,它也具有恢复性修理性质,其修理范围介于大修和小修之间。由于小修的时间短,机械的某些缺陷与隐患得不到处理,而大修的间隔期又太长,使机械设备的某些缺陷与隐患延误处理时机,所以在两次大修之间应安排若干次中修。

(3) 零星小修:一般是临时安排的修理,其目的是消除操作人员无力排除的突然故障、个别零件损坏或一般事故性损坏等问题,常与保养相结合,不列入修理计划之中(大修、中修需要列入修理计划,并按计划预检修制度执行)。

7.4.3 建设工程项目租赁施工机械设备管理

1. 机械设备租赁形式

机械设备租赁是企业利用广阔社会机械设备资源装备自己,迅速提高自身形象,增强施工能力,减小投资包袱,尽快武装的有力手段。机械设备租赁形式有内部租赁和社会租赁两种。

(1) 内部租赁。指由施工企业所属的机械经营单位与施工单位之间的机械租赁。作为出租方的机械经营单位,承担着提供机械、保证施工生产需要的职责,并按企业规定的租赁办法签订租赁合同,收取租赁费用。

(2) 社会租赁。指社会化的租赁企业对施工企业的机械租赁。社会租赁有以下两种形式。

① 融资性租赁。指租赁公司为解决施工企业在发展生产中需要增添机械设备而又资金不足的困难,而融通资金、购置企业所选定的机械设备并租赁给施工企业,施工企业按租赁合同的规定分期交纳租金,合同期满后,施工企业留购并办理产权移交手续。

② 服务性租赁。指施工企业为解决企业在生产过程中对某些大、中型机械设备的短期需要而向租赁公司租赁机械设备。在租赁期间,施工企业不负责机械设备的维修、操作,施工企业只是使用机械设备,并按台班、小时或施工实物量支付租赁费,机械设备用完后退还给租赁公司,不存在产权移交的问题。

2. 机械设备租赁管理

1) 计划申请与签订合同

(1) 租用单位对新开工建设工程按施工组织设计(或施工方案)编制单位建设工程一次性备料计划,上报公司材料管理部门负责组织备料。

(2) 租用单位根据施工进度,提前一个月申报月份使用租赁计划(包括使用时间、数量、配套规格等),由材料管理部门下达到租赁站。

(3) 公司材料管理部门根据申请计划,组织租用单位与租赁站签订合同。

2) 提料、退料、验收与结算

(1) 提料。由租用单位专职租赁业务人员按租赁合同的数量、规格、型号,组织提料到现场,材料人员验收。

(2) 退料。租用单位材料人员应携带合同,租赁站业务人员按合同品名、规格、数量、质量情况组织验收。

(3) 验收与结算。续租用应按月办理结算手续;退料后的结算应根据验收结果进行,租赁费、赔偿费和维修费一并结算收取。

(4) 根据租赁协议明确双方赔偿与罚款的责任。

3) 周转工具的管理

周转工具实行租赁管理,要做好周转工具的调度平衡和自购部分配件的申报、采购工作;建立健全各种收发存台账,按月结清凭证手续及月报表工作;制定周转工具配备定额、损耗定额,组织做好周转工具清产检查、监督实施过程中的管理,办理退租、回收、修理及租赁费用结算等工作。

任务5　建设工程项目技术管理

7.5.1　建设工程项目技术管理概述

建设工程项目技术管理是对所承包的建设工程各项技术活动和构成施工技术的各项要素进行计划、组织、指挥、协调和控制的总称。施工技术管理必须为企业经营管理服务,因此施工技术管理的一切活动都要符合企业生产经营的总目标,这就要求技术管理人员从生产型转向生产经营型,要既懂技术又懂管理,要关心生产要素的优化配置和动态管理的效果,做到技术经济统一。

1. 建设工程项目技术管理作用

建设工程项目技术管理的作用如下。

(1) 保证施工过程符合技术规范的要求,保证施工按正常秩序进行。

(2) 通过技术管理,不断提高技术管理水平和职工的技术素质,能预见性地发现问题,最终达到高质量完成施工任务的目的。

(3) 充分发挥施工中人员及材料、设备的潜力,针对建设工程特点和技术难题,开展合理化建议和技术攻关活动,在保证建设工程质量和生产计划的前提下,降低建设工程成本,提高经济效益。

(4) 通过技术管理,积极开发与推广新技术、新工艺、新材料,促进施工技术现代化,提高竞争能力。

(5) 有利于用新的科研成果对技术管理人员、施工作业人员进行教育培养,不断提高技术管理素质和技术能力。

2. 建设工程项目技术管理任务

建设工程项目技术管理的任务如下。

（1）正确贯彻执行国家各项技术政策和法令，认真执行国家和有关主管部门制定的技术标准、规范和规定。

（2）科学地组织技术工作，建立施工项目正常的施工生产技术秩序。

（3）积极地采用"四新"（即新技术、新工艺、新材料、新设备）科技成果，努力实现建设施工技术现代化，依靠技术进步提高施工项目的经济效益。

（4）加强技术教育、技术培训，不断提高技术人员和工人的技术素质，以保证施工项目的"优质、高速、低耗、安全"。

3. 建设工程项目技术管理内容

建设工程项目技术管理的内容如下。

（1）技术管理的基础工作。包括制定技术管理制度，实行技术责任制，执行技术标准与技术规程，开展科学试验，交流技术情报，进行技术教育与培训，技术档案管理等。

（2）施工技术准备工作。包括图纸会审，编制施工组织设计，进行技术交底等。

（3）施工过程中的技术工作。包括施工工艺管理，技术试验，技术核定，技术检查，标准化管理等。

（4）技术开发工作。包括开展新技术、新结构、新材料、新工艺、新设备的研究与开发，技术改造与革新，制定新的技术措施等。

（5）技术经济分析与评价。

7.5.2　建设工程项目技术管理工作

1. 建设工程项目技术管理基础工作

1）建立技术管理工作体系

项目经理部应在企业总建设工程师和技术管理部门的指导和参与下，建立以项目技术负责人为首的技术业务统一领导和分级管理的技术管理工作体系，并配备相应的职能人员。一般应根据项目规模设项目技术负责人（项目总建设工程师或主任建设工程师或建设工程师或技术员），其下设技术部门、工长和班组长。然后按技术职责和业务范围建立各级技术人员的责任制，明确技术管理岗位与职责，建立各项技术管理制度。

2）建立健全施工项目技术管理制度

项目经理部的技术管理必须执行国家技术政策和企业的技术管理制度，同时还应根据需要自行制定针对项目特点的技术管理制度，并报企业总建设工程师批准。施工项目的主要技术管理制度有：技术责任制度、图纸会审制度、施工组织设计管理制度、技术交底制度、材料设备检验制度、建设工程质量检查验收制度、技术组织措施计划制度、建设工程施工技术资料管理制度以及建设工程测量、计量管理办法、环境保护管理办法、建设工程质量奖罚办法、技术革新和合理化建议管理办法等。

建立健全施工项目技术管理制度时，要互相配套协调、形成系统，既互不矛盾，也不留漏洞，还要有针对性和可操作性，同时要求项目经理部所属各单位、各部门和人员，在施工活动中，必须遵照执行。

3）施工项目技术责任制

项目经理部的各级技术人员都应根据项目技术管理责任制度完成业务工作，履行职责。其中项目技术负责人的主要职责如下。

(1) 全面负责技术工作和技术管理工作。
(2) 贯彻执行国家的技术政策、技术标准、技术规程、验收规范和技术管理制度等。
(3) 组织编制技术措施纲要及技术工作总结。
(4) 领导开展技术革新活动，审定重大的技术革新、技术改造和合理化建议。
(5) 组织编制和实施科技发展规划、技术革新计划和技术措施计划。
(6) 参加重点和大型建设工程三结合设计方案的讨论，组织编制和审批施工组织设计和重大施工方案，组织技术交底和参加竣工验收。
(7) 主持技术会议，审定签发技术规定、技术文件，处理重大施工技术问题。
(8) 领导技术培训工作，审批技术培训计划。
(9) 参加引进项目的考察和谈判。

2. 建设工程项目技术管理经常性工作

建设工程项目技术管理经常性内容如下。
(1) 施工图样的熟悉、审查和会审。
(2) 编制施工管理规划。
(3) 组织技术交底。

技术交底是在正式施工以前对参与施工的有关管理人员、技术人员和工人讲解建设工程对象的设计情况、建设和结构特点、技术要求、施工工艺及注意问题等，以便他们详细地了解建设工程，心中有数，掌握关键环节，避免发生指导错误及操作错误。
(4) 建设工程变更和变更洽谈。
(5) 制定技术措施和技术标准

技术措施是为了克服生产中的薄弱环节，挖掘生产潜力，保证完成生产任务，获得良好的经济效果，在提高技术水平方面采取的各种手段和办法，是对已有的先进经验或措施加以综合运用。要做好技术措施工作，必须编制、执行技术措施计划。
(6) 建立技术岗位责任制。
(7) 进行技术检验、材料和半成品的试验与检测。
(8) 贯彻技术规范和规程。
(9) 技术情报、技术交流、技术档案的管理工作。

3. 建设工程项目技术管理开发性工作

建设工程项目技术管理开发性工作如下。
(1) 组织各类技术培训工作。
(2) 根据项目的需要制定新的技术措施和技术标准。
(3) 进行技术改造和技术创新。
(4) 开发新技术、新结构、新材料、新工艺等。

7.5.3 建设工程项目技术经济分析

在技术管理活动中，必须讲求技术经济效益。因此，要运用技术经济学的理论和方法，加强技术经济分析工作。技术经济分析就是对不同技术方案的经济效益进行计算、分析、评价，并在多种方案中选择最优方案。亦即从经济角度，对技术方案的预期效果进行分析，作为选择方案和进行决策的依据。

1. 技术与经济的关系

技术是人类改造自然的手段和方法,是用各种科学所揭示的客观规律进行各种产品(或结构、系统及过程)开发设计和制造所采用的方法、措施、技巧等水平的总称。具体地讲,技术指操作技能、劳动手段、生产工艺和管理程序方法,如技术装备、生产工具等硬件和施工工艺、管理技术等软件。

经济有多种含义,第一种是指生产关系,第二种是指社会生产和再生产,第三种指节约。技术经济分析中的经济一般指的是第三种含义,是指人、财、物、时间等资源的节约和有效使用,即为了获得单位效用所消耗的费用的节约。

技术与经济的关系如下。

(1) 经济是技术进步的目的和动力,技术则是经济发展的手段和方法。

(2) 技术的先进性和经济上的合理性是社会发展中一对相互促进、相互制约的既有统一、又有矛盾的统一体。

(3) 技术进步是经济发展的重要条件和物质基础,是提高劳动生产率,推动经济增长的有效手段。

(4) 经济发展是技术进步的归宿和重要的物质保障。

(5) 在技术与经济的关系中,经济占据支配地位,技术进步是为经济发展服务的,技术产生的本身就具有明显的经济目的,任何一项技术推广应用时首先要考虑其经济效果问题。

2. 技术经济效果的评价原则

项目技术方案的技术经济效果评价原则如下。

(1) 讲求经济效益原则。

评价技术方案的好坏,不仅要关心是否以最少的劳动消耗获得最大的使用价值(这是生产效率问题),而且更应注意采用该方案后能否为用户或生产活动提供质量和数量上都合格的产品,即经济效益第一的原则。

(2) 综合评价原则。

即不能强调单方面的效果,要同时考虑它对企业的投资、劳动力、建设工程质量、使用期维修等多方面的影响。

(3) 坚持国家标准原则。

国家标准是现阶段公认的行为规范,具有一定的法律效力。技术方案实现过程中所产生的各种效果,都应符合国家有关的技术标准或者达到相应的技术规范,这是技术方案评价的前提条件。

(4) 正确处理技术与经济关系原则。

技术先进与经济合理往往是一对矛盾,如果片面地追求先进技术,不考虑经济与技术的促进与制约关系,则会浪费资金,事倍功半。

(5) 可比性原则。

当进行多方案比较或新旧技术方案比较时,要注意使二者比较的基础具有可比性,如价格、寿命期等因素。

(6) 当前与长远经济效益兼顾原则。

新技术方案不仅要评价近期的经济效果,而且还要从战略角度出发,重视将来的发展趋势与远期效果的预测工作,并将二者紧密结合起来,综合考虑,权衡利弊。

(7) 直接与间接经济效益兼顾原则。

新技术方案的采用,不仅能带来直接的经济效益,有时还能带来间接的经济效益,有时还会增加一些额外的费用支出,在这种情况下要将各方面因素综合起来,统筹考虑。

3. 技术革新和技术改造

技术革新和技术改造,是改变建设业劳动强度大、机械化水平低和技术落后状况,以适应现代化建设需要的有效途径。技术革新和技术改造的主要内容如下。

(1) 改革或改进施工工艺和操作方法。施工工艺和操作方法的革新,直接影响到物化劳动的消耗,对高速优质完成施工项目有着至关重要的作用。革新应在保证建设工程质量和安全生产的条件下,采用新技术改变工艺过程和操作方法,或对工艺过程和操作方法加以改进,取得加快施工进展、降低建设工程成本和提高建设工程质量的效果。

(2) 改革建设结构,进行设计革命。采用新的结构形式代替传统结构。

(3) 改进机械设备的工具,提高工作效率。结合实际研制或仿制各种效率高、性能好、经济适用又能节省劳动力的先进机具和设备。

(4) 研制新材料,改进原材料。研究发展轻质、高强的新建材,提高材料质量,降低材料消耗和成本,进行综合利用。

(5) 其他方面的改革,如管理方面的改革、材料试验技术的改革、质量检验技术的改革等。

任务6　建设工程项目资金管理

7.6.1　建设工程项目资金筹集

资金筹集是指企业通过各种渠道和方式筹措生产经营所需资金的财务活动。筹资是企业资金运动的起点,是企业财务管理的重要内容,它对于企业的创建、生存、发展乃至企业财务管理目标的实现都有十分重要的意义。

1. 建设工程项目资金筹集原则

筹集资金应以资金需要量和投放时间为依据,将筹集资金与投资效果结合起来,以降低资金成本为目的,选择适当的筹资方式,同时,还要充分考虑偿还债务的能力。

(1) 充分利用自有资金,这样可以调度灵活,不需支付利息,降低成本。

(2) 必须在经过收支对比后,按差额来筹措,以免造成浪费。

(3) 努力争取低息贷款,资金成本应作为资金来源选择的标准。

2. 建设工程项目资金筹集渠道

施工过程中所需要的资金来源,一般是在承包合同条件中予以规定的,由发包方提供建设工程备料款和分期结算建设工程款,但往往这部分资金由于种种原因不能及时提供或者提供额外负担度不足。这时候就需要项目采取垫支部分自有资金的办法,但这种占用在时间与数量上必须严格控制,以免影响整个企业生产经营活动的正常进行。因此我们得出结论,施工项目资金来源的渠道如下。

(1) 预收建设工程备料款。

(2) 已完成施工价款结算。

(3) 由于增加建设工程量等原因而获得的索赔。

(4) 银行贷款。

(5) 企业自有资金。

(6) 其他项目资金的调剂占用。

3. 建设工程项目资金筹集方式

资金筹集方式是指筹集资金所采取的具体形式,体现着资金的属性。认识筹资方式的种类及每种筹资方式的属性,有利于选择适宜的筹资方式和进行筹资组合。常用的筹资方式有吸收直接投资、发行股票、商业信用、银行贷款、发行债券、融资租赁等。

资金的筹集方式与筹集渠道有密切的关系,通常,同一渠道的资金往往可以采取不同的方式取得,而同一筹资方式又往往适用于不同的筹资渠道。因此,筹集资金时,必须实现两者的密切配合。

4. 建设工程项目资金筹集方式的选择

筹集资金时往往会遇到诸如筹资应采用什么方式、什么时候筹资、筹资所付的代价是否合适、如何使筹资效益最佳等问题。这些问题必须通过对各个影响筹资的因素进行比较分析后,才能作出结论。

(1) 影响资金筹集的因素。

① 成本。指筹集资金的资金成本。它是筹资效益的一项抵消因素,筹资时应尽可能选择资金成本低的筹资方式或筹资组合。

② 风险。指筹资风险。不同的筹资方式的风险各不相同,由此而给企业带来的风险损失也不一样。风险是客观存在的,它并不能消除,但能避免或降低。在筹资中一般应选择风险小的筹资方式或筹资组合。

③ 弹性。指使用筹集资金的灵活性。由于各种筹资方式的弹性并不一样,而企业使用资金的情况也不相同,因此,应根据各种资金需要的具体情况来确定是否用有弹性的资金。

④ 时间性。指企业取得资金的时间能否与实际需要资金的时间相符。如果时间不符合,就会失去筹资意义。

⑤ 条件。指取得资金时的一些附加条件,如举债的限制性条款等。

(2) 资金筹集方式的比较。

① 比较筹资代价。比较筹资代价,具体来说有以下几方面。

A. 比较筹资成本代价。指对各种资金来源的资金成本进行比较。由于资金的来源是由多种筹资方式筹集的资金组合,因此,这种比较实际是对不同筹资结构的综合资金成本进行比较。

B. 比较筹资条件代价。这是指对各种筹资方式下,投资人提出的各种附加条件进行比较,选择附加条件最少的筹资方式。在有些情况下,则是指对能满足项目提出条件的投资人进行选择。

C. 比较筹资时间代价。筹资时间代价,是指不同来源的资金,由于使用期限不同而引起的成本和效益之间的差异。一般可用筹资成本代价作比较,有时也可直接将不同筹资方案的使用时间作比较。

② 比较筹资风险。筹资风险一般是指项目在筹资中因安排不同的筹资方式而可能引起的所有者收益发生变动的风险。它通常可以通过计算财务杠杆系数来进行衡量和比较。但是,项目筹资风险又不单纯是项目自身原因引起的,它还要受外部环境,如国家政策、资金市场的完善程度以及资金市场风险等的影响,因此,在进行筹资决策时,必须将各筹资方案的综合风险进行比较,选择风险最小的方案。

③ 比较筹资效益。比较筹资效益是指将资金的使用效益和筹资成本结合起来进行比较,选择一个筹资效益最好的方案加以实施。通常包括筹资方案的可行性比较和最佳筹资方案选择比较等内容。

7.6.2 建设工程项目资金管理

1. 建设工程项目资金收入与支出管理

(1) 保证资金收入。

生产的正常进行需要一定的资金保证,项目部的资金来源包括:组织(公司)拨付资金,向发包人收取的建设工程款和备料款,以及通过组织(公司)获得的银行贷款等。

对建设工程项目来讲,收取建设工程款和备料款是项目资金的主要来源,重点是建设工程款收入。由于建设工程项目的生产周期长,采用的是承发包合同形式,建设工程价款一般按月度结算收取,因此要抓好月度价款结算,组织好日常建设工程价款收入,管好资金的入口。

建设工程预算结算和索赔工作一定要抓紧抓好,建设工程一开工,随着工、料、机生产费用的耗费,生产资金陆续投入,必须随着建设工程施工进度及时办好建设工程预算结算,从而为建设工程价款回收创造条件。要认真研究合同条款,按照施工合同条款规定的权限范围办好索赔,最大范围地争取应得的利益。

收款工作从承揽建设工程、签订合同时开始,直到建设工程竣工验收、结算确定收入,以及保修期满收回建设工程尾款。

(2) 控制资金支出。

控制资金支出主要是控制项目资金的出口。施工生产直接或间接的生产费用投入需要耗费大量资金,要精心计划、节省使用资金,以保证项目部的资金支付能力,一般来说,工、料、机的投入有的要在交易发生期支付货币资金,有的可作为流动负债延期支付。从长期角度讲,任何负债都需要未来期用货币资金或企业资产偿还。为此,要加强资金支出的计划控制,各种工、料、机投入都要按消耗定额,管理费用要有开支标准。

要抓好开源节流,组织好工料款回收,控制好生产费用支出,保证项目资金正常运转。在资金周转中使投入能得到补偿,得到增值,才能保证生产继续进行。

2. 建设工程项目资金的使用管理

建立健全项目资金管理责任制,明确项目资金的使用管理由项目经理负责,项目经理部财务人员负责协调组织日常工作,做到统一管理、归口负责、业务交接对口,建立责任制,明确项目预算员、计划员、统计员、材料员、劳动定额员等有关职能人员的资金管理职责和权限。

(1) 资金的使用原则。

项目资金的使用管理应本着促进生产、节省投入、量入为出、适度负债的原则,要本着国家、企业、员工三者利益兼顾的原则,优先考虑上缴国家的税金和应上缴的各项管理费,要依法办事,按照《劳动法》,保证员工工资按时发放;按照劳务分包合同,保证外包工劳务费按合同规定结算和支付;按材料采购合同,按期支付货款;按分包合同支付分包款。

(2) 节约资金的办法。

项目资金的使用管理反映了项目施工管理的水平。在施工计划安排、施工组织设计、施工方案的选择方面,要用先进的施工技术提高效率、保证质量、降低消耗,努力做到以较少的资金投入创造较大的经济价值。

(3) 资金的管理方式。

资金的管理方式讲究经济手段,合理控制材料占用资金。项目经理部要核定材料资金占用额,包括主要材料、周转材料、生产工具等;对劳务队占用模板、中小机械等,按预算分别核定收入,采用市场租赁价按月计算支出,对节约的劳务队按节约额进行奖励,反之扣一定比例的劳务费。

抓报量、抓结算,随时办理增减账索赔。根据生产进度,随时做好分部位和整个建设工程的预算结算,及时回收建设工程价款,减少应收账款占用。要抓好月度中期付款结算及报量,减少未完建设工程占用资金。

(4) 项目资金的使用。

项目经理部按组织下达的用款计划控制使用资金以收定支,节约开支按会计制度规定设立财务台账,记录资金支出情况,加强财务核算,及时盘点盈亏。

项目经理部的财务台账可以由财务人员登账,也可在财务人员指导下由项目经理部有关业务部门登台账。明细台账要定期与财务账核对,做到账账相符;还要与仓库保管员的收、发、存实物账及其他业务结算账核对,做到账实相符。总之,要做到财务总体控制住,以利于发挥财务资金管理作用。

(5) 加强财务核算,及时盘点盈亏。

项目部要随建设工程进展定期进行资产和债务的清查,以考查以前报告期结转利润的正确性和目前项目经理部利润的后劲。由于单位建设工程只有到竣工决算才能确定最终该建设工程的准确赢利,施工过程的报告期的财务结算只是相对准确,所以施工过程中要根据建设工程完成部位适时进行财产清查,对项目经理部所有资产方和所有负债方及时盘点,通过资产和负债加上级拨付资金平衡关系比较看出盈亏趋向。一般来说,项目经理部期末资产等于负债加上级拨付资金加待结算利润,说明利润有潜力;资产加待结算亏损等于负债加上级拨付资金,说明利润有潜亏。

3. 建设工程项目资金的风险管理

注意发包方资金到位情况,签好施工合同,明确建设工程款支付办法和发包方供料范围。

关注发包方资金动态,在已经发生垫资施工的情况下,要适当掌握施工进度,以利回收资金。如果出现建设工程垫资超出原计划控制幅度,要考虑调整施工方案,压缩规模,甚至暂缓施工,并积极与发包方协调,保证项目的资金回收。

【单元小结】

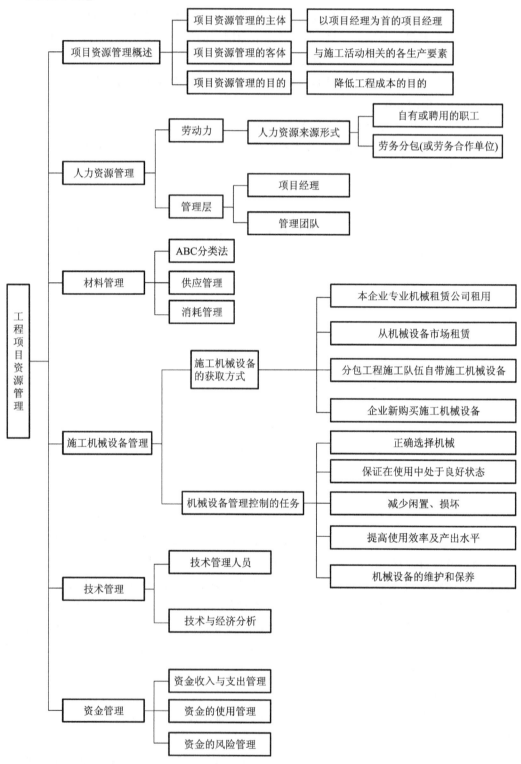

【复习题】
一、单选题
1.在建设工程项目管理过程中,项目资源管理的客体是(   )。
  A.项目经理   B.项目经理部
  C.施工企业   D.与施工活动相关的各生产要素
2.项目资源管理主要体现在建设工程项目(   )阶段,但其他阶段也有不同程度的涉及。
  A.验收、交工与竣工结算阶段   B.投标、签约阶段
  C.施工准备阶段   D.施工阶段
3.材料消耗定额的构成不包括(   )。
  A.不可避免的场外运输损耗   B.合理的、控制在一定指标内的场内运输损耗
  C.净用量   D.合理的、控制在一定指标内的保管损耗
4.(   )是指在施工中可多次周转使用,但不构成产品实体的但必须使用的料具。
  A.主要材料   B.实体材料
  C.周转材料   D.辅助材料
5.项目经理部的各级技术人员都应根据项目技术管理责任制度完成业务工作,履行职责。其中项目技术负责人的主要职责不包括(   )。
  A.全面负责技术工作和技术管理工作
  B.代表企业实施施工项目管理,对进入现场的生产要素进行优化配置和动态管理
  C.组织编制技术措施纲要及技术工作总结
  D.主持技术会议,审定签发技术规定、技术文件,处理重大施工技术问题

二、多选题
1.项目资源的种类包括(   )。
  A.人力资源   B.材料
  C.机械设备   D.技术
  E.资金
2.根据我国的项目管理实践,项目经理应具备的素质可概括为(   )方面。
  A.品格素质   B.能力素质
  C.知识素质   D.体格素质
  E.社交素质
3.周转材料是指在施工中可多次周转使用,但不构成产品实体的但必须使用的料具,包括(   )。
  A.商品混凝土   B.脚手架
  C.页岩多孔砖   D.模板
  E.钢筋
4.建设工程项目技术管理的内容中,施工技术准备工作包括(   )。
  A.制定技术管理制度   B.进行技术教育与培训
  C.图纸会审   D.编制施工组织设计
  E.安全培训
5.施工机械设备社会租赁指社会化的租赁企业对施工企业的机械租赁。社会租赁有

(　　)形式。
A. 内部租赁 B. 服务性租赁
C. 融资性租赁 D. 外部租赁
E. 企业租赁

6. 施工过程中所需要的资金来源的渠道包括(　　)。
A. 预收建设工程备料款 B. 已完成施工价款结算
C. 银行贷款 D. 企业自有资金
E. 索赔

三、简答题

1. 为什么说项目资源管理是极其复杂的？
2. 请简述项目经理的概念。项目经理包括哪几种类型？
3. 项目现场材料管理的内容包括哪些？

单元 8　建设工程项目安全与环境管理

【知识目标】
- 了解安全与环境管理概念、特点、安全事故类型。
- 熟悉各个阶段的职业健康与安全管理的任务、安全管理制度。
- 掌握工程施工安全控制措施。

【能力目标】
- 会按文明施工要求布置工地。
- 能检查施工现场安全并提出整改意见。
- 能按照安全管理的规范进行检查验收。

在施工过程中，不可避免会产生噪音、粉尘、建筑垃圾等，损害施工人员及影响周边环境。同时，施工环境的复杂性导致施工人员的安全受到影响。随着人类社会进步和科技发展，职业健康安全与环境的问题越来越突出。为了保证施工人员在劳动生产过程中的健康安全和保护人类的生存环境，必须加强职业健康安全与环境管理。

任务 1　工程项目安全与环境管理概述

8.1.1　职业健康安全与环境管理的概念

1. 职业健康安全

职业健康安全(OHS)是国际上通用的词语，通常是指影响作业场所内的员工、临时工作人员、合同方人员、访问者和其他人员健康安全的条件和因素。

劳动保护通常是指保护劳动者在劳动生产过程中的健康和安全，包括改善劳动条件、预防工伤事故及职业病、实现劳逸结合和对女工、未成年工的特殊保护等方面采取的各种管理和技术措施。

职业健康安全和劳动保护在名称上虽然不同，但其工作内容大致相同，可以认为是同一概念的两种不同的命名。

2. 环境

对环境如何定义，必须通过对"主体"的界定来确定环境的定义。比如《中华人民共和国环境保护法》认为环境是指"影响人类生存和发展的各种天然和经过人工改造的自然因素的总体，包括大气、水、海洋、土地、矿藏、森林、草原、野生生物、自然遗迹、人文遗迹、自然保护区、风景名胜区、城市和乡村等"。这是一种把各种自然因素(包括天然和经过人工改造的)界定为"主体"的对环境的定义。

3. 职业健康安全与环境管理

根据《职业健康安全管理体系规范》和《环境管理体系要求及使用指南》，职业健康安全管理和环境管理都是组织管理体系的一部分，其管理的主体是组织，管理的对象是一个组织的活动、产品或服务中能与职业健康安全发生相互作用的不健康、不安全条件和因素及能与环境发生相互作用的要素。

因此,组织在职业健康安全管理中,应建立职业健康安全的方针和目标,识别与组织运行活动有关的危险源及其风险,通过风险评价,对不可接受的风险采取措施进行管理和控制。组织在环境管理中,应建立环境管理的方针和目标,识别与组织运行活动有关的环境因素,通过环境影响评价,对能够产生重大环境影响的因素采取措施进行管理和控制。应当特别指出的是,组织运行活动的环境因素给环境造成的影响不一定都是有害的,有些环境因素会对环境造成有益影响,无论是对环境影响有害或有益的重大环境因素,组织都要采取措施进行管理和控制;而职业健康安全一般只对有害因素(不安全因素、不利于健康的因素)进行管理和控制。在我国通常把职业健康安全管理称为安全生产管理。

8.1.2 职业健康安全与环境管理的目的

1. 建设工程项目职业健康安全管理的目的

建设工程项目职业健康安全管理的目的是防止和减少生产安全事故、保护产品生产者的健康与安全、保障人民群众的生命和财产免受损失。控制影响工作场所内员工、临时工作人员、合同方人员、访问者和其他有关部门人员健康和安全的条件和因素,考虑和避免因管理不当对员工健康和安全造成的危害,是职业健康安全管理的有效手段和措施。

2. 建设工程项目环境管理的目的

建设工程项目环境管理的目的是保护生态环境,使社会的经济发展与人类的生存环境相协调。控制作业现场的各种粉尘、废水、废气、固体废弃物以及噪声、振动对环境的污染和危害,考虑能源节约和避免资源的浪费。

8.1.3 建设工程职业健康安全与环境管理的特点

依据建设工程产品的特性,建设工程职业健康安全与环境管理有以下特点。

(1) 建设产品的固定性和生产的流动性及受外部环境影响因素多,决定了职业健康安全与环境管理的复杂性。

(2) 建设产品生产的单件性决定了职业健康安全与环境管理的多变性。

(3) 产品生产过程的连续性和分工性决定了职业健康安全与环境管理的协调性。

(4) 产品的委托性决定了职业健康安全与环境管理的不符合性。

(5) 产品生产的阶段性决定职业健康安全与环境管理的持续性。

(6) 产品的时代性、社会性与多样性决定环境管理的经济性。

任务2 施工企业安全管理

8.2.1 建设工程项目的施工特点

建设行业属于事故发生率较高的行业,其施工特点如下。

(1) 高处作业多。

(2) 露天作业多。

(3) 立体交叉作业多。

建设产品结构复杂,工期较紧,必须多单位、多工种相互配合,立体交叉施工。如果管理不好、衔接不当、防护不严,就有可能造成相互伤害。

（4）临时员工多。

以上这些特点决定了建设工程项目的施工过程是复杂的生产过程。因此,必须加强施工过程的安全管理与安全技术措施。

8.2.2 建设工程项目安全事故发生的原因

这些事故的发生,不但给企业造成严重的经济损失,影响企业声誉,制约企业的生存和发展,同时还会给家庭带来不幸,甚至会影响社会的稳定。分析事故发生的原因,主要有以下几个方面。

（1）有的建设单位不执行有关法律、法规,不按建设程序办事。将工程肢解发包,签订虚假合同,要求垫资施工,拖欠工程款,造成安全生产费用投入不足,严重削弱了施工现场安全生产防护能力,致使安全防护很难及时到位,再加上强行压缩合同工期导致的交叉施工和疲劳作业,最终酿成事故。

（2）一些监理单位没有严格按照《建设工程安全生产管理条例》的规定,认真履行安全监理职责,还停留在过去"三控二管一协调"的老的工作内容和要求上,只重视质量,不重视安全,对有关安全生产的法律法规、技术规范和标准还不清楚、不熟悉、没有完全掌握,不能有效地开展安全监理工作,法律法规规定的监理职责和安全监管作用得不到发挥,形同虚设。

（3）一些施工企业安全生产基础工作薄弱,安全生产责任制不健全或落实目标管理不到位。没有相应的施工安全技术保障措施,缺乏安全技术交底,有的企业甚至把施工任务通过转包、违法分包或以挂靠的形式承包给一些根本不具备施工条件或缺乏相应资质的队伍和作业人员,给安全生产带来极大隐患。

（4）有的地方建设工程安全生产监督机构人员缺编,没有经费来源,没有处罚依据,安监站的安全监督作用未得到充分发挥。

（5）从业人员整体安全素质不高。大部分一线作业人员特别是农民务工人员安全意识不强,缺乏基本的安全知识,自我保护能力差,这个问题非常突出。

（6）由于市场竞争十分激烈,建设单位往往拒付施工企业安全措施费用。在工程造价中不计提安全施工设施费用,施工单位为了揽到工程而委曲求全,一旦中标,用于安全生产的必要设备、器材、工具等购置能省则省,导致施工现场十分混乱,大大增加了安全事故发生的可能性。

（7）各类开发区、工业园区、招商引资项目、个体投资项目及旧村改造工程违法违规现象较严重。部分工程无规划定点,无用地许可证,无施工许可证,无招投标手续,无质量安全监督手续,未进行施工图纸审查便进行施工,从源头上给建设工程带来了事故隐患。

（8）目前大多数施工企业还不能有效利用先进的管理技术和信息技术来提高管理水平。应利用信息管理手段建立诚信体系和不良记录,把企业市场行为、安全业绩和存在问题全部纳入,与市场准入、资质资格、评优评先、行政处罚直接挂钩。

8.2.3 防范事故发生的措施

根据事故发生的原因,主要可从以下各个方面采取措施加以防范。

（1）搭建施工现场安全生产的管理平台，建立建设单位、监理单位、施工单位三位一体的安全生产保证体系。

（2）实行建设工程安全监理制度，对监理单位及监理人员的安全监理业绩实行考评，作为年检或注册的依据，规定监理单位必须按规定配备专职安全监管人员。

（3）落实企业基础工作，强化企业主体责任。按照《中华人民共和国安全生产法》等法律、法规的规定，施工企业必须建立安全生产责任制，签订安全生产责任书，明确各自的责任。建议包括以下内容。

① 总、分包单位之间、企业与项目部之间均应签订安全生产目标责任书。工程各项经济承包合同中必须有明确的安全生产指标，安全生产目标责任书中必须有明确的安全生产指标，有针对性的安全保证措施，双方责任及奖惩方法。

② 施工现场职工人数超过50人的必须设置专职安全员。建筑面积1万平方米以上的必须设置1~3名专职安全员；5万平方米以上的大型工地要按专业设置专职安全员，组成安全管理组，负责管理安全生产工作。

③ 应建立企业和项目部各级、各部门和各类人员安全生产责任考核制度。企业一级部门人员和项目经理的安全生产责任制由企业安全管理部门每半年考核一次，项目部其他管理人员和各班组长的安全生产责任制，由项目部每季度考核一次。

④ 施工企业在工程开工前应制定总的安全管理目标，包括伤亡事故指标，安全达标和文明施工目标以及采取的安全措施。项目部与施工管理人员和班组必须签订安全目标责任书，并将安全管理目标按照各自职责逐级分解。项目部制定安全目标责任考核规定，责任到人，定期考核。

⑤ 施工组织设计中应包含施工安全技术措施，针对每项工程在施工过程中可能发生的事故隐患和可能发生安全问题的环节进行预测，在技术上和管理上采取措施，消除或控制施工过程中的不安全因素，防范发生事故。施工安全技术措施主要包括以下内容：

A.进入施工现场的安全规定。

B.地面及深坑作业的防护。

C.高处及立体交叉作业的防护。

D.施工用电安全。

E.机械设备的安全使用。

F.对采用的新工艺、新材料、新技术和新结构，制定有针对性、行之有效的专门安全技术措施。

G.预防自然灾害措施。

H.防火防爆措施。

⑥ 施工企业建立安全技术交底制度，内容应包括工作场所的安全防护设施、安全操作规程、安全注意事项等，既要做到有针对性，又要简单明了。

⑦ 施工企业和项目部必须建立定期安全检查制度，明确检查方式、时间、内容和整改、处罚措施等内容，特别要明确工程安全防范的重点部位和危险岗位的检查方式和方法。

⑧ 建议各级主管部门进一步高度重视建设安全生产工作，协调有关部门，解决安全生产管理机构的"机构、人员、职能、经费"问题。

⑨ 加大建设工程施工机械管理力度，把好入场关。特别是对塔机等起重机械作为特种设备采取备案、准入制度，强化市场管理和现场管理，淘汰不符合要求的起重机械，对起重机

械的产权单位、租赁单位实行登记、验收、检测制度,使起重机械的管理逐步规范化。

⑩ 企业要建立施工现场工伤事故定期报告制度和记录,并建立事故档案。每月要填写伤亡事故报表,发生伤亡事故必须按规定进行报告,并认真按"四不放过"(事故原因调查不清不放过,事故责任不明不放过,事故责任者和群众未受到教育不放过,防范措施不落实不放过)的原则进行调查处理,将安全工作的违章情况、评估评价与招投标挂钩;对于"三类人员"不到位、无安全生产许可证的施工企业,不予办理招投标手续;发生安全事故的企业,在参加工程投标时按相应规定扣减商务标得分;发生重大伤亡事故的企业,酌情给予暂停投标或降低资质等级处分。

⑪ 施工企业应建立施工现场安全培训教育制度和档案,明确教育岗位、教育人员、教育内容,安全教育内容必须具体而有针对性,主要包括以下内容:

A. 新进厂工人必须进行公司、项目部、班组的"三级"安全教育,且须经考核合格后才能进入操作岗位。

B. 企业待岗、转岗、换岗的职工,在重新上岗前必须接受一次安全培训,时间不少于20学时,其中变换工种者应进行新工种的安全教育。

C. 企业职工每年度接受安全培训,法定代表人、项目经理培训时间不得少于30学时,专职安全管理人员不少于40学时,特种作业人员不少于20学时,可由企业注册地或工程所在地建设行政主管部门组织培训。其他管理人员不得少于20学时,二级企业可自行组织培训,四级企业应委托培训。

D. 专职安全员必须持证上岗,企业进行年度培训考核,不合格者不得上岗。

⑫ 建立长效机制,严格依法管理,将各类开发区、工业园、旧村改造工程安全管理依法纳入管理的轨道;强化基本建设程序及手续的严肃性,各级各部门要严格把关,不允许无手续的工程开工;强化村镇建设单位的管理,进一步规范业主行为,取缔私自招投标、非法招用无资质施工队伍的状况,不允许施工队伍从事手续不齐全的建设工程项目施工。

任务3　企业安全组织机构与规章制度

8.3.1　企业安全组织机构与规章制度

1. 企业安全组织机构

安全组织机构的设置在企业安全生产的管理中是一项最基本的也是最重要的工作。组织机构的设置要遵守《中华人民共和国安全生产法》的规定,也就是说企业第一责任人同时也是安全生产的第一责任人,负责企业安全工作重大问题的组织研究和决策。

主要安全负责人负责企业的安全生产管理工作,施工企业的性质决定企业必须设立安全职能部门,负责日常安全生产工作的管理监督和落实。

安全组织机构的设置应体现高效精干,既有较强的责任心,又有一定的吃苦精神;既有较丰富的理论知识、法律意识,又有丰富的现场实践经验;既有一定的组织分析能力,又有良好的道德修养。安全机构不能仅是框架,不能是迫于形势要求的一个设置机构。

安全组织机构人员要熟知国家法律、法规知识,并贯穿运用到企业生产实践中去。要负责修订和不断完善企业的各项安全生产管理制度;负责组织学习、培训企业在职人员安全管理知识和实际操作技能;负责监督、检查、指导企业的安全生产执行情况;负责查处企业安全生产中违章、违规行为;负责对事故进行调查分析及相应处理。在企业安全组织机构建立完善的同时,层层建立安全生产责任制,责任制要融入单位、部门和岗位之中。

2. 企业安全规章制度

安全规章制度是安全管理的一项重要内容。

在企业的经营活动中实现制度化管理是一项重要课题,安全制度的制定依据要符合安全法律和行业规定,制度的内容齐全、针对性强,企业的安全生产制度应该更体现出实效性和可操作性,反映企业性质,面向生产一线,让职工体会并理解透彻。一部合理、完善、具有可操作性的企业安全管理制度,有利于企业领导的正确决策,有利于规范企业和企业职工行为,有利于指导企业一线安全生产的实施,提高职工的安全意识,加强企业的安全管理,最终实现杜绝或减少安全事故发生的目的,为企业的生产经营和生存发展奠定良好的基础。

8.3.2 企业经常性的安全教育与培训

职工的安全教育在施工企业中应该是一堂必修课,而且应该具有计划性、长期性和系统性。安全教育由企业的人力资源部门纳入职工统一教育、培训计划,由安全职能部门归口管理和组织实施,目的在于通过教育和培训提高职工的安全意识,强化安全生产知识,有效地防止不安全行为,减少人为失误。安全教育培训要适时、适地、内容合理、方式多样,形成制度,做到严肃、严格、严密、严谨,讲求实效。

1. 单位教育

(1) 对于新进单位和调换工种的职工应进行安全教育和技术培训,经考核合格方准上岗。一般企业对于新进单位的职工实行三级安全教育,这也是新职工接受的首次安全生产方面的教育。企业对新职工进行初步安全教育的内容包括:劳动保护意识和任务的教育;安全生产方针、政策、法规、标准、规范、规程和安全知识的教育;企业安全规章制度的教育。

(2) 各部门对新分配来的职工进行安全教育的内容包括:施工项目安全生产技术操作一般规定;施工现场安全生产管理制度;安全生产法律和文明施工要求;工程的基本情况,现场环境、施工特点、可能存在的不安全因素。

(3) 班组对新分配来的职工进行工作前的安全教育,内容包括:从事施工必要的安全知识、机具设备及安全防护设施的性能和作用教育;本工种安全操作规程;班组安全生产、文明施工基本要求和劳动纪律;本工种容易发生事故环节、部位及劳动防护用品的使用要求。

2. 特种及特定的安全教育

特种作业人员,除按一般安全教育外,还要按照《关于特种作业人员安全技术考核管理规划》的有关规定,按国家、行业、地方和企业规定进行特种专业培训、资格考核,取得特种作业人员操作证后方可上岗。再针对季节性变化、工作对象改变、工种变换、新工艺、新材料、新设备的使用以及发现事故隐患或事故后,应进行特定的适时的安全教育。

3. 经常性安全教育

企业在做好新职工进单位教育、特种作业人员安全教育和各级领导干部、安全管理干部的安全生产教育培训的同时,还必须把经常性的安全教育贯穿于安全管理的全过程,并根据接受教育的对象和不同特点,采取多层次、多渠道、多方法进行安全生产教育。经常性安全教育反映安全教育的计划性、系统性和长期性,有利于加强企业领导干部的安全理念,有利于提高全体职工的安全意识。更加具体地反映出安全生产不是一招一式、一朝一夕的事情,而是一项系统性、长期性、社会化公益性工程。施工现场的班前安全活动会就是经常性教育的一个缩影,长期有效的班前活动更面向生产一线、贴近职工生活,具体地指出了职工在生产经营活动中应该怎样做,注意哪些不安全因素,怎样消除不安全因素,从而保证安全生产,提高施工效率。

4. 安全培训

培训是安全工作的一项重要内容,培训分为理论知识培训和实际操作培训,随着社会经济的发展和管理工作的不断完善,新材料、新工艺、新设备、新规定、新法规也不断地在施工活动中得到推广和应用。因此就要组织职工进行必要的理论知识培训和实际操作培训,通过培训让其了解掌握新知识的内涵,更好地运用到工作中去,通过培训让职工熟悉掌握新工艺、新设备的基本施工程序和基本操作要点。同样对一些新转岗的职工和脱岗时间长的职工也应该进行实际操作培训工作,以便在正式上岗之前熟悉掌握本岗位的安全知识和操作注意事项。

任务 4　安全生产责任制

8.4.1　安全目标管理

为了贯彻落实"安全第一,预防为主"的方针和加强施工现场安全标准化的管理,落实安全生产责任制,企业必须建立起一支高素质和稳定的安全技术干部队伍,确保施工安全的顺利进行。

1. 控制目标

(1) 死亡、重伤、人为机械事故为零。

(2) 年均伤亡率低于某值。

(3) 无食物中毒。

(4) 创文明安全工地,各项达标在某值以上。

2. 计划目标

(1) 开展三级入场教育。

(2) 开展施工现场 100％戴安全帽,100％系安全带双百活动。

(3) 开展"全国安全生产周"活动及上级部门开展的安全生产月活动,接受有关部门组织的文明安全工地验收及安全生产红旗工地检查,推动施工现场小责任区整洁,大现场文明标准化管理。

(4) 开展架子搭设标准化、预防高处坠落专项教育和施工用电预防、触电伤亡专项教育活动及文明施工教育。

(5) 开展小责任区整洁,大现场文明标准化检查活动,迎接文明安全工地复查及验收。

(6) 开展百日安全生产无事故活动,重点开展对"三宝、四口、五临边"、雨期施工及冬期施工教育管理活动。

(7) 进行安全生产总结,表彰当年安全生产文明施工管理先进集体与个人。

3. 安全管理机构人员

(1) 建立安全生产领导小组。以项目经理为组长,执法经理为副组长,分包队长、工长、技术人员、安全人员等为成员,组成现场管理领导小组。

(2) 执法监督部下设安全组。设组长一人(安全人员按以下要求设置)负责对项目安全生产的管理和检查。

（3）施工现场根据工程大小配备2～5人组成安全整改队，负责施工现场安全问题的整改。

（4）分包管理。分包单位100～300人必须有专职安全员一名；300～500人必须有专职安全员两名，每天到执法监督部由执法部长统一进行业务指导和管理。

（5）班组长、分包专业队长是兼职安全员，负责本作业班组工人的健康和安全，负责消除本作业区的安全隐患，对施工现场实行责任目标管理。

8.4.2 安全生产责任制

为认真贯彻"安全第一，预防为主"的安全生产方针，明确施工安全生产责任人、技术负责人等有关管理人员及各职能部门安全生产的责任，保障生产者在施工作业中的安全和健康，特制定安全生产责任制。

安全生产责任制由公司安全科负责监督执行，各级、各部门、各项目经理部组织实施。各级管理人员安全生产责任如下所述。

1. 公司经理责任

（1）认真贯彻执行国家和各省、市有关安全生产的方针政策和法规、规范，掌握本企业安全生产动态，定期研究安全工作，对本企业安全生产负全面领导责任。

（2）领导编制和实施本企业中、长期整体规划及年度、特殊时期安全工作实施计划。建立健全本企业的各项安全生产管理制度及奖罚办法。

（3）建立健全安全生产的保证体系，保证安全技术措施经费的落实。

（4）领导并支持安全管理部门或人员的监督检查工作。

（5）在事故调查组的指导下，领导、组织本企业有关部门或人员，做好重大伤亡事故调查处理的具体工作和监督防范措施的制定和落实，预防事故重复发生。

2. 公司生产经营经理责任

（1）对本企业安全生产工作负直接领导责任，协助分公司经理认真贯彻执行安全生产方针、政策、法规，落实本企业各项安全生产管理制度。

（2）组织实施本企业中、长期、年度、特殊时期安全工作规划、目标及实施计划，组织落实安全生产责任制及施工组织设计。

（3）参与编制和审核施工组织设计、特殊复杂工程项目或专业工程项目施工方案。审批本企业工程生产建设项目中的安全技术管理措施，制定施工生产中安全技术措施经费的使用计划。

（4）领导组织本企业的安全生产宣传教育工作，确定安全生产考核指标，领导、组织外包工队长的培训、考核与审查工作。

（5）领导组织本企业定期和不定期的安全生产检查，及时解决施工中的不安全生产问题。

3. 公司技术经理责任

（1）贯彻执行国家和上级的安全生产方针、政策，协助公司经理做好安全方面的技术领导工作，在本企业施工安全生产中负技术领导责任。

（2）领导制订年度和季节性施工计划时，要确定指导性的安全技术方案。

（3）组织编制和审批施工组织设计、特殊复杂工程项目或专业性工程项目施工方案时，应严格审查是否具备安全技术措施及其可行性,并提出决定性意见。

(4) 领导安全技术公关活动,确定劳动保护研究项目,并组织鉴定验收。

(5) 对本企业使用的新材料、新技术、新工艺从技术上负责,组织审查其使用和实施过程中的安全性,组织编制或审定相应的操作规程,重大项目应组织安全技术交底工作。

(6) 参加伤亡事故的调查,从技术上分析事故原因,制定防范措施。

(7) 贯彻实施"一图九表"现场管理法及业内资料管理标准。参与文明施工安全检查,监督现场文明安全管理。

4. 安全部门责任

(1) 积极贯彻和宣传上级的各项安全规章制度,并监督检查公司范围内责任制的执行情况。

(2) 制订定期安全工作计划和制定方针目标,并负责贯彻实施。

(3) 协助领导组织安全活动和检查。制定或修改安全生产管理制度,负责审查企业内部的安全操作规程,并对执行情况进行监督检查。

(4) 对广大职工进行安全教育,对特种作业人员进行培训、考核,签发合格证。

(5) 开展危险预知教育活动,逐级建立定期的安全生产检查活动。监督检查公司每月一次、项目经理部每周一次、班组每日一次。

(6) 参加施工组织设计会审;参加架子搭设方案、安全技术措施、文明施工措施、施工方案会审;参加生产会,掌握信息,预测事故发生的可能性;参加新建、改建、扩建工程项目的设计、审查和竣工验收。

(7) 参加暂设电气工程的设计和安装验收,提出具体意见,应监督执行。参加自制的中小型机具设备及各种设施和设备维修后在投入使用前的验收,合格后批准使用。

(8) 参加一般及大、中、异型特殊脚手架的安装验收,及时发现问题,监督有关部门或人员解决落实。

(9) 深入基层研究不安全动态,提出改正意见,制止违章,有权停止作业和罚款。

(10) 协助领导监督安全保证体系的正常运转,对削弱安全管理工作的单位,要及时汇报领导,督促解决。

(11) 检查检验特定专业劳动保护用品,并监督其使用。

(12) 凡进入现场的单位或个人,安全人员有权监督其符合现场及上级的安全管理规定,发现问题让其立即改正。

(13) 督促班组长按规定及时领取和发放劳动保护用品,并指导工人正确使用。

(14) 参加因工伤亡事故的调查,进行伤亡事故统计、分析,并按规定及时上报,对伤亡事故和重大未遂事故的责任者提出处理意见、采纳安全生产的合理化建议,保证企业一图九表法、业内资料管理标准和安全生产保障体系正常运转。次日在事故调查组的指导下,组织伤亡事故的调查、分析及处理。

5. 技术部门责任

(1) 认真学习、贯彻执行国家和上级有关安全技术及安全操作规程规定,保障施工生产中的安全技术措施的制定与实施。

(2) 在编制施工组织设计和专业性方案的过程中,要在每个环节中贯穿安全技术措施,对确定后的方案,若有变更,应及时组织修订。

(3) 检查施工组织设计和施工方案中安全措施的实施情况,对施工中涉及安全方面的技术性问题,提出解决办法。

(4) 对新技术、新材料、新工艺,必须制定相应的安全技术措施和安全操作规程。

(5) 对改善劳动条件,减轻笨重体力劳动,消除噪声等方面的治理进行研究解决。参加伤亡事故和重大事故、未遂事故中技术性问题的调查,分析事故原因,从技术上提出防范措施。

6. 组织部门(劳资、人事)责任

1) 劳资、劳物部门责任

(1) 对职工(含分包单位员工)进行定期的教育考核,将安全技术知识列为工人培训、考核、评级内容之一,对招收新工人(含分包单位员工)要组织入厂教育和资格审查,保证提供的人员具有一定的安全生产素质。

(2) 严格执行国家和省、市特种作业人员上岗作业的有关规定,适时组织特种作业人员的培训工作,并向安全部门或主管领导通报情况。

(3) 认真落实国家和省、市有关劳动保护的法规,严格执行有关人员的劳动保护措施,并监督实施情况。

(4) 参加因工伤亡事故的调查,从用工方面分析事故原因,提出防范措施,并认真执行对事故责任者的处理意见。

2) 人事部门责任

(1) 根据国家和省、市有关安全生产的方针、政策及企业实际,配齐具有一定文化程度、技术和实施经验的安全干部,保证安全干部的素质。

(2) 组织对新调入、转业的施工、技术及管理人员的安全培训、教育工作。

(3) 按照国家和省、市有关规定,负责审查安全管理人员资格,有权向主管领导建议调整和补充安全监督管理人员。

(4) 参加因工伤亡事故的调查,认真执行对事故责任者的处理决定。

7. 生产部门责任

(1) 组织与施工生产有关的学习班时,要安排安全生产教育课程。

(2) 各专业主办的各类学习班,要设置劳动保护课程(课时应不少于总课时的1%~2%)。

(3) 将安全教育纳入职工培训教育计划,负责组织职工的安全技术培训和教育。

8. 生产计划部门责任

(1) 在编制年、季、月生产计划时,必须树立"安全第一"的思想,组织均衡生产,保障安全工作与生产任务协调一致。对改善劳动条件、预防伤亡事故的项目必须视同生产任务,纳入生产计划优先安排。

(2) 在检查生产计划实施情况的同时,要检查安全措施项目的执行情况,对施工中重要安全防护设施、设备的实施工作(如支拆脚手架、安全网等)要纳入计划,列为正式工序,给予时间保证。

(3) 坚持按合理施工顺序组织生产,要充分考虑到职工的劳逸结合,认真按施工组织设计组织施工。

(4) 在生产任务与安全保障发生矛盾时,必须优先解决安全工作的实施。

9. 项目经理责任

(1) 对承包项目工程生产经营过程中的安全生产负全面领导责任。

(2)贯彻落实安全生产方针、政策、法规和各项规章制度,结合项目工程特点及施工全过程的情况,制定本项目部各项目安全生产管理办法,或提出要求并监督其实施。

(3)在组织项目工程承包、聘用业务人员时,必须本着安全工作只能加强的原则,根据工程特点确定安全工作的管理体制和人员,并明确各业务承包人的安全责任和考核指标,支持、指导安全管理人员的工作。

(4)健全和完善用工管理手续,录用外包工队必须及时向有关部门申报,严格用工制度与管理,适时组织上岗安全教育,要对外包工队的健康与安全负责,加强劳动保护工作。

(5)组织落实施工组织设计中安全技术措施,组织并监督工程项目施工中安全技术交底制度和设备、设施验收制度的实施。

(6)领导、组织施工现场定期的安全生产检查,发现施工生产中不安全问题,组织制定措施,及时解决。对上级提出的安全生产与管理方面的问题,要定时、定人、定措施予以解决。

(7)发生事故,要做好现场保护与抢救工作,及时上报;组织、配合事故的调查,认真落实制定的防范措施,吸取事故教训。

(8)对外包工队加强文明安全管理,并对其进行评定。

10. 项目技术负责人责任

(1)对建设工程项目生产经营中的安全生产负技术责任。

(2)贯彻、落实安全生产方针、政策,严格执行安全技术规范、规程、标准。结合项目工程特点,主持建设工程项目的安全技术交底和开工前的全面安全技术交底。

(3)参加或组织编制施工组织设计,编制、审查施工方案时,要制定、审查安全技术措施,保证其具有可行性与针对性,并随时检查、监督、落实。

(4)主持制定技术措施计划和季节性施工方案的同时,制定相应的安全技术措施并监督执行,及时解决执行中出现的问题。

(5)建设工程项目应用新材料、新技术、新工艺,要及时上报,经批准后方可实施,同时要组织上岗人员的安全技术培训、教育。认真执行相应的安全技术措施与安全操作工艺、要求,预防施工中因化学物品引起的火灾、中毒或其新工艺实施中可能造成的事故。

(6)主持安全防护设施和设备的验收。发现设备、设施的不正确情况应及时采取措施。严格控制不合标准要求的防护设备、设施投入使用。

(7)参加定期的安全生产检查,对施工中存在的不安全因素,从技术方面提出整改意见和办法予以消除。

(8)贯彻实施一图九表法及业内资料管理标准,确保各项安全技术措施有针对性。

(9)参加、配合因工伤亡及重大未遂事故的调查,从技术上分析事故原因,提出防范措施、意见。

(10)加强外包项目的结构安全评定及文明施工的检查评定。

11. 项目工长、施工员责任

(1)认真执行上级有关安全生产规定,对所管辖班组(特别是外包工队)的安全生产负直接领导责任。

(2)认真执行安全技术措施及安全操作规程,针对生产任务特点,向班组(包括外包队)进行书面安全技术交底,履行签认手续,并对规程、措施、交底要求执行情况经常检查,随时纠正作业违章行为。

(3) 经常检查所管辖班组(包括外包工队)作业环境及各种设备、设施的安全状况,发现问题及时纠正解决。对重点、特殊部位施工,必须检查作业人员及安全设备、设施技术状况是否符合安全要求,严格执行安全技术交底,落实安全技术措施,并监督其执行,做到不违章指挥。

(4) 每周或不定期组织一次所管辖班组(包括外包工队)学习安全操作规程,开展安全教育活动,接受安全部门或人员的安全监督检查,及时解决提出的不安全问题。

(5) 对分管工程项目应用的符合审批手续的新材料、新工艺、新技术要组织作业工人进行安全技术培训;若在施工中发现问题,立即停止使用,并上报有关部门或领导。

(6) 发现因工伤亡或未遂事故要保护好现场,立即上报。

12. 项目班组长责任

(1) 认真执行安全生产规章制度及安全操作规程,合理安排班组人员工作,对本班组人员在生产中的安全和健康负责。

(2) 经常组织班组人员学习安全操作规程,监督班组人员正确使用个人劳保用品,不断提高自我保护能力。

(3) 认真落实安全技术交底,做好班前讲话,不违章指挥、冒险蛮干,进现场戴好安全帽,高空作业系好安全带。

(4) 经常检查班组作业现场安全生产状况,发现问题及时解决并上报有关领导。

(5) 认真做好新工人的岗位教育。

(6) 发生因工伤亡及未遂事故,保护好现场,立即上报有关领导。

13. 项目工人责任

(1) 认真学习,严格执行安全技术操作规程,模范遵守安全生产规章制度。

(2) 积极参加安全活动,认真执行安全交底,不违章作业,服从安全人员的指导。

(3) 发扬团结友爱精神,在安全生产方面做到互相帮助、互相监督,对新工人要积极传授安全生产知识,维护一切安全设施和防护用具,做到正确使用,不拆改。

(4) 对不安全作业要积极提出意见,并有权拒绝违章指令。

(5) 发生伤亡和未遂事故,保护现场并立即上报。

(6) 进入施工现场要戴好安全帽,高空作业系好安全带。

(7) 有权拒绝违章指挥或检查。

14. 分包单位负责人责任

(1) 认真执行安全生产的各项法规、规定、规章制度及安全操作规程,合理安排班组人员工作,对本单位人员在生产中的安全和健康负责。

(2) 按制度严格履行各项劳务用工手续,做好本单位人员的岗位安全培训,经常组织学习安全操作规程,监督本单位人员遵守劳动、安全纪律,做到不违章指挥,制止违章作业。

(3) 必须保持本单位人员的相对稳定,人员变更须事先向有关部门申报,批准后新来人员应按规定办理各种手续,并经入场和上岗安全教育后方准上岗。

(4) 根据上级的交底向本单位各工种进行详细的书面安全交底,针对当天任务、作业环境等情况,做好班前安全讲话,监督其执行情况,发现问题,及时纠正、解决。

(5) 参加每月四次的项目文明安全检查,检查本单位人员作业现场安全生产状况,发现问题及时纠正,重大隐患应立即上报有关领导。

(6) 发生因工伤亡及未遂事故,保护好现场,做好伤者抢救工作,并立即上报有关领导。

(7) 服从总包管理,接受总包检查。

(8) 特殊工种必须经培训合格,持证上岗。

8.4.3 安全技术措施的编制要求与实施

施工组织设计中必须具有的安全技术措施如下。

(1) 施工组织设计的安全技术措施必须渗透到工程各阶段、分项工程、单项方案和各工艺中。

(2) 采用新工艺、新技术、新设备、新施工方法及本工种的工序转移都要制定相应的安全措施,并提出安全技术操作要求。

(3) 对于爆破、吊装、暂设电气、深基础、大中机械安装和拆除等特殊工程要编制单项施工安全技术措施。

(4) 编制脚手架搭设方案。绘制平面图、立面图、剖面图和编写搭设说明,提出安全技术措施,50 m以上外脚手架有计算书并向有关人员交底。

(5) 施工组织设计要在消灭危险作业、改善劳动条件、减轻笨重劳动、消除噪声、治理尘毒和提高文明施工水平方面提出治理措施。

(6) 对易燃、易爆、有毒物品的存放位置,要在设计中明确,并提出使用要求。

(7) 大孔径人工扩底桩基础工程必须根据地质水文资料、设计要求、作业环境拟订方案并报公司,经总工审批后方可开工。要防止土方塌方。

(8) 脚手架、吊篮、吊架、桥梁的强度设计及上下道路、安全网、密封网的架设,要求架设层次、段落达到验收要求。

(9) 外用电梯的设置及井架、门式架等垂直运输设备拉结要求及防护技术措施,"四口""五临边"的防护和交叉施工作业场的隔离防护措施。

(10) 易燃、易爆、有毒作业场所,必须采取防火、防爆、防毒措施。

(11) 季节性的措施。如雨期施工防雨、防洪、冬期施工防冻、防滑、防火、防中毒等施工工程与周围通行道路及民房防护隔离棚的措施。

(12) 施工组织设计审批后,任何涉及安全的设施和措施不得擅自更改,如需要更改必须报原审批单位重新审批。

安全技术措施的落实具体内容如下。

(1) 工程开工前,总工程师或技术负责人要将工程概况、施工方法和安全技术措施,向参加施工的工地负责人、工长和职工进行安全技术交底。每个单项工程开始前,应进行重复交代单项工程的安全技术措施。有关安全技术措施中的具体内容和施工要求,应向工地负责人、工长进行详细交底和讨论,以取得执行者的理解,为安全技术措施的落实打下基础。

(2) 安全技术措施中的各种安全设施、防护设置应列入任务单,落实责任到班组或个人,并实行验收制度。

(3) 安全技术措施的交底是重要的,而安全技术措施的检查落实则更为重要。项目技术经理、执行经理、施工负责人(工程部长、技术部长、工长等)、编制者和安全技术人员,要经常深入工地检查安全技术措施的实施情况,及时纠正违反安全技术措施规定的行为,并且要注意发现和补充安全技术措施的不足,使其更加完善、有效。各级安全部门要以施工安全技术措施为依据,以安全法规和各项安全规章制度为准则,每天对各工地实施情况进行检查,并监督各项安全措施的落实。

(4)对安全技术措施的执行情况,除认真监察检查外,还应建立必要的与经济挂钩的奖罚制度。

8.4.4 安全技术交底

安全技术交底注意事项如下。

(1)施工工长对分项工程要进行有针对性的安全技术交底,交底资料一式三份,双方签字各留一份,另一份作资料保存。

(2)安全技术交底必须定期或不定期的分工种、分项目、分施工部位进行。

(3)各班组每天要根据工长签发的安全交底,工序程序技术要求,进行有针对性的班前讲话,讲话应有记录。

(4)为了帮助工长及时对作业班组进行安全技术交底,专为施工负责人(工长)编制了一套常规安全技术交底资料供施工中参考。在使用中要根据施工环境、条件做一些调整或增加。

8.4.5 安全教育

1. 安全教育制度

安全教育制度内容如下。

(1)违章教育制度。

(2)换岗教育。

(3)特殊工种培训教育。

(4)对新机具、新设备和新工艺应由有关技术部门制定规程并对操作人员进行专门训练。

(5)对变换工种及换岗、新调入、临时参加生产人员应视同新工人进行上岗安全教育。

(6)对从事有毒、有害作业的人员由卫生和有关部门在工作前进行尘毒危害和防治知识教育后方可上岗。

(7)综合教育。

2. 安全生产教育

安全生产教育包括以下几方面。

(1)思想和方针政策教育。

(2)劳动和纪律教育。

(3)安全知识方面的教育。

3. 安全教育形式

安全教育培训可以采取各种有效方式开展活动,如建立安全教育室,举办安全知识讲座、报告会、培训班,进行图片和典型事故图片展览,放映有关安全教育的电视片,举办以安全生产为内容的书画摄影展览,举办安全知识竞赛,出版报、墙报,编印简报等。

4. 法制教育

定期和不定期对全体职工进行遵纪守法的教育,杜绝违章指挥、违章作业的现象发生。

5. 安全技能教育

安全技能教育就是结合本工种特点,实现安全操作、安全防护所必须具备的基本技术知识的教育。每个职工都要熟悉本工种、岗位专业技术知识。

6. 特殊作业人员的培训教育

(1) 确定特殊作业的范围和培训依据是《特殊作业人员安全技术培训考核管理办法》。自1999年10月1日起施行。该标准对特种作业的定义、范围、人员条件和培训、考核管理都做了明确规定。

(2) 从事特殊作业的人员,必须经国家规定的有关部门进行安全教育和安全技术培训,并经考核合格取得正式操作证者,方准独立作业。

7. 三级教育

三级教育内容如下。

(1) 公司或分公司安全科组织进行的安全生产教育。

(2) 项目部进行的安全教育。

(3) 班组进行的安全生产教育。

8. 经常性教育

安全教育培训工作,必须做到经常化、制度化。把经常性的普及教育贯穿于管理全过程,并根据接受教育对象的不同特点,采取多层次、多渠道和多种形式的教育方法,以起到良好的效果。

8.4.6 安全生产检查

安全生产检查是我国工人阶级在实践中创造出来的。它是在劳动保护工作中的具体运用,是推动开展劳动保护工作的有效措施。它包括企业本身对生产卫生工作进行的经常性检查,也包括由地方劳动部门、行业主管部门联合组织的定期检查。还可以对安全卫生进行普遍检查,也可以对某项问题,如防暑降温、电气安全等进行专业重点或季节性检查。

安全生产检查的具体方式如下。① 安全执法检查。② 企业定期安全大检查。③ 专业性安全大检查。④ 季节性安全大检查。⑤ 验收性安全大检查。⑥ 班前班后安全检查。⑦ 经常性安全检查。⑧ 职工代表安全检查。⑨ 工地巡回安全检查。⑩ 工地"达标"安全检查。

安全检查记录包括班组安全检查记录,专职安全员检查记录,项目安全值班记录。

安全生产检查中应注意的问题如下。

① 检查要有领导、有计划、有重点地进行,除工地上安全员进行经常性的安全检查外,其他的各种安全检查都必须有领导、有计划地进行,特别是组织的大检查,更为必要。② 建立安全检查的组织机构。③ 要制订安全检查计划。④ 检查中重点要突出。

安全检查是发现危险因素的手段,安全整改是为了采取措施消除危险因素,把事故和职业通病消灭在事故发生之前,以保证安全生产。因此,不论何种类型的安全检查,都要防止搞形式、走过程,更要反对那种"老问题、老检查、老不解决"的官僚主义作风。要讲究实效,每次安全检查都要本着对安全生产、对广大职工的安全健康高度负责的精神,认真贯彻"边检查、边整改"的原则,积极广泛地发动群众搞好整改。对检查出来的问题,必须做到条条有着落;件件有交代,保证施工过程的安全。

8.4.7 施工现场安全色标管理制度

1. 安全色

（1）红色。表示禁止、停止、消防和危险的意思。
（2）蓝色。表示指令，必须遵守的规定。
（3）黄色。表示通行、安全和提供信息的意思。

2. 安全标志

（1）禁止标志，是不准或制止人们的某种行为（图形为黑色，禁止符号与文字底色为红色）。
（2）警告标志，是使人们注意可能发生的危险（图形警告符号及字体为黑色，图形底色为黄色）。
（3）指令标志，是告诉人们必须遵守的意思（图形为白色，指令标志底色均为蓝色）。
（4）提示标志，是向人们提示目标的方向，用于消防提示（消防提示标志的底色为红色，文字、图形为白色）。

任务 5　建设工程项目环境保护的要求和措施

8.5.1　建设工程项目环境保护的要求

建设工程项目必须满足有关环境保护法律法规的要求，在施工过程中注意环境保护，对企业发展、员工健康和社会文明有重要意义。

环境保护是按照法律法规、各级主管部门和企业的要求，保护和改善作业现场的环境，控制现场的各种粉尘、废水、废气、固体废弃物、噪声、振动等对环境的污染和危害。环境保护也是文明施工的重要内容之一。

1. 建设工程项目对环境保护的基本要求

根据《中华人民共和国环境保护法》和《中华人民共和国环境影响评价法》的有关规定，建设工程项目对环境保护的基本要求如下。

（1）涉及依法划定的自然保护区、风景名胜区、生活饮用水水源保护区及其他需要特别保护的区域的，应当符合国家有关法律法规及该区域内建设工程项目环境管理的规定，不得建设污染环境的工业生产设施；建设的工程项目设施的污染物排放不得超过规定的排放标准。

（2）开发利用自然资源的项目，必须采取措施保护生态环境。

（3）建设工程项目选址、选线、布局应当符合区域、流域规划和城市总体规划。

（4）应满足项目所在区域环境质量、相应环境功能区划和生态功能区划标准或要求。

（5）拟采取的污染防治措施应确保污染物排放达到国家和地方规定的排放标准，满足污染物总量控制要求；涉及可能产生放射性污染的，应采取有效预防和控制放射性污染措施。

（6）建设工程项目应当采用节能、节水等有利于环境与资源保护的设计方案、材料、构配件及设备。材料必须符合国家标准。禁止生产、销售和使用有毒、有害物质超过国家标准的材料。

(7) 尽量减少建设工程施工中所产生的干扰周围生活环境的粉尘及噪声。

(8) 应采取生态保护措施,有效预防和控制生态破坏。

(9) 对环境可能造成重大影响、应当编制环境影响报告书的,可能严重影响项目所在地居民生活环境质量的,以及存在重大意见分歧的,环保总局可以举行听证会,听取有关单位、专家和公众的意见,并公开听证结果,说明对有关意见采纳或不采纳的理由。

(10) 建设工程项目中防治污染的设施,必须与主体工程同时设计、同时施工、同时投产使用。防治污染的设施必须经原审批环境影响报告书的环境保护行政主管部门验收合格后,该建设工程项目方可投入生产或者使用。

(11) 禁止引进不符合我国环境保护规定要求的技术和设备。

(12) 任何单位不得将产生严重污染的生产设备转移给没有污染防治能力的单位使用。

2. 防止对海洋环境的污染损害

《中华人民共和国海洋环境保护法》规定:在进行海岸工程建设和海洋石油勘探开发时,必须依照法律的规定,防止对海洋环境的污染损害。

8.5.2 建设工程环境保护的措施

工程建设过程中的污染主要包括对施工场界内的污染和对周围环境的污染。对施工场界内的污染防治属于职业健康问题;而对周围环境的污染防治是环境保护的问题。

建设工程环境保护措施主要包括大气污染的防治、水污染的防治、噪声污染的防治、固体废弃物的处理以及文明施工措施等。

1. 大气污染的防治

1) 大气污染物的分类

大气污染物的种类有数千种,已发现有危害作用的有 100 多种,其中大部分是有机物。大气污染物通常以气体状态和粒子状态存在于空气中。

(1) 气体状态污染物。

气体状态污染物具有运动速度较大,扩散较快,在周围大气中分布比较均匀的特点。气体状态污染物包括分子状态污染物和蒸汽状态污染物。

① 分子状态污染物。指在常温常压下以气体分子形式分散于大气中的物质,如燃料燃烧过程中产生的二氧化硫(SO_2)、氮氧化物(NO_x)、一氧化碳(CO)等。

② 蒸气状态污染物。指在常温常压下易挥发的物质,以蒸气状态进入大气,如机动车尾气、沥青烟中含有的碳氢化合物等。

(2) 粒子状态污染物。

粒子状态污染物又称固体颗粒污染物,是分散在大气中的微小液滴和固体颗粒,粒径在 $0.01 \sim 100 \mu m$ 之间,是一个复杂的非均匀体。通常根据粒子状态污染物在重力作用下的沉降特性又可分为降尘和飘尘。

① 降尘。指在重力作用下能很快下降的固体颗粒,其粒径大于 $10 \mu m$。

② 飘尘。指可长期飘浮于大气中的固体颗粒,其粒径小于 $10 \mu m$。飘尘具有胶体的性质,故又称为气溶胶。

2) 施工现场空气污染的防治措施

(1) 施工现场垃圾渣土要及时清理出现场。

（2）高大建筑物清理施工垃圾时，要使用封闭式的容器或者采取其他措施处理高空废弃物，严禁凌空随意抛撒。

（3）现场道路应指定专人定期洒水清扫，形成制度，防止道路扬尘。

（4）对于细颗粒散体材料（如水泥、粉煤灰、白灰等）的运输、储存要注意遮盖、密封，防止和减少飞扬。

（5）车辆开出工地要做到不带泥砂，基本做到不洒土、不扬尘，减少对周围环境污染。

（6）除设有符合规定的装置外，禁止在施工现场焚烧油毡、橡胶、塑料、皮革、树叶、枯草、各种包装物等废弃物品以及其他会产生有毒、有害烟尘和恶臭气体的物质。

（7）机动车都要安装减少尾气排放的装置，确保符合国家标准。

（8）工地茶炉应尽量采用电热水器。若只能使用烧煤茶炉和锅炉时，应选用消烟除尘型茶炉和锅炉，大灶应选用消烟节能回风炉灶，使烟尘降至允许排放范围为止。

（9）大城市市区的建设工程已不容许搅拌混凝土。在容许设置搅拌站的工地，应将搅拌站封闭严密，并在进料仓上方安装除尘装置，采用可靠措施控制工地粉尘污染。

（10）拆除旧建筑物时，应适当洒水，防止扬尘。

2. 水污染的防治

1）水污染物主要来源

（1）工业污染源，指各种工业废水向自然水体的排放。

（2）生活污染源，主要有食物废渣、食油、粪便、合成洗涤剂、杀虫剂、病原微生物等。

（3）农业污染源，主要有化肥、农药等。

2）废水处理技术

废水处理的目的是把废水中所含的有害物质清理分离出来。废水处理可分为化学法、物理方法、物理化学法及生物法。

（1）化学法。利用化学反应来分离、分解污染物，或使其转化为无害物质的处理方法。

（2）物理法。利用组织排水、自然渗透等物理方法清除有害物质。

（3）物理化学法。主要有吸附法、反渗透法、电渗析法。

（4）生物法。生物法是利用微生物新陈代谢功能，将废水中成溶解和肢体状态的有机污染物降解，并转化为无害物质，使水得到净化。

3）施工过程水污染的防治措施

（1）污水必须经沉淀池沉淀合格后再排放，最好将沉淀水用于工地洒水降尘或采取措施回收利用。

（2）现场存放油料，必须对库房地面进行防渗处理，如采用防渗混凝土地面、铺油毡等措施。使用时，要采取防止油料跑、冒、滴、漏的措施，以免污染水体。

（3）施工现场100人以上的临时食堂，污水排放时可设置简易有效的隔油池，定期清理，防止污染。

（4）工地临时厕所，化粪池应采取防渗漏措施。中心城市施工现场的临时厕所可采用水冲式厕所，并有防蝇、灭蛆措施，防止污染水体和环境。

（5）化学用品、外加剂等要妥善保管，库内存放，防止污染环境。

3. 噪声污染的防治

1）噪声的分类与危害

（1）噪声按照振动性质可分为气体动力噪声、机械噪声、电磁性噪声。

(2) 按噪声来源可分为交通噪声（如汽车、火车、飞机等）、工业噪声（如鼓风机、汽轮机、冲压设备等）、建筑施工的噪声（如打桩机、推土机、混凝土搅拌机等发出的声音）、社会生活噪声（如高音喇叭、收音机等）。

(3) 噪声的危害。噪声是一类影响与危害非常广泛的环境污染问题。噪声环境可以干扰人的睡眠与工作，影响人的心理状态与情绪，造成人的听力损失，甚至引起许多疾病。此外噪声对人们的对话干扰也是相当大的。

2) 施工现场噪声的控制措施

噪声控制技术可从声源、传播途径、接收者防护等方面来考虑。

(1) 声源控制。

① 声源上降低噪声，这是防止噪声污染的最根本措施。

② 尽量采用低噪声设备和工艺代替，高噪声设备与加工工艺，如低噪声振捣器、风机、电动空压机、电锯等。

③ 在声源处安装消声器消声，即在通风机、鼓风机、压缩机、燃气机、内燃机及各类排气放空装置等进出风管的适当位置设置消声器。

(2) 传播途径的控制。

① 吸声。利用吸声材料（大多由多孔材料制成）或由吸声结构形成的共振结构（金属或木质薄板钻孔制成的空腔体）吸收声能，降低噪声。

② 隔声。应用隔声结构，阻碍噪声向空间传播，将接收者与噪声声源分隔。隔声结构包括隔声室、隔声罩、隔声屏障、隔声墙等。

③ 消声。利用消声器阻止传播。允许气流通过的消声降噪是防治空气动力性噪声的主要装置。如对空气压缩机、内燃机产生的噪声等。

④ 减振降噪。对来自振动引起的噪声，通过降低机械振动减小噪声，如将阻尼材料涂在振动源上，或改变振动源与其他刚性结构的连接方式等。

(3) 接收者的防护。

让处于噪声环境下的人员使用耳塞、耳罩等防护用品，减少相关人员在噪声环境中的暴露时间，以减轻噪声对人体的危害。

(4) 严格控制人为噪声。

① 进入施工现场不得高声喊叫、无故甩打模板、乱吹哨，限制高音喇叭的使用，最大限度地减少噪声扰民。

② 凡在人口稠密区进行强噪声作业时，须严格控制作业时间，一般晚 10 点到次日早 6 点之间停止强噪声作业。确是特殊情况必须昼夜施工时，尽量采取降低噪声措施，并会同建设单位找当地居委会、村委会或当地居民协调，出安民告示，求得群众谅解。

3) 施工现场噪声的限值

根据国家相关标准的要求，对不同施工作业的噪声限值见表 8-1。在工程施工中，要特别注意不得超过国家标准的限值，尤其是夜间禁止打桩作业。

表 8-1 建筑施工场界噪声限值表

施工阶段	主要噪声源	噪声限值/dB	
		昼间	夜间
土石方	推土机、挖掘机、装载机等	75	55
打桩	各种打桩机械等	85	禁止施工
结构	混凝土搅拌机、振捣棒、电锯等	70	55
装修	吊车、升降机等	70	55

4. 固体废物的处理

1) 固体废物的概念

固体废物是生产、建设、日常生活和其他活动中产生的固态、半固态废弃物质。固体废物是一个极其复杂的废物体系。按照其化学组成可分为有机废物和无机废物；按照其对环境和人类健康的危害程度可以分为一般废物和危险废物。

2) 建设工程项目施工工地上常见的固体废物

(1) 渣土。包括砖瓦、碎石、渣土、混凝土碎块、废钢铁、碎玻璃、废屑、废弃装饰材料等。

(2) 废弃的散装大宗建筑材料。包括水泥、石灰等。

(3) 生活垃圾。包括炊厨废物、丢弃食品、废纸、生活用具、玻璃、陶瓷碎片、废电池、废电日用品、废塑料制品、煤灰渣、废交通工具等。

(4) 设备、材料等的包装材料。

(5) 粪便。

3) 固体废物的处理和处置

固体废物处理的基本思想是：采取资源化、减量化和无害化的处理，对固体废物产生的全过程进行控制。固体废物的主要处理方法如下。

(1) 回收利用。

回收利用是对固体废物进行资源化、减量化的重要手段之一。粉煤灰在建设工程领域的广泛应用就是对固体废弃物进行资源化利用的典型范例。又如发达国家炼钢原料中有70%是利用回收的废钢铁，所以，钢材可以看成是可再生利用的建筑材料。

(2) 减量化处理。

减量化是对已经产生的固体废物进行分选、破碎、压实浓缩、脱水等减少其最终处置量，减低处理成本，减少对环境的污染。在减量化处理的过程中，也包括和其他处理技术相关的工艺方法，如焚烧、热解、堆肥等。

(3) 焚烧。

焚烧用于不适合再利用且不宜直接予以填埋处置的废物，除有符合规定的装置外，不得在施工现场熔化沥青和焚烧油毡、油漆，亦不得焚烧其他可产生有毒有害和恶臭气体的废弃物。垃圾焚烧处理应使用符合环境要求的处理装置，避免对大气的二次污染。

(4) 稳定和固化。

利用水泥、沥青等胶结材料,将松散的废物胶结包裹起来,减少有害物质从废物中向外迁移、扩散,使得废物对环境的污染减少。

(5) 填埋。

填埋是固体废物经过无害化、减量化处理的废物残渣集中到填埋场进行处置。禁止将有毒有害废弃物现场填埋,填埋场应利用天然或人工屏障。尽量使废物与环境隔离,并注意废物的稳定性和长期安全性。

5. 文明施工

文明施工是指保持施工现场良好的作业环境、卫生环境和工作秩序。因此,文明施工也是保护环境的一项重要措施。文明施工主要包括:规范施工现场的场容,保持作业环境的整洁卫生;科学组织施工,使生产有序进行;减少施工对周围居民和环境的影响;遵守施工现场文明施工的规定和要求,保证职工的安全和身体健康。

文明施工可以适应现代化施工的客观要求,有利于员工的身心健康,有利于培养和提高施工队伍的整体素质,促进企业综合管理水平的提高,提高企业的知名度和市场竞争力。

建设工程现场文明施工的基本要求主要有如下几点。

(1) 施工现场必须设置明显的标牌,标明建设工程项目名称、建设单位、设计单位、施工单位、项目经理和施工现场总代表人的姓名,开、竣工日期,施工许可证批准文号等。施工单位负责施工现场标牌的保护工作。

(2) 施工现场的管理人员在施工现场应当佩戴证明其身份的证卡。

(3) 应当按照施工总平面布置图设置各项临时设施。现场堆放的大宗材料、成品、半成品和机具设备不得侵占场内道路及安全防护等设施。

(4) 施工现场的用电线路、用电设施的安装和使用必须符合安装规范和安全操作规程,并按照施工组织设计进行架设,严禁任意拉线接电。施工现场必须设有保证施工安全要求的夜间照明;危险潮湿场所的照明以及手持照明灯具,必须采用符合安全要求的电压。

(5) 施工机械应当按照施工总平面布置图规定的位置和线路设置,不得任意侵占场内道路。施工机械进场必须经过安全检查,经检查合格的方能使用。施工机械操作人员必须建立机组责任制,并依照有关规定持证上岗,禁止无证人员操作。

(6) 应保证施工现场道路畅通,排水系统处于良好的使用状态;保持场容场貌的整洁,随时清理建筑垃圾。在车辆、行人通行的地方施工,应当设置施工标志,并对沟井坎穴进行覆盖。

(7) 施工现场的各种安全设施和劳动保护器具,必须定期进行检查和维护,及时消除隐患,保证其安全有效。

(8) 施工现场应当设置各类必要的职工生活设施,并符合卫生、通风、照明等要求。职工的膳食、饮水供应等应当符合卫生要求。

(9) 应当做好施工现场安全保卫工作,采取必要的防盗措施,在现场周边设立围护设施。

(10) 施工现场发现文物、爆炸物、电缆、地下管线等应当停止施工,保护现场,及时向有关部门报告,并按规定处理。

(11) 施工现场泥浆和污水未经处理不得排放,地面宜做硬化处理,有条件的现场可进行绿化布置。

【单元小结】

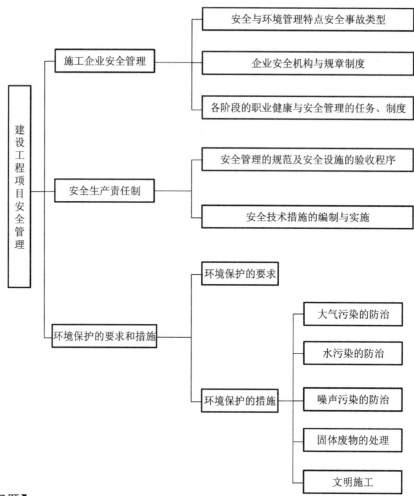

【复习题】

一、单选题

1. 建设工程项目职业健康安全管理的目的是防止和减少(　　)、保护产品生产者的健康与安全、保障人民群众的生命和财产免受损失。

　　A. 生产安全事故　　　　　　　　B. 资金流失
　　C. 材料使用　　　　　　　　　　D. 能源消耗

2. 安全生产责任制以(　　)为安全生产方针。

　　A. 质量第一,安全为主　　　　　B. 安全第一,预防为主
　　C. 质量第一,预防为主　　　　　D. 安全第一,质量兼顾

3. 以下哪项不属于生产部门责任(　　)。

　　A. 组织与施工生产有关的学习班时,要安排安全生产教育课程
　　B. 各专业主办的各类学习班,要设置劳动保护课程(课时应不少于总课时的1‰～2‰)
　　C. 将安全教育纳入职工培训教育计划,负责组织职工的安全技术培训和教育
　　D. 对承包项目工程生产经营过程中的安全生产负全面领导责任

4.建设工程项目中防治污染的设施,必须与主体工程同时设计、同时施工、(　　)。

　　A.同时协调各单位意见

　　B.同时签证

　　C.同时作业

　　D.同时投产使用

5.应当按照(　　)设置各项临时设施。现场堆放的大宗材料、成品、半成品和机具设备不得侵占场内道路及安全防护等设施。

　　A.建筑施工图

　　B.规划总平面布置图

　　C.施工总平面布置图

　　D.结构施工图

二、多选题

1.水污染物主要来源有(　　)。

　　A.工业污染源,指各种工业废水向自然水体的排放

　　B.生活污染源,主要有食物废渣、食油、粪便、合成洗涤剂、杀虫剂、病原微生物等

　　C.农业污染源,主要有化肥、农药等

　　D.自然界中的雨水、河水等

　　E.食物废渣、合成洗涤剂、杀虫剂、病原微生物等

2.施工企业建立安全技术交底制度,内容应包括工作场所的(　　)等,既要做到有针对性,又要简单明了。

　　A.安全防护设施　　　　B.安全操作规程　　　　C.安全注意事项

　　D.安全实施细则　　　　E.安全色标

3.下列哪项是分包单位负责人应负的责任(　　)。

　　A.对承包项目工程生产经营过程中的安全生产负全面领导责任

　　B.服从总包管理,接受总包检查

　　C.特殊工种必须经培训合格,持证上岗

　　D.加强外包项目的结构安全评定及文明施工的检查评定

　　E.对建设工程项目负全面责任

4.施工现场安全色标管理制度(　　)。

　　A.红色,表示禁止、停止、消防和危险的意思

　　B.黑色,表示解除禁止的意思

　　C.蓝色,表示指令,必须遵守的规定

　　D.黄色,表示通行、安全和提供信息的意思

　　E.绿色,表示解除禁止的意思

三、简答题

1.施工安全技术措施主要包括哪些内容?

2.安全技术措施中的季节性的措施包括哪些内容?

3.简述安全生产责任制中项目经理的责任。

单元 9　建设工程项目风险管理

【知识目标】
- 了解建设项目风险控制决策程序与方法、风险监控步骤与方法。
- 熟悉建设项目风险特点、来源、影响因素；风险识别步骤与方法、风险分析与评估流程及方法。
- 掌握建设项目风险管理流程、风险分析方法、风险防范手段。

【能力目标】
- 能对风险进行定量分析。

科学技术的飞速发展及其广泛应用，使国内外众多企业面临激烈的竞争。识别和衡量风险，显得尤其重要。风险影响每个人的生活，必须消除和减少风险发生的可能性，为人们提供安全的生产、生活环境。企业的生存和发展，需要降低损失成本，减轻和消除精神压力，保持企业服务能力，履行社会责任。如何在事故发生前，降低事故发生的频率，在事故发生后，又将损失减少到最低限度，风险管理讲述了其中要领。

任务 1　建设工程项目风险管理概述

风险就是活动或事件消极的、人们不希望的后果发生的潜在可能性。美国 CooperD.F 和 ChapmanC.B 对风险给出了较为权威的定义："风险是由于在从事某项特定活动过程中存在的不确定性而产生的经济（或财务）的损失、自然破坏（或损伤）的可能性。"

建设项目风险可描述为实际结果偏离预期项目投资、进度、质量和安全目标从而导致损失的可能性。

风险管理是指对风险从识别、分析乃至采取措施等一系列过程。具体地说，就是指风险管理的主体通过风险识别、风险分析与评估，并以此为基础，采取主动行动合理地使用回避、转移或风险自留等方法和技术对活动或事件所涉及的风险实行有效的控制，妥善地处理风险事件造成的不利后果，可靠地实现预定的目标。

9.1.1　建设工程项目风险特点

建设工程项目风险具有图 9-1 的特征。

1. 客观性

风险是一种客观存在，这种客观性使得风险管理作为一门科学有其存在和发展的必然。在项目建设过程中，风险是无处不在、无时不有的，只能降低风险发生的概率和减少风险造成的损失，或是转移风险，而不能从根本上完全消除风险。

2. 不确定性

不确定性是风险最本质的特征。风险与不确定性既有联系又有区别。不确定性是指人们在客观情况下，对风险的主观估计，故又称为主观风险，而将"风险"相对地称为客观风险。

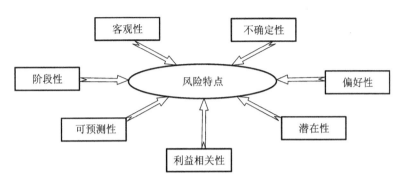

图 9-1 建设项目风险特征

风险虽是客观存在的,但由于人们对客观世界的认识受到各种条件的限制,不可能准确预测风险的发生。从这个意义上讲,风险具有不确定性。也就是说,风险的存在是客观的、确定的,但风险的发生是不确定的。风险的不确定性包括风险是否发生的不确定性、发生时间的不确定性、发生状态的不确定性以及风险结果的不确定性。

3. 偏好性

不同的决策者对同一风险事件会有不同的决策行为,这具体反映在其所采取的不同策略和不同的管理方法,因此不同的决策者会面临不同的风险结果。传统上的研究将风险环境中的决策行为称为风险态度,也叫风险偏好特性。实质上任何一种风险都是由决策行为与风险状态结合而形成的,风险状态是客观的,但其结果会因不同风险态度的决策行为而不同。

4. 潜在性

尽管风险是一种客观存在,但它的不确定性决定了它的出现只是一种可能,这种可能要变成现实还有一段距离,还有赖于其他相关条件,这一特性即是风险的潜在性。风险的潜在性使人类可以利用科学的方法,正确鉴别风险,改变风险发生的环境条件,从而减小风险。

5. 利益相关性

凡风险皆与行为人的某种利益有关联。因为风险皆有其明确的行为主体,且被置于某一目标明确的行动中,风险的发生将影响行为人的权益。

6. 可预测性

不确定性是风险的本质,但这种不确定性并不是指对客观事物变化全然不知。人们通过分析处理以往发生的一系列类似事件的统计资料,对风险发生的频率及其造成的损失程度做出统计分析和主观判断,从而对可能发生的风险进行预测与衡量。

7. 阶段性

建设项目风险涉及项目各个阶段,它不是传统意义上只关注施工阶段的风险。事实上,决策阶段的风险因素最多、最难识别,对整个项目的实施影响最大。

9.1.2 建设工程项目风险来源

建设工程项目每个阶段都有着不同的风险。对建设项目进行风险周期划分可以明确各个阶段的风险发生因素,从而更好地在项目建设过程中预防和规避风险。只有这样才能对复杂多样的风险因素进行条理清晰的整理,才能更有效地进行风险控制。

1. 决策阶段风险

建设工程项目的风险贯穿于项目的全寿命周期。决策正确与否直接关系到项目建设的成败,直接关系到项目的功能以及成本高低。如果决策阶段没有很好地进行风险分析,则可能导致人力、物力和财力的浪费和投资效益下降。如果决策阶段没有对风险进行分析或者判断错误,那么后续阶段再有效的风险控制都不能取得满意的效果。

在这个阶段为了提高项目的可信度,业主会对项目的可行性进行研究。业主通常将可行性研究委托给相关咨询机构来进行,有些还专门设立自己独立的研究机构,自己承担可行性研究。这个时期主要风险因素是所选咨询机构的资质如何,可行性研究报告的全面性、准确性。为了得到高质量的可行性研究报告,业主通常会选择信誉度比较高的咨询机构,或者进行招标以选择合适的咨询机构。

这个阶段对建设项目风险的影响主要来源于市场研究、投资机会分析、可行性研究的质量、承发包选择模式等。

2. 实施阶段风险

(1) 设计阶段风险。

在设计阶段,不确定因素较多,设计阶段风险的影响首先体现在设计方案直接影响项目的成本。在设计中,诸如结构方案选择、建筑材料的选择、性能标准的确定等设计内容对建设项目的成本均有直接影响。其次,如果没有识别设计阶段的风险,那么它会导致后续阶段风险的发生概率增加,从而增加项目的寿命周期成本。

设计阶段只是整个项目的一个阶段性的工作,技术性强,由设计部门完成。但由于长期以来这个阶段的监督控制一直受到忽视,一方面设计图纸质量不保证,施工图深度不足,造成建设成本大增,使投资难以得到控制;另一方面各种不合理的设计影响项目的使用功能,造成项目运行成本和社会成本增加。

选择一个好的设计机构至关重要,因此,设计招标是设计阶段风险中的一个重要的因素。要选择实力比较强的单位来完成,认真做好招标前投标单位的资质审查,必要时进行考查。评价依据应该由过去合理的建设成本最低变为合理的建设项目全寿命周期成本最低。

这个阶段对风险的影响主要来源于设计人员素质、设计依据的完整性和可靠性、设计监督、设计招投标等。

(2) 施工阶段风险。

施工阶段是项目建设的一个重要的阶段,是将工程设计图纸变为项目实体的阶段,是风险发生集中的阶段,各种风险都有可能出现,而且可能造成严重后果。例如,材料供应不足会引起工期风险,工期滞后又增加了生产成本,造成资金的短缺。施工阶段的风险一旦发生就会产生质的变化,因为这个阶段都是连带的,一环扣一环,没有足够的缓冲时间,任何补救措施都会影响工期、成本和质量目标的实现。

业主需理顺项目各环节的管理,以节约和控制投资额、提高资金使用效果为目的,做好资金收入预测和工程进度与资金支出预测,使资金的筹集与使用相协调,减少贷款利息,降低风险。

在施工准备阶段,要做好施工招标和材料设备招标工作。认真编制招标文件,做好招标前投标单位的资质审查;做好工程的评标工作,对项目施工过程的风险应有预见性,签订的合同条款能够有效避免和转移风险。

施工阶段对风险的影响主要来源于招投标、承包商与业主沟通、合同管理、资金供应、原材料供应、设备租赁、人员素质和稳定性、进度控制、质量控制、组织管理、自然因素、通货膨胀等。

项目建设完毕后开始验收、竣工结算以及业主与承包商的交接工作,风险发生的概率不是很高,严重影响项目的风险已经不存在,风险因素较少。但往往出现的是财务问题,如出现拖欠、索赔得不到解决以及严重超支等问题。

3. 运行阶段风险

运行阶段的风险主要是用户使用该产品时,需要支付的人力、能源消耗以及维修保养等风险。运行阶段风险包括闲置损失、社会保障、材料、能源、安全、维护、保养、污染、健康损害等。该阶段延续期长,风险主要来源于法律法规、行业政策、城市规划、经营决策、市场波动、流动资金短缺、技术进步、产品竞争力等。

4. 报废回收阶段

报废回收阶段风险是指产品报废处理和再生利用过程中产生的风险。在该阶段使用不同的回收和报废方法会产生不同程度的风险。同时该阶段伴随着很多的污染,主要是产生的建设垃圾、粉尘和噪音对环境生态的长期影响等,这在一定程度上增加了社会成本。

这个阶段风险主要来源于法律法规、回收和报废的方法、对社会环境的影响。

9.1.3 建设工程项目风险影响因素

建设工程项目风险多且交织存在于建设项目实施过程中,影响因素如图9-2所示。

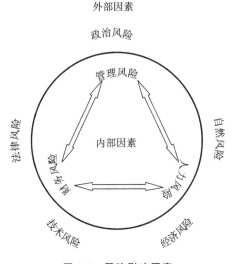

图 9-2 风险影响因素

1. 外部因素

外部因素包括政治风险、法律风险、自然风险、技术风险和经济风险。

政治风险是指因政治方面的各种事件和原因导致项目蒙受意外损失,它包括种族、宗教、政治势力之间的冲突、暴乱、战争以及不可预料的集体行为(如罢工、动乱)等导致的风险。

法律风险是指法律体系不健全,有法不依、执法不严,相关法律内容的变化,法律对项目的干预,可能对相关法律未能全面、正确理解,项目中可能有触犯法律的行为等引起的风险。

自然风险是指自然环境如气候、地理位置、生态环境、不可抗拒的自然灾害、现场条件等构成的障碍或不利条件所引起的风险。

技术风险是指由于科学技术的发展使某些技术失去优势,从而导致生产成本相对较高、生产效率相对较低,这直接关系着项目的成本。技术风险一方面受技术创新的影响,包括使用新材料、新能源、新设备以及新工艺等的影响;另一方面就是技术改良的影响。

经济风险是指在建设项目全寿命周期中,经济因素影响项目的要素成本,从而影响建设项目全寿命周期成本。经济风险包括通货膨胀、汇率波动、利率浮动、保护主义、税收政策、物价上涨、价格调整等。

2. 内部因素

内部因素包括管理风险、财务风险和人力风险。

管理风险通常指人们在建设项目的全寿命周期中,因不能适应客观形式的变化或因主观判断失误或对已经发生的事件处理欠妥而构成的风险。它包括时间风险、组织风险、质量风险、安全风险和沟通协调风险。由于进度、成本、质量是项目的三大指标,因此管理风险是整个项目按计划有序实施的关键。严格控制管理风险的发生,可以保证三大指标体系按计划进行。

财务风险包括建设财务风险和运行财务风险。建设财务风险是指由于业主未能及时给建设项目支付工程预付款、进度款,造成项目建设资金短缺或者由于业主融资能力与条件、资金使用效果、资金保障和追加投资的能力等一些不确定性而导致的风险。运行财务风险是指项目运行阶段资金的保障程度和财务质量水平引起的财务不良反应。

人为因素是建设项目中最活跃的因素。一个有效的项目团队决定了项目建设、运行的精神面貌。人员素质风险、责任心风险以及人员稳定性风险等决定项目必须从人本身出发来调动人员的积极性,避免员工所引发的不利因素产生不良的影响。

9.1.4 建设工程项目风险管理流程

风险管理是一个系统的、完整的过程,也是一个循环过程,如图9-3所示。该过程包括风险识别、风险分析与评估、风险防范与利用、风险控制决策、风险监控五方面内容。

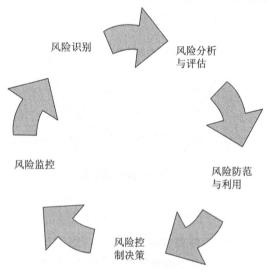

图9-3 风险控制流程

1. 风险识别

风险的识别作为风险控制中的第一步骤,是指通过一定的方式,系统而全面地识别出影响建设项目全寿命周期目标实现的风险事件并加以适当归类的过程,必要时还应对影响项目风险事件的后果作出定量估计。

2. 风险分析与评估

它是在风险识别的基础上,通过对所收集的大量资料的分析,利用概率统计理论估计和预测风险发生的可能性和相应损失的大小。风险评估是对风险的定量化分析,通过对风险发生的概率、损失程度和其他因素进行综合考虑,从而对项目的单个风险因素进行重要性排序。

3. 风险防范与利用

在对项目存在的种种风险和潜在损失有了一定把握的基础上,风险管理者在众多风险应对策略中选择行之有效的策略,并寻求与之对应的既符合实际又有明显效果的具体应对措施,力图使风险转化为机会或使风险所造成的负面效应降到最低。

4. 风险控制决策

对风险识别、分析与评估后,选择一个恰当的方法完成风险控制的决策。

5. 风险监控

在建设项目寿命周期中,要对各项风险决策的执行情况不断地进行控制,并评价各项风险决策的执行效果。在项目实施条件发生变化时,要确定是否需要提出不同的风险处理方案。除此之外,还需要检查是否有被遗漏的项目风险或者发现新的项目风险,也就是进入新一轮的风险识别,开始新一轮的风险控制过程。

任务2　建设工程项目风险识别

9.2.1　建设工程项目风险识别步骤

风险识别是整个风险控制系统的基础。风险识别的过程包括对所有可能的风险事件来源和结果进行实事求是的调查。识别过程必须系统、持续,对风险严格分类并恰如其分地评价其严重程度。

风险识别过程如图9-4所示。

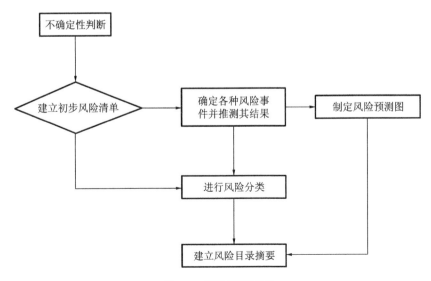

图9-4　风险识别过程

1. 不确定性判断

验证不确定性的客观存在这项工作包括两项内容：首先要识别所发现或推测的因素是否存在不确定性。如果因素是确定无疑的，则无所谓风险，众所周知的结果不会构成风险。不确定性判断的第二项内容就是确定这种不确定性因素是客观存在的，而不是凭空想象的。

2. 建立初步风险清单

建立初步风险清单是识别风险的操作起点。清单中应明确列出存在的和潜在的各种风险，应包括影响生产率、操作运行、质量和经济效益的各种因素。建立清单可采用商业清单办法或者通过对一系列调查表进行深入研究、分析而制定。初步风险清单通常作为风险控制的起点，作为确定更准确的清单的基础。多数情况下，清单中必须列出有分析或者具有参考价值的各种数据。

3. 确定各种风险事件并推测其结果

根据初步风险清单中开列的各种重要风险来源，推测与其相关联的各种合理的可能性，包括盈利和损失、人身伤害、自然灾害、时间和成本、节约或超支等各种情况。

4. 制定风险预测图

风险预测采用二维结构，如图 9-5 所示。纵向维表示不确定因素发生的概率，横向维表示风险的潜在危害。通过这种二维图形评价某一潜在危害的相对重要性。鉴于风险是一种不确定性，并且与潜在的危害性密切相关，因而可以通过一组曲线构成的风险预测图表示。其中，每一曲线均表示相同的风险，但不确定性或者说其发生的概率与潜在的危害有所不同，因此各条曲线所反映的风险程度也就不同。曲线离原点越远，风险就越大。

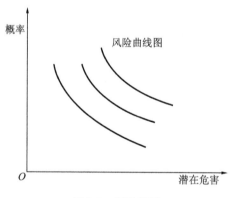

图 9-5　风险预测

5. 进行风险分类

根据建设项目的特点，按风险的性质和可能的结果及彼此间可能发生的关系对风险进行分类。在建设项目的实施阶段，其风险可作如表 9-1 所示的分类。

6. 建立风险目录摘要

这是风险识别的最后一个步骤。通过建立风险目录摘要，可将项目可能面临的风险汇总并排列出轻重缓急，能给人一个总体风险印象图。同时将项目参与各方都统一起来，使各方不仅仅考虑自己所面临的风险，而且能自觉地意识到项目其他管理人员的风险。这样还能预感到项目中各种风险之间的联系和可能发生的连锁反应。风险目录摘要并非一成不变，风险管理人员应随着信息的变化和风险的演变而及时更新。

表 9-1 风险分类

业主风险	承包商风险
征地 现场条件 及时提供完整的设计文件 现场出入道路 建设许可证和其他相关条例 政府法律规章的变化 建设资金及时到位 工程变更	工人和施工设备的生产率 施工质量 人力、材料和施工设备的及时供应 施工安全 材料质量 技术和管理水平 材料涨价 实际工程量 劳资纠纷
业主和承包商共担风险	未定风险
财务收支 变更令谈判 保障对方不承担责任 合作延误	不可抗力 第三方延误

9.2.2 风险识别方法

风险的识别是一项复杂的工作,要对各种导致风险的因素进行去伪存真、反复比较,要对各种倾向、趋势进行推测,作出判断,还要对特定项目的各种内外风险及其变量进行评估。因此,风险识别工作必须用科学适用的方法完成。

1. 专家调查法

在这种方法中,专家利用各自专业方面的理论与丰富的实践经验,找出各种潜在的风险并对其后果做出分析与估计。它的优点是在缺乏足够统计数据和原始资料的情况下,仍可进行风险的识别与评估;缺点主要表现在易受主观因素的影响。

专家调查法主要包括专家个人常识及经验判断法、德尔菲法和头脑风暴法等十余种方法,其中德尔菲法与头脑风暴法是用途较广、具有代表性的两种方法。

(1) 德尔菲法(Delphi)。

德尔菲法是进行决策、预测和技术咨询的一种有效方法。它有三种特征,即匿名反应、迭代和受控的反馈、统计的群反应。该方法是对复杂的决策问题通过征求群中成员的意见作出的判断。

(2) 头脑风暴法。

这是一种以群体专家组成专家小组,利用专家的创造性思维集思广益,获取未来信息的直观预测和识别方法。

头脑风暴法的做法是在专家们对项目相关信息已十分熟悉的情况下,通过专家会议的方式,进行风险因素罗列。首先,由某个专家提出一个风险,接着下一位专家说出另一个可能出现的风险,这个过程不断进行,每人每次提出一个风险。在这个过程中,专家可以合成或改进他人的意见,会议的记录人员会把这些风险记录下来。这一循环过程一直进行到穷尽一切风险或限定时间已到。不进行讨论和判断性评论是头脑风暴法的主要规则。头脑风暴法更注重提出风险的数量,而不是质量。通过专家之间的信息交流和相互启发,从而诱发专家们产生"思维共振",以达到互相补充并产生"组合效应",获取更多的未来信息,使预测和识别的结果更准确。

头脑风暴法的优点是集思广益,在很短的时间内得出风险控制所需要的结论,是风险控制直接而行之有效的方法。它的缺点是他人的意见容易受权威人士的影响,有些专家碍于情面,不愿意发表与他人不同的意见,该法可以运用在建设项目的各个阶段。

2. 核对表法

对同类已完建设项目的环境与实施过程进行归纳总结后,可以建立该类项目的基本风险结构体系,并以表格形式按照风险来源排列,该表称为风险识别核对表。核对表中除了罗列项目常见风险事件及来源外,还可包含很多内容,例如项目成功或失败的原因、项目各个方面(范围、质量、进度、合同)的规划以及项目可用的资源等。核对表是识别建设项目风险的宝贵资料。利用核对表法进行风险识别已十分普遍。许多保险公司对各类企业的风险都有完善的经验积累,对应的险种也很完善。

核对表法主要优点是:使用简单,适用于风险因素少且重复少的情境。它的缺点是:由于缺少专业的风险核对手册之类的基础资料,每一个项目的风险识别都需收集大量相关信息和资料,从最基础的工作做起,这就加大了风险控制的成本;同时该方法消耗的时间多而且容易出现计算差错。

3. 图解法

(1) 故障树分析法。

故障树是由一些节点及它们之间的连线所组成的,每个节点表示某一具体故障,而连线则表示故障之间的关系。故障树是一种演绎的逻辑分析方法,遵循从结果找原因的原则,分析项目风险及其产生原因之间的因果关系,即在前期预测和识别各种潜在风险因素的基础上,运用逻辑推理的方法,沿着风险产生的路径,求出风险发生的概率,并能提供各种控制风险因素的方案。

(2) 流程图法。

流程图是将一个建设项目的实施过程,或建设项目某一部分的控制过程,或某一部分结构的施工过程,按步骤或阶段顺序以若干模块形式组成一个流程图。每个模块中都标出各种潜在的风险或利弊因素,从而给决策者一个清晰具体的印象。

流程图法主要优点是流程图从整体角度以简明形式描述实际情况,便于查找薄弱环节,便于评审,便于修改。其不足之处是编制流程图需具备熟练的技术和丰富的工作经验,同时费力、费时。

4. 风险调查表法

风险调查表就是从分析具体建设项目的特点入手,一方面对通过其他方法已经识别出的风险进行鉴别和确认;另一方面,通过风险调查表有可能发现此前尚未识别出的重要的项目风险。对于建设项目的风险识别来说,仅仅采用一种风险识别方法是远远不够的,一般都应综合采用两种或多种识别风险的方法,才能取得满意的效果。不论采用何种风险识别方法组合都必须包含风险调查表法。

调查表法主要的优点是简便易行,省时省力;其缺点是难以提供一个完整、系统、全面的分析评价,由于调查表是固定格式,缺乏弹性,所以不能通用于不同行业。

任务3 建设工程项目风险分析与评估

9.3.1 风险分析与评估概述

风险分析是指应用各种风险分析技术,用定性、定量或两者相结合的方法处理不确定性的过程,其目的是评价风险的可能影响。定性评价不对风险进行量化(计算)处理,只用发生的可能性等级和后果的严重度等级进行相对比较。定性评价方法的优点是简单直观、容易掌握;缺点是评价结果不能量化,而取决于评价人员的经验。定量评价是在风险量化基础上进行评价,主要依靠历史统计数据,运用数学方法构造数学模型进行评价。

风险评估就是以保证系统安全为目的,依照现有的专业经验、评价标准和准则,对可能造成人员伤害、财产损失、环境破坏的根源或状态做出判断的过程。风险评估是以整个系统成本为目标,从全局出发系统地预先识别可能导致事件发生的风险和危害因素,并对风险作定量化分析。风险评估有助于在事件发生前就采取措施消除、控制这些危害因素,以防止风险发生,并为成本预测和优化控制措施的选择提供科学依据。风险评估可在项目决策、设计、施工、运行的每一个阶段进行。评估的目的和对象不同,具体的评估内容和指标也不同。评估方法的选择应当根据工作的性质、工艺流程的特点、岗位作业特点、技术标准、资料掌握情况及其他因素(如人员素质、时限、经费等)综合考虑。选用多种评估方法相互补充,以提高评估结果的可靠性。

9.3.2 风险分析与评估流程

风险分析与评估的流程如图 9-6 所示。

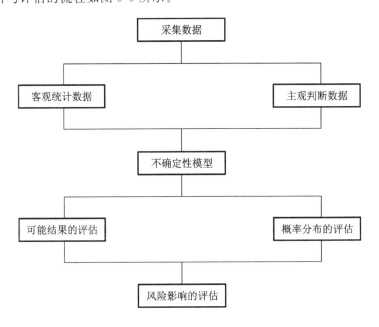

图 9-6 风险分析与评估流程图

1. 采集数据

首先必须采集与所要分析的风险相关的各种数据。这些数据可以从投资者或者承包商过去类似项目经验的历史记录中获得。所采集的数据必须是客观的、可统计的。某些情况下,直接的历史资料不够充分,尚需主观评估,特别是那些对投资者来讲在技术、商务和环境方面都比较新的项目,需要通过专家调查方法获得主观评估。

2. 完成不确定性模型

在已得到有关风险信息的基础上,对风险发生的可能性和可能的结果给以明确的定量化。通常以概率来表示风险发生的可能性,可能的结果体现在项目现金流量表上。

3. 对风险影响进行评估

在不同风险事件的不确定性已经模型化后,紧接着就要评估这些风险的全面影响。通过评估把不确定性与可能结果结合起来。

9.3.3 风险评估方法

1. 调查和专家打分法

调查和专家打分法是一种最常用、最简单、又易于应用的分析方法。这种方法分两步进行,现以建设风险分析为例说明如下:首先,识别出某一特定项目可能遇到的所有重要风险,列出风险调查表;其次,利用专家经验,对可能的风险因素的重要性进行评估,综合成整个项目风险。风险分析如表9-2所示,具体步骤如下。

第一步:确定每个风险因素的权重,以表征其对项目风险的影响程度。

第二步:确定每个风险的等级值,按可能性很大、较大、中等、较小、很小这五个等级,分别以 0.9、0.7、0.5、0.3 和 0.1 打分。

第三步:将每项风险因素的权数与等级值相乘,求出该项风险因素的得分,最后求出此项目风险因素的总分。显然,总分越高说明风险越大。

表 9-2 某项目建设风险分析表

可能发生的风险因素	权数(W)	风险因素发生的可能性(C)					W×C
		很大 0.9	较大 0.7	中等 0.5	较小 0.3	很小 0.1	
资金回收困难	0.20			√			0.100
业主付款不及时	0.15		√				0.105
分包商技术力量差	0.05				√		0.015
政府部门效率低,审批不及时	0.05	√					0.045
地方保护主义	0.10		√				0.070
工程技术难度高	0.15				√		0.045
业主不合理工期要求	0.10				√		0.030
供货商供货突然延期	0.05			√			0.025
通货膨胀,物价变化	0.15				√		0.015

$$\sum W \times C = 0.45$$

表 9-2 中，WXC 叫风险度，表示一个项目的风险程度。由 $\sum \text{WXC} = 0.45$ 可知，该项目的风险属于中等水平。

调查和专家打分法主要依据专家经验和决策者的意向，得出的结论也不要求是资金方面的具体值，而是一种大致的程度值。一般在决策前期缺乏项目的具体数据资料的情况下采用专家调查打分法。这种方法对数据资料的要求较低，简单明了，且需要的费用比较少。因此，该方法在多数中小型项目中得到广泛采用。但是对于大型复杂项目而言，该方法得出的结论是定性的且主观性比较重，其只能作为进一步风险分析的基础。

2. 灵敏度分析法

灵敏度分析方法只考虑影响项目目标成本的几个主要因素的变化（如利率、投资额、运行成本等）对成本的影响。灵敏度分析方法的结果可以为决策者提供这样的信息：项目目标成本对哪个成本单项因素的变化最为灵敏，哪个其次，可以相应排出对成本单项的灵敏度顺序。灵敏度分析方法分析建设项目风险不可能得出具体的风险影响程度资金值，它只能说明一种影响程度。

灵敏度分析法一般是在假定其他参数不变的情况下分析单个参数变化对总成本的影响。因此，灵敏度分析法的局限在于：复杂项目中难以做出准确的分析评估。

在项目管理中，灵敏度分析方法一般用于可行性研究中风险分析。通过灵敏度分析，可以向决策者提供可能影响项目成本变化的因素及其影响的灵敏程度，为决策者提供决策依据，并优先考虑灵敏度最大的因素对成本的影响。

3. 统计与概率法

应用统计与概率方法分析项目风险是比较传统的做法。项目风险的概率通常来源于两个渠道。

（1）长期项目实践观察统计的结果，称为统计概率。如建设项目的经济风险概率、恶劣气候风险的概率多为这种统计概率。

（2）根据个人对建设项目风险的可能性的主观判断而得出结果，称为主观概率。建设项目的技术风险概率、政治风险概率等可采用此种概率。

建设项目的风险概率与时间密切相关，时间因素是动态因素，建设项目在整个实施过程中，由于时间的变化，必然会对风险概率产生影响。时间动态的加入，对于研究风险概率更具有实际意义。由于时间和建设项目风险概率存在的客观密切关系，要避免或减轻风险，建设项目管理者除了要有风险实际概率的分析能力外，还应该具有分析各种风险提前或推迟发生的可能性，以及提前或推迟发生对风险概率如何影响的能力。

从图 9-7 可以看出，当项目风险发生的时间从 t_0 延迟到 t_1，风险概率随之从 P_0 增加到 P_1。例如：某建设项目需购置设备，若只考虑价格变化对建设项目可能产生的风险概率，购置设备的时间越晚，风险概率越大。

图 9-8 与图 9-7 相反，当建设项目风险发生的时间从 t_0 延迟到 t_1，风险概率却从 P_0 减少到 P_1。同样以建设项目需购置设备为例，若只考虑技术成熟度变化对建设项目可能产生的风险概率，购置设备的时间越晚，风险概率越小。

统计与概率法可以运用于建设工程项目的各个阶段，其优点在于理论基础扎实，分析过程简单。不足之处在于其估计风险分类等级时多依靠专家个人判断，在这个方法中没有对如何处理多个专家的判断准确性做出解释。

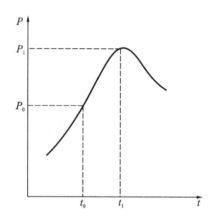

图 9-7 风险概率-时间关系曲线示意图

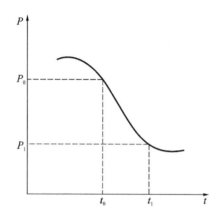

图 9-8 风险概率-时间关系曲线示意图

4. 层次分析法

层次分析法(AHP)也是充分利用主观经验判断与客观分析相结合的方法。对项目潜在风险因素或子因素的评估用数值进行定量描述,并构造出风险因素的递阶层次结构,使之与决策者的思维过程相一致;在分析过程中采用专家评判,并用一致性准则来检验评判的准确性。整个过程中既有定性分析又有定量结果,为决策者提供了一个全面了解项目风险情况的机会,使其做出的决策更科学。但由于受计算准则和一致性检验标准的限制,该法难以在复杂建设项目中应用。

5. 外推法

外推法是进行项目风险分析和评估十分有效的方法,它可以分为前推法、后推法和旁推法三种类型。

(1) 前推法就是根据历史的经验和数据推断出未来事件发生的概率及其后果。如果历史数据具有明显的周期性,就可据此直接对风险做出周期性的评估和分析,如果从历史记录中看不出明显的周期性,就可用一曲线或分布函数来拟合这些数据再进行外推,此外还应注意历史数据的完整性和主观性。

(2) 后推法是在手头没有历史数据可供使用时采用的一种方法,由于建设项目的一次性和不可重复性,所以在项目风险分析和评估时常用后推法。后推是把未知的想象的事件及后果与一个已知事件及后果联系起来,把未来风险事件归结到有数据可查的造成这一风险事件的初始事件上,从而对风险作出分析和评估。

(3)旁推法就是利用类似项目的数据进行外推,用某一项目的历史记录对新的类似项目可能遇到的风险进行分析和评估,当然这也应充分考虑新环境的各种变化。

以上三种外推法在项目风险分析和评估中得到了广泛的应用。

6. 安全检查表

安全检查表是一份进行安全检查和诊断的清单。它由一些有经验且对工艺过程、机械设备和作业情况熟悉的人员,事先对检查对象共同进行详细分析、充分讨论,列出检查项目和检查要点并编制成表,以便进行检查或评审。它的编制依据有相关标准、规程、规范、规定,国内外事故案例,分析确定的危险部位及防范措施,分析人员的经验和可靠的参考资料等。

安全检查表使用方便,广泛适用于建设项目的实施、运行阶段,根据安全检查的目的、对象不同,检查的内容也有所区别,可根据不同的要求进行制定。

7. 贝叶斯法

贝叶斯推断首先确定事件自然状态的先验概率,然后根据先验概率进行初步决策。随着项目的运行成长,通过不断的科学试验、调查、统计分析等方法获得较为准确的补充信息,根据这些补充信息,重新修正对原有事件概率分布的估计。经过多次修正以后,对事件的概率分布估计会越来越准确,越来越符合实际情况。贝叶斯方法可适用于建设项目的实施、运行阶段。

任务4 建设工程项目风险防范与利用

9.4.1 风险防范

1. 风险防范可能性

既然风险是给定情况下存在的可能结果间的差异,那么人们就有可能凭经验推断出其发生的规律和概率。虽然这些规律并不是一成不变的,但通过一定时间内的观察,可判断出其大致的规律,从而可以有意识采取一些预防手段来防范。风险具有一般风险的特征,这些特征决定了风险的可防范性,主要原因如下。

(1)风险具有特定的根源。

风险是客观存在的,有其特定的根源,有发生的迹象和一定的表现形式。经济风险可以通过各种经济迹象反映出来;社会风险也有其特定的背景和征兆。这些根源、迹象和形式常常是可见的或可推测的。人们只要通过细心观察、深入分析研究、科学推测,就可以预测风险发生的可能性、发生的概率及其严重程度。

(2)风险损失可以通过概率计算。

建设项目从决策、实施、运行到报废回收的全寿命周期都存在风险,但各种风险的分析并不都一样。通过分析计算即可预测风险将可能造成的损失程度,从而做到心中有数,使自己始终处于主动的位置。

(3)人类对风险的防范性。

由于风险处处存在,所以人们在进行任何举措之前,肯定不同程度地考虑了风险,不会忽视准备应急措施,任何人都有风险意识,都会本能地、积极或消极地采取各种预防措施。

这种本能乃是基于对风险普遍特征的起码认识。

(4) 风险具有可转移性。

保险是最重要的风险转移方式,保险的理论研究和实践活动在风险控制发展的早期就已经得到了充分发展。非保险型转移方式是指建设项目将风险可能导致的损失通过合同的形式转移给另一方,其主要形式是保证合同、委托合同、分包合同等。通过转移方式处置风险,风险本身并没有减少,只是风险承担者发生了变化。

2. 风险防范的手段

风险防范有很多方法,对不同的风险可以有不同的对策,归纳起来大致有以下几种方法,如图9-9所示。

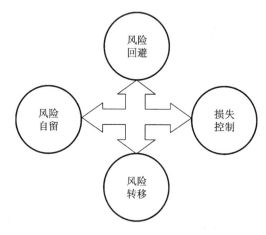

图 9-9 风险管理控制程序

(1) 风险回避。

风险回避是投资主体有意识地放弃风险行为,完全避免特定的损失风险。在这个意义上,风险回避也可以说是投资主体将损失机会降到零。例如:在货物采购合同中业主可以推迟承担货物的责任,即让供货商承担货物进入业主仓库之前的所有损失风险。这样,在货物运输时业主可避免货物入库前的损失风险。

(2) 损失控制。

损失控制是通过一系列控制计划的实施,将项目风险发生的可能性及对目标的影响尽可能降低到最小,包括预防损失和减少损失。预防损失指采取各种措施以杜绝损失发生的可能。减少损失是指风险已经造成损失的情况下,通过各种措施以遏制损失继续恶化或限制其扩展范围。

(3) 风险自留。

风险自留是项目管理者自行承担风险损失的风险处置方法,在实践过程中有主动自留和被动自留之分。主动自留是指在对项目风险进行识别、分析和评估的基础上,明确风险的性质及其后果,风险管理者认为主动承担某些风险比其他处置方式更好,于是筹措资金将这些风险自留。被动自留则是指未能准确识别和评估风险及损失后果的情况下,被迫采取自身承担后果的风险处置方式。有选择地对部分风险采取自留方式,有利于项目获利更多,但自留哪些风险,是风险管理者应认真研究的问题,如果自留风险不恰当将会造成更严重的损失。

(4) 风险转移。

风险转移是风险控制的另一种手段,实践中有些风险无法通过上述手段进行有效控制,只好采取转移手段以保护自己。保险是风险转移的一种方式,是应对建设项目风险的一种重要措施。即通过业主或承包商或其他被保险人向保险人交纳一定的费用,一旦风险事件发生,造成的经济损失,由保险人负责赔偿。保险可以分为强制保险和自愿保险。FIDIC 条款土木工程施工合同对业主和承包商必须投保的险种进行了规定,我国这方面的有关规定还不完善。目前,我国建设工程保险险种单一,保险费用较高,业主、承包商风险意识不强,使得工程保险得不到广泛的推广,保险的规范和监督作用得不到很好发挥。

9.4.2 风险利用

风险并不都是带来损失,有些风险既可能造成损失,也可能带来赢利的机会。风险利用就是指利用这类风险。

1. 风险利用的可能性

(1) 风险与利润并存。

风险产生于主观判断与客观实践之间的差异,对于经营者来说存在有利和不利的差异。有利的差异是指实际发生的风险并没有主观推测的那么严重。在建设项目决策、实施、运行过程中利润和风险并存,承担一定的风险是取得利润的前提条件,拒绝承担风险就无法取得利润。

(2) 风险因素可以改变。

项目风险的发生是多种因素变化的结果。在不同的阶段,不同风险因素所起的作用不同。例如招标投标阶段,价格因素是关键;而签订合同之后,业主和承包商的履约意愿和客观条件就成为合同能否顺利实施的关键。所有这些风险因素都不是一成不变的。比如投标报价,虽然价格因素至关重要,但不是唯一评判标准,承包商可以通过各种手段,在不压总价或尽量少压价的条件下夺取项目;在履约期间,许多情况都在不断变化,原来预测会造成损失的子项或工程部分,可能因承包商比较重视或预先采取防范措施而不再成为风险。既然风险可以改变,那么投资商或业主、承包商都可以尽自己最大努力对风险因素予以因势利导,改变风险性质以便为其所用。

(3) 风险可以被列入索赔。

建设项目可能会遇到多种风险,其中有相当一部分可以根据"理由充分、依据有效、计算正确"的程序向项目相关方(业主、承包商、保险公司)进行合理的索赔。

2. 如何利用风险

风险利用是一项综合决策,联合行动。风险利用的实际操作应有步骤、有条理,既要照顾各具体环节,更要确保整体利益;既要考虑眼前,更要放眼未来。

首先,在利用风险之前要做可行性研究,从风险的各因素及可能的变化和最后导致的后果进行分析,根据各项因素的特征寻求改变或利用这些因素的可行办法。

其次,在对风险事件进行透彻的分析和充分的评估之后,应客观地检查和评估自己所能承受的能力。如果得失相当或得不偿失,则没有承担的必要;或者效益很大,但风险损失超过自己的承受能力且又无法通过举债来承受,则不宜承担。

最后,一旦决定利用风险,紧随而来的是要考虑如何利用风险。决策人应明确提出为确保总策略实施的各项原则性意见及各项行动步骤,要求每项步骤达到目标;同时还要对实施期间可能出现的干扰提出相应的解决办法,要逐步检查实施结果,并及时提出必要的纠正措施。

3. 风险利用注意事项

风险利用过程本身就是一项风险工作。利用得好可取得客观的收益,利用不好则可能遭受更大的损失风险。风险利用是策略性很强的工作,要求风险管理者既要有胆略,又要小心谨慎。

碰到有利可图的风险事件时,通常有两种选择:承担并利用风险以获得利润;或者拒绝承担风险从而放弃获取利润的机会。鉴于可利用的风险通常具有一定的甚至相当大的诱惑力,但这些诱惑常常以种种假象出现。这就要求我们认真分析,慎重决策。

承担风险要具有相当的实力,而利用风险则不仅需要承受能力,还要高超的驾驭能力。许多人只看到诱惑而忘却其威胁,只看到成功的一面,而不愿意设想失败的结局。他们对自己的承受能力往往估计过高或根本不考虑其力不从心的情况。要有应变能力,要对不利条件和形势做透彻分析,准备各种应变措施,绝不可打无准备之仗。

任务 5 建设工程项目风险控制决策

9.5.1 建设工程项目风险控制决策的概念

建设工程项目风险控制决策是在项目的各个阶段中,根据风险控制的目标和宗旨,在科学的风险分析的基础上,合理地选择风险管理工具,从而制订处置风险的总体方案的活动。

风险管理决策应包括四个基本过程。

(1) 信息分析过程。

了解和识别各种风险的存在、性质,估计风险的大小。

(2) 方案计划过程。

针对某一个客观存在的风险,拟订风险处理方案。

(3) 方案选择过程。

根据决策的目标和原则,运用一定的决策手段选择某一个最佳处理方案或某几个方案的最佳组合。

(4) 风险控制综合评价过程。

风险具有随机性和不确定性,因此应该对所选择的方案进行评价和修正。风险控制目标的多元性,往往不能单靠一种风险控制技术来实现,而是需要各种工具相互补充。因此,风险控制决策的任务是在风险控制目标的基础上,将各种风险控制技术有机结合起来,取长补短,以最低的费用获得最大的效益。

9.5.2 建设工程项目风险控制决策特点

建设工程项目风险控制决策特点如下。

(1) 风险控制决策是以风险可能造成的损失为对象,根据成本和收益的比较原则,选择成本最低、收益最大的风险处理方案。

(2) 风险控制决策属于不确定情况下的决策,因此概率分布成为风险控制决策的客观依据。同时,决策者对风险的主观态度构成了风险控制决策的主观依据。

(3) 风险具有随机性和多变性,在决策过程中随时可能出现新的情况和新的问题,因此必须定期评估决策效果并适时进行调整。

(4) 购买保险是将未来不确定性转化为相对确定性的较好途径。因此,"以保险为主,综合运用其他非保险手段"成为风险控制决策的一个的特点。

9.5.3 建设工程项目风险控制决策程序

1. 确定风险控制决策目标

以最小的成本获得最大收益是控制的目标,也是风险控制决策必须遵循的基本准则。在进行风险控制决策时,应考虑项目本身的经济状况和所面临风险的大小,根据总目标的要求确定决策原则。

2. 拟订风险处理方案

风险处理方案是指所选择的风险处理手段的有机结合。在处理风险众多的手段中,保险具有独特的地位和作用。当损失控制不能从根本上消除和减少风险损失程度以及自留风险存在较大困难时,保险就显得尤为重要。选择了保险手段后,其他剩余风险则按损失程度分为不同层次,运用其他方法补充和完善处理手段。

3. 选择最佳风险处理方案

在风险管理决策中,不仅要针对风险的特定情况和企业的经济状况拟订风险处理方案,更重要的是通过比较分析明确哪些是主要的风险处理手段,哪些是次要的和起补充作用的处理手段,以及每一种手段和措施的运用程度,由此选择出最佳处理方案和达到各种处理手段的最佳组合。

9.5.4 建设工程项目风险控制决策方法

在建设工程项目的实施过程中通常会遇到多种风险,不同的风险应该选择不同的应对策略。这就要求决策者用科学的方法认真研究各种可行的管理措施,制定正确的管理决策。一般来说,建设项目风险控制决策的方法可分为定性决策方法和定量决策方法。

1. 定性决策方法

为了有效地管理各种项目可能遇到的风险,决策者应该首先对其进行分类排列,然后根据具体情况采取相应的对策,以达到避免风险或减轻风险可能造成的损失。

2. 定量决策方法

尽管通过定性分析可以从原则上确定风险对策,但定性分析尚不能确切肯定各种对策之间的利弊程度。因此,风险控制的研究者更倾向于辅之以定量分析方法。

(1) 期望损益值法,即按期望损益值最大或最小来作为选择决策方案的判定标准的方法。

(2) 效用理论法。建设项目风险控制中的任一决策均是人做出的,决策者的经验、胆略、知识、判断能力以及对待风险的态度等主观因素对决策有着不可忽视的影响。效用是衡量人们对某种事物的主观价值态度、偏爱、倾向的一种指标。风险态度考虑的就是人们如何在已知概率的不确定收益和确定收益之间做出选择,要求决策者表明多少确定收益与不确定收益是等值的,可以得到这种平衡点。

9.5.5 建设工程项目风险控制内容

美国系统工程学家霍尔(A.D.HALL)在1969年提出了系统工程应用中具有普遍意义的"霍尔三维结构"法。在风险控制中也可建立一个时间维、知识维和逻辑维的三维结构,如图9-10所示。

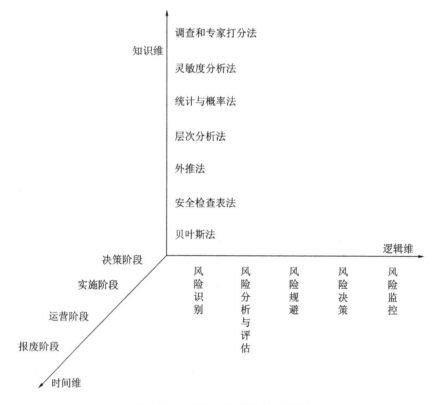

图 9-10 风险控制三维结构体系图

1. 知识维——风险控制的工具与方法

知识维是指为完成各阶段、各步骤所需的各种知识和专门技术的总和。在建设项目领域中,主要包括运筹学、控制论、社会科学、工程技术以及各种方法之间的集成等。具体风险控制方法包括调查和专家打分法、灵敏度分析法、统计与概率法、层次分析法、外推法、安全检查表法和贝叶斯法等。

2. 逻辑维——风险控制的工作步骤

逻辑维是指分析问题解决问题的逻辑思维过程。对于风险控制则指对项目进行风险控制时一般采用的工作步骤。风险控制包括风险识别、风险分析与评估、风险规避(防范与利用)、风险控制决策、风险监控五个步骤。

3. 时间维——项目风险控制

时间维是指系统从规划到更新的工作时序,可以建立项目风险控制。由于不同类型项目具有不同的特点,因此其寿命周期不同,工作时序的划分也不尽相同。一般项目的寿命周期分为决策阶段、实施阶段、运行阶段与报废回收阶段。

下面分析实施阶段风险控制内容。

(1) 项目设计阶段。

设计阶段是实施风险控制很重要的阶段,也是控制效益比较显著的阶段,在项目的全寿命周期中起着决定性的作用。

① 做好设计阶段的成本计划和控制。

根据设计的周期和对设计质量的审核,编制设计阶段的资金使用计划。对设计费的使用做出合理的安排,并在设计实践中予以跟踪审查,以减少风险。

② 重视设计阶段对环境的影响。

由于设计导致的环境影响涉及建设项目全寿命周期,甚至寿命周期结束后的很长时间。因此,对项目建设地点选择、土地使用选择、技术选择、材料选择等应严格地控制,以预防项目实施对环境造成不良影响,促进经济、社会、环境的协调和可持续发展。

(2) 项目施工阶段。

施工阶段是建设项目的一个重要阶段,虽然在这一阶段中节约投资的可能性已经很小,但如果没有很好的控制风险,将造成很大的浪费,极易造成投资的超支。因而,这个阶段的风险控制在建设成本控制中仍然占有重要的地位,具体控制内容如下:

① 编制成本计划。

根据项目的成本目标,以分部分项工程实物工程量为基础,在优化的施工组织方案的指导下,编制明细而具体的成本计划,并按照部门、施工队和班组的分工进行分解,作为部门、施工队和组班的责任成本落实下去,为后续工作的成本控制做好准备。

② 控制工程变更。

在整个项目建设过程中,由于工作上的纰漏或瑕疵,施工过程中会出现许多之前没有考虑到或估算到的工程量;另一方面,不可预见事故的发生,如自然或社会原因引起停工或工期拖延等,这些都不可避免会引起工程变更。变更的产生通常导致项目建设费用的变化,从而导致风险。因此,严格控制工程变更,加强变更管理是施工阶段风险控制的重要内容。

③ 做好计量。

项目施工成本的确定需要以工程实体的数量即工程量为依据,这也是风险控制的基础。因此应加强工程量的计算和核实工作。

④ 索赔控制。

由于施工现场条件的变化、施工进度、物价的变化,以及合同条款、规范、标准文件和施工图纸的变更、差异、延误等因素的影响,工程承包中不可避免地要出现索赔。成功地控制索赔产生的因素意味着费用支出的节省。

⑤ 工程结算。

工程结算有按月结算、竣工后一次性结算、分段结算和结算双发约定其他结算方式等。做好工程结算一方面需要经常检查合同的履约情况,为顺利施工提供物质保证;另一方面也可避免过早、过量地支付工程款,从而减少风险。

⑥ 成本差异分析。

资金使用计划编制之后,建设项目的成本控制目标就确定了。在工程的进展中,应当以此为依据进行投资偏差分析,即定期地进行投资计划值和实际值的比较,当实际值偏离计划值时,分析产生偏差的原因,采取适当的纠偏措施进行控制。

⑦ 认真做好竣工决算工作。

A. 在验收以前,要准备好验收所需要的各种书面资料,并及时办理工程结算,在工程结算中防止有遗漏。在办理工程结算前,要求项目预算人员和成本管理人员进行一次认真全面的核对。

B. 在验收过程中,要精心安排以确保完成工程竣工工作的顺利进行,把竣工验收时间缩短到最低限度。

⑧ 控制施工阶段对环境的影响。

A. 控制建设过程中水、电、煤、沙石、砖、钢材、木材、玻璃、塑料等建筑材料消耗。

B. 控制施工产生的扬尘和烟尘。

C. 控制项目施工生产和生活污水,这部分污水在许多工地不是集中排放,而是无组织的分散排放。

D. 控制施工弃土、建筑垃圾、生活垃圾等废弃物。

E. 控制施工过程中所产生对附近环境造成噪声污染。

任务 6　建设工程项目风险监控

建设工程项目风险监控就是从建设工程项目全寿命周期出发,通过对风险识别、分析与评估、控制决策的监视和控制,保证风险控制达到预期的目标。其目的是考察各种风险控制行动产生的实际效果,确定风险减少的程度,监视残留风险的变化情况,进而考虑是否需要调整风险控制计划以及是否启动相应的应急措施。

9.6.1　建设工程项目风险监控步骤

建设工程项目风险监控步骤如图 9-11 所示。

(1) 建立项目风险监控制度。

主要包括项目风险责任制、项目风险信息报告制、项目风险监控决策制、项目风险监控沟通程序等。

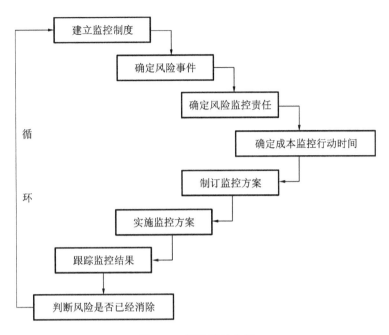

图 9-11 风险监控步骤

（2）确定要监控的项目风险事件。

（3）确定项目风险监控责任。

所有需要监控的项目风险都必须落实到人，同时明确岗位职责，对于项目风险控制应实行专人负责。

（4）确定项目风险监控的行动时间。

对项目风险的监控要制订相应的时间计划和安排，提出解决项目风险问题的时间表与时间限制。

（5）制订具体项目风险监控方案。

根据项目风险的特性和时间计划制订出各具体项目风险控制方案，找出能够控制项目风险的各种备选方案。同时要对方案作必要可行性分析，以验证各建设项目风险控制备选方案的效果，最终选定要采用的风险控制方案或备用方案。

（6）实施具体项目风险监控方案。

要按照选定的具体项目风险控制方案开展项目风险控制的活动。

（7）跟踪具体项目风险的监控结果。

收集风险事件控制工作的信息并给出反馈，即利用跟踪去确认所采取的项目风险监控活动是否有效，项目风险的发展是否有新的变化等，以便不断提供反馈信息，从而指导项目风险监控方案的具体实施。

（8）判断项目风险是否已经消除。

若认定某个风险已经解除，则该风险的控制作业就已完成；若判断该风险仍未解除，就要重新进行风险识别，重新开展下一步的风险监控作业。

9.6.2 建设工程项目风险监控方法

建设工程项目风险监控方法如下。

(1) 确定风险监控时机。

风险监控取决于对风险客观规律的认识程度,同时也是一种综合权衡和监控策略的优选过程,既要避险,又要经济可行。解决这个问题有两种方法:一是把接受风险之后得到的直接收益同可能蒙受的直接损失比较一下,若收益大于损失,项目继续进行,否则没有必要把项目继续进行下去;二是比较间接收益和间接损失,比较时应该把那些不能量化的方面也考虑在内,例如环境影响。在权衡风险后果时,必须考虑纯粹经济以外的因素,包括为了取得一定的收益而实施规避风险策略时可能遇到的困难和所需费用。

(2) 监控措施。

① 权变措施。

即是未事先计划或考虑到的应对风险的措施。在风险监控过程中,风险管理者若发现某些风险的严重性超出预计,或者出现了新的风险,就应该随机应变,提出权变措施。对这些措施必须及时记录,将其纳入随后的风险监控过程中。

② 纠正措施。

就是使项目的进展与原定计划一致所做的变更。若监视结果显示,建设项目风险的变化在按预期发展,风险应对计划也在正常执行,这表明风险计划和应对措施有效地发挥了作用。反之,则应对项目风险做深入分析,并在找出引发风险事件影响因素的基础上,及时采取纠正措施。

③ 变更项目计划。

权变措施或者纠正措施会浪费许多宝贵的项目资源,大大增加项目的风险,同时也会降低执行风险应对计划的严肃性。在这种情况下,可以考虑变更项目计划,比如改变项目的范围、改变工程的设计、改变实施方案、改变项目环境、改变项目费用和进度安排等。

④ 更新风险应对计划。

风险应对计划随着项目的进行,通过有效的风险监控,可能会减少一些已识别风险的出现概率和后果。因此,有必要对项目的各种风险重新进行评价,将项目风险的风险顺序重新进行排列,对风险的应对计划相应也进行更新,以使新的和重要的风险能得到有效的控制。通过分析,可以看出风险控制并不是一成不变地执行风险应对计划。建设项目控制应该是使管理者能随着项目的进行而相应修改其计划的动态风险控制过程。

(3) 风险预警系统。

风险预警管理是指对于项目管理过程中有可能出现的风险,采取超前或预先防范的管理,一旦在监控过程中发现风险的征兆,及时采取校正行动并发出预警信号,以最大限度地控制不利后果的发生。因此,项目风险管理的良好开端是建立一个有效的监控或预警系统,及时发现计划的偏离,以高效地实施成本控制。

风险监控的意义在于实现项目风险的有效管理,消除或控制风险的发生或避免造成不利后果,建立有效的风险预警系统。风险监控的关键在于培养敏锐的风险意识,建立科学的风险预警系统,从"救火式"监控向"消防式"风险监控转变,从注重风险防范向风险前控转变。

【单元小结】

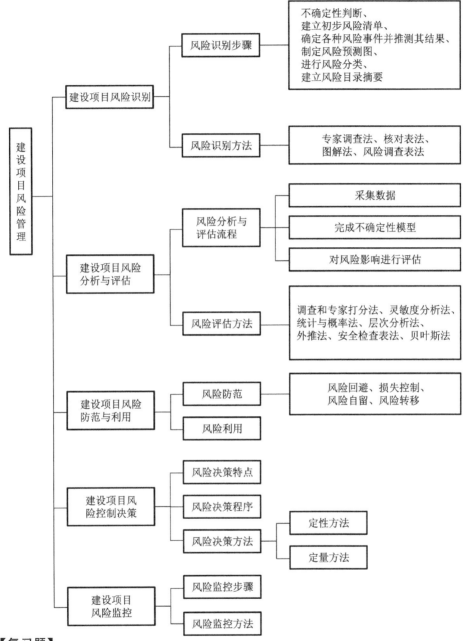

【复习题】
一、单选题
1. 在建设项目风险因素中,由于外汇汇率变化引起的风险属于(　　)。
A. 自然风险　　　　B. 政治风险　　　　C. 经济风险　　　　D. 技术风险
2. 建设项目风险管理程序中正确的工作流程是(　　)。
A. 风险分析与评估→风险识别→风险防范与利用→风险控制决策→风险监控
B. 风险识别→风险分析与评估→风险防范与利用→风险控制决策→风险监控
C. 风险识别→风险分析与评估→风险控制决策→风险防范与利用→风险监控
D. 风险识别→风险防范与利用→风险分析与评估→风险控制决策→风险监控

3. 风险识别的工作成果是（　　）。
A. 确定建设工程风险因素、风险事件及后果
B. 定量确定建设工程风险事件发生概率
C. 定量确定建设工程风险事件损失的严重程度
D. 建立建设工程风险清单

4. 建设工程风险量数值的大小（　　）。
A. 仅取决于各种风险的发生概率
B. 仅取决于各种风险的潜在损失
C. 仅取决于风险评价的结果
D. 取决于各种风险的发生概率及潜在损失

5. 某建设工程的可行性研究报告表明，从净现值、内部收益率指标看是可行的，但灵敏度分析的结论对投资额、产品价格、经营成本均很敏感，因而决定不投资建造该工程，这一决策是（　　）。
A. 风险回避
B. 风险转移
C. 风险自留
D. 损失控制

6. 某投标人在招标工程开标后发现自己由于报价失误，比正常报价少报20％，虽然被确定为中标人，但拒绝与业主签订施工合同，该风险对策为（　　）。
A. 风险回避
B. 损失控制
C. 风险自留
D. 风险转移

7. 若综合性施工单位X作为某建设工程的总承包商，将其中的设备安装工程分包给专业设备安装公司Y，这体现了（　　）。
A. 风险回避
B. 风险转移
C. 风险自留
D. 损失控制

8. 在风险对策中，风险自留（　　）。
A. 既改变风险发生的概率，又改变风险潜在损失的严重性
B. 只改变风险发生的概率，不改变风险潜在损失的严重性
C. 不改变风险发生的概率，只改变风险潜在损失的严重性
D. 既不改变风险发生的概率，又不改变风险潜在损失的严重性

二、多选题

1. 从风险管理目标的角度分析，建设项目风险可分为（　　）。
A. 合同风险
B. 法律风险
C. 经济风险
D. 政治风险
E. 技术风险

2. 目前，常用的项目风险评估方法包括（　　）。
A. 灵敏度分析法
B. 模糊数学评价法
C. 层次分析法
D. 外推法
E. 贝叶斯法

三、简答题

1. 概述建设项目风险管理流程。
2. 简述项目风险识别过程。

参 考 文 献

[1] 丁士昭.工程项目管理[M].2版.北京:中国建筑工业出版社,2014.
[2] 成虎.工程项目管理[M].4版.北京:中国建筑工业出版社,2015.
[3] 丛培经.工程项目管理[M].4版.北京:中国建筑工业出版社,2012.
[4] 张仕廉.建设项目全寿命周期成本控制理论与方法[M].北京:中国计划出版社,2007.
[5] 仲景冰,王红兵.工程项目管理[M].2版.北京:北京大学出版社,2012.
[6] 杨晓庄.工程项目管理[M].武汉:华中科技大学出版社,2010.
[7] 汤勇.工程项目管理[M].北京:中国电力出版社,2015.
[8] 吕玉辉,范秀兰.建设工程项目管理[M].武汉:华中科技大学出版社,2015.
[9] 李福和.工程项目管理标准化[M].北京:中国建筑工业出版社,2013.
[10] 黄琨.工程项目招投标与合同管理[M].上海:华东理工大学出版社,2016.
[11] 杨青.工程项目质量管理[M].2版.北京:机械工业出版社,2014.
[12] 中华人民共和国建设部.建设工程施工合同示范文本(GF-2013-0201)[Z].北京:中国建筑工业出版社,2013.
[13] 吴芳,冯宁.工程招投标与合同管理[M].2版.北京:北京大学出版社,2014.
[14] 王平.工程招投标与合同管理[M].北京:清华大学出版社,2015.
[15] 马国丰.工程质量管理——理论、方法与案例[M].北京:中国建筑工业出版社,2014.
[16] 施骞,胡文发.工程质量管理教程[M].2版.上海:同济大学出版社,2016.
[17] 颜剑锋,武田艳,柯翔西.建筑工程安全管理[M].北京:中国建筑工业出版社,2013.
[18] 教育部高等学校安全工程学科教学指导委员会.建设工程安全管理[M].北京:中国劳动社会保障出版社,2013.
[19] 陈伟珂.工程项目风险管理[M].2版.北京:人民交通出版社,2015.
[20] 曾华.工程项目风险管理[M].北京:中国建筑工业出版社,2013.

閑文字